사도신경

사도신경

초판 1쇄 2004년 3월 29일
3판 6쇄 인쇄 2022년 5월 20일
3판 6쇄 발행 2022년 5월 27일

지은이 이승구
펴낸이 유동휘
펴낸곳 SFC출판부
등록 제 104-95-65000
주소 (06593) 서울특별시 서초구 고무래로 10-5 2층 SFC출판부
Tel (02)596-8493
Fax 0505-300-5437
홈페이지 www.sfcbooks.com
이메일 sfcbooks@sfcbooks.com
기획・편집 SFC출판부
디자인편집 최건호

ISBN 978-89-93325-14-0 (03230)
값 23,000원

사도신경

Credo:

The Most Universal Creed of the Church,
It's Understanding and Exposition

이승구 지음

SFC

차례

제3부 그리스도의 생애와 사역

제4부 성령님과 교회

서문

이 책은 교회의 신앙고백인 “사도신경”을 자세히 설명하는 책이다. 사도신경은 예수님을 믿는 이들은 모두 다 같이 받아들여서 고백하는 기독교회의 가장 보편적인 신조의 하나이다(물론 아주 엄격히 말하자면, 동방정교회도 받아들여서 사용하는 니케아 신경이 **가장 보편적인 신조**라 할 수 있지만, 아래에 설명된 바와 같이 사도신경이 그것의 토대가 되었다고 할 수 있다). 그러나 사도신경은 그 자체가 영감된 문서이거나 성경과 같은 수준의 것은 아니다. 그러나 오래 전부터 교회는 사도신경의 내용을 성경의 가르침을 잘 요약한 것으로 여기며 존중해 왔고, 많은 교회들이 사도신경을 사용해서 신앙을 고백해 왔다. 오늘날 상당히 많은 교회들이 예배 중에 “사도신경을 사용해서 우리의 믿고 있는 바를 우리가 경배하는 하나님께와 온 세상 앞에 공표”하듯이 말이다. 본서의 <부록>에서 자세히 설명하고 있는 바와 같이 2세기 로마 교회의 세례 예식문으로 시작된 사도신경은 (비록 동방교회는 예배 중에 이를 사용하지 않으려고 하지만) 적어도 그 내용은 거의 모든 교회에 의해 받아들여져서 가장 보편적 신조 역할을 하고 있고, 니케아 신조(Nicene Creed), 콘스탄티노플 신조(Constantinople Creed), 칼시돈 정의(Chalcedon Definition) 등의 토대가 되어 온 신조라고 할 수 있다. 그러므로 사도신경을 잘 알고 고백한다는 것은 매우 중요한 일이다.

그러나 다른 좋은 것들이 늘 그러하듯이, 너무 많이 사용하다 보면 그 의미를 상실하게 되는 경우가 종종 있다. 사도신경이 그런 대접을 받아 온 것 중 하나라고 할 수 있다. “주께서 친히 가르치신 기도” 및 “십계명”과 함께 교회에서 가장 많이 사용되는 이 사도신경도 상당히 많은 사람들에 의해서 그 정확한 뜻이 무시된 채로 암송되는 일이 비일비재하다. 특히 우리나라에서는 번역의 문제 때문이기도 하지만, “저리로서 … 오시리라”는 어구를 오해하는 일이 많고, “거룩한 공회와 성도가 서로 교통하는 것과”라는 어구에 대한 오해도 많다.

빌립이 에디오피아 내시에게 “읽는 것을 깨닫느뇨?”라고 물었던 것과 같이, 사도신경을 암송하는 사람에게 “암송하고 고백하는 것을 깨닫고 있습니까?”라고 묻고 싶은 충동이 많은 이들에게 일어났다. 그래서 예로부터 이 사도신경의 내용을 자세히 미루어 살펴 그 내력과 정확한 내용을 기술하려고 붓을 든 사람들이 적지 아니하다. 특히 루터나 칼빈과 그들의 요리 문답 전통을 따르는 이들은 항상 요리 문답의 한 부분에서 (주께서 가르치신 기도와 십계명과 함께) 사도신경의 의미를 설명해 왔다. 그러므로 사실 이 사도신경을 새롭게 설명하는 일은 불필요하다고 여겨질 정도로 수없이 많은 책과 글이 사도신경에 대하여 쓰여졌다. 우리나라에서도 사정은 마찬가지여서 수많은 저술의 목록에 또 하나를 덧붙인다는 것은 쓸데없고 거의 무모한 일이라고도 여겨진다.

그럼에도 불구하고 사도신경을 정확히 이해하고 설명하고자 이 책을 내어놓는 어리석은 만용을 부린 이유를 "성경에 근거해서 우리의 믿는 바의 내용을 정확히 표현하면서도, 그것을 우리의 정황에 맞게 설명해 보는 일이 필요해서"라고 한다면 말이 안 되는 것일까? 과연 이것이 말이 되는 것인지 안 되는 것인지를 독자들이 판단할 수 있도록 이제 독자들을 사도신경에 대한 이해와 설명에로 초청한다. 이 책을 읽어 가는 과정에서 혹 독자들이 이것은 우리가 늘 그렇게 알고 믿고 고백해 온 것이라고 생각한다면 나에게는 더 이상의 기쁨이 없을 것이다. 그것이 바로 사도 신조와 사도신경에 대한 이 설명이 존재하는 이유이니 말이다. 그러나 혹시라도 일단의 독자들에게 우리의 믿고 있는 바의 의미가 조금이라고 더 명확하게 밝혀진다면, 특히 그런 믿음의 성경적 근거가 더 확고해져서 우리의 믿고 고백하는 바에 확실함을 가지게 된다면, 나는 이 책이 저술된 이유의 일부를 그곳에서도 발견하고 기뻐할 것이다. 이미 완성된 요리 위에 뿌려지는 약간의 조미료 역할을 해서 우리의 고백을 조금만 더 의미있게, 조금만 더 맛있게 할 수 있는 그런 약간의 조명과 설명의 역할을 이 책이 감당할 수 있기 바란다.

나는 이 책에서 주로 우리의 신앙 고백의 성경적 기초를 보다 튼튼히 하는 일과 우리 고백의 의미를 좀더 구체화하는 데 신경을 썼다. 그 과정 가운데서 이 신경에 대한 나의 설명은 나의 신앙적 배경인 개혁파 신조들과 개혁파 사상의 이해를 반영하고 있다는 것을 나는 부끄러워하지 않고 공공연히 밝힌다. 엄밀성을 추구하는 이들은 사도신경에 대한 설명에 후대의 신학적 성향이 나타나게 되는 것은 시대 착오적인 것이라고 나무랄 것이다. 그러나 나는 이 책에서 처음 교회가 어떻게 이런 식의 고백을 하게 되었는가를 중심으로 글을 쓴 것이 아니라(그것은 사도신경에 대한 역사적 발전 과정과 그 의미를 밝히는 또 다른 방대한 작업을 필요로 할 것이다), 이 시대에 나와 함께 살고 있는 그리스도인들로 하여금 우리의 고백하는 이 신조가 과연 어떤 성경적 근거를 지니고 있으며, 그것이 과연 구체적으로는 어떻게 이해되어야 하는가 하는 것을 중심으로 이 글을 쓴 것이다. 그러므로 나의 이 설명은 앞으로 좀더 깊이 있는 논의를 하고자 하는 분들과의 재미있는 대화를 위한 좋은 발판과 토대, 또는 그런 문제 제기의 역할을 할 수 있으리라고 생각한다. 우리는 모두 이 사도신경을 함께 고백하는 이들로서 이에 대한 흥미 있는 논의를 할 수 있기 때문이다. 그러므로 언제든지 그런 논의의 시도를 환영한다. 그런 것이 우리의 신앙을 더 의미 있게 하며, 우리의 학문을 더 열매 있게 하고, 우리의 실존을 더 참되고 진실되게 하기만 한다면 말이다.

그러므로 이 책은 이 땅의 모든 진실한 그리스도인들, 진지하게 우리의 믿는 바의 기초를 분명히 하기 원하고, 그 믿음의 함의를 끌어내고, 그 믿은 바에 존재 전체를 다 던져 넣고 살기 원하는 모든 분들을 염두에 두고 세상에 그 모습을 드러내는 것이다. 그런 모든 분들과의 깊이 있는 신앙적, 학문적, 실존적 대화를 기대하면서 말이다. 물론 모든 책이 그러하듯이 이 책도 이전 형태(former form)가 있다. 이 책의 이전 형태는 나와 함께 기초적 신학 공부를 하던 모든 분들이 이곳저곳에서 발견할 수 있을 것이며, 그 뼈대는 이미 세상에 선 보였던 하이델베르크 요리 문답 강해에서 사용했던 것이다. 이 새로운 작업에서는 성경의 내용에 좀더 충실하기 위해서 특히 현대의 많은 주해적 노력들을 반영해 보려고 노력했다. 물론 부족한 점이 많이 있을 것이다. 그러나 이런 작업을 거쳐서 좀더 완전한 모습을 향해 나아가는 것이 이 땅에서의 우리의 성화의 과정과 비슷함을 생각하면서 감히 책으로 펴내는 어리석음을 감행한다.

이를 사도신경에 대한 책으로 출판할 것을 수납하고 출판해 주시는 SFC 출판부의 양영철 목사님께 깊은 감사를 드린다. 또한 이 책의 내용을 여러 경로를 통해 듣고 반응을 보여 주신 여러분들, 특히 나와 함께 사도신경에 대한 강해를 들었던 다니엘교회의 성도들, 그리고 나와 함께 신앙 생활을 해가는 언약교회의 지체들에게 감사드린다. 또한 이런 내용에 근거한 신학 강의를 듣고 더 발전시키기 원하는 신학대학원대학교의 여러분들께도 깊은 감사를 드린다.

부디 주께서 이 책을 의미 있게 사용해 주시기를 앙기(仰禱)하면서 ⋯.

2004년 1월

개정판을 내면서:

친교회적인(church-friendly) 책을 지향하며

2004년에 나온 이 책을 많은 분들이 열심히 읽고 여러 교회에서도 사용해 주셔서 그 동안 여러 쇄를 내었습니다. 그리고 이제 5년 후 이렇게 다시 개정판을 내게 될 수 있게 됨은 이 책을 쓴 저에게 큰 기쁨입니다. 그 동안 이 책을 읽어 주신 분들에게 깊은 감사를 표합니다. 앞으로 더 많은 교회 공동체가 이 책을 의미 있게 사용할 수 있게 해 주었으면 좋겠다는 편집부의 제안을 수용하여 이 책을 교회의 사용에 좀 더 편리하게 만들어 개정판을 냅니다.

이런 의미에서 이번 개정판에서는 각 교회의 구역예배나 성경공부 등에서 이 책을 좀 더 유용하게 사용할 수 있도록 사도신경의 각 조항에 대한 설명 뒤에 <함께 토의할 문제>를 붙여 보았습니다. 그룹 안에 있는 개개인들이 주어진 성경 구절을 중심으로 깊이 생각해 보기도 하고, 또 그 문제에 대해 이 책이 설명하는 부뷰을 읽기도 하면서 <함께 토의할 문제>를 가지고 토론해 간다면, 자연스럽게 성경을 바르게 해석하는 방법을 터득하게 되고, 나아가 성경에 나타난 것들을 종합함으로 우리의 이해가

바르게 형성될 수 있다는 것을 체험하게 될 것입니다. 아무쪼록 이것이 독자들로 하여금 성경의 가르침을 가장 자연스럽게 해석하게 하고, 또 그 모든 것을 잘 종합함으로 바른 성경적인 사상을 형성하게 하는 좋은 기회가 되었으면 하는 마음입니다.

그리고 이런 작업을 통해서 신학교와 각 교회들이 멀리 떨어져 있는 것이 아니고 함께 협력하며 같이 나아가는 귀한 공동체라는 것이 잘 구현될 수 있었으면 합니다. 신학교는 앞으로 교회 공동체를 섬겨야 할 귀한 지체들로 하여금 자신들의 생각이 과연 성경적인지 잘 가다듬고 교정 받으면서 성경 해석의 방법을 깊이 있게 체득해 가는 교육의 장(場)이라면, 각 교회 공동체는 그렇게 교육받아 파송 받은 이들과 함께 성경을 탐구하며 성경이 말하는 교회를 세워 가는 사명을 실천하는 장(場)이라 할 수 있습니다. 부디 이 땅의 많은 교회들이 이런 의미에서 '바른 의미'로 신학적이 되어가고, 신학교들 또한 참으로 교회를 위한 신학을 하는 일에 이 책이 좀 더 유용하게 사용될 수 있기 바랍니다.

주께서 교회 공동체를 위해 이 책을 더욱 의미 있게 사용해 주셔서 우리 교회들이 좀 더 성경적이고, 또 이 책이 제시하는 기본적인 내용에 충실하고, 나아가 이에 근거해서 더 깊은 데로 나아갈 수 있게 해 주시기를 앙기하면서 ….

2009년 6월 12일

합동신학대학원대학교 연구실에서

제1부

하나님은 어떤 분이신가?

1장_ 삼위일체 하나님에 대한 신앙과 고백

2장_ "전능하사 천지를 만드신 하나님 아버지를 내가 믿사오며"

3장_ 섭리(攝理)란 무엇인가?

4장_ 창조와 섭리를 믿는다는 것의 실천적 의미

이단에 빠지지 않고 바른 신앙 생활을 해 나가는 좋은 길 중 하나는 우리가 가진 신앙의 내용이 이천년의 역사를 지닌 공교회의 신앙에 과연 충실한 것인지를 점검해 보는 것이다. 그것을 위해서 공교회의 신조 가운데 가장 보편적인 신조 중 하나인, 즉 2세기 로마 교회의 세례 때에 신앙 고백문으로 사용한 이래로 가장 많이 사용해 왔으며 거의 모든 교회가 사용하고 있는 사도신경의 내용을 하나하나 더듬어 가며 생각해 보는 일은 매우 유용하고 필요한 일이다. 왜냐하면 사도신경은 우리가 가진 신앙의 내용을 매우 잘 정리해 주고 있기 때문이다.

우리는 이제 사도신경의 내용을 따라서 제1부에서는 먼저 삼위일체 하나님과 그 분의 창조와 섭리 사역에 대한 믿음의 고백이 과연 무엇을 믿고 고백하는 것이지를 고찰해 보려고 한다.

1장

삼위일체 하나님에 대한 신앙과 고백

본문: 요한복음 1:1-3, 14, 18; 14:26; 15:26; 16:13-15

하이델베르크 요리 문답의 작성자들은 사도신경의 내용을 세 부분으로 나누어 설명한다. 즉, 성부와 창조에 대한 부분, 성자와 구속에 대한 부분, 그리고 성령과 성화에 관한 부분으로 나눈다(제24문답). 다른 말로 해서 하이델베르크 요리 문답은 사도경을 삼위일체적 구조로 이해한다. 사실 사도신경 자체가 삼위일체적 구조를 지니고 있다고 하는 것도 그렇게 무리한 말은 아니다.

그리고 이를 잘 이해하기 위해서는 라틴 신학의 아버지라고 불리는 교부(教父) 터툴리안(Tertullian)이 처음 사용하고 그를 따라 많은 사람들이 사용해서 교회 안에서 일반화된 "삼위일체"(*trinitatis*)라는 말이 의미하는 바를 먼저 분명히 하는 것이 필요하다. 이런 의미에서 하이델베르크 요리 문답의 제25문답, 즉 삼위일체 하나님에 대한 질문과 대답을 살펴볼 필요가 있다. 그 질문은 다음과 같다: "하나님은 오직 한 분이라 하면서 왜 셋, 즉 성부 성자 성령을 말합니까?" 그리고 이에 대해서 다음과 같은 대답이 주어져 있다: "하나님께서 말씀으로 자신을 그렇게 계시하셨기 때문입니다. 이렇게 구별되는 삼위들이(these three distinct Persons) 하나의 참되고 영원하신 하나님이십니다"(제25문답). 이제 하나님께서 자신을 이렇게 삼위일체이신 하나님으로 드러내신 것과 그 의미가 무엇인지 생각해 보기로 하자.

1. 참되고 영원하신 한 하나님

하나님께서는 자신이 어떤 분이신지를 점진적으로 계시해 오셨다. 구약 시대에는 특히 하나님께서 한 분의 유일하신 하나님이심을 아주 강조하고 있다. 신들이라 칭하는 것들이 많았던 고대(古代) 근동(近東)의 상황 가운데서는 이렇게 하나님의 유일하심을 강조하는 것이 아주 필수적인 것이었다. 예를 들어서, 이스라엘 백성이 유월절마다 암송하는 소위 "쉐마"(שְׁמַע)에서는 "이스라엘아 들으라(שְׁמַע יִשְׂרָאֵל) 우리 하나님 여호와는 오직 하나인 여호와시니"(신 6:4)라고 해서 하나님의 하나이심을 강조하여 가르치고 있다. 이것은 구약에서 계속되는 가르침으로서 이 한 하나님 여호와를 떠나거나 그 분과 더불어서 다른 것을 섬길 수 없다는 것이었다. 왜냐하면 오직 하나이신 이 여호와는 그 분이 한 분이시며 유일하신 분이심에 걸맞게 절대적인 관계를 요구하시기 때문이다. 그러므로 이 "한 하나님"에 대해서 우리는 "마음을 다하고 성품을 다하고 힘을 다하여", 즉 우리의 모든 것을 다하여 섬기는 것이 필수적인 일이다.

하나님이 한 분이심은 신약에서도 명백히 가르치는 중요한 교훈이다. 예를 들어서, 바울은 다음과 같이 선언한다: "하나님은 복되시고 **홀로 한 분이신** 능하신 자이며 만왕의 왕이시며 만주의 주시요 오직 그에게만 죽지 아니함이 있고 가까이 가지 못할 빛에 거하시고 아무 사람도 보지 못하였고 또 볼 수 없는 자시니 그에게 존귀와 영원한 능력을 돌릴지어다. 아멘"(딤전 6:15-16). 다른 어떤 것보다도 이 선언 속에 하나님이 홀로 한 분이신 분으로 이 세상을 주관하시는 분이심이 잘 드러나고 있음을 잊어서는 안 된다.

2. 삼위 하나님에 대한 계시

그런데 신약에서 가장 현저하게 계시된 또 하나의 중요한 사실은 이 한 분이신 하나님은 아주 독특한 방식으로 존재하신다는 것이다. 일반적으로 사람의 경우에는 한 분이 있다고 하면 그에게 하나의 인격(person)이 있어야 한다. 이처럼 사람은 한 인격이 한 사람, 즉 한 분을 구성하는 것이다. 그러나 신약의 계시의 빛에서 보면 하나님은 이와는 좀 다른 방식으로 존재하신다. 즉, 하나님은 한 분이시지만, 그 한 신성이 세 위격(three persons, three *hypostasis*)으로 존재하신다는 것이다. 이는 하나님의 본질(*ousia*, *essentia*)은 하나이지만, 이 본질이 구현되어 있는 위격(person, *hypostasis*, subsistence)은 셋이시라는 말이다. 칼빈이 말하고 있듯이, "하나님의 한 본질 안에 위격들의 삼위일체가 있다"(in the one essence of God there is a trinity of persons)는 말이다.[1] 이런 용어를 사용하는 것은 이를 통해서 말을 절약해서 표현하기 위함이며,[2] 어떤 식으로든지 성경에 제시된 하나님에 대한 생각을 표현하지 않을 수 없고 나름대로는 최선을 다해 이를 표현하기 위한 것이다.[3] 이 사실이 신약에서 어떻게 계시되었는지를 간단히 살펴보자.

먼저 신약에서 우리는 예수 그리스도를 만나게 된다. 그의 생애와 가르치심을 신약 성경을 통해서 자세히 살펴보면, 그는 자신을 그 자신이 아버지라고 부르신 하나님께 기도하며, 그리하여 자신과 아버지를 구별하면서도 또 자신을 그 아버지 하나님과 동일시하기도 하신다. 예를 들어서, 그는 "나와 아버지는 하나니라(ἕν)"(요 10:30)라고 말씀하시기도 하시고,[4] 때로는 오직 하나님만이 하실 수 있는 사죄의 선언을 하심으로써 자신이 죄를 사하시는 권세를 가지신 분임을 드러내신다(막 2:1-12 참조). 그리고 그를 신적인 분으로 인정하는 고백을 받아들이기도 하신다. 예를 들어, 그 분은 베드로의 말한 바 "살아 계신 하나님의 아들"(마 16:16)이시라는 고백을 포함한 신앙고백에 대해서 이는 "하늘에 계신 내 아버지께서" 알게 했다고 하시면서 이를 긍정적으로 받아들이셨다.[5] 또한 부활하신 주님에 대한 도마의 "나의 주시며, 나의 하나님이시니이다"(요 20:28)는 고백도 받아들이셨다. 이렇게 그가 아버지라고 부르신 하나님과 자신을 구별하시면서도 자신을 그 아버지와 동일시하시는 것으로부터 우리는 그가 아버지와 같은 하나님이시며, 또한 아버지와는 구별되는 분이시라는 사실을 알게 된다. 이것이 온전히 다 이해되지는 않아도 **하나의 사실**로서 우리 앞에 서 있는 것이다.

그리고는 예수님께서 지상 사역을 마치실 즈음에 그는 "보혜사 곧 아버지께서 내 이름으로 보내실 성령 그가 너희에게 모든 것을 가르치고 내가 너희에게 말한 모든 것을 생각나게 하시리라"(요 14:26)고 하셨다(요 15:26, 요 16:7-14 참조). 과연 이 말씀대로 예수 그리스도께서 그의 사역을 마치시고 승천하신 후에 성령님께서 오셔서 교회를 인도해 나가기 시작하셨다. 그리고 교회는 그들 가운데 계셔서 그들을 가르치시고, 인도하시며, 지도해 가시는 성령님께서도 하나님이심을 인정하였다(행 5:1-11 참조).

이렇게 하나님께서 자신의 독특한 존재를 계시하시자 사람들은 난제 앞에 서게 되었다. 그것은 이전부터 하나님으로 섬겨 왔고 예수님께서 아버지라 부르신 그 분과 자신을 그 분의 독특하신 아들로 드러내신 예수 그리스도, 그리고 아버지께서 이 아들의 이름으로 보내신 성령님의 관계가 과연 무엇인가 하는 난제이다. 즉, "아버지 하나님, 아들 하나님, 그리고 성령 하나님의 관계는 과연 어떻게 이해되어야 하는가?" 하는 문제이다.

3. 두 가지 잘못된 해결책

교회가 처음 이 난제 앞에 서게 되었을 때, 교회 안에는 이에 대해서 두 가지 대립되는 잘못된 이해가 발생했다. 그 하나는 하나님을 "세 하나님"으로 생각하는 것이다(삼신론적 이단). 그러나 이는 앞서 살펴본 구약과 신약의 명확한 증거, 즉 하나님은 홀로 한 분이신 하나님이시라는 증거와 명백히 상충된다. 그러므로 삼신론은 있을 수 없는 견해이다. 사실 현재 아주 명확한 형태의 삼신론을 교회 안에서 찾기는 쉽지 않다.[6]

그러나 어느 정도 이에 근접하는 오해로 성부 하나님만을 온전하신 하나님으로 말하고, 성자와 성령은 좀 열등한 하나님으로 생각하여 좀 낮은 제2의 하나님과, 좀 더 낮은 제3의 하나님으로 말하는 이들은 많았다. 물론 이런 이해도 성경의 진술과 일치하지 않는다는 것은 분명한 사실이다. 그러므로 이런 생각은 교회에서 이단적인 생각이라고 명백히 정죄된 것이다. 이런 오해의 가장 대표적인 경우를 들자면 그것은 아리우스(Arius)와 그를 추종하던 이들(Arians)의 생각이다. 아리우스는 성자는 영원에서 창조된 최초의 피조물이라고 했다. 성자는 "하나님의 뜻과 경륜에 의해서" 존재하게 된 하나님의 온전한 피조물이요, 하나님의 사역이라는 것이다. 그러면서 성자를 통해 세상이 창조되었다고 하였다. 시간 가운데서는 항상 성부, 성자, 성령이 있었지만, **영원에서는 성자가 "있지 않던 때가 있었다**"고 하였던 것이다. 그러므로 성자는 성부보다는 좀 못한 하나님, 선을 선택하여 불변성을 얻고 신성에 이른 존재이고, 하나님으로 받아들여진 하나님이시라는 것이다. 그러므로 그는 영예를 받으시기에는 합당하나 경배의 대상일 수는 없다는 것이다.[7] 성령의 지위는 더 격하되었음은 말할 나위도 없다. 이런 생각에 의하면 성부, 성자, 성령이 따로 계시되, 성부만이 온전하신 하나님이시고, 성자와 성령은 부차적인 하나님이 되신다.

이와는 정반대로 성부, 성자, 성령의 동등하심과 하나이심을 지나치게 강조하다가 잘못된 사상도 있다. 소위 역동적 군주론(dynamic monarchianism)은 예수님을 그저 사람으로 보고, 성령님을 신적인 영향력으로만 보았다. 또한 양태론(modalism)으로 알려진 이단은 성부, 성자, 성령이란 한 하나님께서 각기 다른 시기에 자신을 드러내신 세 가지 양태(three modes of manifestation)에 불과하다고 주장했다.[8] 그러므로 성부가 성자이고, 또한 그 분이 성령이신데, 그것은 각기 다른 시기에 다른 형태를 가지고 하나님께서 자신을 드러내시고 계시하신 수단이라는 것이다. 그러면 성자의 수난이 곧 성부의 수난이 되고(성부 수난설, patripassianism), 결국 하나님은 한 위(位)일 뿐이라는 것이 된다. 그러나 이런 이해는 성경에서 성부와 성자, 그리고 성령이 뚜렷이 구별되어 계시되어 있다는 것과, 또 때로는 성부, 성자, 성령이 동시에 나타나신 사건들(예수님의 수세[受洗] , 변화산 사건 등)을 설명할 수 없는 것이다. 그러므로 이런 이해는 하나님을 오해하는 것이 된다.

이 두 가지 오해는 아주 명확한 형태로 나타나는 것만이 문제가 아니라, 비록 정통적 삼위일체론을 지니더라도 그런 경향으로 나아가는 모든 것에도 문제가 있을 수 있음을 상기시켜 준다. 예를 들어서, 삼위일체라는 말을 처음 사용한 터툴리안(Tertullian)도 성자를 성부에게 종속시키는 듯한 말을 한 일이 있고, 오리겐(Origen) 역시 성자는 성부에게 종속되어 있고, 성령은 성자에게 종속되어 있다고 표현하여 소위 종속론(subordinationism)의 문제점을 상당히 드러내기도 했다.[9]

이런 문제점들은 과거의 교회에만 있었던 것이 아니라 오늘날에도 이와 비슷한 생각들이 주변에 있을 수 있기에 우리는 매우 주의해야 한다. 우리들에게도 성부에 비해서 성자와 성령을 무시하는 경향이 있을 수 있다. 그리고 성자의 인간되심에 충실한다고 하면서 그 분의 신성을 무시하거나 이를 완전히 감춰어진 것으로 여기는 현대의 경향이나, 성령님을 향해서 명령하듯이 말을 하는 풍조나 성령님의 인격성을 잘 드러내지 못하는 언사와 행동이 위에서 말한 첫 번째 오해와 연관될 수도 있음을 생각하면서 주의해야 한다. 또한 성부, 성자, 성령을 설명하면서 한 존재가 가질 수 있는 세 양태와 관련해서 설명하는 것[예를 들어서, 물질의 삼태(三態)에 따라서 물이 수증기, 물, 얼음으로 될 수 있으나 그 모두가 다 같은 것이라고 설명하든지, 한 존재가 가질 수 있는 다양한 지위와 관계로 (아버지, 남편, 교사 등) 설명하든지 하는 것]은 위에서 말한 두 번째 오해, 즉 양태론적 이단이라고 할 수 있다.

4. 삼위일체에 대한 바른 이해

그러면 삼위일체를 어떻게 이해해야 하는가? 오직 한 하나님이 계신데, 그는 이 세상에 그 어떤 것과도 유비되지 않으시는 아주 독특한 존재 방식을 가지셔서 그 한 하나님이 성부, 성자, 성령 삼위(three persons)로 존재하신다고 이해해야 한다. 그러므로 성부, 성자, 성령은 그 존재와 영광과 권세에 있어서 동등하시며, 동일 본질(*homoousios*)을 가지고 계시어서 "한 하나님"으로 존재하시는 것이다. 그러므로 본질적 존재에 있어서는 각 위간에 종속적인 면이 없고, 위격적 엄위도 차이가 전혀 없는 것이다. 그런데 하나님께서 계시하실 때 "아버지", "아들" 등의 용어를 써서 계시하셨으므로 우리는 그 **계시를 따라서** 성부(아버지 하나님), 성자(아들 하나님), 그리고 성령 하나님이라는 용어를 쓰는 것이고, 또 이 용어들이 지시하는 관계성과 성경의 표현에 근거해서 성부 하나님께서 성자 하나님을 낳으시고(generation, generate),[10] 성자 하나님은 성부 하나님에 의해서 낳아지시며(is generated), 성령 하나님은 성부와 성자로부터도(*filioque*) 나오신다(*processio*, *spiratio*, 요 15:26)는 표현을 써서 설명하는 것이다.[11]

그리고 이 삼위일체의 관계를 우리가 인식하게 되는 것은 하나님께서 자신을 점진적으로 계시하신 것에 근거해서 신약에서야 비로소 온전히 인식할 수 있지만, 이 삼위의 관계는 영원적이어서 구약에도 있던 것이고, 따라서 구약에도 때때로 비록 그림자적 형태이기는 하지만 그런 시사가 있는 계시도 있었다.[12] 그리고 이 삼위일체의 관계는 사실상 하나님이 계시면서 계속해서 있어 온 관계이다.

이렇게 영원 전부터 삼위일체로 존재하신 하나님을 때때로 본체론적 삼위일체, 또는 존재론적 삼위일체(ontological trinity)라고 하며, 그 하나님이 자신을 역사적 경륜 가운데서 드러내신 것을 경륜적 삼위일체(economic trinity)라고 했다. 따라서 본체론적 삼위일체는 경륜적 삼위일체의 존재 근거이고, 경륜적 삼위일체는 본체론적 삼위일체의 인식 근거라고 할 수 있다.[13] 하나님은 이렇게 자신이 삼위일체적 존재이심을 당신님의 경륜과 계시 가운데서 드러내어 주셨으므로, 우리는 그것에 근거해서 하나님을 삼위일체적 존재로 인정하고 그에 걸맞게 하나님을 섬겨나가야 한다.

함께 토의할 문제

1. 하나님은 몇 분이십니까? (신 6:4; 딤전 6:15; 고전 8:5-6)

2. 하나님께서 한 분이시라는 것이 우리에게 주는 요구는 무엇입니까? (신 6:5)

3. 삼위일체라는 말은 무슨 뜻입니까? 칼빈의 말을 사용해서 표현해 보십시오. (19쪽 참조)

4. 삼위일체 인식의 방식을 따라가 보십시오.

   (1) 예수 그리스도의 (　　　　)의 확인 (요 10:30; 마 16:16; 요 20:28)

   (2) (　　　　) 되심과 아버지에 대한 고백

   여기서 "구별"과 "동일시"의 의미를 찾아보십시오.

   (3) 성령님은 어떤 지위를 가지고 계십니까? (요 14:26; 행 5:1-11)

5. 삼위 하나님에 대한 두 가지 잘못된 이해를 언급하고 지적해 보십시오. (21-23쪽 참조)

   (1) ______________________________

   (2) ______________________________

6. 삼위일체에 대한 바른 이해를 진술해 보십시오. (24쪽 참조)

(1) 한 하나님이 삼위, 곧 (　　　), (　　　), (　　　)으로 존재하신다.

(2) 성부, 성자, 성령은 그 존재와 영광과 권세에 있어서 동등하시며 동일 (　　　)(*homousios*)이시다.

(3) 그러나 우리는 성경 계시의 용어를 따라서 (　　　), (　　　) 그리고 (　　　) 등의 용어를 사용한다.

(4) 또한 성경의 용어를 따라서 "성부께서 성자 하나님을 (　　　　)"는 말을 쓴다.

(5) 또한 성경과 신조를 따라 "성령님은 성부와 성자로부터 (　　　　)" 라는 말을 사용한다.

7. 이런 이해가 예배와 기도에 주는 함의는 무엇입니까?

2장

“전능하사 천지를 만드신 하나님 아버지를 내가 믿사오며”

본문: 마태복음 6:25-33

하나님께서 이 세상을 창조하셨다는 것을 믿는 것에는 성경에 나타난 창조의 사실들을 믿는 것이 포함된다. 그러나 창조의 사실을 성경에 기록된 대로 믿는다는 것만으로는 창조 신앙을 다 말한 것이라고 할 수 없다. 물론 창조의 사실을 성경에 기록한 대로 믿지 않는다면 그것은 참된 창조 신앙이라고 할 수 없다. 창조 사실은 성경에 기록한 대로 믿지 않으면서 창조의 의미를 강조하고 그것은 믿으려는 성향이 강하게 나타나는 현대의 신학적 정황 가운데서는 창조 사실을 성경에서 기록한 그대로 받아들이며 믿는 일의 중요성을 아무리 강조해도 지나치지 않을 것이다.[1] 그러나 그것만큼, 아니 그보다 더 중요한 것은 이런 창조 사실을 자기 자신과 연관시켜서 생각하고 그 일에 자신의 존재를 던져 넣는 일이다. 그래서 이번에는 하이델베르크 요리 문답 제26문을 따라서 “‘전능하사 천지를 만드신 하나님 아버지를 내가 믿사오며’라고 할 때 당신이 믿는 바는 무엇입니까?”에 대한 대답을 하도록 해보자.

1. 창조주 하나님이 예수 그리스도로 인하여 나의 하나님과 아버지이시다

일반적으로 생각하는 것과는 달리, 기독교 유신론적 의미에서 창조주 하나님을 믿는다는 것은 그저 일반적 유신론의 입장에서 창조주를 믿는다는 것과는 성격이 다르다.[2] 기독교 유신론적 의미에서 창조 신앙은 사실 다음의 세 가지 사실을 **모두** 믿는 것이기 때문이다. 첫째는, 하나님께서 "무(無)로부터 하늘과 땅과 그 안에 있는 모든 것을 창조하셨고 그의 영원하신 경륜과 섭리로서 지금도 그것들을 붙드시고 다스리신다"는 것을 믿는 것이며(창조와 섭리에 대한 신앙); 둘째로, 그 하나님은 우리 주 예수 그리스도의 영원하신 아버지이시라는 것을 믿는 것이며(삼위일체 하나님에 대한 신앙); 그리고 셋째는, 그런 하나님이 "그의 아들 예수 그리스도로 인하여 나의 하나님과 아버지시라는 것을 내가 믿는 것이다." 이 세 가지를 다 믿는 이만이 **기독교적 창조 신앙**을 가진 것이라고 할 수 있다. 왜냐하면 이 중에서 첫 번째 것은 유대교도들이나 이슬람교도들도 믿는다고 할 수 있기 때문이다. 그러나 둘째와 셋째 내용은 오직 그리스도인들만이 믿는 것이다. 그런 의미에서 그리스도인들이 창조와 섭리를 믿는 것은 그저 유신론을 가진 이들이 창조와 섭리를 믿는 것과는 그 성질이 다른 것이다.

그리스도인들의 "창조와 섭리에 대한 믿음"은 어떤 점에서 독특한 것인가? 그것은 결국 이 창조와 섭리를 해 나가시는 분이 삼위일체 하나님이라는 것이다. 삼위일체 하나님께서 그 분의 영원 전부터 가지신 경륜을 따라서 그 분의 뛰어나신 지혜와 크신 능력으로 이 세상을 창조하셨고, 또 지금도 그리고 영원까지 이 피조계를 창조의 능력과 동일하신 능력으로 유지하시며 통치해 나가신다. 히브리서에서는 성부께서 아들로 말미암아 모든 세계를 지으셨다고 말한 후에, "그의 능력의 말씀으로 만물을 붙드시며"라고 말해(히 1:3), 지금도 온 세상을 섭리해 가시는 일을 하고 계심을 분명히 한다. 그러므로 창조주를 믿는다는 것은 지금 여기서도 그 분의 창조의 능력을 느끼는 것을 말한다. 창조를 믿는다는 것은 오래 전에 있었던 어떤 일을 믿는다는 것 정도가 아니다. 한 순간이라도 그 분의 창조적 능력의 붙드심이 없이는 이 세상이 존재하지도 못함을 뼈저리게 느끼며 인정하는 것이 창조를 믿는 것이며, 창조주를 믿는 것이다. 순간 순간 그의 창조적인 손길과 대화 가운데 서 있는 것이 참으로 창조주를 믿는 신앙이다. 그러므로 창조를 그저 과거의 어떤 사실을 받아들이는 것 정도로만 생각하는 것은 참된 창조 신앙에 미치지 못하는 것이다. 이 순간도 하나님의 창조적인 손길의 어루만짐이 있어서 이 세상이 존재하며 우리가 살며 움직이고 있음을 받아들이며 인정하는 것이 창조주를 믿는 신앙이다. 그러기에 창조 신앙은 역동적 신앙일 수밖에 없다.

그런데 이렇게 과거, 현재, 미래에 동일한 창조적 능력을 발휘하는 분은 누구신가? 그 분은 이 땅에 오셔서 우리 가운데서 사셨으며, 가르치셨고, 십자가에서 죽으시고, 부활하여 하늘에 오르신 예수 그리스도이시며, 또한 성령 하나님이시고, 그리고 그리스도께서 아주 친근하게 "아바"(άββα)라고 부르신 분이다. 그리고 지난 번에 생각한 바대로 성부와 성자의 "아버지 아들 관계"는 예수님께서 이 세상에 계실 때에만 있거나, 그 때에 처음으로 시작된 것이 아니고, 로고스[말씀]께서 성육신 하시기 이전부터도 그들 사이에 존재하고 있던 관계이다. 그러므로 성부와 성자는 영원부터 성부(God the Father)요, 성자(God the Son)이시다. 그리고 성부와 성자께서는 성령(God the Holy Spirit)과 함께 영원한 삼위일체로 계신다.[3] 이런 삼위일체 하나님께서 바로 이 세상을 창조하신 창조의 하나님이시다. 그러기에 이 세상의 창조자는 "알라"가 아니고, 또 다른 이름으로 불리는 어떤 신적인 존재가 아니고, 오직 삼위일체 하나님이라고 말해야 한다. 그러므로 창조주이신 삼위일체 하나님은 말로 표현할 수 없는 궁극적 존재(the Ultimate)에 대해 돌려 드릴 수 있는 수많은 이름들 가운데 하나가 **결코 아니다**.[4]

그 능력이 많으신 하나님이 우리 주 예수 그리스도로 인하여 이제 나의 하나님이요, 아버지가 되신다는 것까지를 믿어야 창조 신앙을 제대로 가지는 것이다. 이 땅에 오신 예수 그리스도께서 이루신 구속 사역을 통해서만 나는 창조의 하나님과 아버지와 아들의 관계에 들어갈 수 있다. 이렇게 예수 그리스도의 구속 사역은 나의 하나님과의 바른 관계의 **존재론적 기초**를 마련하는 사건이었다. 그리스도의 구속 사역이 없었다면 나는 하나님과 바른 관계 가운데 있지 않았을 것이다. 그리스도의 구속 사역으로 말미암아 내가 창조의 하나님의 자녀가 된 것이다. 이것까지를 믿는 이가 비로소 기독교 유신론적인 의미의 창조 신앙을 가진 것이다.

2. 창조자를 나의 하나님과 아버지로 믿는다는 것은 무엇을 뜻하는가?

창조의 하나님을 나의 하나님과 나의 아버지로 믿는다는 것은 구체적으로 무엇을 의미하는가? 그것은 무엇보다 먼저 "그가 나의 몸과 영혼에 필요한 것은 무엇이나 공급해 주시리라는 것"을 믿는 것이다. 예수님께서도 "너희 천부께서 이 모든 것이 너희에게 있어야 할 줄을 아시느니라"(마 6:32下)고 말씀하셨다. 우리가 하나님의 자녀라면 우리는 공중의 새보다 귀하며, 들의 백합화보다 귀하므로 아버지 되시는 하나님께서 책임져 주시는 것이다. 더 나아가 주님께서는 이렇게까지 말씀하신다: "두려워하지 말라. 너희는 많은 참새보다 귀하니라"(마 10:31). 하나님께서 아버지로서 우리를 돌보아 주시는 것이다. 이렇게 믿는 것이 창조주 하나님을 믿는다는 것의 구체적인 의미이다. 그러므로 하나님께서 이 세상을 지으셨음을 믿는다고 하면서 자신의 구체적인 문제에 대해서는 하나님이 전혀 관계하지 않는 듯이 생각하는 것은 결국 창조 신앙도 없는 것이다. 하나님께서 나의 아버지로서 자상하게 돌보신다는 것을 믿어야 창조 신앙을 바로 가졌다고 할 수 있다. 들의 백합화의 아름다움과 그것이 어떻게 자라는지를 바라보면서 "오늘 있다가 내일 아궁이에 던지우는 들풀도 하나님이 이같이 입히시거든" 하물며 예수 그리스도로 말미암아 하나님의 자녀로 삼으신 우리에게는 얼마나 더 하실까를 생각하고 믿는 이가 창조 신앙을 가진 이라는 말이다.

그러므로 창조주 하나님을 나의 아버지로 가진 이는 "목숨을 위하여 무엇을 먹을까 무엇을 마실까 몸을 위하여 무엇을 입을까" 염려할 수 없다(마 6:25, 31). 참으로 믿는 자는 이 모든 것에 대해서 모든 염려를 주께 맡길 수 있다. 그것은 하나님의 자녀들이 주어진 삶의 문제들에 대해서 전혀 생각하지 않고 살아간다는 뜻은 아니다. 단지 성도는 그 모든 것의 해결을 자신이 다 해야 하거나, 다 할 수 있는 듯이 노심조사하거나 안절부절하지 않는다는 뜻이며, 또 그런 문제에 매이지 않는다는 뜻이다. 왜냐하면 사람은 염려함으로 그 목숨을 조금이라도 더할 수 없음을, 오히려 사실상 그것을 단축할 뿐임을 잘 알기 때문이다.[5] 그는 오히려 상당히 초연한 자세로 모든 것을 잘 정리할 수 있다. 왜냐하면 그는 그 모든 문제에 대해서 염려하지 않고 "오직 모든 일에 기도와 간구로" 구할 것을 감사함으로 하나님께 아뢰는 사람이기 때문이다(빌 4:6). 그렇게 하면 "모든 지각에 뛰어나신 하나님의 평강이 그리스도 예수 안에서 [그의] 마음과 생각을 지키시는" 것이다(빌 4:7).

그러므로 참된 창조 신앙을 가진 이는 삶에 대해서 초연한 태도를 가지고, 그러나 이 세상에서 자신이 감당해야 하는 일에는 **적극적으로 참여**하는 것이다. 주께서 하지 말라고 하신 것은 염려하는 것이지, 열심히 일하는 것이 아니다. 오히려 이 세상은 그의 아버지께서 창조하셔서 그에게 잘 보살피도록 맡기신 세상이다. 그러므로 참된 신앙인은 이 세상을 피하여 가서 아무 일도 하지 않고 명상만 하거나, 또 어떤 곳에 그들만의 보금자리를 마련하고 잘 살겠다고 하지 않고, 이 세상 전체의 과정과 일에 적극적으로 개입하게 된다. 그는 삶의 모든 문제에 다른 어떤 사람들이 그럴 수 없을 만큼 적극적으로 개입한다.[6] 그러면서도 그는 그 모든 것을 자신의 힘으로 다 할 수 있는 듯이 생각하지 않기에 그것과 일정한 거리를 유지하며 초연한 태도를 가질 수 있는 것이다.

이러한 하나님의 자녀는 오직 한 가지를 끊임없이 추구해 가고 그것을 위해서는 그야말로 노심초사하고 그것이 이루기까지 쉬지 못한다. 그것은 이 땅 위에 하나님의 의가 온전히 실현되는 것, 하나님의 나라가 온전히 임하게 되는 것이다.[7] 하나님의 나라와 그의 의(義)에 대한 이런 추구로 그는 이 땅에 살면서 의에 주리고 목마른 자로서 그 나라의 온전한 의가 우리를 하루 속히 지배해 주기를 간절히 바라고, 그 전에라도 하나님 나라의 의에 조금이라도 근접(近接)한 것이 이 땅에 그 모습을 드러내도록 하기 위해 애쓰는 것이다. 그러할 때 그가 이 세상에서 힘쓰는 삶에의미가 있다. 예수님께서는 이런 뜻에서 "너희는 먼저 그의 나라와 그의 의를 구하라"(마 6:33上)고 명령하셨다. 여기 나오는 "구하다, 추구하다"(ζητέω)는 동사는 현재형으로 되어 있어서 계속 추구해야(keep seeking) 할 것을 시사하고 있다.[8]

그의 나라와 그의 의만이 성도가 마땅히 구하고 추구하고 염려할 만한 것이기 때문이다. 그러기에 진정한 신앙을 가진 사람은 그리스도께서 이루신 하나님 나라를 사모하고 이 땅에 하나님 나라가 온전히 드러나게 될 것을 소망하며 살아가고, 이 세상에서의 구체적인 삶에서도 그 나라의 의를 추구하며 사는 것이다. 한마디로 그는 항상 하나님 나라의 왕에게 순종하며 산다.

이런 태도로 삶을 살아가는 하나님의 자녀들은 "이 슬픈 세상에서 그 어떤 역경을 네게 보내시더라도 [그것이] 결국은 나의 선을 위한 것임을 의심하지 않을 만큼 하나님을 신뢰하는 것이다." 그는 결국 이 세상에서 겪게 되는 모든 일이 그것이 자신의 죄에 의해서 자초되는 것이 아닌 한 자비하신 아버지에 의해서 자신에게 주어지는 것임을 받아들이는 것이다. 물론 그는 그의 삶과 관련해서는 모든 일이 잘 되리라고만 생각하지는 않는다. 때로는 욥과 같이 애매하게 고난을 받을 수도 있으며, 때로는 예수님을 위하여 적극적으로 고난의 길로 나아가야 한다는 것도 안다.[9] 그러나 그가 이 세상에서 어떤 일을 당하든지 그는 하나님께서 자신을 돌보시며 지켜 주시는 것을 잊지 아니하며, 그 고난과 어려움 가운데서도 하나님을 굳게 믿어 나가는 것이다. 이런 의미에서 바울은 "누가 우리를 그리스도의 사랑에서 끊으리요? 환란이나 곤고나 핍박이나 기근이나 적신이나 위험이나 칼이랴"(롬 8:35)라고 말했던 것이다. 그 모든 것이 우리를 진정으로 손상시킬 수 없다는 것이다. 그래서 그는 계속해서 이렇

게 말한다: "내가 확신하노니 사망이나 생명이나 천사들이나 권세자들이나 현재 일이나 장래 일이나 능력이나 높음이나 깊음이나 다른 아무 피조물이라도 우리를 우리 주 그리스도 예수 안에 있는 하나님의 사랑에서 끊을 수 없으리라"(롬 8:38-39). 그렇게 우리를 사랑하시는 하나님은 참으로 자비하신 아버지이므로 현세에서나 심지어는 죽어서라도 모든 악을 선으로 바꾸어 주실 분임을 바울은 분명히 알았다. 우리도 동일한 지식을 가지고 하나님의 자녀로 살아야 하는 것이다.

3. 창조 신앙은 하나님의 전능성과 신실하심을 믿는 것이다

그러므로 하나님을 창조주로 믿는다는 것은 하나님의 여러 속성을 믿는 것이지만, 특히 다음의 두 가지 속성을 믿는 것이다. 그 하나는 하나님의 전능하심이다. "전능하사 천지를 만드신 하나님을 내가 믿사오며"라고 고백할 때마다 우리 마음속에는 이 세상의 어떤 힘도 능가할 수 없는 하나님의 크신 힘에 대한 생각이 가슴 속 깊이 사무쳐야 한다. 하나님께서는 그 전능하신 힘으로 온 세상을 만드시고, 지금도 그것을 유지하시고 통치하시며, 하나님의 나라를 세우시고 경륜해 나가시며, 나를 그 나라 백성으로 삼으시어 다스리시고 구체적으로 돌보시는 것이다. 무(無)로부터 이 세상을 창조하신 그 전능한 힘으로 나를 돌아보신다는 것을 믿는 것이 하나님의 전능하심을 실존적으로 믿고 신뢰하는 것이다. 하나님의 전능성(全能性)은 그저 추상적인 문제가 아니다. 하나님의 전능을 믿는다는 것은 아주 구체적인 문제와 관련하여 하나님의 손길을 얼마나 강한 것으로 믿는가의 문제이다. 우리가 섬기는 하나님은 연약한 하나님이 아니시다. 그 분은 그야말로 크신 힘을 가지신 강력한 하나님이시다. 이 세상에 다시 있을 수 없는 강력하신 하나님이 우리의 아버지이신 것이다. 강력하나 자애로운 그 분의 손길을 매 순간마다 의식하며 사는 이가 창조신앙을 가진 사람이다.

하나님의 전능하심을 참으로 믿는 사람들은 이 세상에서 세상적인 방법으로 자신의 삶을 개척해 가려고 하지 않는다. 이 세상은 큰소리치고, 다른 이들을 이용하고, 윽박지르고, 자신의 힘을 나타내 보일 때만 그런 사람에게 무엇인가 있는 듯이 돌아보는 세상이다. 그것이 이 세상을 지배하는 원리이다. 그런 세상에서는 세상의 방식에 따라 살아야 할 것 같은데도, 우리 주님께서는 "너희 중에서는 그렇지 아니하니"라고 하시면서 오히려 우리에게 자신을 본받아 온유하게 부드럽게 세상의 악을 악으로 대하지 말고, 오히려 선으로 악을 갚으며 살 것을 요구하신다. 지금도 살아 계신 전능하신 하나님의 손길을 참으로 믿는 이들은 하나님과 그 분의 전능을 믿기에 그 분의 방식에 따라 부드럽고 조용하게, 그러나 하나님 나라의 원칙을 주장하면서 살아가는 것이다. 그러므로 **하나님의 전능성**을 믿는 이들은 이 세상의 관점에서는 연약하게 보일 수 있다. 그러나 우리가 연약할 때 하나님은 강하시다. 여기에 하나님의 전능성의 발휘가 있다. 그 분의 전능은 우리의 사적인 욕망이나 개인적 소원의 성취를 위해서가 아니라, 하나님의 뜻의 실현을 위해 나타나게 된다. 그리므로 많은 이들이 오해하듯이 하나님의 전능성을 "개인적으로 이용"[私用]해 보려고 하는 생각은 사실 하나님의 전능성에 반(反)하는 생각이다.

창조주 하나님을 믿는다는 것은 또한 하나님의 신실하심을 믿는 것이다. 그 분이 예수 그리스도 안에서 우리의 아버지가 되신다고 약속하셨다면, 그 분은 이 약속을 어떤 상황에서도 신실하게 지켜 나가신다. 그 분은 그야말로 신실하신 아버지이시다. 그 분은 결코 우리를 실망시키시지 않으신다. 그 분은 참되신 하나님이시고 진리의 하나님이시므로 참으로 믿을 만한 분이다. 온 세상이 다 변해도 그 분은 변하지 않으신다. 이를 강조하기 위해서 야고보는 "그는 변함이 없으시고 회전하는 그림자도 없으시니라"고 말하고 있다(약 1:17下). 이렇게 하나님 자신이 변하지 않으시므로, 그 분의 말씀도 변하지 않는다. "천지가 없어지기 전에는 율법의 일점일획이라도 반드시 없어지지 아니하고 다 이루리라"(마 5:18)는 말씀도 결국 하나님의 신실하심에서 나오는 말씀이다. 이렇게 하나님은 전적으로 믿을 만한 분이시다. 그러니 이런 신실하신 하나님을 믿지 않고 무엇을 믿겠는가? 그 믿음은 이 세상에서 우리에게 좋은 일이 나타날 때만이 아니고, 사람들이 흔히 말하는 불행의 순간에도 있어야 한다. 그 순간에도 우리는 하나님의 신실하심을 믿으며 그 분께 의존한다.

그러므로 창조주 하나님의 아버지로서의 자상하신 돌보심에 대한 우리의 최후의 고백은 다음과 같은 것이어야 한다:

> "그는 전능하신 하나님이시므로 그리하실 수 있고,
> 그는 신실하신 아버님이시므로 그리하시기를 원하십니다."
> (하이델베르크 요리 문답, 제26문답 마지막 부분).

함께 토의할 문제

1. 창조 사실을 어떻게 받아들여야 할까요? (29쪽 참조)

2. 섭리란 무엇입니까? (히 1:3)

3. 창조와 섭리를 해 가시는 하나님은 어떤 하나님이십니까? (31쪽)

4. 창조와 섭리를 믿는 것의 현재적 의미는 무엇입니까? (33쪽)
   (1) 창조주를 나의 아버지로 믿는다는 것은 무엇을 의미합니까? (마 6:25, 31, 32, 10:31; 빌 4:6; 롬 8:38-39)
   (2) 그런 하나님의 자녀로서 우리는 무엇을 구해야 합니까? (마 6:33; 본문 35쪽 참조)
   (3) 이는 또한 하나님의 전능성과 신실하심을 믿는다는 것인데, 이것의 실천적 의미는 무엇입니까? (37-38쪽 참조)

3장

섭리(攝理)란 무엇인가?

본문: 히브리서 1:3; 시편 104편

우리는 앞에서 창조 사실과 창조 신앙의 의미에 대해서 살펴보았다. 이 우주와 심지어 보이지 아니하는 모든 것들의 시작이 되는 창조의 사실을 믿고 전능하신 창조자를 생각하는 일은 피조된 이성적(합리적) 존재들에게는 당연하고 옳은 일이다. 그러나 창조와 창조주를 믿는 것만으로는 하나님을 바로 믿는다고 할 수 없다. 17세기 말부터 영국에서 시작되어 유럽 대륙과 당시의 신대륙인 미국에까지 번져간 이신론(理神論, deism) 또는 자연신론(自然神論)은 하나님께서 이 세상을 창조하신 후에는 이 세상이 그 나름의 법칙에 따라 움직여 나가게끔 하셨다고 생각한다.[1] 그래서 이신론자들은 피조계를 경이에 찬 눈으로 바라보면서 이 정교한 우주를 디자인(design)하신 창조자를 생각하고 그에 대한 경이를 느끼고, 그가 자연계에 부여하신 법칙을 애써 찾아보려고 하였다. 그러나 그들은 창조 이후에 하나님께서 이 피조계와 어떤 직접적인 관련을 갖지 않으시는 것으로 생각했다.

그렇지만 하나님께서는 그렇게 하지 않으셨다. 오히려 하나님께서는 창조의 능력과 동일하신 능력을 발휘하셔서 이 세상과 역사의 과정에 관여하셨고, 또 지금도 관여하고 계신다. 이를 전통적으로 섭리(攝理, *providentia*, providence)라고 불러왔다. 섭리는 하나님께서 **창조하신 피조계에 대한 하나님의 지속적인 관계**라고 할 수 있다. 그러므로 위에서 말했던 이신론자들은 창조는 믿되 섭리는 믿지 않는 이들이라고 할 수 있다. 이런 점에서 이신론자들은 "가슴속에 종교에 대한 깊은 갈망을 지닌 합리주의자들이었다"라고 말한 드라이든(Dryden)의 표현은 적절한 것이라고 할 수 있다.[2] 그러나 창조만 믿고 섭리를 믿지 않는 것은 하나님을 심각하게 오해하는 것이다. 아무리 종교에 대한 깊은 갈망이 있다고 해도 하나님께서 믿으라고 하신 것을 다 믿지 않는 것은 큰 죄이기 때문이다.

섭리 교리에 대한 근대의 오해 가운데 대표적인 것들 중의 또 하나는 섭리의 과정을 따로 생각하지 않고 섭리를 하나님 자신의 과정과 동일시하려는 헤겔(Hegel)의 사상에서 나타나는 것과 같은 범신론(pantheism)일 것이다. 이는 이신론과는 달리 섭리를 받아들이는 것 같으나 섭리를 성경이 말하는 대로 이해하지 않고, 섭리의 과정이 하나님의 존재에까지 영향을 미치는 것으로 잘못 이해하는 것이다. 이 견해에 의하면 이 세상 역사의 과정이 하나님 자신에게도 매우 형성적(形成的)인 과정이라는 것이다. 그러므로 이런 견해를 취하는 이들은 창조와 섭리 사이의 구별을 하지 않고, 사실상 하나님께서 섭리하신다는 개념도 사라지게 할 정도로 역사의 과정을 하나님 자신의 과정으로 이해하려고 한다.[3]

그러므로 섭리 개념을 성경적으로 바르게 이해하는 것은 매우 중요한 일이다. 더구나 현대에 와서 가장 심각하게 왜곡되는 교리들 중의 하나가 바로 이 섭리교리이므로 이 교리에 대한 이해는 매우 필수적이다. 그래서 이번에는 이 섭리의 문제를 생각해 보기로 하자. 이는 하이델베르크 요리문답 제27문의 주제이기도 하다. 이 문답은 다음과 같이 묻는 일로 시작한다: "하나님의 섭리라는 말로써 당신이 이해하는 것은 무엇입니까?"

1. 섭리 개념의 이해

섭리를 생각할 때 제일 먼저 생각해야 하는 것은 이 일이 "전능하고 항존적인 하나님의 능력으로" 되어지는 일이라는 것이다. 전능하신 하나님의 능력이라는 말은 하나님께서 가진 그 분의 본유적인 능력, 특히 하나님께서 세상을 창조하실 때에 사용하셨던 그 능력을 지칭하는 말이다. 창조의 능력과 동일하신 능력으로 섭리하신다는 것이다. 그런데 이 능력은 "항존적(恒存的)인" 능력이라는 또 하나의 특징을 가지고 있다. 만일 섭리에 작용하는 능력이 항존적인 능력이 아니라면, 이 세상에 여러 가지 복잡한 문제가 발생할 것이다. 그러나 하나님의 섭리하시는 능력은 항존적인 것이므로 우리로 하여금 전혀 걱정을 하지 않도록 한다. 우리는 이 세상을 넉넉히 붙드시는 하나님의 손길을 믿고 우리의 길을 걸으며, 여러 가지 일들을 할 수 있는 것이다. 이처럼 섭리의 능력에 대한 믿음에는 하나님의 불변성에 대한 믿음이 그 배후에 있다고 할 수 있다. 그러므로 어떤 의미에서 이 세상에서 섭리가 발생한다는 것을 믿지 않고 이 세상에서 되어지는 일들을 당연시하며 살아가는 것이 오히려 놀라운 것이다.

그런 전능하고 항존적인 능력으로 하나님께서 섭리하시는 일은 다음 두 가지 용어로 표현할 수 있다. 그 하나는 "유지 또는 보존"(*preservation*, *conservatio*, *sustentatio*)이라는 말이고, 또 하나는 "통치"(government, *gubernatio*)라는 말이다. 웨스트민스터 소요리 문답에서도 "하나님의 섭리하시는 일은 지극히 거룩함과 지혜와 권능으로써 모든 창조물과 그 모든 행동을 **보존하시며 통치하시는 일**이다"라고 표현한 바 있다(제11문답). 이 둘을 나누어 생각하는 것은 그 개념을 명확히 하기 위한 것이지 이 과정들이 결코 떨어진 것이라는 의미는 아니다. 보존과 통치, 그리고 후에 말할 협력이 모두 하나의 섭리적 사역의 여러 측면들이기 때문이다.[4]

하나님께서 이 세상을 유지 또는 보존하신다는 말은 "모든 피조물을 붙드신다"는 말로도 표현할 수 있는 말이다. 히브리서 1장 3절에서도 성자께서 "그의 능력의 말씀으로 만물을 붙드신다"라고 했다. 이는 하나님께서 창조하신 것들에 대해서 하나님께서 그것들의 존재가 유지될 수 있도록 돌보아 주심을 표현하는 말이다. 만일에 한 순간이라도 하나님께서 창조하신 피조물을 붙드시는 일을 하지 않으신다면, 이 피조계는 결코 계속해서 존재할 수 없다. 단 한순간이라도 말이다. 여기서 우리는 아주 중요한 사실을 하나 생각할 수 있다. 그것은 이 세상은 그 존재의 시작에서뿐 아니라 그 **지속에 있어서도** 스스로 존재할 수 있는 것이 아니고, **항상 하나님께 의존해 있는 존재**라는 사실이다. 이 세상은 결코 자족적인(self-sufficient) 존재가 아닌 것이다. 여기에 포함되지 않는 것이라고는 하나도 없다. 레온 모리스가 그의 히브리서 주석에서 잘 설명하고 있듯이, "성자의 유지시키시는 활동의 범위에서 배제된 것은 아무 것도 없다.[5] 이 세상에 있는 모든 것이 다 하나님께서 붙들어 주시는 대상이다. 우리의 생명도, 존재도, 그 하나하나의 움직임도 다 하나님께서 우리를 붙드시는 손길의 결과로 존재하는 것이다. 이런 의미에서 이 세상에 있는 것들 가운데 하나님과 관련을 가지지 않고 있는 존재는 아무 것도 없다.

이런 사실을 잘 깨달은 시편 기자는 피조계 전체를 바라보면서 이렇게 노래한 바 있다: "이것들이 다 주께서 때를 따라 식물 주시기를 바라나이다. 주께서 주신즉 저희가 취하며, 주께서 손을 펴신즉 저희가 좋은 것으로 만족하다가, 주께서 낯을 숨기신즉 저희가 떨고, 주께서 저희 호흡을 취하신즉 저희가 죽어 본 흙으로 돌아가나이다"(시 104:27-29). 이런 것을 생각하면 이 세상에 있는 존재 전체가 하나님께 감사를 표해야 마땅하다. 그 모든 것이 하나님의 붙드시는 손길 때문에 이 순간에도 존재하고 있기 때문이다.

그런데도 사람들은 하나님께서 존재하게 하신 태양이 없어지면 자신들이 그 존재를 계속할 수 없음은 인정하면서도, 정작 그 태양을 창조하시고 유지시키시는 하나님께 감사하기는커녕 그 분을 인정하지도 않는 불경(不敬)을 저지르고 있으니 이 얼마나 한심하고 답답한 상황이 아닌가? 우리는 이런 현실에 대해서 깊은 통분을 느껴야만 한다. 사실은 온 세상 만물이 모두 하나님의 창조와 붙드시는 손길을 유의하고 그에 감사하면서 하나님께 나아와 절해야 한다. 이점에 있어서 바벨론 포수기에서 돌아와 회개하면서 찬양을 드린 옛 이스라엘 백성들의 생각은 아주 바른 것이었다. 그들은 하나님께 영원부터 영원까지 송축해야 할 것을 천명한 후에 그 이유를 다음과 같이 말했다: "오직 주는 여호와시라. 하늘과 하늘들의 하늘과 일월성신과 땅과 땅 위의 만물과 바다와 그 가운데 모든 것을 지으시고 다 보존하시오니 모든 천군이 주께 경배하나이다"(느 9:6). 온 세상의 피조물들도 마땅히 그렇게 해야만 하는데도, 그 하나님을 무시하고 있는 말도 안 되는 오늘날의 현상에 대해서 우리는 통탄하며 매우 분한 마음을 가져야만 한다.

그런데 하나님께서는 이렇게 이 세상을 그저 유지해 나가시기만 하는 것이 아니고, 그 분께서 **영원 전부터 가지신 목적을 향하여** 이 세상이 진행해 나갈 수 있도록 세상을 운영해 나가신다. 이를 하나님의 경영 또는 경륜(*oikonomia*, economy)이라고 하기도 하고, 하나님의 다스리심[統治, *gubernatio*, government]이라고 하기도 한다. 이 세상은 그저 존재하는 것이 아니라, 하나님에 의해 일정한 방향으로 나아가며 통제되고 있다는 말이다. 하나님의 통치는 인간의 역사와 민족들의 흥망성쇠에서도 분명히 나타난다. 이를 잘 깨달은 다니엘은 이렇게 말한다: "그는 때와 기한을 변하시며 왕들을 폐하시고 왕들을 세우시며"(단 2:21); "지극히 높으신 자가 인간 나라를 다스리시며 자기의 뜻대로 그것을 누구에게든지 주시는 줄을" 알아야만 한다고 말이다(단 4:25). 즉, 이 세상에서 일어나는 모든 일이 다 하나님의 다스리시는 손길 아래 있다는 것이다. 이런 구체적 통치 행위에서 그가 "모든 일을 그 마음의 원대로 역사하시는 자"이시라는 것이(엡 1:11) 잘 드러난다.

이렇게 평소에도 이런 사실이 분명히 있지만 그것이 아주 잘 나타나는 것은 때로 이 세상의 죄악에 대해 역사의 과정 가운데서 심판하실 때이다. 최후의 심판에서는 그것이 더 분명히 드러날 것이다. 역사의 과정 가운데서 나타나는 하나님의 심판을 예언하는 말로 다음과 같은 아모스의 말을 생각해 볼 수 있다:

> 기둥머리를 쳐서 문지방이 움직이게 하며 그것으로 부숴져서 무리의 머리에 떨어지게 하라 내가 그 남은 자를 칼로 살육하리니 그 중에서 하나도 도망하지 못하며 그 중에서 하나도 피하지 못하리라 저희가

> 파고 음부로 들어갈지라도 내 손이 거기서 취하여 낼 것이요 하늘로 올라갈지라도 내가 거기서 취하여 내리울 것이며 갈멜 산 꼭대기에 숨을지라도 내가 거기서 찾아낼 것이요 내 눈을 피하여 바다 밑에 숨을지라도 내가 거기서 뱀을 명하여 물게 할 것이요 그 원수 앞에 사로잡혀 갈지라도 내가 거기서 칼을 명하여 살육하게 할 것이라 내가 저희에게 주목하여 화를 내리고 복을 내리지 아니하리라(암 9:1-4).

이런 심판에서 하나님의 분명한 섭리가 나타나 보인다. 그러나 이런 심판만이 하나님의 섭리를 보여준다고 할 수는 없다. 오히려 이 세상의 모든 과정이 하나님의 섭리의 대상이다.[6] 거기에는 가장 사소한 것도 포함되고(마 10:29-31), 우연한 것처럼 보이는 것도 포함되며(잠 16:33, 왕상 21:19-24; 왕상 22:17, 34-36), 선한 일도(빌 2:13), 악한 일도(욥 1:11, 12; 2:4-6), 자원해서 나타나는 자유스러운 일도 모두 포함된다.

보존과 통치의 관계를 생각해 보면 하나님께서 이 세상을 유지하시는 것이 이 세상을 하나님께서 정하신 목적을 향해 잘 다스려 나가시는 과정의 일부분이라고 할 수 있다. 하나님께서 궁극적으로 이루시려고 하는 것은 이 땅 위에 하나님께서 친히 다스리시며, 모든 피조계가 기꺼이 하나님께 복종하여 하나님의 뜻을 질 이루이 나가는 하나님의 나라를 세우시는 것이다. 그러므로 결국 하나님께서는 이러한 하나님 나라의 형성을 위하여 온 세상을 지금도 유지하시며 다스려 나가시는 것이다.

2. 섭리의 구체적인 과정은? - 기적의 경우 외에는 동시 발생 혹은 협력 (concurrence)[7]

하나님께서 모든 것을 섭리하신다고 했을 때 사람들이 흔히 하는 오해는 "그렇다면 이 세상의 모든 일에 대해서 하나님께서 직접적으로 책임지셔야 하며, 다른 존재들은 다 그의 조종에 의해서 놀아나는 꼭두각시와 같다"고 생각하는 것이다. 그러나 이것이야말로 섭리에 대한 심각한 오해이다. 하나님의 섭리는 일반적으로는 이 세상에서 일어나는 원인과 결과의 연관 관계를 무시하면서 일어나는 것이 아니며, 또한 강요와 억압을 통해 피조물들의 작용과 의지에 직접적으로 영향을 미치는 것도 아니기 때문이다.

물론 때로는 이 세상의 원인-결과의 관계를 넘어서서 (즉 제2의 원인들을 사용하지 않고), 또는 그 과정에 **역행하여(*contra media*, 즉 자연 법칙으로 일어나는 것과는 다른 방식으로 수단들을 사용하셔서)** 하나님께서 어떤 일을 직접 일으키기도 하시고 관여하기도 하신다.[8] 그러나 이런 이적들(miracles)은 항상 있는 것이 아닌 그야말로 **비상 섭리** (extraordinary providence, *providentia extraordinaria*)이다. 이 말 자체가 말하고 있듯이, 이런 이적들은 참으로 비상(非常)한 일들로서 늘 있는 일이 아니다. 예를 들어, 홍해를 가르셔서 이스라엘 백성으로 하여금 바다 가운데 길로 가게 하신 일이나, 만나와 메추라기로 그들을 먹이신 일이나, 예수님께서 이 땅에 계실 때 행하신 이적들이나, 그들의 선포의 확증을 위해 하나님께서 그들로 하여금 일으키도록 하셨던 소위 "사도적 이적들"(apostolic miracles)과 같은 일들은 하나님께서 직접적으로 개입하신 비상 섭리를 잘 보여주는 것이다.

그러나 하나님께서는 **언제나 그런 식으로만 역사하시는 것은 아니다**. 아니 오히려 일반적으로 하나님께서는 이 세상의 원인과 결과의 관계를 사용하셔서 섭리하신다. 즉, 하나님께서는 일반적으로 제2의 원인(the second cause, *causa secunda*)을 사용하셔서 섭리하신다고 할 수 있다. 이 말은 벌써 이 세상에서 일어나는 것은 궁극적으로 다 하나님과 관련되어 있다는 것을 인정하는 말이다. 중세 때 스콜라 신학자들이 즐겨 말한 바와 같이 하나님은 만물의 "제1의 원인"(the *prima causa*)이시다. 그러나 이 말이 모든 것의 직접적인 책임을 하나님께 돌리는 말이 아님에 유의해야 한다. 제1의 원인이신 하나님은 제2의 원인들을 무시하고서 사역하시는 것이 아니라, 통상적으로는 제2의 원인들을 사용하셔서 사역하시되 제2의 원인들의 성격을 잘 활용하셔서 그리하시는 것이다. 이런 경우에는 하나님과 **제2의 원인들이 협력하여**(a concurrence of the first Cause with the second causes) 일이 이루어진다고도 말할 수 있다.[9] 이를 협력(cooperation, *cooperatio*) 또는 동시발생(concurrence, *concursus*)이라고 우리 선배들이 표현했었다. 이것은 결국 하나님께서는 제2의 원인들의 '원인으로서의 성격'이 잘 드러나는 방식으로 섭리하신다는 말이다. 즉, 우리의 의지를 사용하셔서 어떤 일을 하도록 하실 때 궁극적으로는 하나님의 뜻과 주관하심이 있지만, 그것이 우리의 의지에 직접적인 영향을 미쳐서 어떤 일이 일어나도록 하시지는 않는다는 말이다.

예를 들어, 그리스도인에 대해서 바울이 "너희 안에서 행하시는 이는 하나님이시니 자기의 기쁘신 뜻을 위하여 너희로 소원을 두고 행하게 하시나니"(빌 2:13)라고 말할 때, 이는 하나님의 행하심과 우리의 소원을 두고 행하는 일의 연관성을 잘 표현한 것이다.[10] 이 때 주의해야 하는 것은 하나님의 행하심이 우리의 소원을 두고 행하는 일에 직접적인 영향을 미친다고 생각하지 말아야 한다는 것이다. 만일 하나님의 뜻과 경영이 우리의 의지에 직접적인 영향을 미친다면, 우리는 자동 기계나 로봇과 같아서 우리가 하는 일에 대해서 우리는 책임이 없고 오히려 하나님께서 책임을 지셔야 하는 것이 된다. 그러나 하나님과 사람의 관계는 그런 것이 아니다. 비록 하나님의 뜻의 작용이 간접적으로 있다 해도 그것이 우리의 의지를 강요하거나 하는 것이 아니므로, 우리가 행하는 모든 일에 대해서는 우리 자신이 책임을 지도록 되어 있다. 하나님의 하시는 일과 우리의 의지의 활동, 하나님의 하시는 일과 제2의 원인이 **동시 발생적으로** 작용한다고 할 수 있기 때문이다.

3. 섭리 교리의 실천적 의미는?

이러한 섭리 교리는 우리의 삶에 대해 매우 실천적인 함의를 가지고 있다. 첫째로, 이 세상에 우연히(by chance) 일어나는 일은 없다는 것을 생각할 수 있다. 이 세상에 일어나는 모든 일들은 다 하나님과 관련하여 일어난다는 것이 섭리 교리의 의미이기 때문이다. 물론 위에서 말했던 이적들과 같이 직접적으로 하나님과 관련되는 일도 있으나, 대개는 하나님께서 허용하시는 것과 같이 하나님과 간접적으로 관련되는 것들이다. 그러나 그것이 구체적으로 어떤 식으로 일어나든지 모든 것이 다 하나님의 관장 아래에 있으므로, 엄밀히 말한다면 이 세상에는 "우연히 일어났다"고 할 수 있는 일은 **하나도 없는 것**이다. 우리 주님께서는 다음과 같은 말로 이 점을 확언해 주셨다: "참새 두 마리가 한 앗사리온에 팔리는 것이 아니냐, 그러나 너희 아버지께서 허락지 아니하시면 그 하나라도 땅에 떨어지지 아니하리라"(마 10:29). 이처럼 우리가 보기에 아주 사소해 보이는 것까지도 다 하나님의 섭리 아래 있다.

그러므로 이러한 섭리를 인정한다면, 우리는 어떤 일도 우연에 근거하거나 요행을 바라고 할 수는 없다. 개혁자들이 카드놀이를 금한 한 가지 이유가 여기에 있다. 우연이나 요행을 바라는 것은 옳은 태도가 아니기 때문이다. 물론 오락으로 카드놀이 등을 즐길 수는 있겠지만 기본적으로 요행이나 우연을 기대하는 태도는 없애야 하는 것이다. 이런 의미에서 오늘날 우리가 문제시해야 하는 것은 전세계적으로 유행하고 있는 복권 제도이다. 미국이나 영국이나 한국이나 할 것 없이 많은 나라의 여러 사람들이 요행을 바라고 열심히 복권을 사고 있다. 그런 일에 따르는 다른 문제점들도 많지만, 기본적으로 복권 제도 배후에 있는 우연에 근거한 생각, 즉 이 세상에 요행히 되는 일도 있다는 생각에 가장 심각한 문제가 있다.

또한 진화론이 옳을 수 없는 것도 이 생각이 기본적으로는 우연에 근거하여 생물의 발생과 진화를 설명해 보려고 하려는 데에 있다. 우리는 어떤 것이든지 우연에 근거하여 무엇을 설명해 보려는 태도를 버려야 한다. 이것이 섭리 교리의 첫 번째 실천적 의미이다.

둘째로, 그리스도인들은 이 세상에서 그들에게 일어나는 모든 일들이 모두 다 하나님의 아버지다운 손길에서 우리에게 온다고 생각해야 한다. 여기에는 좋은 일 뿐만 아니라, 우리가 자연적인 악이라고 생각하는 것도 다 포함된다. 그러나 그것도 우리 아버지의 손길에서 온다면 우리는 그것을 의미 있게 생각하면서 잘 받아들일 수 있을 것이다. 하이델베르크 요리 문답 제27문에서는 "꽃잎이나 풀잎, 비나 가뭄, 풍년이나 흉년, 음식이나 음료, 건강이나 병, 번영이나 가난 이 모든 것이 사실은 … [하나님]의 아버지다운 손길에서 우리에게 온다는 것이다"고 말하고 있다.

이 모든 것은 신자나 불신자 모두에게 해당된다. 그러므로 섭리의 대상에는 신자나 불신자, 피조계 전체, 심지어 천사들과 타락한 천사들인 악한 영들[귀신들]이 모두 포함되는 것이다. 그런데 이 모든 존재들에 대해서 하나님의 섭리는 똑같은 것이라고 할 수 없다. 하나님께서는 자연계 일반보다는 인간들에게, 또 인간들 일반보다는 그 분의 자녀가 된 사람들에게 더 특별한 섭리를 하시기 때문이다. 일반적으로 인간들에게 미치는 섭리를 특별 섭리라고 하고, 그 중에 하나님의 자녀들에게 미치는 섭리를 "아주 특별한 섭리"(a very special providence, *providentia specialissima*)라고 불러 왔다.[11] 그러므로 하나님의 자녀된 이들은 그저 세상 만사를 하나님께서 다 섭리하신다는 수준에서 더 나아가 자녀된 자신들에 대해서 하나님께서 아주 특별한 관심을 가지고 섭리하시는 줄 알고서, 그와 같이 친밀히 인도하시는 하나님의 손길을 의식하고 그 인도하심을 잘 따라가야 할 것이다. 그것이 하나님의 섭리를 인정하는 이들과 그 섭리 아래 있으나 이를 인정하지 않는 이들 간의 큰 차이다.

존재론적으로는 모든 이들이 다 섭리 아래에 있다. 그러나 인식론적으로는 오직 성경적으로 바르게 생각하는 하나님의 자녀들만이 섭리를 인정한다. 그들은 단순히 섭리를 인정할 뿐만 아니라, 하나님 아버지의 인도하심을 구체적으로 따른다. 그런 하나님의 자녀들은 다음 말씀을 실천적으로 체험하며 알게 된다: "우리가 알거니와 하나님을 사랑하는 자 곧 그 뜻대로 부르심을 입은 자들에게는 모든 것이 합력하여 선을 이루느니라"(롬 8:28).

마지막으로 바른 섭리 교리를 배운 이들에게 오늘의 신학적 상황 가운데서 요구되는 하나의 이론적인 요구가 있다면, 그것은 섭리를 하나님 존재에 영향을 미치는 것으로 보는 범신론에 대한 모든 비판을 염두에 두고서 그것을 교묘하게 변형시킨 만유재신론(pannentheism)을 극복하는 것임을 언급하면서 이 논의를 마치고자 한다. 이것은 과정 신학, 몰트만과 융엘의 새로운 십자가의 신학, 큐피트 등의 비실재론적 신학, 심지어 이전 시대의 바르트의 신학 등 오늘날 신학계에 상당히 퍼져 있는 심각한 문제 중 하나이다. 이 문제를 제대로 해결하지 않는 한, 우리는 아직도 섭리 교리를 오해하고 있다고 할 수 있을 것이다. 그러므로 20세기 말과 21세기 초에도 전통적 신학을 유지하려는 이들에게는 이러한 만유재신론을 어떻게 극복할 수 있느냐의 문제가 가장 중요한 신학적 논의의 화두(agenda) 중 하나라고 할 수 있을 것이다.[12] 그것은 섭리 개념을 성경적으로 바로 정립하는 일로부터 시작된다.

함께 토의할 문제

1. 하나님을 믿되 섭리를 믿지 않는 이신론은 어떤 견해입니까? (41쪽 참조)

2. 헤겔적인 섭리 이해는 왜 섭리에 대한 오해라고 할 수 있습니까? (42쪽 참조)

3. 섭리 개념을 정확히 말해 봅시다.

(1) 유지 또는 보존 (preservation, *conservatio*) (44-45쪽 참조)

Cf. 시편 104:27-29; 느 9:6 ______________________________

(2) 통치(government, *gubernatio*) (46쪽 참조)

Cf. 단 2:21, 4:25 ______________________________

엡 1:11 ______________________________

4. 섭리에 포함되는 일들을 생각해 봅시다. (47쪽 참조)

(1) 마 10:29-31 ______________________________

(2) 잠 16:33, 왕상 21:19-24, 왕상 22:17, 34-36 ____________________

(3) 빌 2:13 ______________________________

(4) 욥 1:11, 12, 2:4-6 ______________________________

(5) 엡 2:10 ______________________________

5. 섭리, 즉 보존과 통치의 구체적인 과정은 어떻게 이루어집니까?

(1) 비상 섭리(*providentia extraordinaria*)

그 예들을 언급해 보십시오. (48-49쪽 참조)

(2) 평상 섭리(*providentia ordinaria*)

평상 섭리의 방법은? (49쪽 참조)

빌 2:13을 통해서 이를 설명해 보십시오. (49-50쪽 참조)

6. 섭리 교리의 실천적 함의를 생각해 보십시오.

(1) 세상에서 우연히 일어나는 일은 없다. (마 10:29)

그렇다면 "행운권"이라는 용어는 사용해도 됩니까?

복권 등을 사는 것은 좋은 태도일까요?

(2) 모든 일은 다 하나님의 아버지다운 손길에서 오는 것이다.

"아주 특별한 섭리"란 무엇입니까? (52쪽 참조)

4장

창조와 섭리를 믿는다는 것의 실천적 의미

본문: 창세기 45장, 50장

창조를 믿는다는 것과 섭리를 믿는다는 것은 그저 과거에 그런 역사적 사실이 있었고, 또 지금도 있다는 것을 인정한다는 것 이상의 실천적인 함의를 가지고 있다. 물론 어떤 사람이 창조와 섭리를 인정하지 않는다고 해도 그것 때문에 창조와 섭리가 없는 것은 아니다. 그러나 이를 인정하지 않는 이들은 이런 분명한 사실들에 대해서 맹목적이게 되고, 그 사실들을 아는 것으로부터 얻을 수 있는 유익을 전혀 얻지 못하게 된다. 그러므로 그들은 "이 세상에서 소망이 없고, 하나님도 없는 자"(엡 2:12下)로 있는 것이다. 또한 창조와 섭리의 사실을 알고 인정한다고 해도 이로부터 얻을 수 있는 유익을 전혀 생각해 보지 않는 이들은 이 사실을 인정한다고 하는 것의 유익에 의미 깊게 동참하기 어렵다. 따라서 하나님께서 이 세상을 창조하셨다는 것과 섭리하신다는 것을 인정하고 믿는 이들로서 우리는 이 세상에서 과연 어떻게 생각하고 살아야 하는지 시간을 내서 조심스럽게 살펴볼 필요가 있다. 이런 관심을 가지고 하이델베르크 요리 문답 제28문을 살펴보면 "하나님의 창조와 섭리에 대한 지식이 어떻게 우

리를 도울 수 있습니까?"라고 묻고는 다음과 같이 대답하고 있다:

> 우리는 사태가 우리에게 불리할 때 인내할 수 있으며,
> 사태가 잘 되어 갈 때 감사할 수 있고,
> 미래에 대해서도 우리를 그의 사랑에서 떼어놓을 수 없는
> 우리의 신실한 아버지이신 하나님께 선한 신뢰를 둘 수 있습니다.
> 모든 피조물들이 온전히 그의 손에 있어서,
> 그의 뜻이 아니면 그들이 움직일 수도 없고
> 움직여질 수도 없기 때문입니다.

이제 이 설명을 따라서 참으로 하나님을 믿는 사람의 태도를 천천히 생각해 가면서 창조와 섭리의 유익을 살펴보도록 하자.

1. 창조와 섭리를 믿는 이는 인내할 수 있는 사람이다

여기에 하나님을 믿고 섬기는 어떤 사람이 있다고 해보자. 그런데 그가 어떻게 하다가 이 세상의 복잡한 삶의 과정에서 모진 시련과 어려움을 겪게 되었다. 절박한 상황에 놓인 그는 과연 어떻게 생각하고 행동해야 하나님을 믿고 섬기는 사람답게 생각하고 행동하는 것일까? 어려움이 있으므로 하나님이 계시지 않는다고 하거나, 하나님이 계셔도 자신을 돌봐주지 않는다고 할 수 있을까? 만일 그가 그렇게 한다면 그는 참된 의미에서 하나님을 믿는 사람이 아니거나, 적어도 그 순간에는 불신앙의 태도를 나타내는 것이요, 하나님의 창조와 섭리를 믿지 않거나, 그것을 자신에게 적용시키지 않는 것이다. 그런 태도를 나타내 보이던 이스라엘 백성들을

향해서 여호와 하나님께서는 다음과 같이 탄회(坦懷)하신 일이 있다: "야곱아 네가 어찌하여 말하며 이스라엘아 네가 어찌하여 이르기를 '내 사정은 여호와께 숨겨졌으며 원통한 것은 내 하나님에게서 수리하심을 받지 못한다'하느냐? 너는 알지 못하느냐 듣지 못하였느냐? 영원하신 하나님 여호와, 땅 끝까지 창조하신 자는 피곤치 아니하시며 곤비치 아니하시며 명철이 한이 없으시며"(사 40:27, 28).

이처럼 모든 것이 자신이 생각한대로 잘 될 때만 하나님의 섭리를 생각하는 것은 하나님의 섭리를 참으로 믿는 것이 아니다. 하나님의 섭리를 믿는다는 것은 이 세상의 모든 일이 하나님의 창조적 능력 안에 있음을 인정하는 것임을 상기한다면, 도무지 견딜 수 없을 것 같은 역경도 모두 우리를 사랑하시는 하나님의 손길에서 온다는 것을 인정해야 한다. 욥의 상황과 같이 그런 어려움이 우리에게 임하는 이유를 도대체 알 수 없는 경우라고 해도 그것이 하나님으로부터 임하는 것이라면, 우리는 그것도 참으로 지혜로우신 하나님의 경륜 가운데서 내게 임하는 것임을 믿으며 그 어려움을 참고 인내해 나갈 수 있다. 성경에 나타나는 참된 신앙인들은 모두 다 이같은 태도로 이 세상을 살아갔다. 그들이 그렇게 할 수 있었던 것은 그들의 마음에 섭리에 대한 믿음이 있었기 때문이다. 이들에 대해서 히브리서에서는 이렇게 말하고 있다:

> 또 어떤 이들은 희롱과 채찍질뿐 아니라 결박과 옥에 갇히는 시험도 받았으며, 돌로 치는 것과 톱으로 켜는 것과 시험과 칼에 죽는 것을 당하고 양과 염소의 가죽을 입고 유리하여 궁핍과 환난과 학대를 받았으니 (이런 사람은 세상이 감당치 못하도다), 저희가 광야와 산중과

암혈(巖穴)과 토굴(土窟)에 유리하였느니라(히 11:36-38).

따라서 이런 사람들은 어려움이 자신들에게 임하는 제2의 원인(the second cause, *causa secunda*)이 된 다른 사람들이나 상황을 원망하거나 미워하지 않을 수 있었다. 이것이 창조와 섭리를 믿으며 인내하는 이의 바른 모습일 것이다. 그러므로 **참으로 인내하는 이는 다른 이들을 참으로 용서하는 사람이다**. 다른 이들이 관여되어서 우리에게 어려움이 임했다고 해도, 궁극적으로는 그들보다 그 배후에 있는 하나님의 선하신 손길을 생각함으로 우리는 그들이 우리에게 잘못하는 것을 관대히 용서할 수 있는 것이다.

성경의 기록 가운데서 섭리를 믿기 때문에 자신에게 잘못한 이들을 참으로 용서할 수 있었던 대표적인 인물을 들자면, 구약에서는 요셉을 가장 먼저 생각할 수 있을 것이다. 요셉이 주위의 모든 사람들을 물리치고 (따라서 통역도 물리치고) 아마도 그의 모국어로[1] 그의 형들에게 했던 다음 말을 잘 생각해 보라:

나는 당신들의 아우 요셉이니 당신들이 애굽에 판 자라 당신들이 나를 이곳에 팔았으므로 근심하지 마소서 한탄하지 마소서. 하나님이 생명을 구원하시려고 나를 당신들 앞서 보내셨나이다 … 그런즉 나를 이리로 보낸 자는 당신들이 아니요 하나님이시라(창 45:4-5, 8).

많은 이들은 "요셉 기사 전체에서 핵심이 되는" 이 말이[2] 하나님의 "섭리적 통제에 대한 고전적 진술의 하나"라고 말한다.[3]

이 일에 사람들의 잘못과 하나님의 온전한 뜻이 동시에 작용하고 있음을 보면서, 결국은 하나님의 뜻에만 시선을 집중시키는 것에 섭리에 대한 바른 이해와 신앙이 있는 것이다.[4] 비록 형들이 아버지의 사랑을 독차지하던 자신을 시기하고 미워하여 미디안 상인들에게 팔아 자신을 아비 집에서 떠나게 하였다는 것을 잘 알고, 그로 인해 자신이 모진 고생을 하게 되었음을 누구보다도 잘 아는 요셉이었지만, 그는 또한 이 모든 어려움이 **그저** 형들의 죄악과 미움 때문에 이루어진 일이 아니었음을 잘 알고 있었다. 이 모든 일이 결국 궁극적으로 따져 올라가면 하나님의 섭리의 손길을 통해서 비롯된 것임을 그는 알고 고백한 것이다. 이것이 요셉 이야기 전체의 본질, 주제, 또는 큰 구조(macrostructure)라고 할 수 있다.[5] 그 모든 어려운 과정이 자신의 모든 가족을 보존하고, 결국은 이스라엘 족속을 보존하며 번성시키기 위한 것임을 인정하면서 요셉은 "나를 이리로 보낸 자는 당신들이 아니요 하나님이시라"고 고백하는 것이다.

물론 그가 정확히 언제 이런 인식을 확연하게 가지게 되었는지를 알 수 없고, 본문도 그런 시사를 전혀 주고 있지 않다. 그러나 그가 처음부터 명확히 이런 인식 가운데서 움직였다고는 생각하기 어렵다. 단지 우리는 그가 이 과정을 겪어 가면서 점점 하나님의 손길을 의식하게 되었다고 말할 수 있을 뿐이다.[6] 그러므로 이런 고백을 하는 요셉도 이 어려운 과정을 통해서 하나님의 섭리적 통제를 깨닫고 고백하게 된 것이라고 할 수 있다.

이를 깨닫게 된 후에 요셉은 자신을 미디안 상인들에게 판 형들이나, 집안 일을 최선을 다해 잘 돌아보았음에도 자신을 유혹하고 누명을 씌워 옥에 넣도록 한 보디발의 아내나, 상황을 잘 알아보지 않고 자신에게 모질게 대한 보디발이나, 꿈을 잘 해석해 주었음에도 불구하고 자신의 억울함을 돌아보지 않은 관원장 등에 대한 원망의 마음을 전혀 가지고 있지 않았을 것이다. 그는 이 상황 가운데서 **하나님을 믿기에 참으로 인내할 수 있었다**. 왜냐하면 그는 "죄악된 사람들을 통해서라도 하나님께서는 그의 구원하시는 목적을 이루시는 것"임을[7] 잘 알고 있었기 때문이다.

이처럼 하나님의 창조와 섭리를 참으로 믿는 사람들은 다른 사람들이 원인이 되어서 당하는 어려움 속에서라도 그 사람들에 대해서 직접적으로 원한을 표하거나 그들을 미워하지 않을 수 있다. 이렇게 하나님의 섭리를 인정하고 믿으면 다른 사람들을 얼마든지 너그럽게 용서할 수 있고 또 용서해야 하는 것이다. 그래서 형들 때문에 어려움을 당하고서도 요셉은 "당신들이 나를 이곳에 팔았으므로 근심하지 마소서, 한탄하지 마소서"라고 할 수 있었다. 그리고 이것이 가식이나 빈말이 아니었음은 야곱이 죽은 후에 아버지가 돌아가셨으므로 요셉이 복수할까봐 두려워하는 형들에게 다음과 같이 말하는 요셉의 말에서도 잘 알 수 있다:

> 두려워 마소서 내가 하나님을 대신하리이까 당신들은 나를 해하려 하였으나 하나님은 그것을 선으로 바꾸사 오늘과 같이 만민의 생명을 구원하게 하시려 하셨나니 당신들은 두려워 마소서 내가 당신들과 당신들의 자녀를 기르리이다(창 50:19-20).[8]

이와 같은 요셉의 대답에 대한 가장 좋은 정리와 언급으로 우리는 다음과 같은 데렉 키드너의 요약적이면서도 풍성한 분석을 언급할 수 있다:

> (요셉의) 삼중의 대답의 각 문장은 구약(과 신약)의 신앙의 정점이라고 할 수 있다. 자신에게 대해 행해진 악행들에 대해서 모든 일이 바르게 되는 것을 다 하나님 손에 맡기는 것(19절, cf. 롬 12:19; 살전 5:15; 벧전 4:19), 사람의 악함에 대해서도 하나님의 섭리를 찾는 것(20절; cf. 창 45:5), 그리고 악에 대해서 용서하기만 하는 것이 아니라 실천적 애호와 돌봄으로 갚는 것 (21절; cf. 눅 6:27ff.) — 이 모든 것들은 '기독교적인' 아니 심지어 '그리스도와 비슷한'(Christlike) 태도를 선취(先取)한 것이라고도 할 수 있다.[9]

이런 요셉의 태도, 즉 이와 같이 관대한 마음은 이 세상의 모든 일이 다 하나님의 주관하심 가운데 있음을 믿는 섭리에 대한 신앙에서 나오는 것이다.

십자가에서 예수님께서도 그리하셨다. "아버지여 저희를 사하여 주옵소서 자기의 하는 것을 알지 못함이니이다"(눅 23:34)라고 하시는 이 말씀은 한 편에서 생각해 보면 신성(神性)을 가지신 주님이시기에 하시는 말씀이지만, 또 한 편에서는 이 세상의 모든 일이 하나님의 주관 하에 있음을 분명하고도 확실히 믿는 믿음으로부터 나오는 말이라고도 할 수 있다.

그러나 이런 악에도 불구하고 하나님께서 모든 것을 선하게 만드신다고 해서 죄악을 범하는 사람들에게 책임이 없거나, 그들이 아무런 죄책을 가지지 않아도 된다는 말이 아니다. 그저 결과만 좋으면 그것으로 다 된다고 할 수는 없기 때문이다. 요셉의 경우에 있어서도 잘못을 행한 형들과 보디발의 아내 같은 이들의 죄와 죄책은 엄연히 존재한다. 그것을 마치 없는 것처럼 생각하는 것은 섭리를 인정하는 태도가 아니다. 그러므로 우리가 어려운 상황 가운데서 참고 인내하며, 용서한다고 해서 그것이 죄와 책임에 대해서, 그리고 정의에 대해서 맹목적이기 때문에 그렇게 하는 것이 아님을 우리나 다른 모든 이들이 분명히 의식해야만 한다. 다만 그런 죄에 대해서 판단하시고 공의롭게 처리하실 분은 우리가 아니라 하나님뿐이시다.

우리들도 창조와 섭리에 대한 믿음을 가지고 역경과 환난 가운데서도 잘 인내하는 사람이 되어야 한다. 모든 것, 특히 억울함과 원한을 십자가의 구속의 빛에서 다 주께 맡긴 채, 자신은 그것으로부터 벗어나 살아가야 할 것이다. 이런 빛에서 생각해 보면 억울함, 원한, 한(恨)에 묶여 사는 사람들은 참으로 하나님의 섭리를 믿지 못하는 것이다. 우리의 전통 사상 중의 하나인 한(恨) 문제에 대한 기독교적 해결책은 그리스도의 십자가와 하나님의 섭리를 깨달은 그 인식에 근거해 그 한(恨)으로부터 자유로워지는 것이다. 따라서 그리스도인들에게는 한풀이가 전혀 필요하지 않다. 그들은 이미 십자가가 한(恨)의 문제를 비롯해 모든 문제를 극복했다고 믿기 때문이다. "하나님께서는 그를 섬기는 이들의 선을 위해 선으로 인간들의 악을 이기실 수 있음을" 분명히 믿기 때문이다.[10]

2. 창조와 섭리를 믿는 이는 감사할 수 있는 사람이다

섭리를 믿는 이들이 역경(逆境) 가운데서도 이와 같이 어려움을 인내하며 견디어 나갈 수 있다면, 모든 일이 순조롭게 진행되는 순경(順境)가운데서는 그 모든 일이 자신의 능력으로 되는 것이 아님을 인정하고서 하나님께 참으로 감사할 수 있고 또 마땅히 감사해야 한다. 엄격하게 따져 보면 우리는 이 세상에 존재하고 있다는 사실 자체만으로도 하나님께 감사해야만 한다. **하나님께 참으로 감사할 수 있는 이는 하나님의 섭리를 인정하는 사람이다**. 왜냐하면 일어나는 모든 일의 원천이 하나님이시라는 것을 아는 이는 오직 섭리를 믿는 사람이기 때문이다.

그러므로 엄밀하게 말하면 섭리를 참으로 인정하는 사람은 순경(順境) 가운데서 만이 아니라 역경(逆境) 가운데서도 하나님께 감사할 수 있다. 모든 일에 하나님께 감사하는 것 — 그것은 일어나는 모든 일 배후에 하나님의 손길이 있음을 인정하는 행위이기도 하다. 모리스가 잘 말하는 바와 같이, "모든 정황 가운데서 감사하는 것의 중요성은 하나님의 주권과 섭리에 대한 인식에서 나오는 것"이기 때문이다.[11] 모리스는 또 이렇게도 말한다: "모든 것에 하나님의 손길이 작용하고 있음을 인식하게 되면 모든 것에 대해 감사하기를 배우게 된다."[12] 그러므로 모든 일에 대해서 감사하는 일은 참으로 섭리를 믿는 신앙인에게 있어서 매우 자연스럽고 마땅한 일이기도 하다. 그리고 그 감사의 근원적 원인은 참 신자들 안에 계신 그리스도이시다.[13] 그 분의 구원에 대해 감사하면서 우리는 모든 정황 가운데서도 그 구원을 이루신 분께 감사를 드리는 것이다.[14]

그러나 이렇게 범사에 감사하는 일은 우리가 경험적으로도 잘 알다시피 쉽게 되는 일은 아니다. 그래서 사도 바울도 데살로니가 교우들에게 "범사에 감사하라"고 말한다(살전 5:18). 그는 "모든 정황 가운데서"(ἐν παντὶ) 감사하라고 명령한다(εὐχαριστεῖτε). 이는 우리가 위에서 언급한 역경 가운데서의 상황도 포함하는 포괄적인 말이다. 감사하는 일이 쉽게 되는 일이었다면 교우들에게 이를 명령할 이유가 없었을 것이다. 그러나 그것이 쉬운 일이 아니기에 이를 명령한 바울 사도는 (그가 명령한 다른 것들도 염두에 두면서)[15] "이는 그리스도 예수 안에서 너희를 향하신 하나님의 뜻이니라"는 말을 덧붙이면서 감사해야 하는 근거를 분명히 밝히고 있는 것이다.

우리를 향하신 하나님의 뜻을 우리가 알기만 한다면 하나님을 사랑하는 우리는 그대로 행할 것이 아닌가? 그런데 여기 그리스도 안에서 하나님께서 우리를 향하여 바라시는 바의 하나가[16] 분명히 명시(明示)되어 있다. 따라서 우리는 모든 일에 대해서 마땅히 하나님께 감사해야 하지 않겠는가? 바울 사도는 에베소 교우들에게도 같은 권면을 하고 있다: "범사에 우리 주 예수 그리스도의 이름으로 항상 아버지 하나님께 감사하며"(엡 5:20). 그러므로 그리스도인들에게 있어서 그 감사의 최종적 근거는 예수 그리스도와 그 분이 이루신 구속의 행위로 말미암는 유익이다. 그리스도께서 우리를 위해 해 주신 일을 생각하면 우리는 그 어떤 상황에서도 하나님께 참으로 감사할 수 있는 것이다. 이렇게 하나님의 창조와 섭리를 믿는 성도는 모든 일에 있어서 하나님께 감사하는 사람들이다.

감사하는 마음은 무엇이 잘 되었을 때 그것이 자신의 선행이나 애씀과 노력의 결과로 그리되었다고 전혀 생각하지 않는 마음이다. 물론 그 자신이 노력하지 않거나 애쓰지 않는 것은 아니지만, 그는 자신의 노력과 애씀으로 좋은 결과가 왔다고는 전혀 생각하지 않는다. 결국 따지면 자신이 이렇게 애쓰고 노력할 수 있는 동기와 힘과 마음과 그 모든 것이 다 하나님께서 주셔서 가능한 것이며, 또한 하나님께서 모든 정황을 이루셔서 좋은 열매가 있도록 하셨다고 생각하는 것이다. 그러므로 그는 하나님을 생각하면서 하나님께 모든 것을 돌리며 하나님께 참된 감사를 드릴 수 있는 것이다. 따라서 감사하는 마음은 스스로를 자랑하는 마음이 전혀 없는 마음이다. 감사하는 마음은 범사에 하나님을 인정하는 마음이기 때문이다. 그런 마음을 가진 이는 오직 하나님만을 자랑한다. 그래서 바울은 예레미야서 9:23-24의 말씀을 인용하면서 "자랑하는 자는 주 안에서 자랑하라"는 말을 여러 번 하는 것이다(고전 1:31; 고후 10:17). "그리스도 안에서, 즉 그리스도와의 지속적인 연합 가운데서"라는 뜻을 전달하는[17] 이 "주 안에서"(ἐν κυρίῳ) "자랑하라"는 말은 주 안에서 무엇을 자랑하라는 말이 아니고, 주께서 해주신 것을 자랑하라는 것이다.[18] 결국 참된 신자에게는 자랑할 것이 주님뿐이라는 말이다. 왜냐하면 그리스도 안에서 구속함을 받은 그리스도인들은 모든 것을 주로부터 받았기 때문이다. 바울이 강하게 말하듯이, 그들이 가진 것 가운데 주께로부터 받지 아니한 것이 하나도 없으며(고전 4:7), 그들은 그리스도 안에서 모든 것을 가지고 있기 때문이다(고전 3:21上).

이를 제대로 깨달은 사람들은, 칼빈이 잘 말하고 있는 바와 같이, "자신들에게 영광을 돌리지 않을 뿐만 아니라 그의 존재 전체로 하나님의 영광만을 증진시키는 데 힘을 쓰는 것이다".[19] 그러므로 모든 일에 있어서 하나님만을 자랑하고 하나님께만 영광을 돌리는 이가 참으로 감사하는 사람이다. 창조와 섭리를 참으로 인정하는 사람들은 하나님을 자랑한다. 그에게는 하나님이 참으로 그렇게 실재적인 것이다. 참된 신앙인에게는 그 자신이나, 자신이 이룬 일이나, 자신의 옷이나 부나 명예나, 학식이나, 자신의 힘이나, 자신의 노력이나, 자신의 자녀나, 심지어 자신의 교회나 자신과 관련된 그 어떤 것도 자랑거리로 떠오르지 않는다. 그에게는 오직 하나님만이 자랑의 근거요 대상으로 나타난다. 그러므로 우리 모두는 오직 하나님만을 자랑해야 한다.

3. 창조와 섭리를 믿는 이는 미래를 하나님께 맡기는 사람이다

창조와 섭리를 믿는 것은 이렇게 과거와 현재와만 관련되어 있는 것이 아니라 미래와도 관련되어 있다. 과거와 현재가 하나님의 창조와 섭리의 손길 안에 있는 것만큼이나 미래도 하나님의 섭리의 손길 안에 있기 때문이다. 하이델베르크 요리 문답 제 28문답의 마지막 부분이 분명히 말하듯이 "모든 피조물들이 온전히 그의 손에 있어서, 그의 뜻이 아니면 그들이 움직일 수도 없고 움직여질 수도 없기 때문이다". 이런 사실을 알기에 섭리를 믿는 이는 미래를 온전히 하나님께 맡기게 된다. "사망이나 … 현재 일이나 장래 일이나 … 다른 아무 피조물이라도 우리를 우리 주 그리스도 예수 안에 있는 하나님의 사랑에서 끊을 수 없으리라"(롬 8:38-39)는 바울의 말은 이런 맥락에서 우리에게 매우 중요하다. 하나님께서 그리스도 안에서 우리를 사랑하신다는 것을 믿는 이는 그 불변하는 사랑을 믿기에 장래를 과감히 하나님께 맡긴다.

따라서 하나님께 미래를 맡기는 사람은 장래에 대해서 쓸데없는 걱정과 불안을 가지지 않는다. 우리들에 대한 하나님의 사랑은 모든 상황 가운데서 우리의 불안과 걱정을 제거하기에 충분하다. 그러므로 미래에 대해서 공연한 불안에 사로잡히고 걱정하는 사람은 마치 그에 대해서 하나님이 없는 것처럼 생각하고 느끼는 것이다. 그는 실천적으로 하나님이 없는 것처럼 생각하는 것이다. 따라서 그가 참으로 이런 상황 가운데 있다면, 그는 실천적인 무신론자(practical atheist)라고 할 수 있다. 이 얼마나 답답한 상황인가? 하나님께서 그리스도 안에서 그를 끊을 수 없는 사랑으로 사랑하시어 모든 것이 합력하여 선을 이루게 하시는데도, 그 자신은 마치 그런 하나님의 사랑과 배려와 돌보심이 전혀 없는 듯이 생각하며 자신의 미래에 대해서 걱정을 하니 말이다. 엄밀히 말하면, 이것은 하나님을 모독하는 것이요 불신하는 것이다.

그러므로 하나님의 섭리를 믿는 성도는 미래에 대해 고민하거나 근심하지 않고 모든 염려를 주께 맡긴다. 우리 주님께서는 이렇게 말씀하신 바 있다: "목숨을 위하여 무엇을 입을까 무엇을 마실까 몸을 위하여 무엇을 먹을까 염려하지 말라 … 이는 다 이방인들이 구하는 것이라"(마 6:25, 32上). 하나님을 참으로 믿는 우리는 이런 염려를 할 수 없다. 왜 그런가? 주님께서는 계속해서 이렇게 말씀하신다: "너희 천부께서 이 모든 것이 너희에게 있어야 할 줄을 아시느니라"(마 6:32下). 그러므로 창조와 섭리의 주이신 천부께서 "이 모든 것을 [우리]에게 더하시리라"는 것이다(마 6:33下). 따라서 우리는 미래에 대해서 걱정하거나 불안에 사로잡히지 말아야 한다. "너희 염려를 다 주께 맡겨 버리라"고(벧전 5:7) 베드로가 권면하지 않았는가? 또한 바울은 "아무 것도 염려하지 말고 오직 모든 일에 기도와 간구로 너희 구할 것을 감사함으로 하나님께 아뢰라"고(빌 4:6) 권면하지 않았던가?

또한 하나님께 미래를 맡기는 이는 미래 일을 생각하고 계획할 때 하나님을 배제하고 생각하거나 계획하지 않는다. 예수님의 비유 가운데 나오는 어리석은 농부는 하나님을 전혀 고려하지 않은 채 자신의 수확에 대해 생각하며 계획을 세웠고(눅 12: 16-21), 이것 때문에 예수님의 비판을 받았었다. 그와 같이 하나님을 배제한 채 미래를 생각하는 것은 어리석은 짓이다. 또한 야고보가 예를 들고 있는 사람도 하나님을 배제한 채 장래의 계획을 세웠으나(약 4:13-17), 야고보는 그에 대하여 "내일 일을 너희가 알지 못하는도다 너희 생명이 무엇이뇨 너희는 잠간 보이다가 없어지는 안개니라"고 선언했던 것이다. 도시에서는 잘 느끼지 못하지만 산중이나 농촌에서 새벽에 안개가 잠시 있다가 사라지는 것을 경험한 이들은 이 말의 의미를 직감(直感)할 수 있을 것이다. 그러면 그렇게 잠시 있다가 사라지는 안개 같은 존재인 우리는 어떻게 해야 하느냐고 물을 사람들을 위해서 야고보는 친절하게 대답하여 주기를 우리는 도리어 "주의 뜻이면 우리가 살기도 하고, 이것저것을 하리라"고 말해야 한다고 했다. 여기서 강조점은 "주의 뜻이면"(ἐὰν ὁ κύριος θέλῃ, *Deo volente*, D.V.)이라는 말에 있다. 물론 이 말은 고대 희랍어에 자주 등장하여[20] 나중에는 그저 "그렇게 되기를 원한다"는 뜻으로 사용된 말이기는 하나,[21] 야고보가 이 말을 사용할 때는 그저 희랍적인 경건을 편입시키거나 일반적인 지혜를 말하는 것이 아니라, 우리는 모든 경우에 있어서 참으로 온 세상을 주관하시는 하나님을 염두에 두고서 계획을 세워야 함을 강조하는 것이다.[22]

그리스도인도 장래에 대해서 생각하고 계획을 세우는 일을 해야 하나, 이 때 이 세상의 모든 일들을 주관하시는 하나님을 염두에 두고서 이 일을 해야 하며, "주의 뜻이면" 이런저런 일들을 하리라고 생각해야 한다는 것이다. 이 말로 야고보는 그가 이전에 강조한(약 4:7) 하나님의 뜻에 대한 복종을 모든 삶에 적용하고 있는 것이다.[23] 하나님을 믿는 사람이면 미래에 대해서 생각하고 계획할 때에도 하나님의 주권과 섭리적 통제를 믿는 모습을 나타내야만 한다. 온 천하를 참으로 주관하시는 하나님과 잠시 있다가 없어지는 안개 같은 우리들의 진정한 모습을 깨달은 이는 그와 같이 하지 않겠는가?

그리고 이런 주님의 뜻 안에서 세우는 미래에 대한 계획도 언제나 그의 나라와 의를 구하는 것과 연관되어야 한다(마 6:33). 우리의 모든 계획은 주께서 크신 힘으로 세우시는 그 나라의 진전과 그 의의 온전한 실현을 위한 계획이 되어야만 한다. 이렇게 하나님 나라와 그 의(義)를 위해 사는 이들만이 미래를 참으로 창조와 섭리의 주님께 맡기는 것이다. 우리는 우리의 삶 전체와 우리의 미래조차도 하나님 나라와 그 의를 위해 드려야 한다. 여기에 우리 존재의 의미가 있다. 우리는 하나님께서 친히 경영하시고 세우시고 이루어 가시는 하나님 나라의 백성으로서, 그 나라와 그 의를 위해 사는 존재들이니 말이다.

4. 결론

지금까지 창조와 섭리를 믿는 이가 현세의 삶을 살면서 어떤 유익을 얻을 수 있는지를 살펴보았다. 그는 역경(逆境)과 어려움 가운데서도 하나님께 감사하며 인내할 수 있고, 순경(順境)과 번영(繁榮) 가운데서도 자만(自慢)하지 않고 하나님께 참으로 감사할 수 있으며, 미래에 대해서 쓸데없이 염려하지 않고, 하나님의 사랑과 뜻을 믿고 염두에 두면서 그 분의 뜻을 따르는 계획을 세워 나갈 수 있다. 왜냐하면 창조와 섭리를 믿는 이는 하나님과 피조물의 관계를 바로 아는 사람이기 때문이다. 피조물은 창조주 하나님의 뜻에 따라 있었으며, 지금도 있고, 또 있게 될 것이다. 그는 바울처럼 다음과 같이 생각하고 말하는 자다: "우리가 그를 힘입어 살며(living), 기동하며(moving), 있느니라(being)". 부디 우리 모두는 이런 것을 잘 알기만 하지 말고, 그것을 잘 아는 사람답게 그 모든 유익을 잘 얻어 갈 수 있었으면 한다. 미래를 포함하여 우리 전체를 주께 맡기고서, 우리의 모든 정황 가운데서 참으로 인내하며, 주께 감사할 수 있기를 바란다.

함께 토의할 문제

창조와 섭리를 믿는다는 것의 실천적 의미 4가지를 정리해 봅시다.

1. (   )할 수 있다.

(1) 구약 성도들의 삶의 모습은 어떠했습니까? (히 11:36-38)

(2) 고난 가운데서 구약 성도들은 불평하며 살았겠습니까?

(3) 구약 성도들의 삶의 태도와 자세를 진술해 보십시오.

2. (   )할 수 있다.

(1) 창 45:4~5, 8을 읽고, 요셉이 어떻게 용서할 수 있었는지를 생각해 보십시오.

(2) 창 50:19-20에 나타난 확언의 진정한 의미를 생각해 보십시오.

(3) 63쪽에 인용된 데렉 키드너의 말을 읽고 이를 어떻게 우리 자신에게 적용해야 하는지를 말해 보십시오.

3. (   )할 수 있다.

(1) 살전 5:18 ____________________

(2) 엡 5:20 ____________________

(3) 감사하는 이는 "오직 하나님만 자랑한다." (고전 1:31, 고후 10:17) 이 말씀의 실천적 의미는 무엇일까요?

4. (　　　)를 하나님께 맡긴다.

(1) 그 근거는 무엇입니까? (롬 8:38~39; 마 6: 25, 32)

(2) 그렇게 하는 방법은 무엇입니까? (벧전 5:7; 빌 4:6)

(3) 그러면 계획은 필요하지 않습니까?

(4) "주의 뜻이면"(*deo volente*) 한다는 태도로 하는 계획은 어떤 것입니까? (70-71쪽 참조)

제2부

그리스도는 누구신가?

5장_ 그리스도의 칭호(1): “예수”

6장_ 그리스도의 칭호(2): 기름부음을 받은 자(“그리스도”)

7장_ 그리스도의 칭호(3): “하나님의 아들”

8장_ 그리스도의 칭호(4): “주(主)”

삼위 하나님의 창조에 대한 고백을 한 뒤에는 "그 아들 예수 그리스도를 믿사오니"라는 그리스도에 대한 고백이 나온다. 그리스도에 대한 고백은 사도신경에서 가장 긴 부분이다. 이는 당대에 이 논의가 가장 많이 이루어지기도 해서 그렇겠지만, 다른 한편으론 이 문제가 가장 중요한 문제였기 때문에 길게 고백했다고 볼 수도 있다.

앞으로 몇 차례에 걸쳐 성자 하나님과 그 분의 사역에 대해서 생각해 볼 것이다. 이 때 전제해야 할 것은 앞에서 삼위일체 하나님에 대해서 말하고 고백했던 바이다. 즉, 성자 하나님은 그 본질과 존재와 능력과 영광에 있어서 성부 하나님과 온전히 동등한 하나님이시고, 역시 동일 본질의 성령 햐나님과 함께 삼위일체 하나님이시라는 고백말이다. 엄밀하게 말하자면, 창조하시고 젭리하시는 분은 삼위일체 하나님이시다. 그런데 창조와 섭리에 대해 말할 때 일반적으로 성부 하나님을 그 일의 대표로 내세워서 말하는 것이다. 그러나 이런 표현 때문에 마치 창조와 섭리는 오직 아버지 하나님의 일인 것처럼, 그래서 성자 하나님과 성령 하나님은 이런 일에는 관여하지 않으시는 것처럼 오해해서는 안 된다. 사도신경에서 창조주 하나님을 말한 후에 "그의 아들 우리 주 예수 그리스도를 믿사오니"라고 고백할 때에도 아버지 하나님을 삼위일체적 창조의 대표자로 인정하는 것에서 그렇게 표현한 것이라는 점을 잊어서는 안 된다.

지금부터의 논의는 영원하신 아들 하나님께서 이 땅에 오신 것과 그 분의 지상 사역을 중심으로 진행될 것이다. 영원 전부터 아버지 하나님의 영원하고 영광스러운 아들이신 그 분은 영원부터 영원까지 성부 하나님의 아들로 계신다. 성자가 계시니 성부가 계시고, 성부가 계시니 성자가 계신 것이다. 이것은 성부, 성자, 성령 하나님의 영원한 관계성을 지칭하는 말이다. 삼위일체 하나님은 영광 가운데 계셨고, 지금도 무한한 영광 가운데 계신다. 예수님께서는 그 분의 대제사장적 기도(요 17장) 가운데서 "아버지여 창세 전에 내가 아버지와 함께 가졌던 영화로써 지금도 아버지와 함께 나를 영화롭게 하옵소서"라고 기도하셨다(요 17:5). 이 말씀 가운데 "창세 전에 내가 아버지와 함께 가졌던 영화"라는 말은 그 분이 영원 전에 삼위일체적 영광 가운데 계셨음을 나타내 주시는 것이다. 영광 가운데 계시던 성자께서* 하늘 영광을 떠나셔서 인간성을 취하시고 이 땅에 오신 것이다. 그럼 이제 그 분에 대한 고백을 더 깊이 생각해 보기로 하자.

---

* 그리스도의 선재(先在, pre-existence)에 대한 좋은 설명과 변증으로 Donald MacLeod, *The Person of Christ* (Leicester : IVP, 1998), 김재영 역, 『그리스도의 위격』 (서울: IVP,2001), 제2장, 53-90을 보라.

5장

그리스도의 칭호 (1): "예수"

본문: 마태복음 1:18-21

"하늘"(heaven)로부터 구원을 위해 이 땅에 오신 하나님의 아들에게 붙여진 이름이 "예수"였다. 이 장에서는 왜 그 분에게 "예수"라는 이름이 붙여졌는지를 살펴보면서, "예수"라는 이름의 뜻에 대해서 생각해 보도록 하자.

1. 계시된 이름 "예수"

어린아이가 태어나면 그 부모나 조부모들께서 아이의 이름을 지어 주는 것이 이 세상의 관례이다. 이스라엘 백성들에게도 부모가 아기의 이름을 지어주는 것이 관례였다. 그러나 이 구약의 언약 백성에게는 때때로 **하나님께서 친히** 이름을 지어 주신 일이 있었다. 예를 들어서, 아브라함의 씨로 주어진 이삭의 경우가 그러했다. 웃음이라는 뜻의 이 이름 "이삭"(יִצְחָק)은 [하나님의 약속에 대한 아브라함의 웃음과 사래의 웃음(창 17:17, 창 18:11-15), 그리고 할머니가 아기를 낳았다는 사실에 대한 동네 사람 등의 웃음, 그리고 사래의 기뻐하는 웃음(창 21:6) 등] 삼중의 웃음을 빗대어서 **하나님께서 친히** 지어 주신 이름이다(창 17:19). 세례 요한도 그가 잉태되기도 전에 하나님께서 보내신 천사가 그 아버지인 사가랴에게 지시해 준 이름이다(눅 1:13, 59-64). 또 어떤 이들의 경우에는 그들의 삶의 한 가운데서 하나님께서 그들의 이름을 바꾸어주신 일도 있었다. "높은 아버지"(high father)라는 뜻의 "아브람"(אַבְרָם)에서 "많은 무리의 아비"(father of the mutitude)라는 뜻의 이름인 "아브라함"(אַבְרָהָם)이라고 고쳐주신 경우나(창 17:5), "발꿈치를 잡은 자"(heel-holder)라는 뜻의 "야곱"(יַעֲקֹב)에서(창 25:26) "하나님과 겨룬 자"(God's fighter)이라는 뜻의 "이스라엘"(יִשְׂרָאֵל)이라고 고쳐 주신 경우가(창 32:28) 대표적인 예가 된다. 이런 이름의 변화는 그들의 역사 가운데서의 성격이나 특성의 변화를 나타내주는 것이 된다.

"예수"라는 이름도 이렇게 하나님께서 미리 지어 주신 이름이다. 그러나 이 이름 자체는 이전에는 없던 아주 독특한 이름은 아니다. 이스라엘 사람들 가운데서 "예수"(יֵשׁוּעַ)라는 이름은 쉽게 찾아 볼 수 있는 이름 중 하나였다. 구약의 예를 들면, 모세의 후계자로 이스라엘을 인도한 "여호수아"(יְהוֹשֻׁעַ)는 그 이름이 "예수"와 같이 "여호와는 구원이시다"는 뜻을 지닌 말이다. "예수아"(יֵשׁוּעַ, 느 7:7)라는 이름은 신약에서 "예수"라고 쓴 것과 정확히 같은 이름이다("예수아", יֵשׁוּעַ "예수",' Ἰησοῦς). 신약에는 "바예수"(בַּר־יֵשׁוּעַ, 즉, 예수의 아들)라는 이가 나타나는 것을 보면(행 13:6), 또한 "유스도라고 하는 예수"라는 말을 보면(골 4:11), "예수"라는 이름이 이스라엘 사람들에게 자주 붙여지던 이름들 가운데 하나라는 것을 짐작할 수 있다. 이스라엘 사람들은 오직 여호와께서만이 자신들의 구원이 되심을 믿고, 그들의 자녀에게 그런 믿음을 표현하는 이름을 붙였으리라고 생각된다. 그런데 우리가 관심을 가지고 있는 "사람으로 오신 하나님의 아들"은 이런 과정을 통해서 "예수"라는 이름을 얻으신 것이 아니다.

요셉이라는 청년과 정혼한 마리아에게 천사가 나타나서 "보라 네가 수태하여 아들을 낳으리니 그 이름을 예수라 하라"(눅 1:31)고 말씀한 것이 이 아이에게 예수라는 이름이 주어진 근본적 이유이다. 또한 마리아와 정혼한 요셉이 마리아의 수태 사실을 알고서[1] 이 일에 대하여 어떻게 감당해야 할지를 근심하며 가만히 끊고자 할 때,[2] 주의 사자가 그의 꿈속에 나타나서 다음과 같이 말하였다: "다윗의 자손 요셉아 네 아내 마리아 데려오기를 무서워 말라 저에게 잉태된 자는 성령으로 된 것이라 아들을 낳으리니 이름을 예수라 하라"(마 1:20-21). 이렇게 이 아이의 이름은 그 법적인 인간 부모가 될 마리아와 요셉에게 하나님께서 보내신 주의 사자의 말씀 속에서 계시된 것이다. 그러므로 이 "예수"라는 이름은 하나님께서 친히 계시해 주시고 붙여 주신 이름이다. 이 말씀에 따라서 요셉은 마리아를 데려오고 아이가 태어날 때까지는 동침하지 않았다. 그리고 아이가 태어났을 때에 그 아기의 법적인 아버지가 된 요셉이 그 아이의 이름을 주께서 계시해 주신 대로 "예수"라고 하였다(눅 2:21; 마 1:25). 이렇게 이름을 붙이는 행위는 그 아이를 자신의 아들로 공식적으로 인정하는 행위이다.[3] 그리하여 그를 법적으로 입양했다는 것을 의미한다.[4] 즉, 요셉이 예수님의 "법적인 아버지"(legal father)[5] 또는 "양부"로[6] 행동했음을 뜻하는 것이다. 이로써 이 아이가 요셉의 계열을 따라서 공식적으로 법적으로 다윗의 자손으로 인정된 것이다. 그 이후로 우리는 인간으로 오신 하나님의 아들을 "예수"라고 부르는 것이다. 바로 이것이 우리 예수님의 이름의 기원이다.

정리하자면, 그 이름은 1세기 중반까지는 일반적인 이름이었지만, 예수님의 경우에 있어서는 이와 같이 아주 독특한 방식으로 붙여졌고, 그 의미도 독특했다. 비록 예수님께서 구속을 위해 십자가 형벌을 받으신 후에는 믿지 않는 유대인들에게는 이 이름이 너무나 악명 높은 이름이 되었으나, 그리스도인에게는 너무나 고귀한 이름이 되어서 사람들이 그 이름을 자녀들에게 붙여주지 않았기에 2세기부터는 희귀한 이름이 되었다. 그리하여 이제 "예수"하면 자연스럽게 "나사렛 예수", 즉 우리 주 예수님을 생각하게 된 것이다.

2. "예수"라는 이름의 의미

그렇다면 하나님께서는 왜 이 아이에게 "예수"라는 이름을 친히 붙여주신 것일까? 마태복음에 주의 사자가 요셉에게 주신 말씀 가운데 그 이유가 제시되어 있다: "아들을 낳으리니 이름을 예수라 하라 이는 그가 자기 백성을 저희 죄에서 구원할 자이심이니라"(마 1:21). 이스라엘 중에 예수라고 이름하는 사람이 여럿 있을 수 있지만, 그 때에는 그저 그 부모 되는 이들이 "여호와 하나님만이 우리의 구원이시다, 그가 우리를 구원하실 것이다"는 뜻으로 하나님께서 이루실 구원을 기대하고 바라면서 그렇게 이름을 붙인 것에 불과하다. 이는 그저 믿음의 표현이었다. 마치 노아의 아버지인 라멕이 아들을 낳고서 "여호와께서 땅을 저주하시므로 수고로이 일하는 우리를 이 아들이 안위하리라"고 하면서 아들의 이름을 "안위함"이라는 뜻의 "노아"(נֹחַ)라고 하였듯이 말이다(창 5:29). 이와 비슷하게 여호와께서만이 우리의 구원이심을 고백하면서 주께서 그 구원을 속히 가져다주실 것을 기원하는 것이 사람들이 예수라는 이름을 붙일 때의 심정이었을 것이다.

그러나 여기 마리아에게서 태어날 이 아이의 경우에는 하나님께서 그의 사자를 보내셔서 이름을 지어 주시면서 그 이유까지 밝혀 주셨는데, "이는 그가 자기 백성을 저희 죄에서 구원할 자"이기 때문이라고 하시는 것이다.[7] 여기에는 몇 가지 중요한 개념이 함축되어 있다고 할 수 있다.

첫째로, 이 예수라고 하는 분은 기본적으로 구원하시는 분이심을 시사해 준다. 여기에 아주 포괄적인 용어 하나가 나왔다: 바로 "구원"(σωτηρία)이다. 이 구원이란 말은 이 세상의 모든 잘못된 것으로부터의 회복과 온전하게 함을 의미한다. 물리적, 정신적, 도덕적, 영적 회복과 온전하게 됨 — 이것이 구원이란 말이 가지고 있는 포괄적인 뜻이다. 구약에서는 이 구원이 기본적으로 하나님에 의해서 주어진다는 것을 강조한다. 특히 이 본문과 밀접하게 연관되어 있는 시편 130:8은 "저가[여호와께서] 이스라엘을 그 모든 죄악에서 구속하시리로다"라고 말하여 이 구원을 가져다주시는 분이 여호와이심을 강조한다.

그런데 성경의 전체적인 가르침을 잘 살펴보면, 사람들의 근본적인 문제는 결국 물리적이거나 정신적인 것에 있는 것이 아니라, 하나님과의 관계인 영적인 데에 있으므로, 영적인 문제를 해결하지 않은 물리적, 정신적 회복은 참되고 궁극적인 의미의 구원일 수 없다. 그러므로 예수님께서 이루시는 구원 사역의 일차적인 의미는 구속적이고 영적인 것이었다.[8] 그래서 이 예수님의 이름을 설명하면서도 "이는 … **저희 죄에서** 구원할 자"라는 점을 강조한다. 물론 이것은 인간의 영적인 문제만을 해결한다는 의미가 아니다. 죄는 영적인 문제로 시작하지만, 이는 결국 정신적 문세, 도덕적 문세, 그리고 물리적 문제까지 낳고 마는 것이기 때문이다. 죄와 그로부터 오는 비참함이란 문제는 그야말로 총체적인 문제가 아닐 수 없다. 따라서 이 총체적인 인간 문제의 해결도 결국 궁극적인 영적인 문제를 해결하는 데서 시작해야 한다. 인간의 궁극적인 문제인 죄의 문제를 해결해야 그로부터 물리적, 도덕적, 정신적 회복이 이루어질 수 있는 것이고, 이런 것들이 온전하게 될 때에야 인간의 구원이 온전히 이루어지는 것이다. "예수"라고 하는 분은 일차적으로 죄의 문제를 해결하심으로써 궁극적으로 이렇게 온전한 의미의 구원을 가져다주시는 분이다. 그러므로 이 예수라고 불린 아이는 우리의 구원자로 이 세상에 오신 것이다. 그것도 **유일하신 구원자**로서 말이다. 그래서 후에 사도들은 "다른 이로서는 구원을 얻을 수 없나니 천하 인간에 구원을 얻을 만한 다른 이름을 우리에게 주신 일이 없음이니라"고 공언하였다(행 4:12). 예수라는 그 이름이 무슨 신비한 마술적인 효과를 발휘해서 구원한다는 것이 아니라, 예수님께서 이 세상의 구원자로 오셔서 구원의 사역을 다 이루셨으므로 오직 그 분만이 우리의 구원자라는 것을 선언한 것이다. 그리고 하워드 마샬이 잘 말하고 있듯이, 이로부터 "하나님께서 예수를 구주라고 선언하셨다면, 그와 나란히 설 수 있는 이는 아무도 없다"는 결론이 나오는 것이다.[9]

그러나 이 예수님께서 가져다주시는 구원은 하루아침에 이루어지는 것은 아니다. 일종의 과정을 거쳐서 비로소 그가 구원을 이루시려고 한다는 것은 그가 다른 사람과 같이 어린아이로 세상에 오셔서 자라나는 과정을 거치셨던 것을 통해서도 간접적으로 알 수 있다. 그가 이루신 구원의 과정을 먼저 간단히 살펴보면, 그는 다른 아이들과 같이 모든 면에서 자라나셔서(눅 2:52), 기본적으로 자신의 존재와 사역의 의미를 말씀과 행위로 가르쳐 주시고, 그 가르침에 따라 우리의 영적인 죄 문제를 해결하기 위해서 십자가에서 죽으시고, 후에 부활 승천하셔서 "하늘"에 계시다가 그 "하늘"로부터 구원의 궁극적 완성을 위해 이 땅에로 오시는 것이다. 그러므로 그 분이 죄 문제를 해결하시고 영적인 구원을 가져다주신 것의 온전한 성취, 즉 물리적, 정신적, 도덕적 회복과 완성의 온전한 드러남은 재림하셔서 그 분이 자신의 사역을 종국적으로 마치실 때에야 이루어지는 것이다. 이런 의미에서 지금 그 분은 이미 우리의 구원자이시며, 또한 다시 오실 때에 온전한 구원자가 되신다고도 할 수 있다. 예수님께서는 이렇게 다중적(多重的)인 의미에서 우리의 구원자이시다.

둘째로, 그 분은 "자기 백성"을 구원하신다고 했다. 이로부터 우리는 독특한 의미에서 예수님의 백성인 사람들이 있음을 알 수 있다. 그런데 누가 과연 그 분의 백성인가? 이스라엘 백성들, 즉 그 분의 혈연적 동족인 유대인들이 그 분의 백성일까? 물론 그들이 예수님의 백성의 일부일 수 있다. 그러나 그들이 하나님의 백성이 아니라는 것을 그들 자신이 드러내고 말았다. 유대인들이 그 분을 받아들이지 않았던 것이다. "자기 땅에 오매 자기 백성이 영접치 아니하였으나"(요 1:11)는 말씀은 유대인들의 이런 배척도 포함해서 하는 말씀이다.

그렇다면 과연 누가 그 분의 백성인가? 예수님께서 죄로부터 구원해 주시는 모든 종류의 사람이 다 여기에 속한다고 할 수 있다. 자기들 스스로 아직 깨닫지 못하고 있다고 해도 예수님께서 그들을 위해서 구원을 이루신 이들이 다 예수님의 친 백성이고 하나님의 백성이다. 예를 들어, 사도 바울이 고린도에서 복음을 전할 때에 유대인들이 반발하고 나오자 그는 "너희 피가 너희 머리로 돌아갈 것이요, 나는 깨끗하니라. 이후에는 이방인에게로 가리라"(행 18:6)고 선언했다. 그리고 디도 유스도라고 하는 이의 집에서 따로 모임을 가질 때에 주께서 밤에 환상 가운데 바울에게 이렇게 말씀하신 일이 있다: "두려워하지 말며 잠잠하지 말고 말하라 … 이는 이 성중에 내 백성이 많음이라"(행 18:9-10). 고린도 도시 가운데 주의 백성이 많다는 것이다. 이 구절은 아직 하나님께로 회개하고 돌아오지 않았으나 결국 그 분의 백성이 될 자들도 하나님 자신의 "백성"으로 부르고 있다는 점에서 아주 독특한 것이다.[10] 또한 사도행전에서 "백성"(λαός)이라는 말이 일반적으로는 하나님 백성으로서의 이스라엘을 가르키는 데 사용된 데 비해, 여기서는 새롭게 선택된 하나님의 백성을 말하고 있다는 점에서도 독특하다.[11]

이들을 이렇게 미리 "백성"이라고 부르신 이유는 칼빈이 말하는 대로 "그들이 생명책에 기록되어서 곧 가족에로 받아들여질 것이기" 때문에 그들을 "미리 하나님의 백성으로 인정하신" 것이고,[12] 데이비드 윌리엄스가 말하고 있는 대로, "주께서는 그가 영생을 주시기로 작정하신 자들을(행 13:48; cf. 요 10:16) 알고 계시기" 때문이다.[13] 아직 그들이 다 나아 오지는 않았지만 그들을 주의 백성으로 인정하시면서 사도의 사역이 필요하다고 말씀해 주시는 것이다. 사도 바울은 이 말씀을 믿고서 1년 6개월을 유하며 하나님의 말씀을 가르쳤다. 이렇게 이 세상에는 하나님께서 사랑하시고 미리 정하신 예수님의 백성인 자들이 있다. 그들은 예수님께서 부활하신 후에 말씀하신 대로 모든 족속 가운데서 예수님의 제자가 되어 예수님께서 분부한 모든 것을 다 지키는 사람들이다(마 28:19). 예수님께서는 결국 그들을 그들의 죄로부터 구하시기 위해 오신 구원자이시다.

그러나 우리 편에서는 누가 예수님의 백성인지 확연하게 알 수 있다고 할 수는 없다. 단지 예수님의 백성, 즉 예수님께서 세우시는 하나님 나라의 백성인 사람들은 결국 예수님의 존재와, 그 분의 사역을 받아들이고, 그 나라의 열매를 맺는다고 말할 수 있을 뿐이다. 이런 뜻에서 예수님께서는 자신과 그 분의 사역을 받아들이지 않는 유대인들에게 "하나님 나라를 너희는 빼앗기고 그 나라의 열매 맺는 백성이 받으리라"(마 21:43)는 말씀을 하신 일이 있다. 이 말을 우리가 그 나라에 합당한 열매를 맺어야만 그 나라의 백성이 될 수 있다고 오해해서는 안 된다. 왜냐하면 그런 식으로 하나님 나라의 백성, 즉 예수님의 백성이 될 수 있는 사람은 이 세상에 한 사람도 없기 때문이다. 우리가 일정한 수준의 것을 이루어야 예수님의 백성이 되는 것이 아니다. 만일 그렇다면 예수님의 십자가는 헛될 뿐만 아니라 불필요한 것이 될 것이다. 그리고 예수님께서 구원하신다는 말도 무의미하게 될 것이다. 그러므로 이는 예수님께서 구원하신 백성은 당연히 그 나라에 백성다운 열매를 내게 되어 있다는 말로 이해해야 한다. 이 열매는 우리가 예수님의 백성임을 확증해 주는 수단이 될 것이다. 그러나 이 점을 너무 강조하여 다른 사람들을 판단하는 마음을 가져서도 안 되며, 스스로 너무 내성(內省, self-reflection)에 빠져서도 안 될 것이다. 결국 우리를 구원하여 예수님의 백성을 만드시는 분은 하나님이시지, 우리의 확신이나 삶이 아니기 때문이다.

하이델베르크 요리 문답 제29문답은 예수라는 이름의 이런 뜻을 잘 정리하고 있다고 할 수 있다.

> (문) "왜 하나님의 아들이 예수, 즉 구원자라고 불립니까?"
>
> (답) "왜냐하면 그는 우리를 우리의 죄로부터 구원해 주시기 때문이다. 그러므로 다른 어떤 다른 데서 구원을 추구하거나 찾을 수 없

습니다."

3. 예수님만을 구원자로 믿는다는 것의 함의

예수님만을 구원자로 믿는다는 것은 구원을 위해 다른 어떤 것도 의지하지 않고 오직 예수님만을 의지한다는 것을 뜻한다. 말로는 예수님만이 구원자라고 하고서 실상 다른 것도 의지하는 것은 예수님을 참된 구원자로 믿지 않는 것이다. 종교 개혁 시대에는 천주교회에서 전통적으로 그렇게 해 오던 대로 "예수님을 믿는다고 하면서도 마리아를 비롯한 성인들의 도움을 얻으려 하고, 하나님의 뜻을 따르는 행위도 의지하는 식의 신앙이 과연 참된 신앙인가? 과연 예수님을 참으로 믿고 의지하는 것인가?" 하는 것을 개혁자들이 문제시하였다. 일반 신도들이 이에 대해서 분명한 가르침을 얻을 필요가 있다고 본 것이다. 그래서 하이델베르크 요리문답 제30문에서도 "그렇다면 그들의 구원과 지복(至福)을 성인들과 자신들이나 다른 것에서 찾는 이들은 유일하신 구주 예수님을 믿는 것입니까?"라고 묻고서는 이에 대해서 아주 분명하고 단호한 대답을 다음과 같이 제시하고 있다: "그렇지 않습니다. 비록 그들이 예수님을 자랑할지라도, 그들은 사실상 유일하신 구주 예수님을 부인하는 것입니다. 왜냐하면 예수님께서 온전하신 구원자가 아니시든지, 아니면 참된 신앙으로 이 구주를 받아들이는 사람들은 그 안에서 그들의 구원에 필요한 모든 것을 가져야만 하겠기 때문입니다." 이러한 대답은 예수님 안에 우리의 구원에 필요한 모든 것이 있다고 생각하고 행동하지 않는 이들, 즉 구원을 위해서는 예수님을 믿는 것이 중요하지만 그 외에 다른 성인들의 도움도 필요하다고 생각하든지, 예수님을 믿는 믿음과 함께 구원 얻을 만한 공로가 되는 행위와 삶이 구원에 필수적이라고 생각하는 것은 예수님을 온전하신 구원자가 아니라고 생각하는 것이 됨을 잘 지적하고 있다.

오늘날에도 이 점이 매우 강조될 필요가 있다. 로마 가톨릭 교회에 속한 이들이 자신들은 유일한 구원자이신 예수님을 인정하고 믿는다고 주장해도, 동시에 다른 성인들이나 자신들의 공로도 의지하려고 하는 가르침을 따르게 되면 예수님을 참된 구원자로 인정하지 않는 것이 된다. 또한 우리 시대의 예수님에 대한 다른 가르침 가운데서도 그 분을믿는 것 이외에 다른 것이 구원을 위해 필요하다고 한다면, 그것 역시 예수님이 참된 구원자이심을 부인하는 것이 된다. 그러므로 본인들이 예수님을 자랑하는가 아닌가 하는 것이 판단 기준이 아니고, 그들의 가르침을 잘 살펴서 과연 그들이 예수님을 유일하고 온전한 구원자로 확실히 믿고 제시하고 있는가를 살피는 것이 중요한 것이다.

부디 우리의 가르침과 믿음이 유일한 구원자이신 예수님을 바로 믿고 따르는 것이 되고, 이 판단 기준을 가지고 모든 것을 살펴 나가기 원한다. 이 시대에도 우리는 예수님만을 유일한 구주로 생각하고, 그분에게만 의존하며, 우리의 삶을 그 분의 가르침을 따라서 정돈해 갈 수 있어야 할 것이다. 그래야만 우리에게 예수님의 이름이 하나님께서 계시해 주신 대로 참으로 귀하신 이름이 될 수 있을 것이다.

함께 토의할 문제

1. 구약에서 하나님이 이름을 지어 주신 것들을 열거해 보고 그 의미를 생각해 보십시오(79-80쪽 참조)

   (1) 이삭 (창 17:19) ______________________________

   (2) 아브라함 (창 17:5) ______________________________

   (3) 이스라엘 (창 32:28) ______________________________

2. "예수"라는 이름의 뜻은 무엇입니까? (80쪽 참조)

3. 우리 주님께 "예수"라는 이름은 누가 지어 주었습니까? (눅 1:31; 마 1:20-21)

4. 우리 주님께 "예수"라는 이름을 부여하신 이유는 무엇입니까?

   (1) 마 1:21 ______________________________

   (2) 행 4:12 ______________________________

5. 그가 구원하실 "자기 백성"의 의미는 무엇입니까? (85-87쪽 참조)

6. 예수님만을 구원자로 믿는다는 것은 무엇을 뜻합니까?

   (1) 중세와 종교개혁 시대적 의미는? (88쪽 참조)

   (2) 현대적 의미는? (89쪽 참조)

6장

그리스도의 칭호 (2): "기름 부음을 받은 자"(그리스도)

본문: 누가복음 2:8-14, 9:18-22

1. "그리스도"라는 칭호의 기본적 의미와 용례들

앞에서 "예수"라는 이름에 대해서 생각해 보았다. 이번에는 이 "예수"라는 이름에 붙여지는 다른 칭호를 생각해 보자. 그것은 "메시아"(마쉬아흐, מָשִׁיחַ) 또는 "그리스도"(Χριστός)라는 칭호이다. 이 칭호는 어원적으로 "기름 부음을 받은 자"란 의미를 지니고 있다. 이스라엘 중에 "예수"라는 이름이 흔히 찾아 볼 수 있는 이름이듯이, "그리스도"라는 호칭도 구약의 하나님의 백성인 이스라엘 가운데서는 여러 종류의 사람들에게 적용되던 칭호이다. 물론 구약 성경에는 이 칭호의 단순한 형, 즉 단순히 "메시아"라는 호칭은, 게르할더스 보스가 잘 지적하고 있는 바와 같이, 전혀 나타나지 않는다는 것을 생각하면서 다음의 논의를 따라 가야 한다.[1] 왜냐하면 구약에서 "메시아"라는 말은 항상 자격을 나타내는 속격이나 접미사와 같이 사용되기 때문이다. 예를 들면, "여호와의 메시아"(주의 기름부음 받은 자)나 "나의 메시아"(나의 기름부음 받은 자)와 같이 말이다. 이런 것은 이 칭호의 원의(原義)가 어느 정도 남아 있는 중요한 구절들이라고 볼 수 있다. 그렇지만 이렇게 기름 부음을 받은 자와 그런 칭호의 적용을 받던 자들은 구약에 많이 있었다. 왜냐하면 이스라엘 가운데서는 "기름 부음"을 받아 일정한 직임에 봉사하던 이들을 모두 "기름 부음"을 받은 자라고 했기 때문이다.

예를 들자면, 이스라엘 가운데서 제사장을 세울 때, "관유를 가져다가 그 머리에 부어 바르는" 일이 그 위임식의 한 부분을 차지했다(출 28:41, 29:1, 7, 21, 레 8:10-13, 30). 그래서 제사장들을 기름 부음을 받은 자라고 한다. 이렇게 모든 제사장들이 다 기름 부음을 받아 제사장이 되지만 일반 제사장들에 대해서는 수동태 분사형으로 "마슈아흐"(מָשׁוּחַ)로 표현한 데 비해서(출 28:41, 30:30, 40:15; 레 7:36, 10:7; 민 3:3), 특별히 형용사형 명사라고 할 수 있는 "마쉬아흐"(הַמָּשִׁיחַ)로 나타날 때는 일반적으로 "기름 부음을 받은 제사장"("the priest, the Messiah" or "the Messiah-priest")이라고 옮기며, 이는 대제사장을 가르치는 것이다(레 4:3, 5, 16, 6:22).[2] 그러나 대제사장들만이 기름 부음을 받은 자가 아니라고, 제사장들은 다 기름 부음을 받은 자라고 할 수 있다.

또한 이스라엘 가운데 왕을 세울 때에도 기름을 부어 왕으로 삼는 일이 사울이나 다윗을 비롯하여 계속되는 규례였다(시 89:20 참조). 더욱이 이는 이스라엘 가운데 왕 제도가 있기 전에도 이해되는 관례였음을 사사기 9장에 나오는 요담의 우화를 통해서도 알 수 있다. 그리하여 이스라엘 중의 왕은 "여호와의 기름 부음 받은 자"로 언급되곤 하였다(삼상 24:6; 26:11; 시 2:2; 18:50; 20:6 등). 이로부터 보스는 "다윗의 모든 후계자들이 실제로 기름부음을 받았다는 것은 … 거의 확실한 것임이 분명하다"는 결론을 이끌어 내고 있다.[3] 그래서 일반적으로 "기름부음을 받은 자"(the anointed one or an anointed one)라는 것은 거의 왕적인 인물을 지칭할 때 쓰여졌다고 본다.[4]

때때로 선지자를 세울 때에도 기름 붓는 일이 있기도 하였고(예를 들면, 왕상 19:16), 그래서 때로는 선지자도 "기름부음 받은 자"로 불리기도 했다(시 105:15).[5] 그러나 이 때에는 그저 "as anointed" 정도로 표현된 듯하다.[6] 물론 모든 선지자들이 다 기름 부음을 받고서 선지자 역할을 한 것은 아니다. 하나님께서 갑자기 선지자의 역할을 하도록 하신 일도 있기 때문이다(암 7:14, 15). 그러나 어떤 선지자들은 기름 부음을 받고서 선지자 역할을 한 것을 보면, 선지자들도 하나님께서 세우셔서 기름 부음 받은 자 역할을 하도록 했다는 것을 알 수 있다.

이렇게 보면 구약에는 "기름 부음"을 받은 자(메시아=그리스도)가 많은 셈이다. 그러면 우리에게는 많은 메시아, 많은 그리스도가 있다는 말일까? 그렇지는 않다. 그 구약의 인물들은 모두 **장차 오실 진정한 "기름 부음 받은 자"(메시아=그리스도)에 대한 모형**(type)이었다고 할 수 있다. 이 구약의 선지자, 제사장, 왕을 하나님께서 세우실 때 그들은 이스라엘 가운데서 자신들이 담당한 그 역할을 충실히 하라고 세움을 받았을 뿐만 아니라, 그렇게 함으로써 장차 오실 진정한 선지자, 제사장, 왕 되신 분을 예표하도록 하셨던 것이다. 이 장차 오실 "기름 부음 받은 자"(메시아=그리스도)를 이스라엘은 열심히 기다렸다. 그 분이 오시면 그 분이 진정한 제사장으로 이스라엘을 성결케 하시고, 진정한 선지자로 하나님에 대한 온전한 지식을 주시고, 진정한 왕으로 이스라엘과 온 세상을 온전히 다스리시리라고 기대했기 때문이다.

세례 요한이 유대 광야에 나타나서 회개의 메시지를 전할 때에도 그들은 그 분이 혹시 오시리라고 기대되던 그 "기름 부음을 받은 자"(메시아=그리스도)가 아닌가 하며, 그 분이 진정 누구냐고 물었다(눅 3:15; 요1:19-22). 이 때 요한은 분명하게 자신이 그리스도가 아니라고 대답하였다. 그리고는 자기보다 더 큰 이, 성령으로 세례를 주시는 하나님의 아들이 그들 가운데 서 계신 예수님이라고 소개하였다. 이와 같이 세례 요한은 예수님께서 유대인들이 그토록 기다려 오던 "그 그리스도"이심을 증언한 것이다. 그러나 세례 요한이 예수님을 그리스도라고 증언한 최초의 사람은 아니다.

세례 요한 전에 이미 천사들이 목자들에게 나타나서는 예수께서 탄생하신 소식을 전하면서 다음과 같이 증언한 바 있다: "오늘날(σήμερον) 다윗의 동리에 너희를 위하여 구주(σωτήρ)가 나셨으니 곧 그리스도 주(Χριστὸς Κύριος)시니라"(눅 2:11). 천사들이 이미 어린아이로 오신 예수님이 그리스도, 그것도 구약적 배경에서는 여호와에게 지칭되던 주(Κύριος)이신 그리스도라고 말했던 것이다.[7] 또한 결례의 기한이 차서 요셉과 마리아가 아기 예수를 데리고 성전에 올라갔을 때 "주의 그리스도를 보기 전에는 죽지 아니하리라는 성령의 지시를 받았던"(눅 2: 26) 시므온은 그 아기 예수님을 안고 하나님을 찬송하면서 그 아기가 메시아임을 시사하였다.

그러나 이 땅에 오신 예수님은 이스라엘이 그리스도에게 기대한 그런 일을 하루아침에 다 이루시지 않으셨다. 그래서 이스라엘 사람들은 예수님이 과연 그들이 기다리던 메시아인지를 의혹에 찬 눈으로 보기 시작했다. 그러나 그가 체포된 뒤에 예수님께서는 비록 암시적이기는 하지만 산헤드린 앞에서 자신의 메시아 됨을 확언하셨다고 할 수 있다(막 14:62).

이런 상황에서는 유대적 정치적 메시아로서의 오해를 받을 위험이 더하기 때문이었을런지도 모른다.[8] 그러나 급기야 그 분이 십자가에 달리시게 되자 유대 백성들은 여전히 자신들이 가지고 있었던 정치적 메시아 개념에 근거해서 이를 조롱의 근거로 삼기도 했다: "저가 남을 구원하였으니 만일 하나님의 택하신 자 그리스도여든 자기도 구원할지어다"(눅 23:35). 이스라엘 백성들로서는 고난을 받는 메시아, 죽으시는 메시아, 그것도 나무에 달려 죽는 저주받는 메시아에 대해 꿈에도 생각할 수 없었기 때문이다. 지금도 유대인들 가운데 많은 사람들은 예수님께서 메시아가 아니시라고 생각하며, 그 분을 믿지 않고 있다.

이런 상황 가운데서 예수님께서는 오늘날 가이사랴 빌립보 도상에서 제자들에게 하신 질문을 우리들에게도 하신다: "너희는 나를 누구라 하느냐?" 예수님의 일차 제자들 가운데서 베드로가 대표로 그 분은 "하나님의 그리스도"라고 대답했다(눅 9:20). 그리고 예수님께서는 이 대답을 잘못된 것으로 여기지 아니하시고 오히려 긍정적으로 받아 주시면서 베드로가 이렇게 고백한 것을 높이 사셨다: "바요나 시몬아 네가 복이 있도다 이를 네게 알게 한 이는 혈육(血肉)이 아니요 하늘에 계신 내 아버지시니라"(마 16:17). 이러한 매우 긍정적인 답변은 이를 옳다고 인정하시는 것일 뿐 아니라, 이런 인식이 하늘에 계신 "내 아버지"에 의해서 있게 된 것이라고 말하는 면에서 매우 중요하다. 이는 자신이 아주 독특한 의미에서 하나님의 아들인 메시아(그리스도)시라는 것을 간접적으로 말하는 것이 되기 때문이다.[9] 간절히 기다리고 있었으나 그 기다리던 "기름 부음 받은 자"가 예수님일 수는 없다고 생각하는 다른 유대인들과는 달리 여기 한 무리의 사람들이 예수님의 그리스도이심을 인정하고 있는 것이다. 자신들의 기대와는 달라도 그 분이 하나님에게서 오신 분임을 인정하면서, 그 분에 의해서 가르침을 받아 메시아에 대한 생각까지도 고치고 사는 무리가 여기 생긴 것이다. 이들은 예수님을 그리스도라고 믿는 무리이다. 그리고 그들은 이 신앙을 다른 이들에게도 선포해서 오늘날 예수님이 그리스도라고 믿는 많은 무리가 있도록 한 것이다. 오늘 그리스도의 교회에 속한 우리가 바로 그 무리들이다.

그런 우리는 예수님께서 그리스도이시라는 뜻을 과연 제대로 알고 있느냐고 묻지 않을 수 없다. 이는 기본적으로 그 분이 아버지 하나님에 의해서 지정된 자(세워진 자, ordained of God the Father)요, 성령으로 기름 부음을 받은(anointed with the Holy Spirit) 자라는 의미를 가진다. 이에 대해서 베드로는 "하나님이 나사렛 예수에게 성령과 능력을 기름 붓듯 하셨으매"라고 말하고 있다(행 10:38).[10] 이는 예수님께서 기름부음을 받으셨다는 것을 강조한다. 그리고 이는 또한 예수님께서 메시아, 곧 그리스도로서의 사역을 하신 것은 성부의 보내심과 성령의 임하심으로 되었음을 시사하는 말이다. 이렇게 "기름부음을 받은 자", 즉 그리스도이신 예수님께서는 어떤 일을 하신 것인가?[11]

2. 예수님께서 그리스도라는 말의 뜻 (1): 최고의 선지자이신 예수님

첫째로, 그리스도이신 예수님께서는 참되시며 최고의 선지자로서 구속에 대한 하나님의 은밀한 경륜과 하나님의 뜻을 온전히 다 계시해 주셨고 또 계시해 주시고 계신다. 예수님의 선지자로서의 사역은 기본적으로 그 분이 이 땅에 계실 때 제자들에게 자신이 누구시며, 자신이 이루실 구속이 어떤 것이며, 그리하여 그 분이 가져오실 하나님의 나라가 어떤 것인지를 가르쳐 주신 것이다. 히브리서 기자는 이에 대해서 구약의 계시와 대조해서 다음과 같이 말한다: “옛적에 선지자들로 여러 부분과 여러 모양으로 우리 조상들에게 말씀하신 하나님이 이 모든 날 마지막에(ἐπ' ἐσχάτου τῶν ἡμερῶν τούτων) **아들로 우리에게 말씀하셨으니**(ἐλάλησεν ἡμῖν ἐν υἱῷ)”(히 1:1, 2). 그리고 그가 궁극적 선지자로 오실 것이라는 것은 이미 오래 전부터 예언된 것이었다(신 18:15).

예수님께서 이 땅에 계실 때 가르치신 그 내용은 오늘 우리에게는 복음서에 기록되어 있어서 이를 읽으며 그 가르침을 계속해서 받을 수 있다. 여기에 그 분의 선지자로서의 사역이 과거 그 때에만 있는 것이 아니라는 분명한 시사가 있다. 그 분은 과거 그 때에 가르치시는 진정하고도 온전한 선지자였을 뿐만 아니라, 그 가르침을 성령으로 영감하여 기록하게 하시고 그 성경을 읽을 때에 성령으로 그 말씀을 깨닫도록 하셔서 오늘도 우리를 가르치시는 일을 계속하시는 것이다. 이렇게 예수님께서는 이 세상에 계실 때뿐만 아니라, 천상에 오르셔서 천상에 계신 지금도 우리를 가르치시는 참 선지자의 역할을 하시는 것이다.[12]

이는 그 분이 오시기 이전에도 마찬가지였다. 구약 시대에도 여러 선지자들이 하나님의 뜻을 가르치실 때 그들은 그리스도의 영으로 이 일을 감당했다고도 할 수 있기 때문이다. 베드로 사도는 이에 대해서 이렇게 증거한 바 있다: “이 구원에 대하여는 너희에게 임할 은혜를 예언하던 선지자들이 연구하고 부지런히 살펴서 자기 속에 계신 그리스도의 영이 그 받으실 고난과 후에 얻으실 영광을 미리 증언하여 누구를 또는, 어떠한 때를 지시하시는지 상고하니라”(벧전 1:10-11). 그러므로 그리스도의 선지자로서의 사역은 성육신 이전에는 구약의 선지자들을 통해서 이루어졌고, 그 분이 이 땅에 오신 후에는 친히 행하셨고, 승천하신 후에는 사도들과 성경을 깨닫게 하는 성령의 사역을 통해서 계속되고 있는 것이다. 이런 의미에서 그리스도는 최고의 선지자이시다.

이런 사실을 믿는다면 성경을 잘 공부하여 그 분의 뜻을 깨닫고 그 교훈에 유의하며 그에 따라 살아야 할 것이다. 그것이 예수님을 그리스도로 믿는 중요한 한 부분이다. 그러므로 오늘날에 있어서는 (1) 성경의 모든 부분을 하나님의 말씀으로 믿지 않는 것이나, (2) 성경 이외에 다른 어떤 계시나 권위를 인정하거나, (3) 성경의 바른 교훈을 찾으려 하고 그것에 주의하고 착념하지 않거나, (4) 그 말씀에 따라 살지 않는 것이 모두 실천적으로는 예수님이 그리스도이심을 부인하는 것이 된다는 것에 주의해야 할 것이다. 그리스도인이라고 하는 이들이 실천적으로는 그리스도를 부인한다면 얼마나 우스운 상황이 될까? 우리는 그런 우(遇)를 범하지 말고 성경에서 배울 수 있는 그 분의 가르침에 충실하여 그리스도의 선지자 되심을 믿고 드러내야 할 것이다.

3. 예수님께서 그리스도라는 말의 뜻 (2): 제사장이신 그리스도

둘째로, 예수님께서 그리스도라는 고백은 그 분이 우리의 유일하신 제사장이시라는 고백이기도 하다. 여기에는 크게 두 가지 사실이 포함된다. 먼저 그 분이 자신의 몸으로 **유일한 희생 제사**를 드리시어 우리를 구속하신 것에 대해 말해야만 한다. 히브리서 기자는 그리스도께서 “자기를 단번에 제사로 드려 죄를 없게 하시려고 세상 끝에 나타나셨느니라”(히 9:26) “죄를 위하여 한 영원한 제사를 드렸다”고 말하며, “예수 그리스도의 몸을 단번에 드리심으로 말미암아 우리가 거룩함을 얻었노라”라고 말한다(히 10:12, 10). 이 그리스도의 희생의 제사만이 죄를 없애는 효력을 가진 유일한 제사이다. 구약의 모든 제사는 그 자체로서는 아무 효력이 없는 것이다. 왜냐하면 "황소와 염소의 피가 능히 죄를 없이 하지 못하기" 때문이다(히 10:4). 이런 구약의 모든 제사들은 "해마다 죄를 생각하게 하여"(히 10:3) 그리스도의 희생 제사를 바라보게 하며, 그것을 예표하는 그림자와 같은 것들이었다. 그런 의미에서 "율법은 장차 오는 좋은 일의 그림자요 참형상이 아닌" 것이다(히 10:1). 이에 비해서 예수님께서 십자가에서 우리의 죄를 위해 죽으신 것은 한 번 제사를 드려서 그 효과가 영원히 있는 영원한 제사이다. 이 제사에 근거하지 않고 하나님 앞에서 의롭다고 칭함을 받을 사람은 아무도 없다. 그러므로 그 분을 통해서만 아버지께로 갈 수 있고, 따라서 그 분이야말로 우리의 유일한 길이요 생명이시다.

그러므로 (1) 그리스도의 희생 제사 이외에 다른 어떤 것을 의존해서 하나님께 나아가려 하거나, (2) 그리스도의 희생 제사에 다른 무엇을 더해서 구원을 얻으려고 하거나, (3) 그리스도의 희생 제사가 그 어떤 점에서라도 불충분한 것처럼 생각하는 것은 예수님의 그리스도이심을 부인하는 것이 된다. 그러므로 그리스도를 믿는 우리에게는 그리스도의 십자가 외에는 그 어떤 제단도 없다(이와 관련해서 우리는 우리가 사용하는 용어들에 많은 주의를 기울여야 할 것이다. 예배드리는 것을 "제단 쌓는다"고 표현하거나, 강대상 부분을 "제단"이라고 표현하거나, 어떤 모임 장소를 "~제단"이라고 표현하는 것은 매우 잘못된 일이기 때문이다. 이는 부주의함으로써 결국 그리스도의 유일하신 희생 제사를 무시하는 행위가 된다).

또한 그리스도께서 우리의 제사장 되신다는 것은 그가 지금도 살아서 하나님께 중보 기도하신다는 것을 포함한다. 이런 뜻에서도 그의 중보자 역할은 영원한 것이다. 히브리서에서는 이 사실을 다음과 같이 설명해 주고 있다: “예수는 영원히 계시므로 그 제사 직분도 갈리지 아니하나니 그러므로 자기를 힘입어 하나님께 나아가는 자들을 온전히 구원하실 수 있으니 이는 그가 항상 살아서 저희를 위하여 간구하심이니라”(히 7:24-25). 이를 히브리서 기자는 다음과 같이 표현하기도 한다: “그리스도께서는 참 것의 그림자인 손으로 만든 성소에 들어가지 아니하시고 오직 참 하늘에 들어 가사 이제 우리를 위하여 하나님 앞에 나타나시고”(히 9:24). 여기 “하나님 앞에 나타나시고”라는 말은 그의 중보 사역을 하나님 앞에 제시하시는 것을 지칭하는 말이다. 그러므로 그리스도의 이 중보기도는 당신님께서 이루신 구속사역의 공효(功效)를 우리를 위해 하나님 앞에 제시하신다는 의미이다. “그는 권위 있는 중보자(an authorized intercessor), 즉 사법적 주장을 제시할 수 있는 자로 하나님 앞에 서시는” 것이다.[13] 그것 때문에 하나님께서는 우리의 기도와 예배와 봉사와 삶을 받아 주시는 것이다. 그러므로 이 땅 위의 성도들은 순간순간을 그리스도 덕분에 사는 것이다. 그러니 어찌 순간순간을 그리스도에게 의존하고 감사하는 삶을 살지 않겠는가? 그것이 너무나도 당연한 것이므로 그렇게 하지 않는 것은 결국 실천적으로 예수님의 그리스도이심을 부인하는 것이 되는 것이다.

4. 예수님께서 그리스도시라는 말의 뜻 (3): 왕이신 그리스도

예수님께서 그리스도시라는 말은 또한 그 분이 우리를 다스리시는 왕이시라는 뜻을 포함하는 말이다. 그 분이 진정한 왕이시다. 과거 구약의 이스라엘의 왕들은 그 분의 왕 되심을 대리하고 예표하던 것이고, 메시아의 사역을 통해 이 땅위에 임한 하나님 나라를 다스리시는 왕은 바로 그리스도 자신이시다. 그런데 그 분이 우리의 왕으로 우리를 다스리실 때 그 분은 말씀과 성령으로 우리를 다스리신다. 우리들로 하여금 말씀을 잘 깨닫게 하시고 성령의 능력으로 그 뜻을 이루어가게 하신다는 말이다. 그 분의 현세적 통치는 이렇게 순수히 영적인 통치(spiritual kingship of Christ)이다. 그러므로 지금 여기서 그 분의 통치를 받아 나간다는 것은 그 분의 말씀의 뜻에 주의하고 성령의 능력으로 그 뜻을 지켜 나가는 것을 의미한다. 그렇게 하지 않는 이는 그 분의 통치를 받지 않는 것이다.

이렇게 그 분의 말씀을 지켜 나가는 이들은 이 세상에서 어렵고 고난에 찬 삶을 살게 되지만, 그럼에도 그리스도께서 그들을 위하여 얻으신 구속으로 그들을 보호하고 보존해 주시는 것이다. 여기에 우리의 왕의 든든한 보호가 있다. 이 세상의 그 무엇이 우리를 해치지 못하도록 그가 튼튼한 팔로 지켜 주시는 것이다. 요한일서에서는 "하나님께로서 나신 자가 저를 지키시매 악한 자가 저를 만지지도 못하느니라"(요일 5:18)고 표현하고 있다. 이런 왕의 보호를 의식하는 자는 믿음으로 어려워도 그의 가르치신 말씀대로 살아가는 일을 계속하게 된다. 그것이 예수님을 그리스도로 인정하는 일의 중요한 부분이다.[14] 그러므로 우리는 우리의 구체적인 삶에 있어서 성령을 통해서 말씀으로 우리를 통치하시는 그리스도의 통치를 받아가야 한다. 그리고 그리스도께서 그 분의 사역을 통해 회복시키신 사람들의 본래적 통치권을 행사해 나가는 것도 그것의 중요한 한 부분이 된다.[15]

5. 결론

지금까지 우리가 말한 바를 하이델베르크 요리 문답 제31문답은 다음과 같이 잘 요약하고 있다: **"그는 왜 그리스도, 즉 기름부음 받은 자로 불립니까?"**

> 왜냐하면 그는 우리에게 우리 구속에 관한 비밀스러운 경륜과 하나님의 뜻을 온전히 계시해 주시는 우리의 주된 선지자요 교사로, 그리고 그의 몸을 단번에 드리심으로 우리를 구속하시고, 항상 살아 계셔서 우리를 위해 성부(聖父)께 간구하시는 우리의 유일한 대제사장(大祭司長)으로, 또한 그의 말씀과 영으로 우리를 통치하시며 우리를 변호(辯護)하시고, 우리를 위해 얻으신 구속 안에 우리를 견인(堅忍)시키시는 우리의 영원한 왕으로 아버지 하나님에 의해서 지정된 자(세워진 자, ordained of God the Father)요, 성령으로 기름 부음을 받은(anointed with the Holy Spirit) 분이시기 때문입니다.

그러므로 예수님께서 우리의 참된 선지자요, 제사장이요, 왕이심을 인정하는 것이 그 분을 그리스도, 곧 기름 부음을 받은 자라고 고백하는 것이며, 이는 매우 풍성한 의미를 지닌 것이다. 그러나 예수님을 그리스도라고 고백하는 이 고백은 우리의 입술에만 있어서는 안 되고, 우리의 머리와 가슴과 손과 발을 통해서 표현되어야 하는 것이다. 예수님은 유일하신 그리스도이시다. 따라서 "선지자로서 그는 사람에게 하나님을 나타내시고, 선지자로서 그는 하나님에게 사람을 대표하고, 왕으로서 그는 통치권을 행사하시고 사람의 본래적인 통치권을 회복시키시는"것이다.[16] 그러므로 우리는 그 분에게서 배우고, 그 분을 통해 거룩하게 되며, 그 분의 다스림을 받아야 하고, 그에 근거해서 세상에 대한 우리의 통치권을 행사해야 하는 것이다. 그런 자들이 그리스도인이다. 이렇게 예수님의 그리스도로서의 역할에 근거해서만 우리는 이 땅에 그리스도인으로 있을 수 있는 것이다.

함께 토의할 문제

1. “그리스도”라는 칭호의 기본적 의미는 무엇입니까?

2. 구약의 “기름부음 받은 자들”의 진정한 기능은 무엇입니까? (92쪽 참조) 즉, 구약의 “기름부음 받은 자들”과 그리스도이신 예수님의 관계는 어떻게 되는 것입니까?

3. 예수님께서 그리스도시라는 것은 무엇을 뜻합니까?

(1) 최고의 선지자이신 그리스도 (히 1:1, 2; 신 18:15) ________________

i) 구약의 사역 (벧전 1:10-11) ________________________

ii) 성육신 시기의 사역(히 1:2) ________________________

iii) 사도들을 통한 사역 (96-97쪽 참조) ____________________

iv) 천상적 사역 (96쪽 참조) ________________________

v) 그리스도의 선지자 사역을 부인하는 양태를 생각해 보십시오 (98쪽 참조) ________________________________

(2) 제사장이신 그리스도

i) 유일한 희생 제사를 드리신 그리스도 (히 9:26), 그 효과는 무엇입니까? (히 10:12, 10) ________________________

그리스도의 십자가 사건을 유일한 희생제사로 받아들인다고 할 때,

같이 생각해야 할 중요한 점들을 생각해 보십시오. (99쪽 참조)

ii) 지금도 살아서 하나님 아버지께 간구하시는 그리스도 (히 7:24-25), 이를 표현하는 다른 용어를 보십시오. (히 9:24)

iii) 이 두 표현을 연결시켜 생각할 때 그리스도의 중보기도의 의미를 말해 보십시오.

(3) 왕이신 그리스도

i) 그리스도의 현세적 통치의 성격은 어떤 것입니까? (101쪽 참조)

____

그 의미는 무엇입니까? ______________________________

그리스도의 통치를 실재로 믿는 이들은 어떤 확신을 가질 수 있습니까? (요일 5:18) ______________________________

7장

그리스도의 칭호 (3): "하나님의 아들"

본문: 요한복음 10:22-39; 마태복음 11:25-27

1. "하나님의 아들"이라는 칭호의 일반적 용례들

앞에서 우리 주님의 "예수"라는 이름과 "그리스도"라는 칭호에 대해서 생각했다. 이제 그 분이 왜 "하나님의 독생자"라고 불리시는지를 생각해 보자. 이를 보편적으로 언급하면 "하나님의 아들"이라는 칭호이다. 그런데 이 "하나님의 아들"이라는 말은 다양한 의미로 쓰이기 때문에 좀더 구체적으로 예수님께서 과연 어떤 의미에서 하나님의 아들이신가 하는 것을 밝혀야만 한다. 그렇지 않으면 예수님께 "하나님의 아들"이라는 칭호는 돌리되, 참된 의미에서는 그에게 이 중요한 칭호의 의미를 돌리지 않는 일이 발생할 수 있기 때문이다. 그래서 우리는 먼저 "하나님의 아들"이라는 칭호가 성경 가운데서 어떻게 다양하게 사용되고 있는지 그 용례들을 살펴보아야 할 것이다.

가장 일반적으로 "하나님의 아들"이라는 말은 하나님을 섬기는 하나님의 백성을 지칭하는 의미로 사용되고 있다. 이는 "순전히 도덕적이고 종교적인 의미에서의 아들 됨" 또는 "언약적인 아들 됨"이라고 할 수 있다. 과거의 이스라엘과 신약의 교회는 하나님과의 특별한 언약 관계에 들어간 이들이기에 이들의 아들 됨을 언약적인 아들 됨, 또는 하나님 백성 됨의 아들 됨이라고 할 수 있다. 바로 이런 의미에서 구약에서는 하나님의 백성이었던 이스라엘 백성 전체에 대해서 하나님께서 그들을 "내 아들"이라고 부르셨고(출 4:22; 호 11:1), 그에 속하는 개개인들에 대해서 "하나님의 아들들[자녀]"이라고 하신 일이 있다(신 14:1, 호 1:10. cf. 롬 9:4). 이런 용법을 본받아 신약에서도 예수 그리스도의 구속 사역으로 말미암아 하나님의 백성이 된 자들에게 "하나님의 아들들"(sons of God, οἱ υἱοί τοῦ θεοῦ) 또는 "하나님의 자녀들(children of God, τὰ τέκνα τοῦ θεοῦ)이라는 표현을 돌리고 있다.

둘째로, 구약의 하나님의 백성인 이스라엘 가운데서 왕으로 불림을 받아 임직한 이들을 "하나님의 아들"이라고 부른 일이 있다. 예를 들어, 다윗의 후손으로 왕이 될 이들에 대해서 하나님께서는 "나는 그의 아버지가 되고, 그는 나의 아들이 될 것이다"고 말씀하신 일이 있다(삼하 7:14). 이런 뜻에서 시편 2편에서는 일차적으로 이스라엘의 왕을 향해서 "너는 내 아들이라 오늘날 너를 낳았도다"라고 말씀하시기도 하셨다(시 2:7). 이는 "직임적인 아들됨"(official sonship)이라고 할 수 있다. 심지어 메시아를 "하나님의 아들"이라고 부르는 경우도 이런 직임적인 아들 됨의 의미에서 그렇게 부를 수도 있다.

셋째로, 이러한 지상적인 존재가 아닌 천상적인 존재들 일반을 지칭할 때도 "하나님의 아들들"이란 표현을 사용한 일이 있다(욥 1:6, 2:1, 38:7. cf. 단 3:25). 또 우리말로는 "권능 있는 자들"이라고 옮겨진 말도 권능의 아들이란 말로 이런 천상적 존재들을 의미하는 뜻으로 사용된 일이 있다

(시 29:1, 89:6 참조).

2. 예수님께서 "하나님의 아들" 이시라는 말의 뜻

그렇다면 우리 주 예수 그리스도를 "하나님의 아들"이라고 했을 때 그 말의 의미를 과연 위의 세 가지 용례의 어느 한 예에 속하는 것으로 여길 수 있을까? 그럴 수는 없다. 만일 그렇다고 하면 예수 그리스도는 신적인 존재가 아닐 수도 있다는 말이 되기 때문입니다.

예수님께서 하나님을 "내 아버지"라고 부르시고 자신을 "아들"이라고 하실 때, 그는 자신의 아들 됨이 그저 언약적 아들 됨이나, 직임적 아들 됨, 또는 천상적 존재로서의 아들 됨 정도가 아니라는 것을 분명히 시사하셨다. 예를 들자면, 다음과 같은 말씀을 주의해서 읽어보라:

> 내가 내 아버지의 이름으로 행하는 일들이 나를 증거하는 것이어늘 … 저희를 주신 내 아버지는 만유보다 크시매 … 나와 아버지는 하나이니라 … 너희가 아버지께서 내 안에 계시고 내가 아버지 안에 있음을 깨달아 알리라(요 10:25-30, 38).

이 말씀 중 "나와 아버지는 하나이니라"(ἐγὼ καὶ ὁ πατὴρ ἕν ἐσμεν)는 말씀은 그저 그 둘이 같은 것을 의도하거나 생각하는 바가 같다는 것을, 즉 예수님께서는 성부와 같은 것을 원하신다는 것을 의미하는 말이 아니다. 환언해서 이는 그 둘의 기능적 일치성(a functional unity)을 표현하는 말이[1] 아니다. 이는 성부와 성자 그 둘이 한 존재라는 것이 아니라(그렇게 되면 결국 양태론적 결론이 날 것이다), 단지 그 둘의 본질이 같다는 것을 단언하는 것이다. 바로 이점에 여기서 하나라는 말을 요한이 "헤이스"(εἷς)가 아니라 "헨"(ἕν)이라고 옮긴 의도가 있다고 할 수 있다. 즉, 요한은 예수님의 말씀의 의도를 "본질적 통일성"(essential unity)을 주장하는 것으로 이해하고 제시하는 것이다.[2] 그러므로 "이는 요한복음서의 서언의 말을 넘어서는 것은 아니나, 그와 함께 서는 것"이라고 말하는 레온 모리스는 옳다.[3] 38절에서 "아버지께서 내 안에 계시고 내가 아버지 안에 있음"에 대해서 말하고 있는 것에 대해서는 (30절의 하나 됨을 본질적 하나됨으로 보지 않으려는) 비슬리-머레이조차도 이 상호 내주의 표현으로부터 "다른 곳에는 전혀 없는 관계인 가장 온전한 연합과 통일성"(completest unity, a relation *sui generis*)을 생각을 발견하여 말하고 있다는 데서 확언될 수도 있다.[4]

성부와 성자 사이의 이런 온전한 하나됨에 대한 주장, 그 둘의 배타적인 관계에 대한 주장은 요한복음에서만 나타나는 것은 아니다. "맑게 개인 하늘에 나타난 요한적인 뇌성벽력"이라고 불리는 다음 말씀 가운데서도 이는 아주 분명히 나타나고 있기 때문이다.

> 내 아버지께서 모든 것을 내게 주셨으니 아버지 외에는 아들을 아는 자가 없고 아들과 또 아들의 소원대로 계시를 받는 자 외에는 아버지를 아는 자가 없느니라(마 11:27).

여기에 오직 그 분만이 "내 아버지"라고 하실 수 있는 독특한 아들이 있다는 자의식이 표현되어 있다.[5] 그 아버지와 그 아들은 서로에게 대해서 아주 독특한 배타적인 지식을 가지고 있다. 여기서 우리가 느낄 수 있는 것은 이런 아들은 이 세상에 이 분 한 분밖에 없다는 것이다. 그는 심지어 자신을 하나님과 동일시하면서 말씀하기도 하신다. 이 세상에 그런 식으로 자신을 주장할 수 있는 이는 예수님 밖에는 다른 이가 없다.

예수님의 이런 말씀을 듣던 당시의 유대인들은 이런 점을 잘 의식하면서 반응하였다: "참람함을 인함이니 네가 사람이 되어 자칭 하나님이라 함이로라"(요 10:33). 유대인의 이런 반응은 예수님의 주장이 단순히 그와 아버지의 뜻의 하나됨 정도를 주장하는 것이 아니었음을 잘 말해 준다.[6] 예수님께서 주장하시는 자신의 하나님의 아들 되심은 결국 자신이 하나님이시라는 주장이었다.

그러므로 예수님께서 자신을 하나님의 아들이라고 하셨을 때 그 말은 그저 그 분이 언약 백성의 한 부분이라든지, 큰 직임, 심지어 메시아로서의 일을 감당할 분이라든지의 뜻으로 사용하신 것이 아니라, 자신이 하나님이심을 의식하면서 성부(God the Father)에 대해 성자(God the Son)의 관계에 계신 분이심을 드러내시며 사용하신 아주 귀하고 독특한 계시적인 말이다. 이런 의미의 "하나님의 아들"이라는 말은 "삼위일체적 아들됨"이라고 할 수 있다.

3. 예수님께서 이런 독특하신 아들이심을 가장 잘 표현하는 칭호: "하나님의 독생자"

예수님께서 이런 하나님의 독특한 아들이심을 가장 잘 드러내는 용어가 있다면 그것은 아마도 "아버지의 독생자"(μονογενοῦς παρὰ πατρός, 요 1:14) 또는 더 독특한 "독생하신 하나님"(μονογενὴς θεός, 요 1:18), 또는 "하나님의 독생하신 아들"(ὁ μονογενὴς υἱός τοῦ θεοῦ)이라는 칭호이다(요 3:16, 18). 어떤 이들은 주로 그 분의 성육신과 관련해서 이 '독생자'(μονογενής)라는 말을 이해하려고 하지만, 이는 그리 바른 생각이라고 할 수 없다. 그 분이 출생하여 이 땅에 오셔서 비로소 '모노게네스'가 되시는 것으로 이해할 수 없기 때문이다. 만일 그렇게 되면 이 단어는 출생적인 아들 됨을 지칭하는 용어가 될 것이다. 그런데 이는 이 땅에 오시기 전부터 그 분이 아버지의 독생자이심을 강하게 시사한다. 특히 요한복음 1:18의 "아버지 품속에 있는"(요 1:18) 독생자라는 말에서 잘 시사되고 있다. 그 분은 그저 독생자나 독생하신 하나님이 아니라, "아버지 품속에 있는"(ὁ ὢν εἰς τὸν κόλπον τοῦ πατρὸς, 요 1:18), 즉 영원으로부터 "아버지와 아주 깊은 관계를 가지고 있는"[7] 또는 "하나님의 본성을 공유한"[8] 독생자이시다. 많은 이들이 이 구절과 요한복음 1:1을 연결시키는 이유가 분명하다고 하지 않을 수 없다.[9] 그러므로 이는 영원과 선재 상태로부터도 그 분이 하나님의 독특하신 아들이었음을 함의하고 있는 것이다.

이 "독생자"(μονογενής)라는 말의 용례를 잘 살펴보면, 그것이 "유일하게 낳아진"이라는 뜻으로 사용된 예도 있지만,[10] 이것이 이 말의 유일한 용례는 아님을 알 수 있다.[11] 많은 이들은 "유일하게 낳아진"이라는 어원 전체에 주의를 집중하기보다는[12] 그저 "유일한"(one of a kind, only, unique, 또 the only one of its kind)라는 뜻으로 이 단어를 이해하려고 한다.[13] 그리고 이 "유일한"이라는 말과 "사랑 받는"(ἀγαπητός)이라는 말이 같이 사용된 용례가 많다는 것에 근거해서 이 둘을 동의어로 보려고도 한다. 그리고 문자적으로 유일한 아들이 아닌 경우에도 이 '모노게네스'라는 용어를 사용한 예들을 강조하는 경우도 있다. 예를 들어서, 창세기 22:2을 희랍어로 번역하면서 "네 사랑하는 독자(μονογενής) 이삭"이라고 번역한 것들에 집중하는 것이다. 이 때 이삭은 아브라함이 유일하게 가진 아들은 아니나, 사랑하는 아들이지 않았느냐는 것이다. 그래서 이 경우의 "모노게네스"(μονογενής)는 "유일한"을 뜻하기보다는 "독특한"(unique)이란 뜻으로 이해해야 한다는 것이다.[14] 그러나 일반적인 용례는 그렇게 사용되기도 하였지만, 예수님의 경우에는 그가 유일한 아들(μονογενής)이기에 사랑 받는(ἀγαπητός) 아들이라는 보스의 말을 깊이 생각하며 사용해야 할 것이다.[15] 보스는 이렇게 말한다:

> 실상은 이런 경우에 "아가페토스"(ἀγαπητός)가 "모노게네스"(μονογενής)와 같은 수준으로 높여져서 사용되어 독특함이나 특이함이라는 숫자적 의미가 남아 있었던 것이다. 이런 경우에 "아가페토스"(ἀγαπητός)라는 말은 "아들이면 부모에게서 당연히 사랑을 받듯이 그런 아들로서 사랑을 받는다"는 뜻이 아니라, 특별한 의미에서 특별한 정도의 사랑을 받는다는 뜻이다. 그리고 이는 "야히드"(יָחִיד)와 같이 나타나는 경우가 많은 것이다: "네 아들 네 사랑하는 독자를 …"(thy son, thine only son, whom thou lovest)(창 22:2, 12, 16).
> … 사실 "아가페토스"가 신약 성서에서 사용될 때도 어떤 경우에는 그것이 숫자적으로 하나뿐인 것이기 때문에 특이한 사랑의 대상이 된다는 의미를 전달하고 있다는 것이 옳다. 우리는 예수께서 세례 받으실 때나 변화산에서 하늘로부터 들려온 음성의 말씀의 뜻도 이렇게 이해해야 한다고 믿는다. 즉 우리 주님께서는 여기서 단순히 하나님의 사랑을 받는 자로 묘사된 것이 아니라, 그가 하나님의 유일하신 아들이기 때문에 이런 하나님의 사랑을 받는 자로 묘사되었다고 말이다.[16]

이와 같이 성자는 성부 하나님의 유일하신 아들이다. 여기서는 강조점이 그가 성부의 유일한 아들이셔서 그와 동등한 이가 없고 따라서 아버지를 온전히 계시하실 수 있다는 데 있는 것이다.[17]

그러나 우리는 성자의 유일하심을 말하는 것을 넘어서서 역사적 교회와 함께 보스(Vos)처럼 "모노게네스라는 형용적 서술어는 아버지에 의한 아들의 영원적 출생(the eternal generation of the Son by the Father)이라는 숭엄한 교의를 지지해 주는 것 중의 하나이다"라고 말해야 한다.[18] 그러므로 예수 그리스도는 다른 이들과는 아주 다른 의미에서 하나님의 아들이신 것이다. 독특하신 하나님의 아들이시라는 말이다. 이것이 그가 "독생자"(μονογενής)라는 말의 뜻이다.

4. 독특하신 하나님의 아들 예수와 하나님의 아들이 된 우리들

우리는 예수 그리스도를 받아들이고 믿음으로 "하나님의 자녀"가 된다(요 1:12). 그러므로 우리의 아들 됨, 자녀 됨은 양자 됨이라는 의미에서의 아들 됨, 즉 종교-윤리적인 아들 됨, 또는 언약적 아들 됨이다. 이에 비해서 예수 그리스도의 아들이심은 본래적인 아들이심, 존재론적 아들이심이라고 할 수 있다. 하이델베르크 요리 문답 제33문에서는 이를 이렇게 묻고 대답하여 잘 정리해 주고 있다:

(문) 우리도 하나님의 자녀인데, 왜 그는 하나님의 독생자(God's only-begotten Son)라고 불립니까?

(답) 그리스도만이 영원히 본래적인 하나님의 아들이신데 비하여, 우리는 그 덕분에 은혜로 양자됨에 의해서만 하나님의 자녀들이 되

기 때문입니다.

그러므로 예수님을 많은 형제들 가운데서의 "맏아들"이라고 표현했을 때도(롬 8:29) 우리는 이런 존재론적 차이를 의식하면서 말해야만 한다. 그렇지 않으면 우리는 많은 오해를 하고, 예수 그리스도의 아들 됨과 우리의 아들 됨의 의미를 존재나 질에서의 차이가 아니라, 단지 정도의 차이로만 생각하는 잘못을 범할 수 있다.

그러나 그 차이를 의식한 후에는 예수님께서 "맏아들"이라는 것은 우리가 예수님을 본 받아야 한다는 것을 잘 표현하는 것으로 생각할 수 있다. 즉, 우리는 예수님을 따라가며 그 분의 모습을 이 땅 위에 드러내어야 하는 존재들이라고 생각해야 하는 것이다. 그것이 하나님의 독생자로서 인성을 취하여 이 땅에 오신 예수님에 의해서 구속함을 받은 우리들의 존재적 특성이다.

함께 토의할 문제

1. "하나님의 아들"이라는 용어의 일반적 용례는 어떤 것입니까?

(1) (출 4:22; 호 11:1; 신 14:1; 호 1:10) ______________________

(2) 삼하 7:14 ______________________

(3) 욥 1:6; 2:1; 38:7; 단 3:25 ______________________

권능 있는 자들(시 29:1; 89:6, "권능 있는 아들들"-직역)의 의미는?

____

2. 예수님께서 "하나님의 아들"이시라는 뜻은 무엇입니까?

(1) 요 10:25-30, 38 ______________________

(2) "나와 아버지는 하나"라는 말의 정확한 뜻은 무엇입니까? (109-110쪽 참조) ______________________

3. "하나님의 독생자"라는 말의 의미를 생각해 봅시다.

(1) 요 1:14 ______________________

(2) 요 1:18 ______________________

(3) 요 3:16, 18 ______________________

"독생자"라는 말의 의미는 무엇입니까? (112-114쪽 참조)

4. 존재론적 아드님이신 예수님과 우리의 하나님의 자녀됨의 관계를 생각해 보십시오.

8장

그리스도의 칭호 (4): "주"

본문: 고린도전서 6:19-20; 마태복음 7:20-29

이번에는 그리스도께 적용된 칭호 가운데서 마지막으로 "주"(the Lord, ὁ κύριος)라는 칭호에 대해서 생각해 보기로 하자. 이는 스타우퍼가 "가장 풍성한 기독론적 칭호"라고 부른 바 있는 매우 중요한 칭호이다.[1] 신약 성경에서는 다양한 상황 가운데서 다양한 의미로 예수님을 "주님"이라고 부른 일이 나타나 있다. 이는 당시에 "주님"(κύριος)이라는 칭호가 사용되던 다양한 의미를 반영하는 것이기도 하다. 이처럼 성경에 나오는 "주님"이라는 칭호는 단일한 의미를 가진 것이 아니다. 이를 알기 위해 먼저 "주님"이라는 호칭의 일반적인 의미부터 생각해 보기로 하자.

1. "주님"이라는 칭호의 일반적 용례들

사람과 사람 사이에서 가장 정중한 표현을 하고자 할 때(a title of courtesy) "주님"(κύριος)이라는 호칭이 사용된 예들이 있다. 예를 들자면, 유대인들이 빌라도를 부를 때도 "주여"(κύριε)라고 부른 일이 있으며(마 27:63), 또 마리아가 부활하신 주님을 동산지기로 잘못 알고 부를 때도 그를 “주”라고 부른 일이 있다(요 20:15). 이처럼 신약 성경 시대에는 사람들 사이에서 높은 지위에 있는 이를 “주님”이라고 부르는 일이 상당히 일반화되어 있었다고 할 수 있다. 그리고 그 폭도 매우 다양했다. 로마 황제도 이런 의미에서 “주”(κύριος)라고 불려졌다.[2] 예를 들자면, 네로가 “세상의 주”(Lord of the World)로, 도미티안이 “우리 주와 신”(our Lord and God)으로 언급된 일이 있었다.[3] 또한 노예들의 주인도 “주님”(κύριος)이라고 일컬어졌으며, 제자들은 그 선생님을 “주님”(κύριος)이라고 부르는 일이 일반적인 일이었다. 또한 아내가 남편을 지극히 존경하며 존대하여 말할 때도 이 칭호를 사용한 일이 있다. 성경에서는 아브라함의 아내인 사라가 그 남편을 이런 칭호를 사용하여 부른 예를 언급하고 있는 것이 나타난다(벧전 3:6). 그러므로 “주”라는 칭호는 가정에서도 사용된 칭호라고 할 수 있다.

예수님께 대해서도 그 분을 그저 선생님이라는 의미로 부를 때에 “주님”이라는 호칭을 사용하여 표현한 일이 있다. 예를 들어서, 어떤 유대인의 “관원”(눅 18:18)인 부자 “청년”은(마 19:16) 예수님을 “선한 선생님이여”라고 부르면서 “내가 무엇을 하여야 영생을 얻으리이까?”라고 묻고 있다(막 10:17; 눅 18:18). 그리고 그는 계속해서 “선생님이여”라는 말을 유지한다(막 10:20). 일반적으로 “선생님”이라는 말이 예수님께 적용된 경우에는 “주님”이라고 즐겨 표현하는 마태복음에서도 이 청년의 말은 그대로 “선생님이여”라고 보도하고 있다(마 19:16). 물론 우리가 “주님”(κύριος)이라고 부르는 예수님께 나아와 가로되 “선생님이여”라고 했다는 시사를 주면서 말이다(마 19:16). 이 경우에는 이 청년이 예수님을 매우 존중하지만(“달려와서 꿇어앉아 묻자오되”- 막 10:17) 그는 예수님을 그저 인간적 수준의 선생님으로만 생각하면서 질문하고 대화한 것으로 시사되는 것이다. 여기 나오는 "선생님"이라는 말은 "크다"(great)라는 히브리어 "랍"(rab)에서 온 "나의 크신 분"이란 뜻의 "랍비"(Rabbi)의 번역어로서 대개 주전 2세기부터 선생님들에 대해 "랍"(rab)이란 말을 사용했고, 따라서 선생님에 대한 호칭이 "나의 선생님"이란 뜻의 "랍비"가 되었다가 후에 "나의"라는 접미사는 그 의미를 상실하고 "랍비"가 율법을 가르치는 선생님에 대한 공식 명칭이 되었다고 한다.[4] 성경에서는 이것이 그저 하나님의 뜻을 잘 가르치시는 선생님을 지칭하는 표현으로 나타난다. 그리고 요한복음 1:38과 20:16에서는 이 용어를 이방 독자들을 위해 친절히 설명해 주기도 한다.

그런데 공관복음서의 표현들을 비교해 보면 같은 사건에 대해서 어떤 복음서에서는 "선생님이여"라고 표현한 것을 다른 복음서에서는 "주여"라고 표현한 곳들이 나타나기도 한다. 예를 들어서, 귀신들려 말못하고 간질병의 질환을 나타내던 아이를 예수님께서 고쳐 주시는 사건에 대한 보도에서 마가는 그 아버지가 예수님께 "**선생님**(Διδάσκαλε) 벙어리 귀신들린 내 아들을 [선생님께, πρὸς σέ] 데려 왔나이다"라고 하면서, "선생님"이라는 호칭을 사용하고 있다(막 9:17). 그런데 같은 사건을 보도하면서 마태는 그 아이의 아버지가 "주여", 즉 "쿠리에"(κύριε)라는 호칭을 계속 사용하는 것으로 말하고 있다(마 17:15). 이는 복음서 기자들의 차이로 설명될 것이 아니라, 그것이 예수님을 "선생님"이라는 수준에서 말할 때도 "주님"이라는 호칭을 쓴 예가 있다는 것을 보여 주는 것의 하나로 생각할 수 있다.

심지어 같은 맥락에서 주와 선생님이라는 말이 호환적으로 사용된 예도 있다. 이런 경우에는 아주 높은 의미의 "주"라는 칭호를 예수님께 돌렸는지, 아니면 그저 일반적인 수준에서 "주"라는 칭호가 사용된 것인지가 모호하다. 이처럼 공관복음서에는 상당히 많은 경우에 예수님을 "주님"(κύριος)이라고 부른 그 의미가 모호하게 나타난다. 즉, 그저 사람과 사람 사이에 높임을 표(表)하는 것으로 표현된 것인지, 아니면 그 이상의 의미를 지니고 이 칭호가 사용되었는지가 모호하다는 말이다.[5] 그러므로 예수님께 "선생님"이라는 칭호를 사용했다고 해서 그것이 그저 예수님을 인간적 수준의 선생님으로 말한 것이라고 단언할 수도 없다. 예를 들어서, 요한에 의하면 예수님께서 제자들의 발을 씻기신 후에 "너희가 나를 선생(ὁ διδάσκαλος)이라 또는 주(ὁ κύριος)라 하니 너희 말이 옳도다. 내가 그러하다. 내가 주와 또는 선생이 되어 너희 발을 씻겼으니, 너희도 서로 발을 씻기는 것이 옳으니라"라고 말씀하셨다(요 13:13, 14). 이럴 때에는 예수님의 의도가 이 둘을 거의 동일시하면서 언급하고 계신 것이라고 할 수 있다.

그러나 복음서나 서신서에 예수님을 그저 일반적인 의미에서가 아니라, 분명히 아주 높은 의미에서 "주"(κύριος)로 부른 예들이 있다는 것을 지적하지 않을 수 없다. 그리고 이런 예들이 이 논의를 하고 있는 우리들에게는 가장 중요한 것이 된다.

2. 예수님을 "주님"이라고 부를 때의 가장 높은 의미

가장 높은 의미로 예수님을 "주님"(κύριος)이라고 부를 때는 부활로부터 높아진 구주에 대한 특별 명칭으로 이 칭호가 사용된 때이다. 제자들은 부활하신 예수님을 "주와 그리스도"라고 불렀다(행 2:36). 도마도 부활하여 나타나신 예수님께 대해 그분이 진정 부활하셨음을 믿고서는 "나의 주시며, 나의 하나님"이시라고 고백하였고, 부활하신 주님께서는 이를 받아들이셨다(요 20:28). 이는 모두가 신적인 칭호들(titles of deity)이다.[6] 당대의 유대인들은 이를 신성모독으로 생각했겠지만, 부활하신 예수님이 누구신지를 알게 된 도마는 아무 거리낌없이 가장 신적인 칭호를 주님께 돌린 것이다. 부활하신 그 분은 참으로 죽은 자와 산 자의 "주님"이시다(롬 14:9). 부활과 승천으로 높여지신 그 분은 "모든 이름 위에 뛰어난 이름"을 가지신 것이다(빌 2:9).[7]

예수님을 이렇게 높은 의미로 부르던 "주"라는 칭호는 당대에 유대인들이 여호와 하나님을 일컬어 "나의 주"(adonai)라고 부르던 것과 연관된 것이다. 이를 좀더 자세히 알기 위해 유대인들이 여호와 하나님을 "주"라고 부르던 관례를 생각해 보아야 한다. 유대인들은 우리말 성경에 "여호와"(יהוה)로 음역되어 있는 하나님의 지극히 거룩한 명칭을 부르는 일을 회피하기 위하여 이 칭호가 나타날 때마다 "나의 주님"(adonai)이라고 불러 왔다. 그리하여 하나님이 피조계와 관련하여 주권적 능력을 행사할 수 있는 분이심을 지칭하기 위해 하나님께 "주"라는 칭호를 사용하는 일이 일반화되었다(마 1:20; 마 11:25; 눅 4:18 참조). 그래서 웰즈가 잘 지적하듯이, "70인 경에서는 6,000번 이상이나 '쿠리오스'(κύριος)가 YHWH에 대한 대치어로 나타나고 있는 것"이다.[8]

그렇기에 예수님을 "주"라고 부르는 것의 가장 높은 의미는 예수님께서 하나님이심을 인정하는 표현이었던 것이다. 그러므로 부활 이후의 주님에 대해서는 아주 분명히 이런 뜻의 "주"라는 칭호가 사용되었음을 확언할 수 있다. 이런 뜻에서 이 "주님"이라는 명칭은, 보스가 잘 지적하는 바대로, "[예수님께서] 죽은 자들로부터 부활하셔서 들어가신 새로운 수준의 메시아적 주권을 표현하는 것"이다. 그러므로 "높여지신 그리스도는 아주 뛰어나신 주님(the Lord)이셨다".[9] 구약의 하나님과 예수님을 동일시하는 의도로 이 "쿠리오스"라는 칭호를 예수님께 적용하여 썼다는 말이다. 그래서 구약에서 여호와 하나님에 대해 사용하였던 어귀들을 예수님께 적용하여 인용하는 일도 흔히 발생한다(마 3:3, 23:39; 막 1:3; 롬 10:13, 14:11; 빌 2:11f.; 히 1:10; 벧전 2:3, 3:15 등 참조). 그러므로 예수님을 이런 높은 의미에서 "주님"이라고 부르는 것은 예수님의 신성에 대한 고백이기도 한 것이다.[10] 이런 의미에서 주님이신 예수님은 우리의 기도의 대상이 되시며(행 7:59, 60; 고전 16:22), 믿음의 대상이 되신다(행 9:42, 11:24). 또한 이런 주님으로서 그 분은 만왕의 왕이시고, 만주의 주이시며(계 19:16), 특히 교회의 주님이시다. 그 분은 구약의 여호와 하나님과 같이 주님으로 불리신 분으로 우리의 모든 것을 주관하시는 섭리자요 주재자이시다.

그리스도인들은 이런 뜻으로 예수님을 "주님"이라고 불렀고, "예수는 주님이시다"는 고백은 최초의 신앙 고백 형식의 하나가 되었다(행 8:16, 19:5; 고전 12:3 참조). 이 때 그 그리스도인들은 이전에 여호와 하나님을 주님으로 불렀던 그 의식을 가지고 예수님을 주님이라고 불렀던 것이다(눅 1:43 참조). 그러므로 사도 시대의 교회에 있어서는 예수님을 이런 신적인 의미에서 "주"라고 부르는 것이 일반화되었다. "주 예수 그리스도"라는 일반화된 명칭이 이것을 잘 드러내어 준다(행 1:21; 4:33; 7:59; 8:16; 11:17; 15:11, 26; 20:21, 24, 35; 28:31). 예를 들어, 마가복음의 뒷부분에서는 "주 예수께서 … 하늘로 올리우사"라고 말하고(막 16:19) 사도들의 사역에 대해 "주께서 함께 역사하셨다"고 한다(막 16:20).[11] 그리고 누가는 예수님의 부활에 대한 언급을 하면서 "주 예수의 시체가 뵈지 아니하더라"라고 말한다(눅 24:3). 사도행전에서 예수님을 이런 의미에서 "주"라고 부르며 주께서 하신 일을 진술해 가는 것은, 거뜨리(Guthrie)가 표현하는 대로, "즉각적이고 거의 자동적이고 … 자연스러운 것이다."[12]

또한 다음과 같은 바울의 말을 주의 깊게 들어보라: "만일 누구든지 주를 사랑하지 아니하거든 저주를 받을지어다. [우리] 주께서 임하시느니라(Maranatha). 주 예수 그리스도의 은혜가 너희와 함께 … 할지어다"(고전 16:22-24). 이 말씀은 예수님을 "우리 주"라고 부르던 아람어 표현(maran)이[13] 그대로 사용되면서 주의 재림에 대한 대망을 잘 표현하고 있다. 그러면서 여기에는 "주권자로서 그 분의 현재 지위에 대한 외침"처럼 표현되고 있는 것이다.[14]

이처럼 초대 교회에서는 예수님을 하나님과 동일시하면서 그를 "주"라고 불렀던 것이다. 웰즈의 다음 요약을 유념해 보라: "그러므로 그리스도를 '주님'으로 말하는 것은 그 분을 여호와와 존재론적으로 동일시하는 것이고, 그 분에게 오직 하나님에게만 속하는 경배를 돌리는 것이고, 그 분이 교회와 피조계에서 주권적이심을 인정하는 것이며, 그 분을 세상에서 '하나님의 어떠하심'을 니다내신 분으로 보는 것이다."[15]

3. 예수님의 지상 사역 기간 중에 주님으로 불린 일들과 그 의미

그런데 예수님을 이런 높고 지극히 고귀한 의미에서 "주님"으로 부른 일들은 그 분이 부활하신 뒤 뿐만이 아니라, 그 분이 지상 사역을 하실 때부터 나타난 일이다. 이 점에 대해서는 많은 논란이 있어 많은 이들이 될 수 있는 대로 이런 생각을 피하려고 한다. 그러나 신약 성경을 자연스럽게 읽는 이들은 그가 지상 생활을 하실 때도 때때로 이런 높은 의미의 주님이심을 시사하시고, 그런 칭호를 받아들이셨음을 자연스럽게 느끼게 될 것이다. 몇 가지 예를 들어보도록 하자.

첫째로, 예수님의 말씀에 순종하여 많은 물고기를 잡은 후 베드로가 보인 반응과 그의 말을 보라: "시몬 베드로가 이를 보고 예수의 무릎 아래 엎드려 가로되 주여 나를 떠나소서 나는 죄인이로소이다"(눅 5:8). 여기에 하나님 앞에 선 죄인 된 인간의 반응이 나타나 있지 않는가? 이는 그저 고귀하신 종교적 선생님이나 선지자에 대한 반응이 아니다. 그렇다면 여기 사용된 "주여"라는 말도 고도의 의미를 가지고 있지 않다고 할 수 없다. 이는 "그 칭호의 최고의 신적인 취지"를 표현하는 것이다.[16] 그러므로 이 본문에서는 "기적으로 시사된 예수님의 신성에 대조되어 베드로는 그가 죄인이며 따라서 자신이 예수님과 함께 있을 자격이 없다고 느낀 것"이라고 말하는 메릴 씨 테니(Merrill C. Tenney)의 요약적 진술은 매우 옳고도 적절한 것이다.[17]

둘째로, 예수님께서 시편 110편의 의미를 가지고 메시아의 성격에 대해서 사람들과 논쟁하신 곳에서도(마 22:41f.; 막 12:36f.; 눅 20:42-44) 예수님께서는 친히 다윗의 자손으로 언급된 메시아가 시편에서 다윗의 "주"라고 언급되어 있음을 지적하신 것이 드러난다.[18] 그렇게 다윗이 "나의 주"라고 언급하고 있는 표현은, 리펠드가 잘 지적하듯이, "위엄감을 전달하며 하나님의 이름에 대한 대체어로 자주 사용된 것"이다.[19] 그러므로 이에 대해서 논의하면서 "이 논의의 주된 취지는 … '다윗의 자손'이라는 명칭에 서기관들이 부여한 현세 중심적 개념에 항거하여, 메시아는 초월적 주권의 위치에 있음을 분명히 하는 데 있는 것이다"라고 말하는 보스(Vos)의 논의는[20] 매우 옳고 중요한 것이다.

셋째로, 예루살렘에 입성하실 때 나귀 새끼를 끌고 오라고 하시면서 "만일 누가 무슨 말을 하거든 주가 쓰시겠다 하라"고 하신 말씀에서 "주"의 의미를 생각해 보라(마 21:3; 막 11:3; 눅 19:31, 34). "그의 임자들"(οἱ κύριοι αὐτοῦ)을 언급하는 누가복음 19:33의 빛에서 보면 누가복음 19:31과 34의 "쿠리오스"(κύριος)는 그 나귀의 소유주라는 뜻이기보다는 예수님 자신을 지칭하되,[21] 그 분을 좀더 포괄적인 의미의 "주인"으로 표현하는 것이라고 해석하는 것이 가장 자연스러운 해석일 것이다.[22] 그러므로 이 표현에는 그것을 마음대로 처분할 수 있는 분으로서, 또한 포괄적인 주권을 가지신 분으로서 자신을 드러내신 예수님의 의도가 나타났다고 할 수 있다.[23] 따라서 이 경우도 예수님께서 자신을 하나님과 동일시하면서 "주"라는 칭호를 사용한 예이다.[24]

넷째로, 산상수훈에서 "나에게 주여 주여 하는 자마다 다 천국에 들어 갈 것이 아니요"라고 말씀하시는 것(마 7:21)에는[25] 최소한 이 "쿠리오스"(κύριος) 칭호가 정중한 표현 이상의 것이라는 함의가 있는 것이다.[26] 그러므로 예수님께서는 그를 따르는 자들이 이 칭호에 가장 깊은 의미를 부여할 것을 미리 준비하시는 것이라고 말하는 카슨(D. A. Carson)의 말은 매우 중요하다고 하지 않을 수 없다.[27]

마지막으로, 주께서 태어나셨을 때 천사들이 목자들에게 "그리스도 주시니라"라고 한 것에도(눅 2:11) 분명히 신적인 주되심에 대한 함의가 전달된다.[28] 모리스(Morris)는 이 구절과 관련해서 여호와를 지칭하는 용어까지를 사용해서 "그리스도 주"라고 한 것은 아기를 최고의 가능한 용어

로 표현한 것이라고 한다.[29]

그러므로 부활 이전에는 예수님께 지고한 의미의 '쿠리오스' 칭호가 사용되지 않았다고 할 수 없다. 비록 드물게나마 예수님의 신적 주님 되심에 대한 시사와 인식, 그리고 이를 인정하는 표현들과 이에 대한 시인이 나타나고 있기 때문이다.[30] 그는 제자들을 떠나 그들을 위한 사역을 하러 가시기 전에도 "주님"이셨다.[31]

4. 예수님께서 "주님"이시다는 것을 고백하는 사람들의 위치

이렇게 가장 높은 의미에서 예수님을 주님이라고 부르는 이들은 자신들을 그 주님의 "노예"(δοῦλος)라고 기꺼이 인정하는 사람들(willing bond-slaves)이다. 즉, 자신들이 그 주님에게 속하여 그 분이 원하시는 대로 활동하며, 자신들의 삶을 살아가야 하는 존재들이라는 자의식을 표현하는 말이다. 우리는 어떻게 해서 주님의 것이 되었는가? 그 분이 "금이나 은으로가 아니라, 그의 보배로운 피로써 우리를 죄와 마귀의 모든 세력에서 구속하시고 사주셔서 그분 자신의 것이 되게 하셨기 때문이다"(하이델베르크 요리 문답 제34문답). 바울은 이를 "너희는 너희 것이 아니라 값으로 산 것이 되었으니"라고 표현한다(고전 6:19, 20). 그러므로 우리는 그렇게 구속함을 받은 자들로서 우리의 존재 전체를 사용해서 우리 주님의 뜻을 잘 행해 가야 한다.[32]

우리는 이처럼 높으신 주님을 섬기는 자들로서(롬 12:11), 자신들의 삶을 그 분에게 합당하게 정돈해야 한다(고전 11:27). 그러므로 우리에게는 주님의 뜻을 아는 일이 아주 필수적이다. 그 분의 뜻을 잘 살펴서 그 뜻을 이루어 나가는 것이 그 분을 잘 받들어 섬기는 것이기 때문이다. 예수님께서 주님이심을 생각하면서 우리는 이런 의미에서 그 분의 진정한 종인가를 깊이 있게 물어야 할 것이다. 그것이 살아 계신 주님과 깊이 있는 교제를 유지하는 방법이기도 하다. 그러므로 "우리는 과연 주님과 고귀하고도 깊은 교제를 가지고 있는 주의 종들인가?"를 심각하게 자문해 보아야만 한다.

만일 그렇지 않다면, 그리고 그것이 우리 생애 끝까지 계속된다면, 우리는 예수님을 "주"라고 부르는 그 일을 헛되게 하는 것이 된다. 그리고 이렇게 헛되게 "주여"라고 하는 이들을 향하여 우리 주께서 말씀하신 엄중한 경고를 우리는 귀기울여 들어야만 할 것이다: "나더러 주여 주여 하는 자마다 천국에 다 들어갈 것이 아니오 다만 하늘에 계신 내 아버지의 뜻대로 행하는 자라야 들어가리라"(마 7:21). 예수님을 주님이라고 부르면서도 그 분의 뜻을 무시하고, 그 분의 말을 행하지 않는 이들은 "불법을 행하는 자들"이요(마 7:23), "어리석은 사람"(마 7:26)인 것이다. 그들을 향하여 주님은 "내게서 떠나가라"라고 엄중하게 선언하신다. 이런 상황 가운데서 우리는 과연 어떠한 자들이고, 어떠한 자들이 될 것인가? 헛되이 예수님을 주라고 부르는 자들이 될 것인가, 아니면 진정 하나님의 뜻을 행하는 진정한 예수의 종들이 될 것인가? 이것이 예수님을 "주님"이라고 부르는 사람들이 매순간 물어야 할 가장 중요한 질문이다.

함께 토의할 문제

1. 주님이라는 칭호의 일반적 의미를 말해 보십시오.

   (1) 마 27:63 ______________________

   (2) 벧전 3:6 ______________________

   (3) 눅 18:18; 마 19:16; 막 10:20 ______________________

   Cf. 막 9:18; 마 17:15 ______________________

2. 예수님을 "주님"이라고 부를 때, 그것의 가장 높은 의미는 무엇입니까?

   (1) 행 2:36 ______________________

   (2) 요 20:28 ______________________

   (3) 롬 14:9 ______________________

   (4) 빌 2:9 ______________________

   이런 칭호들과 유대인들이 여호와 하나님을 "아도나이", 즉 "나의 주님"으로 부르던 것을 생각할 때 내릴 수 있는 결론은 무엇입니까? (122-123쪽 참조)

   ____

3. 예수님을 "주님"이라고 부르는 것의 함의는 무엇입니까?

   (1) 예수님은 우리의 (　　　　)의 대상이 되십니다. (행 7:59, 60; 고전 16:22)

(2) 예수님은 우리의 (   )의 대상이 되십니다. (행 9:42; 11:24)

(3) (   )이십니다. (계 19:16)

예수님을 "주님"으로 부른 것에 대한 웰즈 교수의 언급을 읽고(123쪽), 그 함의를 묵상해 보십시오.

4. 지상 사역 기간 동안에도 예수님은 "주님"이라고 불리셨습니다. 그 정황과 의미를 생각해 보십시오.

	정황	의미
눅 5:8		
마 22:41f.		
마 21:3		
마 7:21		
눅 2:11		

5. 예수님이 "주님"이시라면 우리는 어떤 존재입니까? (고전 6:19, 20)

그러면 우리는 어떻게 해야 합니까? (롬 12:11; 고전 11:27)

제3부

그리스도의 생애와 사역

9장

“성령으로 잉태되사 동정녀 마리아에게서 나시고”

본문: 누가복음 1:26-38

이 세상에 오신 그리스도께서 어떠한 삶을 사시고, 그 삶 가운데서 어떠한 일을 하셨는지를 살펴보는 일에서는 먼저 그 분이 이 세상에 오신 일, 흔히 우리가 성육신(成肉身)이라고 부르는 일에 대한 생각부터 시작해야 할 것이다. “성육신”의 사건은 게할더스 보스(Geerhardus Vos)가 잘 표현한 바와 같이, “선재하시는 메시아가 인간성(human nature) 안에 들어오시며, 초역사적인 분이 역사의 흐름 속으로 들어오시는”[1] 놀라운 일이다. 그 분이 이처럼 이 세상과 역사 가운데로 오실 때, 그 분은 아주 독특한 방식으로 우리들 가운데 오셨다. 영원하신 하나님의 아드님[聖子]께서 우리들의 인성(人性, human naturc)을 취하실 때 그 분은 성령에 의해서 동정녀 마리아의 몸에 잉태되는 방식을 취하셨고, 따라서 그녀의 몸 안에서 다른 어린아이들과 같은 방식으로 10달 동안 자라다가 태어나신 것이다.

이런 잉태와 출생 방식의 의미와 그 유익을 생각할 때에 우리가 무엇보다 먼저 생각해야 하는 것은, 이미 하나님의 놀라운 지혜와 경륜 가운데서 **이와 같은 방식으로 일이 일어난 후에야** 이에 대한 우리의 모든 생각과 고찰이 시작되는 것이라는 점이다. 즉, 사건이 이미 발생한 후에야 우리가 이 일의 의미와 유익을 생각해 보는 것이라는 말이다. 이처럼 성육신의 사실은 우리의 성찰에 앞서 이미 있는 것이다. 그러므로 우리는 에밀 부룬너(Emil Brunner)처럼 "동정녀 탄생 사상은 성육신의 기적을 설명하려는 시도에 불과하다"고 말해서는[2] 안 된다. 우리는 이 사건이 일어난 후에야 과연 하나님께서는 어떤 생각 가운데서 이와 같은 방식으로 성육신 하도록 하셨는가를 성경에 나타난 하나님의 생각을 따라 생각할 뿐이다. 따라서 우리의 고찰과 성찰에 따라서 이 사건이 바뀌거나 그 의미가 변하는 것이 아니다. 또 어떤 이들과 같이 성육신에 대해서 생각한다거나 어떤 식으로 이 일이 발생하는 것이 더 은혜스러울 것이라든지, 하나님의 의도를 더 잘 이룰 수 있을 것이라고 생각해서는 안 된다. 왜냐하면 이 사건의 의미는 이미 이 사건이 발생할 때부터 그 사건에 붙박혀 있다고 할 수 있기 때문이다. 그러므로 우리는 성경에 기록된 대로의 사실에 대한 믿음에서부터 모든 성찰을 시작해야 한다. 이런 태도는 우리 시대와 같이 동정녀 탄생을 믿지 않고 저버리는 시대에 아주 필수적인 태도가 아닐 수 없다.[3]

1. 성육신의 사실

하나님께서 세우신 구속자, 구원자가 이 세상에 올 것이며, 그 분을 통해서 우리의 구원이 이루어지리라는 것은 이미 구약 시대부터 시원적(始原的) 형태로나마 계시된 것이었다. 이에 신실한 성도들은 그 계시를 믿고 그에 따라 구속자의 오심을 대망해 왔다.[4] 그러나 실제로 이 사실이 이루어지기 전에는 그 구원자가 과연 어떤 방식으로 우리에게 오실 것인지를 구체적으로 아는 사람은 한 사람도 없었다. 메시아를 대망하고 있던 이들조차도 메시아가 오신 것과 그 분이 오신 방식을 보면서 놀라며 하나님께서 이루시는 일의 기이함을 찬양할 수밖에 없었다. 오직 하나님만이 그것을 아시고, 자신이 계획하신 대로 그 일을 이루어 가신 것이다.

그 계획에 따라 어느 날 갈릴리 나사렛에 다윗의 자손(다윗의 집안에 속한, ἐξ οἴκου Δαυὶδ)[5] "요셉이라는 이름의 남자와 정혼한"(ἐμνηστευμένην ἀνδρὶ ᾧ ὄνομα 'Ιωσὴφ)[6] 처녀(παρθένος)에게[7] 천사 가브리엘이 이르러 그녀에게 놀라운 이야기를 하기 시작하였다(눅 1:26, 27 참조). "은혜를 받은 자여(κεχαριτωμένη) 평안할지어다(χαῖρε). 주께서 너와 함께 계시도다(ὁ κύριος μετὰ σοῦ)"라는 천사 가브리엘의 인사말은 마리아를 놀라게 했고, 그녀를 많은 생각에 잠기게 했을 것이다. 아마도 마리아는 왜 나에게 '은혜를 받았다고 말하는가?' 또 '주께서 함께 계시다는 것은 무슨 뜻일까?' 등의 생각을 하였을 것이다.

마리아의 이런 생각을 알기라도 하듯이 가브리엘은 마리아에게 일어날 일을 설명해 주기 시작하였다: "보라 네가 수태하여 아들을 낳으리니 그 이름을 예수라 하라 저가 큰 자가 되고 지극히 높으신 이의 아들이라[8] 일컬을 것이요 주 하나님께서 그 조싱 디윗의 위를(τὸν θρόνον)저에게 주시리니 영원히 야곱의 집에 왕노릇 하실 것이며 그 나라가 무궁하리라"(눅 1:31-33). 영원히 야곱의 집, 즉 이스라엘 백성을 다스릴 하나님의 아들이신 영원한 왕이 자신의 몸에서 태어나실 것이라는 소식을 들은 마리아는 그 사실도 놀랍지만, 처녀인 자신이 어떻게 아이를 낳을 수 있을까에 대해서 의아해 했다. 이에 가브리엘은 마리아에게 다시 이렇게 설명

하여 준다: "성령이 네게 임하시고(ἐπελεύσεται ἐπὶ σὲ) 지극히 높으신 이의 능력이 너를 덮으시리니(ἐπισκιάσει σοι) 이러므로 나실 바 거룩한 자는 하나님의 아들이라 일컬으리라"[9](눅 1:35).

여기 사용된 "임하다"(ἐπέρχομαι)는 말은 오순절 성령 강림을 표현하는 것과 같은 용어(행 1:8)인데, 이 배후에는 아마도 이사야 32:15과 같은 말씀이 있는 듯하다. 또한 "덮는다"(ἐπισκιάζω)는 말은 하나님의 영광의 신현적 임재를 표현하고자 할 때 사용되던 말이다(출 40: 35; 시 91:4; 140:7 참조). 그러므로 이는 하나님의 강력한 임재가 마리아에게 있고, 그 결과 그녀는 아이를 잉태하게 되리라는 것이다. 본문 가운데서는 그 이상의 자세한 설명이 주어져 있지 않다.[10] 그러나 이 가브리엘의 설명에는 성령님으로 말미암아 잉태된다는 것이 과연 어떤 것인지가 잘 나타나 있다고 할 수 있다. 그리고 여기 미래동사가 사용되고 있는 것으로부터, 우리는 "주께서 너와 함께 하시도다" 등의 표현이 바로 수태의 순간을 뜻하지는 않는다고 추론할 수 있다.[11]

또한 마리아가 이 성령님의 능력으로 되는 일을 조금은 쉽게 받아들이도록 하기 위해서 가브리엘은 마리아의 (여자) 친척(συγγενίς) 엘리사벳에게 일어난 일을 하나님께는 능치 못하는 일이 없다는 것의 예증으로 언급한다: "보라 네 친족 엘리사벳도 늙어서 아들을 배었느니라. 본래 수태하지 못한다 하던 이가 이미 여섯 달이 되었나니 대저 하나님의 모든 말씀은 능치 못하심이 없느니라"(눅 1: 36-37). 이 모든 대화를 통해 우리는 마리아와 더불어 그녀에게 아이가 수태된 것은 다 하나님의 성령의 크신 능력으로 된 것임을 알 수 있다. 이상의 논의를 우리는 주로 누가복음에 근거해서 진행하였다. 누가가 그의 복음서 서문에서 말하는 것과 그 바로 뒤에 동정녀 탄생 이야기가 나오는 것에 비추어 볼 때, 우리는 아주 자연스럽게 누가는 동정녀 탄생이 사실이라고 믿었다는 결론에 이를 수 있다.[12] "동정녀 탄생에 대한 마태의 보도는 누가 복음의 기사와 독립적으로 나타나고 있지만, 이것도 역시 동일하게 동정녀 탄생 사상을 확고히 지지하고 있다."[13] 이처럼 거뜨리는(D. Guthrie) 마태와 누가가 동정녀 탄생을 받아들여진 사건(as an accepted fact)으로 제시하려고 했다는 것을 아주 분명히 한다[14](이것이 정상적인 그리스도인들의 마땅한 태도일 수밖에 없을 것이다).

후에 요셉에게도 주의 사자는 "저에게 잉태된 자는 성령으로 된 것이라"고 말한다(마 1:20). 이는 아마도 마리아가 요셉에게 전해 준 말을[15] 확언하는 역할을 한 것으로 추론된다. 이 이야기 가운데서 마리아의 처녀성이 강조되고 있는 것은(눅 1:27; 마1:27, 34 등) 처녀성 자체를 높이 보는 것이 아니라, 성육신이 얼마나 큰 이적으로 이루어지는가를 강조하기 위한 것이다.[16] 더구나 많은 주석가들은 이 이야기 속에서 마리아 자신의 가치가 강조되어 있지 않은 것에 주목한다.[17] 성육신은 하나님의 크신 힘으로 이루어지고 있는 것이지, 인간의 가치와 능력으로 이루어지는 것이 아니다.

이처럼 예수님의 인간 부모된 마리아와 요셉은 천사들로부터 이 아이의 수태가 성령으로 된 것임을 고지 받고 그 일을 받아들이고서 이 아이의 부모 역할을 하기로 한다.[18] 그리하여 요셉은 이 고지 후에 일어나서 주의 사자의 분부대로 행하여 그의 아내를 데려 와 "아들을 낳기까지 동침치 아니한 것"이다(마 1:24-25). 이 말은 예수님의 수태가 자연적인 과정으로 이루어진 것이 아님을 시사하는 것이기도 하다. 그리고는 하나님의 섭리에 따라 일어난 가이사 아구스도의 "본 동리에 가서 호적하라"는 명에 따라(눅 2:1-4) 호적하러 베들레헴에 내려갔다가 그 다윗의 동리에서 아기 예수를 낳은 것이다.

2. 성령님으로 말미암아 잉태되었다는 사실의 의미

이러한 사실 가운데서 성령님으로 잉태되었다는 것은 무슨 의미일까? 이것은 인간의 능력에 의하지 아니하고 하나님의 초자연적인 능력으로 성육신이 이루어졌음을 단적으로 선언해 주는 것이다. 이 세상에서 사람이 하나님의 자녀가 되는 일도 "혈통으로나 육정으로나 사람의 뜻으로 나지 아니한"다(요 1:13). 하물며 하나님의 영원하신 아드님께서 참되며 영원하신 하나님이시기를 중단하지 않으시면서 인간성(the very nature of man)을 취하시는 일은 얼마나 더 하겠는가? 이것도 혈통으로나 육정으로나 사람의 뜻으로 될 수 없는 것이다. 이 일은 **오직 하나님의 크신 힘과 능력으로서만** 이루어질 수 있는 것이다. 이 세상에서 일어난 일 가운데서 세상의 창조와 더불어 가장 초자연적인 일이 바로 이 "성령으로 말미암는 잉태"라고 할 수 있을 것이다.

이 일은 **성부 하나님께서 계획하시고 성령의 능력 가운데 성자께서** 우리의 인간성을 그 분께로 취하여 들이신 삼위일체적인 사건이다. 따라서 이 일은 하나님의 영원하신 작정 가운데 있던 일이 그 정해진 때에 일어난 것이다. 그런 뜻에서 바울은 "**때가 차매** 하나님이 그 아들을 보내사 여자에게 나게 하시고"라고 말했던 것이다(갈 4:4). 이 일은 우연히 일어난 일이 아니고 하나님의 경륜 가운데서 일어난 일이라는 의미이다.

이렇게 성령님으로 말미암은 잉태를 통해 성령님께서는 모든 인간들이 가지고 있는 타락한 인간성이, 또는 그 자체 안에 있는 죄의 죄책과 오염이 그리스도께서 취하신 인간성에는 영향을 미치지 못하게 하신다. 그러므로 예수님은 "거룩하고 악이 없고 더러움이 없는" 분이시다(히 7:26). 이렇게 예수님께서는 인간들이 타락한 이후 가지게 된 연약해진 인간성, 따라서 죽을 수 있는 인간성을 취하셨지만, 죄의 부패와 오염은 가지지 않은 인간성을 취하신 것이다. 바로 이점을 잘 언급하고 있는 것이 로마서 8:3의 어려운 표현인 "죄 있는 육신의 모양으로"(ἐν ὁμοιώματι σαρκὸς ἁμαρτίας)라는 말의 정확한 뜻이라고 할 수 있다. 이는 마르시온의 생각 같이 그저 육체를 가진 것처럼 나타났다는 것도 아니며, 예수 그리스도께서 죄를 가지셨다는 뜻도 아니다. 여기서 모양(ὁμοίωμα)이라는 말은 피상적인 유사성이나 외적인 유사성을 뜻하는 말이 아니라, "형태"(form)라는 뜻으로 이해하는 것이 최선이다. 이는 예수님과 죄된 육체를 그대로 동일시하는 것을 막는 구실을 한다.[19] 이 구절에 대한 가장 좋은 설명의 하나로 머레이(John Murray)의 다음 설명을 주목해 보라:

> 성부께서 성자를 죄와 비참과 죽음의 세상에로 보내실 때, 그 자신은 죄된 존재가 아니면서도 그에게 가능한 한도 내에서 죄된 인간성과 가장 밀접한 관계에 있게 하시는 방식으로 보내셨음을 나타내는 일에 관심을 나타내면서 (바울은) 이렇게 표현한 것이다. 그 자신은 거룩하고 더럽혀지지 않으셨다 — "모양"이라는 말이 이 진리를 표현한다. 그러나 그는 같은 인간성을 가지고(in the same human nature) 오셨다. 그것이 바로 "죄된 육체"라고 말하는 이유인 것이다. 이런 의

미를 온전하게 표현해 낼 다른 단어의 조합은 없다고 할 수 있을 정도 이다.[20]

같은 시리즈의 로마서 주석을 대체한 더글라스 무(D. Moo)의 다음 설명도 역시 비슷한 방향을 지시하고 있다:

> 바울은 여기서 아주 조심하여 논의를 진행시키고 있다(is walking a fine line). 한편으로 그는 그리스도께서 온전히 인간적 조건에 들어 오셨고, "육화되셨"(in-fleshed, *in-carnis*)고, 그런 존재로서 자신을 죄의 세력에 노출시키셨다(6:8-10 참조)는 것을 강조하고자 한다. 그러나 또 한편으로 그는 그리스도께서 이 영역에 참여하심으로 그 분이 육체에 갇히시고 그럼으로써 그 분이 죄책이 있을 정도로 죄에 종속하게 되었다는 시사를 피해 보려고 하는 것이다. 호모이오마(ὁμοίωμα)는 "육체"라는 말에 "죄된"이란 말을 덧붙인 것이 너무 한 방향으로 치우쳐 나가지 않도록 균형 잡는 역할을 한다.[21]

이와 같이 성령님의 놀라운 능력으로 예수님께서는 죄만 제외하고서 우리의 연약함을 체휼할 수 있는 인간성을 취하신 것이다. 그러므로 히브리서 기자와 함께 우리는 그 분이 "모든 일에 우리와 한결 같이 시험을 받은 자로되 죄는 없으시니라"라고 말할 수 있는 것이다(히 4:15).

3. 동정녀 마리아에게서 나셨다는 사실의 의미

그러나 가장 초자연적인 일은 그저 초자연적인 일로만 일어난 것이 아니고 자연과의 밀접한 조화 가운데서 일어났다. 즉, 초자연적인 방식으로 예수님께서 수태될 때에라도 동정녀 마리아의 살과 뼈로부터 인간성을 취하며, 그 아이가 태중에서 자랄 때에도 마리아의 모든 인성을 다 사용하면서 자라며, 다른 아이들이 태어나는 것과 같은 방식으로 태어난 것이다. 이로써 초자연이 초자연으로만 있는 것이 아니라, 자연과 함께 함을 잘 보여준다. 이 점과 관련해서 마리아가 감당한 적극적 역할을 강조하는 것이 옳다. 이를 강조하면서 도날드 맥클라우드(Donald MacLead)는 웨스트민스터 신앙고백서 8장 2절을 인용하면서 "그리스도의 인성은 무에서 창조된 것이 아니라 마리아에게서(*ex Maria*), 즉 마리아의 실체로부터 창조되었다"고 진술하고 있다.[22] 더 나아가 이를 설명하면서 다음과 같이 아주 구체적인 언급까지 한다: "마리아는 어떠한 인간 어머니가 자기 자식에게 기여하는 바(난자, 유전자, 수정란의 성장과 정상적인 분만)를 그대로 그리스도에게 기여하였다."[23] 이런 맥클라우드의 생각은 그 이전에 이미 "자기의 태의 열매와 관련하여 다른 어머니들에게 주어지는 어떠한 것이라도 마리아에게 부인할 하등의 이유가 없다"고 말했던 존 퍼어슨(John Pearson)의 생각을 유지하면서 발전시키는 것이다.[24] 가장 초자연적인 일의 성취가 이렇게 자연과의 묘한 조화 가운데서 이루어졌다면, 다른 일이 이루어지는 일에 있어서는 얼마나 더하겠는가? 자연과 초자연의 절묘한 조화는 이 동정녀 탄생에 대한 보도 이후에 그의 인성의 성장과(눅 2:40) 이 땅의 부모님들께 순종하신 일(눅 2:51) 등을 언급하고 있는 데서도 잘 드러난다.[25] 그러므로 그리스도인들은 오직 초자연의 독자적인 행사만이 드러나기를 기다리는 것이 능사(能事)가 아님을 잘 알아야만 한다. 성경에서는 초자연은 대부분 지극히 자연스러운 것과 함께 나타나기 때문이다.

또한 마리아에게서 나시고, 요셉을 양부로 하여 나셨다는 것은 마리아와 요셉의 족보가 모두 다 다윗 왕가의 족보라는 것으로부터 알 수 있듯이, 영원하신 왕이 다윗의 후손 가운데서 나타날 것이고 그 왕위가 영원할 것이라고 하신 과거의 약속에 (예를 들자면, 삼하 7:13-16) 따라서, 그 태어난 아이가 그 "다윗의 자손(씨)"임을 드러내 주는 것이다. 하나님께서는 그 분의 약속을 이루시기 위해서 다윗의 자손 가운데서 이런 역할을 감당할 이들을 미리 준비하셔서 그리스도의 인간 부모의 역할을 감당하게 하신 것이다.[26]

4. 이 사실들이 우리에게 미치는 유익

이처럼 그리스도께서 성령님으로 말미암아 동정녀 마리아에게서 나셨다는 것은 우리에게 무슨 유익을 주는가? 이 질문은 하이델베르크 요리문답 제36문의 질문이기도 하다: "그리스도의 거룩한 수태와 탄생으로부터 당신은 어떤 유익을 얻습니까?" 이에 대해서 요리 문답은 "그가 우리의 중보자이시라는 것과 그의 순수하심과 온전한 거룩하심이 하나님 앞에서 내가 타고난 (내가 그 안에서 난) 나의 죄를 덮으시는 유익을 얻습니다"고 대답하고 있다. 이 대답은 아주 중요한 신학적인 대답이요, 동시에 우리에게 큰 위로를 주는 목회적인 대답이기도 하다. 왜냐하면 영원하신 성자께서 성령으로 우리의 인간성을 무흠하게 취하셨기에 그 분은 인성과 신성을 한 인격에 가진 우리의 중보자가 되실 수 있었고, 그 분이 취하신 인간성은 참으로 순수하고 거룩한 것이기에 그로서 그가 이루신 구속으로 우리의 죄를 덮으실 수 있다는 이 고백은 함께 이것을 고백하는 모든 사람에게 정확한 이해와 큰 위로를 줄 수 있기 때문이다. 여기에 우리의 유일하신 중보자의 존재와 그 분의 사역에 대한 장엄한 진술이 있는 것이다.

이것은 그 분이 왜 이 세상에 오셨는지를 생각할 때에도 우리의 생각의 지침이 된다. 그 분은 우리의 중보자가 되시어 구속을 이루시고 율법과 율법의 정신을 온전히 성취하셔서 (1) 이 세상에 본래 아담이 이르러 소유해야 했던 새로운 생명을 주셔서(영생을 주심) 본래의 인간성의 본래적 구현을 이루도록 하시고, (2) 신약의 교회가 그리스도를 머리로 삼고 세워지도록, 그리하여 (3) 그 분의 거룩한 나라를 이 땅 위에 세워 발전시켜 결국 극치에 이르도록 하시기 위해 이 세상에 오신 것이다.[27] 이 고귀한 일을 이루시기 위해 그리스도께서는 성령으로 잉태되시는 방식으로 이 세상에 오셨다.

따라서 그를 바라보는 우리도 그리스도의 성육신의 신비와 기적을 놀라는 마음으로 바라보면서 주님을 높이고 그 분의 능력과 영광을 찬양하며, 그 분이 이루신 놀라운 일이 지향하는 구속과 우리의 모범으로서의 그리스도의 삶을 바라보아야 한다. 그리하여 그 분이 인간성을 취하셔서 이루신 십자가에서의 구속에 근거하여 살며, 우리의 인간성을 취하여 드러내신 그리스도의 모범을 본받아 가도록 해야 할 것이다.

함께 토의할 문제

1. 성육신의 의미는 무엇입니까? (133쪽 참조)

2. 현대인들의 동정녀 탄생에 대한 견해를 말하고 이에 대해 우리는 어떻게 해야 하는지를 논해 보십시오. (134쪽, 그리고 387쪽의 각주 3 참조)

3. 성육신의 사실을 정리해 봅시다.

(1) 준비: 참 이스라엘의 소망은 무엇이었습니까? ________________

(2) 마리아가 요셉에게 정혼했다는 뜻은 무엇입니까? (388쪽의 각주 6 참조) ________________

(3) 동정녀를 성경이 강조하는 이유를 말해 보십시오. (눅 1:27; 마 1:23)

____

(4) 천사 가브리엘은 마리아에게 무엇이라고 말했습니까? (눅 1:31-33) 아들을 낳게 되는 것이 어떤 방식으로 될 것이라고 했습니까? (눅 1:35) ________________

천사가 엘리사벳의 임신 사실을 언급한 이유는 무엇입니까?(눅 1:36-37; 136쪽 참조) ________________

(5) 요셉은 마리아의 임신 사실을 어떻게 알게 됩니까? (마 1:20)

____

(6) 이 말씀 앞에서 요셉은 어떻게 합니까? (마 1:24-25) ______________

(7) 그들은 왜 베들레헴으로 갑니까? (눅 2:1-4)

i) 외적 이유 ______________________

ii) 내적 의도 (하나님의 의도) ______________________

4. "성령님으로 말미암아 잉태 되었다"는 사실의 의미를 생각해 봅시다.

(1) 부정적인 뜻 (요 1:13) : ______________________이 아니다.

(2) 적극적인 뜻 : ______________________

(3) 그 결과 (히 7:20) : ______________________

[특별 참고] 이 말씀의 빛에서 롬 8:3의 "죄 있는 육신의 모양"이라는 말의 의미를 설명해 보십시오. (139-140쪽 참조)

5. "동정녀 마리아에게서 나셨다"는 말씀의 의미를 생각해 봅시다.

(1) 이로부터 우리가 생각하고 말하는 "자연과 초자연의 조화"의 의미를 말해 보십시오. ______________________

(2) 요셉을 양부(legal father)로 하여 나셨다는 말의 뜻을 생각해 보십시오. (142쪽 참조) ______________________

6. 그리스도께서 성육신하신 이유를 전체적으로 정리해 보십시오. (142-143쪽 참조) 기본적으로 성육신하신 몸으로 죽으심으로 구속을 이루시고 율법을 온전히 성취하시어

(1) 인간성과 관련하여 : ______________________________

(2) 교회와 관련하여 : ______________________________

(3) 하나님 나라와 관련하여 : ______________________________

10장

"본디오 빌라도 치하에서 수난을 당하사"*

본문: 마태복음 26:35-27:66

우리가 본문으로 제시한 마태복음 26:35-27:66의 이 구절은 그리스도께서 그 분의 지상 생애의 끝 부분에 겟세마네 동산에서 기도하시고 체포당하시고 십자가에 못 박히시기까지 당하신 고난을 묘사하고 있는 부분이다. 이 부분을 잘 읽고 생각하는 것은 매우 중요하다. 그러나 우리가 흔히 그렇게 생각하듯이, 특히 고난 주간(passion week)에 주로 이 부분을 생각하는 것으로부터 그런 의식이 더 확대되기는 하지만, 이 부분에 기록된 것들만을 우리 주님의 고난이라고 생각해서는 안 된다. 왜냐하면 성육신하신 그리스도의 삶 전체를 한마디로 요약하는 단어가 있다면 그것은 바로 "고난"(suffering)이기 때문이다. 영광의 주께서 우리를 위해, 우리를 죄의 세력과 권세에서 풀어 주시기 위해, 이 세상에 오셔서 우리를 대신해 고난을 당하셨다는 것이 복음의 핵심이라고 할 수 있다. 그러므로 복음을 믿는 우리로서는 그리스도께서 받으신 고난의 성격과 의미를 잘

---

* 이 장 이전에 또는 이 장과 함께 예수님의 가르치심을 생각하며 논의했어야 한다. 이에 대해서는『기독교 세계관이란 무엇인가?』, 제3장을 보라.

생각해 보고 그것이 우리와 어떻게 연관되어 있고, 또 어떻게 연관되어야 하는지를 살펴보는 일이 매우 중요하다. 그래서 이 장에서는 그리스도께서 당하신 고난에 대해서 생각해 보기로 한다.

1. 그리스도께서 받으신 고난의 "전체성"

그리스도께서 받으신 고난을 생각할 때 우리가 반드시 유념해야 하는 것은 그 분이 받으신 고난은 "전체적"인 성격을 지니고 있다는 것이다. 시간적으로도 그 분의 고난은 전체적인 것이었으며, 그 분이 취하신 인간성으로도 그 분은 전체적인 고난을 당하셨다.

첫째, 시간적으로 그 분은 전체적인 고난을 당하셨다. 즉, 그리스도께서는 소위 말하는 고난주간에만, 또 오늘 우리가 읽은 본문과 관련된 사건들에서만 고난을 당하신 것이 아니다. 우리 주님께서는 그 분의 생애의 마지막 뿐만 아니라, 그 분의 생애 전체에 걸쳐서 고난을 받으셨다.[1] 그 분의 생애는 전체가 수난의 생애(a life of suffering)였다고 할 수 있다. 누군가가 영국의 어떤 묘지 앞의 "이 세상에서 가장 슬픈 자"라는 비명을 보면서 사실 이 세상에서 가장 슬픈 자는 그리스도라고 생각했다고 한 것처럼, 그 분은 진정 이 세상에서 가장 슬픈 자였다고 할 수 있다. 영광의 주께서 이 세상에 오신다는 것부터가 수난인 것이다. 그 분이 영광을 감추시고 우리의 정황 가운데 오시는 것 자체가 벌써 우리를 위해 자신을 주시며, 자신을 우리에게 맞추시는 일(accommodation)이다. 벌코프가 잘 말하듯이 "만군의 주께서 죄의 형태로 사신다는 것, 무죄하신 분이 날마다 죄 있는 사람들 사이에서 사신다는 것, 거룩하신 분이 죄로 저주받은 세상에서 사신다는 것" 자체가 고난인 것이다.[2] 더구나 그 분이 태어난 것 자체가 인간적으로 보아도 영광스럽다기보다는 비천한 출생이었다. 또한 호적을 하러 가는 독특한 상황과 베들레헴에 많은 이들이 왔었다는 섭리적 정황에 따라 그 분이 낯선 곳에서 태어나 구유(φάτνη)에 뉘어지셨다는 것도[3] 그 분의 고난을 잘 나타내 보여준다. 물론 그 후에도 그 분은 부유한 삶을 살지 않았고 가난한 유대인으로 사셨다. 그 분의 부모는 그 분이 난지 40일쯤 지나 율법의 규례를 따라서 정결 예식을 행할 때 일 년된 어린 양을 번제로 드리고 비둘기를 속죄제로(레 12:6, 7) 드릴 수 있는 힘이 없어서 어린 반구 둘로 정결 예식을 감당할 정도로(레 12:8; 눅 2:22-24) 가난한 이들이었다.[4] 공생애 기간 동안에도 그 분은 "인자는 머리 둘 곳도 없다"고 하셨다. 물론 주변에 그 분을 사랑하는 이들이 그 분을 수종들었고, 그 분이 당대의 랍비와 같은 대우를 받으셨다고 추정해 볼 수는 있다. 그러나 그 분은 결코 자기 소유의 집을 지니시고, 편안한 삶을 살지 않으셨다. 그 분의 생애의 처음부터 끝까지 수난의 삶이었다고 할 수 있고, 더구나 그 분의 생애의 마지막은 수난의 극치(*passio magna*)였다고 할 수 있다.[5] 성육신에서 시작된 그 분의 수난은 십자가에서 그 극치에 이른 것이다. 그 분은 한마디로 그 분의 생 전체에 걸쳐서 수난의 삶을 사신 것이다.

둘째, 그 분은 인간성의 어느 한 부분에서만 수난을 당하신 것이 아니라, 그 분이 취하신 인간성 전체에서 수난을 당하셨다. 즉, 그 분의 영혼과 육신 모두가 수난을 당하신 것이다.[6] 그러므로 그가 받으신 수난은 무수한 것이다.[7] 이 중에서도 그 분의 영혼이 받은 수난이 가장 크다고 할 수 있다. 그 분은 아무도 이해해 주지 못하는 삶을 사셨다. 그 분의 존재를 바로 이해한 이가 극히 적었고, 그 분의 가르침과 행위를 이해한 이들도 매우 적었다. 그 분은 가족과 친척들에 의해서도 오해 받으셨다. 또한 백성들을 불쌍히 여겨 그들의 병을 고쳐 주시며 귀신을 쫓아내신 것에 대해서도 오히려 귀신의 왕 바알세불을 힘입어 귀신을 쫓아내는 것이라고 오해받기도 하셨다(마 12:24). 더구나 그 분이 가장 가깝게 여기며 가장 많은 시간을 투자해 가르친 제자들조차도 그 분이 하시는 말씀의 의미를 온전히 이해하지 못하였고, 그 분이 죽고 부활하신 후에야 그 분이 말씀하셨던 것이 무슨 뜻인지 깨달은 일이 많이 있다. 그 분이 성전을 청결하게 하신 후에 "너희가 이 성전을 헐라 내가 사흘 동안에 일으키리라"고 말씀하셨을 때도(요 2:19), 유대인들이 이 말을 이해하지 못한 것은 물론이고 그 분의 제자들도 이를 이해하지 못하고 있다가 "죽은 자 가운데서 살아난신 후에야 제자들이 이 말씀하신 것을 기억하고 성경과 예수의 하신 말씀을 믿었더라"고 했으니(요 2:22), 그 전까지는 그 누구도 주님의 의도를 이해하지 못했던 것이다.

이렇게 그 분의 삶과 죽으심의 의미를 이해한 이는 이 세상에 아무도 없었고, 그 분이 부활하신 후에야 그것이 어떤 의미를 지니는지 알려진 것이다. 이런 상황에서도 사람들에게 지극한 배려를 베풀면서 그 분의 삶을 살아가시는 것은 큰 어려움이 아닐 수 없었을 것이다. 더구나 그 분은 십자가의 속죄에서 짊어지실 우리의 죄에 대한 "중보적 죄의식"(a mediatorial consciousness of the sin of humanity)을 가지고 사셔야만 했다.[8]

그러나 그 분이 받으신 최대의 고난은 역시 십자가에서 경험하신 하나님으로부터 버림받는 그 일이었다. 그런데 이것도 역시 영적인 고난이다. 이렇게 성경은 예수님의 고난을 묘사할 때 물리적인 면보다는 영적인 고난을 더 생생하게 그려 주고 있다는 것에 주의해야 한다.[9] 세상 죄를 지고 간다는 것은 하나님과 예수님 사이에 이러한 무시무시한 분리를 가져오는 것이었다.[10] 여기에 그 분의 최대의 수난이 있다. 항상 하나님의 면전에서 살던 그 분에게 하나님과의 관계가 끊어졌다는 것은 이 죽음이 얼마나 공포로 가득찬 것이었는지를 분명히 해 준다. 이것을 바로 볼 때에야 왜 그 분이 십자가 수난을 앞에 놓고 "심히 놀라고 슬퍼하시며"(막 14:33), 그 잔이 지나가기를 원하셨으며,[11] 제자들에게 "내 마음이 심히 고민하여 죽게 되었으니 너희는 여기 머물러 깨어 있으라"하시면서(막 14:34) 기도해 주기를 요청하셨는지 이해할 수 있는 것이다. 이것은 참으로 구속이 얼마나 큰 값을 치루어야 했는지를 잘 보여 준다.

예수님의 고난은 이렇게 실재적이고 큰 값을 지불하는 고난이었다. 그 분이 죽으시는 이 특정한 죽음은, 바울이 "죄의 삯"이라고 말한, 죄인들과 하나가 되셔서 그들의 죄를 지시고, 그들의 죽음을 죽는, 하나님의 모든 진노가 부어지는 그런 죽음인 것이다. 성경의 다른 곳에서 그렇게 사용된 것처럼 예수님께서 언급하신 잔도 하나님의 진노를 경험하는 것을 상징하는 것이다(시 11:6, 75:8; 사 51:17, 22; 렘 49:12; 계14:10, 16:19, 17:4 참조). 그러나 예수님께서는 자기 자신의 죄 때문이 아니라, 그 분이 대신하시는 우리들의 죄 때문에 이 잔을 마셔야 했던 것이다.[12] 또한 이 때 예수님께서는 우리의 자리에서 버림받고, 성부께서도 버리신 것이 아주 실재적인 것이지만, "성삼위 내의 통일성은 그 때에라도 파괴되지 않았다고 하는 역설을 주장하는 것은 신학적으로 아주 중요하다"(Cranfield, 마가복음 주석). 그 누구도 신성 내의 분열을 말할 수 없다.[13] 따라서 그리스도의 수난을 강조하다가 삼위의 통일성을 파괴한다든지, 신성 자체의 수난을 말하는 식으로 가지 않도록 주의하는 것이 매우 중요하다. 여기서도 인성은 인성이고 신성은 신성이기 때문이다. 바로 이런 점에서 그리스도의 한 인격 안에서의 신성과 인성을 말하는 칼시돈 정의와 *extra-Calvinisticum*에 따른 사고를 잘 개발해 보는 것이 필요하다.[14]

또한 그 분은 비웃음과 능욕을 받으셨다(막 15:16-20, 31 참조). 그분이 받으신 신체적 고난도 큰 것이었다. 특히 십자가와 관련해서 그것이 아주 분명히 나타난다. 그러나 성경을 우리의 관심에 따라서가 아니라 객관적으로 잘 살펴보면, 심지어 십자가 고난과 관련해서도 복음서와 성경은 예수님께서 받으신 육체적 고난에 대해서는 그분이 받으신 영적인 고난만큼 그렇게 크게 강조하고 있지는 않다는 것을 발견하게 된다. 이 세상에 있는 다른 수난 이야기와 비교하면, 성경은 비교적 담담하게 절제하면서 예수님의 육체적 수난을 묘사해 가고 있다. 하지만 성경은 예수님의 영적인 고뇌에 대해서는 아주 크게 강조를 하고 있다. 고구엘(M. Goguel)은 이런 점에 주목하면서 다음과 같이 말한 바 있다: "예수의 수난에 대한 초기 기록들이 그의 영적인 고뇌에 대해서는 그렇게도 정확히 세밀한 기록을 가지면서도, (흔히 그러리라고 생각하는 것처럼) 예수께서 견디신 육체의 고통에 대해서는 그렇게 강조하려 하지 않는다는 것은 상당히 의미심장하다. 하나님에게서 버림을 받는다는 것은 그 분의 전 생애를 하나님 앞에서 산 이에게 있어 무한한 고통의 원인이었음에 틀림없다."[15] 로버트 스타인도 "복음서에는 예수님이 두려워하신 것이 신체적인 고통이나 죽음이었다는 암시가 전혀 없다"고 잘 말하고 있다.[16] 이 모든 사실들은 복음서를 읽는 가운데서 우리가 잘 알 수 있는 것이다.

2. 그리스도께서 수난 받으신 이유: "사랑"

그 분은 왜 이렇게 수난의 삶을 사셨을까? 그 분이 고난을 즐긴 것도 아니고 또 다른 이유가 있어서 그런 것이 아니라, 한마디로 그 분이 "우리를 사랑하셨기 때문에" 수난을 당하셨다고 할 수 있다. 우리에 대한 사랑이 아니었다면, 그 분은 이런 수난의 삶을 사시기 위해 이 세상에 오시는 일을 하지 않으셔도 되었던 것이다. 그 분은 하늘 보좌에서 성부 하나님과 함께 누리시던 그 분의 영광을 한 순간이라도 가리시거나 감추실 이유가 없었다. 단지 우리를 사랑하셔서 그 분은 낮아지시되 종의 형상을 취하셔서 십자가에서 죽기까지 순종하신 것이다. 사랑이 그 분을 고난으로 인도한 것이고, 사랑 때문에 그 분은 고난을 즐겨 감당하신 것이다.

이런 사랑으로 인한 그 분의 수난은 다음 두 가지 측면으로 나누어 이해해 볼 수 있다. 소극적으로 그 분은 우리를 사랑하셔서 "자신을 유일한 구속의 희생 제물로 드림으로써 우리의 몸과 영혼을 영원한 정죄에서 구원해 내시기 위해 그의 생애 전체에 걸친 고난, 특히 그의 생애 마지막에서의 십자가의 고난을 당하신" 것이다(하이델베르크 요리 문답 제 37문답). 이는 우리가 하나님께 마땅히 드려야만 하는 존귀와 영광을 돌리지 못하고, 오히려 그 분의 영광을 손상시킨 것에 대한 형벌을 그리스도께서 받으신 것이다. 이것이 그 분의 수난의 가장 중요한 요점이다. 그 분이 이런 의미에서 우리를 위해 고난을 당하지 않으셨다면 우리는 죄 가운데서 영원히 멸망하고 말았을 것이다. 그러므로 우리의 구원과 관련한 그 분의 이런 수난의 의미가 아주 강조되어야만 한다. 이는 그 분의 수난의 구속적 의미로서 다른 어떤 사람의 고난이 대신할 수 없는 그리스도만의 아주 독특한 의미라고 할 수 있다.

그러나 이렇게 형벌을 대신 받아 주는 것이 그 분이 받으신 수난의 의미 전체는 아니다. 한걸음 더 나아가 그 분은 적극적으로 우리를 사랑하셔서 우리가 마땅히 인간으로서 하나님께 드려야 하는 순종의 삶을 우리를 위하여 하나님께 드림으로써 "우리에게 하나님의 은혜와 의와 영생을 얻어 주시려고" 수난을 당하신 것이다(하이델베르크 요리 문답 제37 문답). 그 분의 순종과 고난의 삶을 하나님께서는 인정하시고 그에 대한 공로로 우리에게 생명과 온전한 의를 부여해 주시는 것이다. 우리가 지금 영생을 누리는 것은 그리스도께서 고난 가운데서도 온전하신 순종의 삶을 살아 주신 덕분이다. 우리의 하나님께 대한 순종과 헌신의 삶이 비록 그 자체로는 흠이 많은 것일지라도 하나님께서 받아 주시는 것은 예수 그리스도의 이러한 온전한 순종 때문이다. 그래서 베드로는 우리에 대해 권면하면서 "예수 그리스도로 말미암아 하나님이 기쁘게 받으실 신령한 제사를 드릴 거룩한 제사장이 될지니라"고 권면하였던 것이다(벧전 2:5).

그리스도께서 우리를 위해 고난 받으신 것을 바울은 다음과 같이 요약하여 설명하고 있다: "우리 주 예수 그리스도의 은혜를 너희가 알거니와 부요하신 자로서 너희를 위하여 가난하게 되심은 그의 가난함을 인하여 너희로 부요케 하려 하심이니라"(고후 8:9). 이 구절에서는 우리를 위해서 그리스도께서 낮아지셔서 고난당하신 것을 "가난하게 되셨다"고 비유적으로 표현하고 있다. 좋은 주석가들은 대개 이 점을 잘 설명하는데, 그 중에서도 필립 휴스는 이를 다음과 같이 문학적으로 잘 요약하고 있다: "최고의 하늘로부터 그는 갈보리와 무덤에로 내려오신 것이다. 이전에는 그보다 부유한 이가 없었지만, 그가 이제 가장 가난한 자가 된 것이다."[17] 그것은 우리를 부요하게 하기 위한 것이었다는 것, 즉 우리를 위한 것이었다고 말하는 것이다. 우리를 사랑하셔서 우리를 구원하시고 우리에게 풍성한 삶을 주시려고 그 분이 고난당하신 것을 "우리를 부요하게 하시려고 그가 가난하게 되셨다"고 표현한 것이다. 이처럼 그리스도의 가난하게 되심은 우리의 부요를 위한 것이다. 이것이야말로 그리스도의 사랑의 표현이 아닌가? 바로 이러한 고난을 받으심으로써 그 분은 우리의 구원을 이루신 것이다.

3. 그리스도의 수난과 우리의 고난

이렇게 그리스도의 수난은 우리의 구원을 이루는 수난이다. 그리고 최후의 십자가에서의 수난은 우리의 죄를 대신하여 속하는 대속의 수난이다. 이는 이 세상의 그 어떤 존재도 감당할 수 없는 유일무이한 성격의 수난이다. 따라서 우리는 영원을 다해 드려도 부족할 무한한 감사와 찬양을 하나님과 그리스도께 드려야 할 것이다. 그러나 우리는 그 분의 수난에 대해서 감사만 하고 찬양만 해서는 안 된다. 그 분의 수난은 또한 지금 여기서 이 세상을 살아가는 우리의 존재의 성격에 대해서도 큰 의미를 지닌 것이기 때문이다. 구원의 수단으로서의 수난뿐만이 아니라, 수난을 당하는 우리에 대한 위로와 격려, 그리고 우리의 모범 됨이 그리스도의 수난과 지금 여기에 사는 성도들의 수난과의 관계이다. 이 요점들에 대해서 하나하나 생각해 보도록 하자.

첫째로, 그리스도께서 이런 수난의 삶을 사셨다는 것은 이 세상에서 그리스도의 가르침을 따를 때에 닥쳐올 고난에 대해 그리스도인들을 참으로 위로하고, 그들로 그 기독교적 고난을 잘 감당해 살 수 있도록 한다. 이 세상에서의 삶이 고난스러워도 우리를 위해 더 큰 고난을 당하신 주님을 생각할 때, 우리는 그 어떤 고난이든지 능히 감당할 수 있는 것이다. 그 분은 "우리의 연약함을 체휼하시는"(συμπαθῆσαι ταῖς ἀσθενείαις ἡμῶν) 분이시라는 것, 심지어 "모든 일에 우리와 한결같이 시험을 받은 자로되 죄는 없으시다"는 것이(히 4:15) 우리에게 큰 위로가 되는 것이다. 죄를 짓지 않은, 그래서 죄가 없으신(χωρὶς ἁμαρτίας) 분이 어떻게 우리의 연약함을 체휼할 수 있느냐는 현대인의 질문에 대해 오래 전 웨스트코트는 이렇게 말하였다: "그의 시험 중에서 죄인을 체휼하실 수 있음은 죄를 경험해야만 그렇게 말할 수 있는 것이 아니라, 죄 없으신 분만이 가장 온전히 알 수 있는 죄에 대한 유혹의 강도를 경험하시는 것을 지칭하는 말이다."[18] 그 분은 이렇게 우리의 연약함을 체휼하시지만, 도날드 해그너가 잘 말하고 있는 바와 같이, "다른 제사장들처럼 그 자신이 죄를 범하시지는 않으신다."[19] 그런 점에서 그는 다른 대제사장들과 다른 것이다.

예수님께서 그렇게 시험을 이기고 승리하셨음을 생각하면서 히브리서 기자는 고난 당하는 성도들 앞에 그리스도를 다음과 같이 제시하고 있다: "예수를 바라보자. 저는 그 앞에 있는 즐거움을 위하여 십자가를 참으사 부끄러움을 개의치 아니하시더니 하나님 보좌 우편에 앉으셨느니라. 너희가 피곤하여 낙심치 않기 위하여 죄인들의 이같이 자기에게 거역한 일을 참으신 자를 생각하라"(히 12:2-3). 따라서 그 분을 생각하면 우리는 그 어떤 고난도 능히 감당할 수 있는 힘을 얻게 된다. 우리들 가운데 이 세상에서 자신이 사는 삶이 가장 고난스럽다고 생각하는 사람이 있는가? 자신이 당하는 고난은 너무 커서 그 누구도 이해할 수도 위로 할 수도, 없다고 생각하시는 사람이 있는가? 그런 사람들은 그리스도께서 우리를 위해 어떤 고난을 당하셨는지를 깊이 생각해 보라. 그리스도의 모습이 그에게 큰 위로가 될 것이다. 그 누구도 그리스도께서 우리를 위해 당하신 고난보다 더한 고난을 당하고 있지는 않기 때문이다. 더구나 그 분은 시험 당하는 이들을 도와주신다. 히브리서 기자는 다시 말한다: "자기가 시험을 받아 고난을 당하셨은즉 시험받는 자들을 능히 도우시느니라"(히 2:18). 사실 이렇게 하시는 것에서 "체휼하신다"(συμπαθῆσαι)는 말의 뉘앙스가 잘 나타난다. 왜냐하면 이 말은 "그저 감정을 나눈다, 동정한다(compassion)는 말 이상의 의미가 있는 것으로, 적극적 도움의 요소를 포함하고 있는 말"이기 때문이다.[20]

친히 자신이 고난당하신 우리 주님은 고난당하는 우리를 뒤에서 밀어주시며, 위로하시고, 후에는 친히 우리의 눈에서 그분을 위해 그의 나라와 복음 사역을 위해 흘린 눈물을 씻어 주실 것이다. 그 분의 수난을 생각하면서 우리가 당하는 고난을 잘 감당해야 한다.

둘째로, 그리스도의 수난의 삶은 이 땅에서 그리스도의 뒤를 좇아가는 우리의 삶 역시 그리스도를 위한 고난의 삶, 하나님의 나라와 교회를 위한 고난의 삶이어야 함을 생각하도록 한다. 그리스도께서 고난의 삶을 사셨는데 그 분을 좇는다고 하는 우리가 고난을 마다하고 살 수 있겠는가? 그 분이 친히 멸시 천대 십자가를 지고 가셨는데, 어찌 우리가 존귀 영광과 모든 권세만을 추구할 수 있겠는가? 사랑에 근거한 그 고난을 바라보면서 우리도 하나님과 이웃을 사랑하기에 고난의 삶에로 나아가는 일을 그치지 말아야 한다. 베드로는 "그리스도도 너희를 위하여 고난을 받으사 너희에게 본을 끼쳐 그 자취를 따라 오게 하려 하셨느니라"고 말하고 있다(벧전 2:21). 이처럼 그리스도의 수난은 우리에게 모범적인 의미도 있다는 것을 잊어서는 안 된다. 물론 16세기의 소시니안주의자들이나 19세기의 유럽의 어떤 이들처럼 이 사실만을 절대적인 것처럼 말하여 그리스도의 수난의 일차적인 의미인 구속을 무시하면 안 된다. 그러나 우리가 위에서 살펴본 바와 같이 그리스도께서 당하신 수난의 구속적 성격을 분명히 한 기초 위에서 우리는 그 수난의 모범적인 의미를 강조할 수 있다. 수난의 대속적 의미만을 말하고 모범으로서의 수난을 무시해서는 안 된다. 그 분은 우리를 위해, 우리의 죄를 속하기 위해 수난 당하셨지만, 또한 우리의 모범으로서 수난 당하시기도 했다는 사실을 유념하고서, 우리도 그리스도를 믿는다는 사실에 근거한 고난의 삶에로 기꺼이 나아가는 일을 계속해야만 한다. 이것이 우리를 위해 고난당하신 주님께 감사하는 길이기도 하다.

부디 우리를 위해 자신을 주신 그리스도를 위해 우리 자신을 주와 이웃을 위해 허비하며 고난을 당하는 데로 기꺼이 나아 갈 수 있기를 원한다. 이런 고난의 복음(the Gospel of suffering)이야말로 이 시대에 가장 크게 선포되어야 하는 말씀이다. 우리 주님께서 우리를 사랑하사 우리를 위하여 고난을 당하셨으니, 그것에 근거하여 구속함을 받은 우리 역시 그 사랑에 반응하는 자로서 우리의 이웃을 사랑하여 우리의 삶을 희생하며, 시간을 내어 주고, 손과 발을 내어 주며, 생각을 나누고 물질을 나누는 그런 삶을 살아야 하는 것이다.

함께 토의할 문제

1. 수난 주간만 그리스도의 고난을 생각하는 것의 문제점은 무엇입니까?

2. 그렇다면 그리스도의 고난은 어떤 것입니까?

(1) (   ) 전체의 수난

비천한 출생 (눅 2:22-24; cf. 레 12:6, 7)________________________

하늘 보좌 영광을 버리시고 오심을 생각해 보십시오. 마지막 수난은 수난의 극치(*passio magna*)일 뿐입니다.

(2) (   ) 전체의 수난

<영혼의 수난>

i) 마 12:24, Cf. 요 2:19, 22 ________________________________

ii) "중보적 죄의식"의 의미를 설명해 보십시오. (150쪽 참조)

____

iii) 하나님으로부터 버림 받음의 의미를 생각해 보십시오. (막 14:33f.)

____

iv) 그가 마실 "잔"의 의미를 생각해 보십시오.

(Cf. 시 11:6; 75:17, 22; 렘 49:12; 계 14:10; 16:19; 17:4) ___________

[특별 참고] 하나님으로부터 버림 받음을 말할 때 주의할 점 (151-152쪽 참조)

____

<물리적 고난>

i) (막 15:16-20, 31) ________________________________

ii) 성경의 수난 기록의 독특성을 생각해 보십시오. (152쪽 참조)

3. 그리스도께서는 왜 이런 수난을 받으신 것입니까?

유일한 이유 : ________________________________

4. 그리스도의 수난과 우리의 수난의 차이와 관계를 생각해 보십시오

(1) 히 2:18 ________________________________

(2) 벧전 2:21 ________________________________

11장

"십자가에 못 박혀 죽으시고"

본문: 마태복음 27:22-27; 갈라디아서 3:13-14

앞에서 그리스도께서 받으신 고난의 극치는 그 분이 십자가에 못 박히신 것임을 살펴보았다. 십자가가 그 분의 죽음의 방식이었던 것이다. 여기서 우리는 두 가지 질문을 할 수 있다. 그 하나는 "그리스도께서 죽으시는 것이 왜 필요했습니까?"라는 질문이고, 또 하나는 "그 분이 다른 방식으로 죽으시는 것에 비해 십자가에 못 박혀 죽으신 것에 어떤 유익이 있습니까?"라는 질문이다. 이는 바로 하이델베르크 요리 문답 제40문과 제39문이 각기 묻고 있는 질문이기도 하다. 이런 질문은 그리스도의 십자가의 죽으심이라는 사건이 발생한 후에 그 분이 이런 식으로 죽으신 것에 무슨 독특한 뜻이 있을 것인지를 묻는 물음과 이에 대한 하나님의 계시에 근거해서 묻고 대답될 수 있는 것이다. 우리는 **이 순서**에 유의해야 한다. 즉, 십자가에서 죽으시는 사건이 일어난 후에 우리는 왜 그 분이 십자가에 못 박히셨는지를 묻고, 그 의미를 생각하는 것이다. **사건이 먼저 있고, 그 후에 그에 대한 우리의 해석이 있다**. 그러나 그 의미는 하나님의 생각 가운데 이미 있는 것이다. 그러므로 우리는 이를 생각하는 과정에서 오히려 하나님께서 이러 이러한 식으로 하는 것이 더 나았을 것이라고 생각하는 일을 하지 말아야 한다. 그런 생각은 주제넘음의 극치이기 때문이다.

1. 그리스도의 십자가 죽으심이란 사실 자체

그리스도께서 십자가에서 죽으신 일은 당시 유대의 종교적 지도자들과 당시 세계 정치의 중심인 로마로부터 팔레스타인에 파견된 본디오 빌라도에 의해서 발생하게 된 일이다. 즉, (1) 당시 유대의 종교적 지도자들이 그들의 종교적, 정치적 입지(立地)에 저해가 된다고 판단된 예수님을 죽이기로 마음을 먹고서, (2) 회의를 열어 그렇게 의논하고(마 27:1), (3) 이 일을 이루기 위해 예수님을 결박하여 당시 유대의 총독이었던 본디오 빌라도에게 넘겨주면서 예수님을 처형하도록 요구하고, (4) 그 처형 방식을 빌라도가 물었을 때 유대 군중을 선동하여 "십자가에 못박게 하소서!"라고 소리치도록 한 바, (5) 빌라도가 주저하면서도 결국 이런 민중의 요구에 따름으로써 일어난 일이다(막 15:9-15; 마 27:22-27; 눅 23:13-25).

물론 빌라도는 예수님께 사형에 해당하는 죄가 없음을 보고 그 분을 놓아주려고 시도하기도 했지만(마 27:17-22; 막 15:10; 눅 22:14-16, 22; 요 18:38, 19:4), 결국 유대의 종교 지도자들의 사주하에 있는 당시 유대 민중들의 요구에 따라 예수님을 처형하도록 허락한 것이다(마 27:24-26; 막 15:15; 눅 23:23-25; 요 19:5-16). 이에 대한 누가의 표현은 매우 의미심장하다: "저희가 큰 소리로 재촉하여 십자가에 못 박기를 구하니 **저희의 소리가 이긴지라**. 이에 빌라도가 저희의 구하는 대로 하기를 언도하고 … 예수를 넘겨주어 저희 뜻대로 하게 하니라"(눅 23:23-25).

그러므로 이 모든 일에 대한 책임은 결국 당시의 사법과 행정을 관장하는 책임을 가진 본디오 빌라도에게 있는 것이다. 그래서 사도신경에서는 예수님이 본디오 빌라도에게서(본디오 빌라도 치하에서) 고난을 받으셨다는 것을 계속해서 언급하는 것이다. 그리고 이 일에 유대의 지도자들과 이방의 정치적 군사적 지도자들이 같이 관여된 것을 본다. 더구나 이 일로 헤롯과 빌라도가 함께해 가는 것을 누가는 잘 그려주고 있다(눅 23:6-12). 모든 인류의 대표자들이 함께 예수님을 정죄하는 길에로 나아가는 것을 보여주는 것이다.

그리하여 예수님은 본디오 빌라도에 의해서 십자가형을 받도록 내어준 바 되었다. 그 분은 군병들에 의해서 희롱 받으신 후에(마 27:27-31; 막 15:16-20; 요 19:1-3)[1] 자신이 져야 할 십자가를 짊어지고 골고다까지[2] 가다가 여러 번 쓰러지시고(*via dolorosa*, **인류사에 있었던 여러 행진 가운데서 의미상 가장 끔직한 행진!**), 그 곁에 있던 구레네(Cyrene) 사람인 시몬이[3] 로마 병정의 강요에 의해(ἀγγαρεύω) 예수님 대신 십자가의 중심 기둥(beam)을 지고, 예수님을 따라(눅 23:26)[4] 골고다라고 하는 곳에 이르렀다.

그리고 예수님께서는 겉옷이 넷으로 찢기고(요 19:23, 24), 당시의 시간적 표현으로 제3시, 즉 아침 9시쯤 되어서(막 15:25) 악행자(κακοῦργος, 눅 23:32) 또는 "강도"(λῃστής)들과[5] 함께, 그것도 그들 사이에(마 27:38; 막 15:27; 요 19:18)[6] 십자가에 못 박히셨다. 죽으실 때 그 분은 행악자들과 함께 여겨지신 것이다(사 53:12 참조). 십자가에 못 박히신 예수님 머리 위에 라틴어, 아람어, 그리고 희랍어 3개 국어로 "나사렛 예수 유대인의 왕"이라고 쓰여진 패를 붙였다고 했다(요 19:19-20). 그리고 예수님의 속옷은 제비 뽑아지고(마 27:35-36; 요 19:23-24; 시 22:18 참조),[7] 십자가에 못 박힌 예수님께서는 (1) 지나가던 이들과(막 15:29; 마 27:39),[8] (2) 대제사장들과 그들과 함께 한 무리들(서기관들과 장로들, 마 27:41, 관원들 눅 23:35), 그리고 (3) 그 분과 함께 십자가에 달린 이들에 의해서(마 27:44; 막 15:32; 눅 23:39)[9] 희롱을 받으셨다.[10]

예수님께서는 십자가에서 고통을 받으시면서 소위 "십자가 상 7마디 말씀"[架上七言]을 남기시고, 특히 정오부터 오후 3시까지는 마치 하나님의 심판과 하나님의 거부하심을 상징하기라도 하듯이,[11] 하나님의 초자연적 행위로[12] 온 땅에(ἐφ᾽ ὅλην τὴν γῆν) 어두움이 임한 상태에서, 6시간의 고통을 받으신 후 당시의 시간 표현으로 제9시, 즉 오후 3시쯤 되어 (누가복음의 기록에 비추어 보았을 때 아마도) "아버지여 내 영혼을 아버지 손에 부탁하나이다"라고(눅 23:46) 크게 소리지르시고 "영혼이 떠나가시다"(ἀφήκεν τὸ πνεύμα - ἀφίημι, 마 27:50),[13] "영혼이 돌아가시다"(παρέδωκεν τὸ πνεῦμα, 요 19:30),[14] 또는 "운명하시다"(ἐξέπνευσεν,[15] 막 15:37; 눅 23:46)고 했다.

이 때 예수님을 따라 다니던 이들 가운데서는 갈릴리에서 온 여인들만 멀리서 이 광경을 지켜보고 있었고("멀리서 바라보는 여자들도 있었는데", 막 15:40, 41; 마 27:55-56),[16] 누가복음만이 "예수를 아는 자들이" 이 여인들과 함께 "다 멀리 서서 이 일을 보니라"(눅 23:49)고 기록하고 있다. 그러므로 복음서 기록은 이 중요한 현장 주변 가까이에 예수님의 제자들은 거의 없었음을 보여 준다. 단지 요한복음만 마리아와 한 제자가 (아마도 요한이) 비교적 십자가 가까이에 있었음을 시사해 주고 있다(요 19:25-27).[17] 그러므로 십자가 사건에서 예수님은 거의 모든 이들로부터 버림을 받고, 하나님으로부터도 우리를 대신하여 우리의 자리에서 버림을 받고, 우리가 나중에 생각할 바와 같이 우리의 죄에 대한 저주를 받고 죽으신 것이다. 이 세상에서 이처럼 철저하게 버림받은 죽음은 없다.

만일 우리가 이 세상에 일어나는 사건들 배후에 하나님의 섭리와 작정이 있음을 생각하지 않는다면, 예수님께서는 그 분의 독특한 가르침으로 당시의 종교적 정치적 정황 가운데서 애매하게 희생되되, 로마가 통치하는 정황에서 가장 심각한 범죄자가 당하는 형벌인 십자가 형을 받고 죽으신 것일 뿐이라고 말할 수 있을 것이다. 그러나 참새 한 마리의 떨어짐과 같은 사소한 일조차도 **하나님의 허락하심이 아니면** 일어나지 않음을 알진대, 예수님께서 이런 방식으로 죽으신 것이 그저 우연히 일어나게 된 것이라고는 할 수 없을 것이다. 그렇기에 베드로는 “그가 하나님의 정하신 뜻과 미리 아신 대로 내어 준 바 되었거늘 너희가 법 없는 자들의 손을 빌어 못박아 죽였으나 하나님께서 사망의 고통을 풀어 살리셨도다”라고 선언했다(행 2:23-24). 이와 같이 사도들의 마음속에도 우리들의 마음에서와 같이 그 분이 왜 이런 식으로 십자가에서 못 박혀 죽으셨는지를 묻는 물음이 생겼고, 이를 생각하는 과정에서 하나님의 계시를 통해 이 십자가 사건이 발생할 때 그 사건에 이미 내재해 있던 의미를 깨닫고 우리에게 전할 수 있었다.

2. 그리스도께서 죽으신 이유

먼저 그리스도께서 죽으신 이유부터 생각해 보자. 예수 그리스도께서는 본래 하나님의 아들이시고 인성을 취하신 후에도 죄를 전혀 모르실 정도로 무죄하신 분이시므로 죽으셔야 할 이유가 전혀 없는 분이시다. 그런데도 그 분이 죽으셨다는 것은 자신 때문에 죽으신 것이 결코 아님을 보여 준다. 이 문제에 대한 사도들의 일치하는 대답은 그 분이 **“우리를 위**

해" 죽으셨다는 것이다. 예수님은 이전에 이미 말씀하신 대로, 많은 사람을 위한 대속물로 죽으셨다(마 20:28; 막 10:45). 그 분의 죽음이 우리를 위한 죽음이라는 것에 대한 사도들의 대답에 근거한 우리 선배들의 대답은 다음과 같은 것이다.

하나님의 공의와 진리는 우리의 죄들에 대해 마땅히 형벌함으로써 하나님의 공의가 만족될 것을 요구하는 것이다. 그러나 우리들은 스스로 이 형벌을 담당할 수 있는 능력도 없고, 우리를 위해 이 형벌을 담당할 수 있는 사람도 천사도, 또 그 어떤 피조물도 없다. 결국 하나님의 아들이 그 분의 무한한 가치의 존재를 동원하셔야 이 공의를 만족시킬 수 있기에 그 분이 우리의 인성(人性, human nature)을 취하셔서 그 인성으로 우리의 자리에서 우리 대신에 죽어주신 것이다. 즉, 하나님의 아들이 인성을 취하셔서 그 인성으로 죽으시는 것 외에는 우리의 죄들에 대한 하나님의 형벌을 다 감당하여 하나님의 요구를 만족시킬 수 없으셨던 것이다. 과거의 선배들 가운데서 칸테베리의 안셈(Anselm of Canterbury, c. 1033-1109)이 그의 유명한 *Cur Deus Homo*에서 비교적 이 점을 잘 정리하여 제시하였기에, 이를 흔히 속죄에 대한 안셈적인 설명(Anselmian explanation of the atonement), 또는 안셈의 만족설(the Satisfaction theory of Anselm)이라고 한다.[18] 그러나 우리는 이런 설명을 안셈이 창안해 낸 것으로 생각하거나 안셈만이 십자가를 이와 같이 생각한 것으로 보아서는 안될 것이다. 오히려 안셈은 성경과 사도들의 가르침을 깊이 생각하면서 자기 시대 사람들이 이를 잘 이해할 수 있는 방법으로 봉건 제도의 용어와 사고의 틀을 빌어서 이를 설명하여 주었고, 이것이 당대 사람들과 후대인들에게 잘 받아들여진 것으로 보는 것이 좋다. 그러므로 안셈의 만족설(satisfaction theory)이라고 흔히 지칭되는 이런 이해는 안셈만의 이해라기보다는, 그것의 문제점을[19] 잘 극복하여 진술된다면 그것을 성경적인 이해라고 보아야 한다.

물론 십자가 사건을 하나님의 공의를 만족시킨 것으로만 이해해서는 안 된다. 십자가는 또한 사단의 세력에 대한 그리스도와 하나님의 승리였다고 보는 고대 교부들의 이해는 물론, 루터와 구스타프 아울렌이 말한 승리자 그리스도의 모티프(Christus Victor motif)도 생각해 보고,[20] 그리스도께서 인간의 모든 과정을 총괄하여 갱신하신 것으로 보는 이레니우스적인 총괄 갱신론(recapitulation theory)도 고려하면서[21] 보충하고, 심지어 십자가를 그저 하나님의 사랑의 지고한 표현으로 보는 도덕 감화설과 십자가에서 인간 실존의 문제를 다 해결하셨다는 이해도 함께 보충해서 십자가를 바라보는 것이 필요하다.[22] 그러나 십자가는 기본적으로 우리의 죄에 대한 형벌을 다 감당하심으로 하나님께 우리의 죄에 대한 요구를 다 갚으셨다고 보는 이해를 중심으로 보는 것이 매우 유용할 것이다.

그리하여 결국 우리를 대신하여 우리의 자리에서 담당하신 예수님의 십자가는 우리에게 하나님께로 나아가는 길을 열어 주었다. 이것을 상징하기라도 하듯이 예수님께서 돌아가실 때 성소의 휘장이[23] "한 가운데가"(눅 23:45) "위로부터 아래까지 찢어져 둘이 되었다"고 복음서는 보도하고 있다(마 27:51; 막 15:38).[24] 그리고 히브리서 기자는 이를 확언하면서 이렇게 말하기도 한다: "그러므로 형제들아 우리가 예수의 피를 힘입어 성소에 들어갈 담력을 얻었나니 그 길은 우리를 위하여 휘장 가운데로 열어 놓으신 새롭고 산길이요 휘장은 곧 저의 육체니라"(히 10: 19-20). 휘장이 찢김은 그 분의 몸이 찢김으로 이제는 하나님께 나아갈 수 있는 길이 열렸음을 보여 준다. 또한 이것은 이제 성전이 대표하던 구약의 모든 의식적 실천들이 그리스도의 십자가에 의해서 폐기되었음을 말해 주는 것이다.[25] 그래서 결국 성전의 의식들이 더 이상 필요하지 않다는 것을 가시적으로도 보여 주기 위해 A.D. 70년에 성전이 멸망하게 되었다.

3. 그리스도께서 십자가에서 죽으신 이유

그런데 하나님의 아들이신 그리스도께서 죽으시되 특별히 십자가에서 죽으신 이유는 무엇일까? 그 분이 다른 식으로 죽지 않고 십자가를 지고 죽으신 것에 어떤 의미가 있을까? 그저 그 분이 로마 통치하에서 살기에, 당시 로마인들이 가장 심각한 범죄자에 대해 가하던 잔인한 십자가형을 우연히 받게 된 것으로 생각하는 것은 우연을 배제하는 우리의 이해와는 아주 다른 것이다. 사도들은 예수님이 나무로 만든 십자가에서 죽으신 것을 생각할 때, 여기에 구약의 한 구절을 연관시켜 생각하지 않을 수 없었다. 그것은 신명기 21:23의 말씀이었다: "나무에 달린 자는 하나님께 저주를 받았음이니라." 예수님의 십자가의 죽음을 이런 구약적 배경에서 보면 그것은 분명히 저주의 죽음이다.

사실 신명기의 이 말씀은 구약의 하나님 백성들로 하여금 그들의 연대적 책임 의식을 강조하는 말씀이었다. 한 사람이라도 현저하게 하나님의 백성답지 못한 죄를 범하거든 (사람의 손을 대지 않고 죽이기 위해서) 그를 돌로 쳐서 죽인 후에 나무에 달아 놓아서 온 백성으로 하여금 그가 하나님에게 저주를 받았음을 보도록 하고, 또한 자신들도 동일한 죄를 범하려는 마음에서 벗어나도록 경계를 받게 하려는 것이었다. 그러나 밤새도록 두지는 말고 당일에 장사하여 상징적으로 그 땅의 거룩함을 드러내도록 하라고 하셨다(신 21:22-23; 수 10:26f.도 보라). 이는 결국 하나님 나라 백성 전체의 하나님 나라 백성다운 삶과 그런 의식의 확대를 위한 권면이 아닐 수 없다. 하나님의 법을 어긴 것은 매우 심각한 것이다. 그것이 아주 괴악한 것일 때는 그를 죽여 나무에 매달게 하여 그 수치됨을 알리고, 저주와 형벌이 이 땅에 왔음을 드러내고, 그런 것이 재발하지 않게 하려는 것이었다. 그러므로 나무에 단 것 자체가 저주라기보다는 그 "법을 어긴 것이 저주와 형벌을 가져오게 하는" 것임을 드러내는 것이었다.[26] 나무에 달린 자는 이런 의미에서 "하나님으로부터 저주받은 자"(God's accursed)라고 불리워진 것이다. 그러나 이스라엘 백성들이 이런 의미를 모두 깊이 생각한 것 같지는 않다. 그들에게는 나무에 달린 자마다 저주 아래 있다는 말만이 좀더 부각되었던 것 같다.

그러므로 로마 군대가 진주해 온 뒤로 그들이 보게 된 아주 흉악한 사형의 수단인 십자가형을 바라보면서도[27] 그들의 마음에는 저렇게 십자가에 달려 죽은 자들마다 하나님의 저주를 받은 것이라는 생각이 강하게 다가왔을 것이다.[28] 따라서 모든 유대인들에게 있어서 십자가는 "저주"를 뜻했다. 그러므로 그들이 예수님을 "십자가에 못박게 하소서"라고 외치는 것은 그가 저주받아 마땅한 존재라고 여기는 생각이 깔려 있는 것이다. 이처럼 그들에게 있어서 나무로 된 십자가는 하나님의 저주의 상징이었다.

따라서 이것이 예수님의 제자들에게 큰 문제로 등장했을 것임에 틀림없다. '어떻게 이 분 -.그리스도시요, 하나님의 아드님이신 분이 그 러한 저주의 죽음을 죽으실 수 있다는 말인가?' 바로 이런 생각 때문에 예수님께서 자신의 고난과 죽음을 예언하실 때부터 제자들은 예수님의 말을 의 문스럽게 여긴 것이다. 그래서 용감하게 신앙고백을 했던 베드로는 그 고백의 다음 순간에 그리스도의 죽음의 부당성을 주장하다가 예수님으로부터 "사단아 내 뒤로 물러가라. 너는 나를 넘어지게 하는 자로다. 네가 하나님의 일을 생각지 아니하고 도리어 사람의 일을 생각하는도다"(마 16:23)는 책망을 듣기도 했던 것이다.

이런 문제 의식은 예수님께서 실제로 십자가에 죽으시는 모습을 보고 나서 더 심해졌음에 틀림없다. 십자가 이후 부활하신 주님을 뵈올 때까지 제자들의 마음속에서는 그리스도의 이런 죽음의 의미에 대한 끊임없는 질문이 있었을 것이다. 이런 질문을 가진 그들에게 찾아오신 부활하신 주님의 "그리스도가 이런 고난을 받고 자기 영광에 들어가야 할 것이 아니냐"(눅 24:26)와 같은 말씀들을 통해서 그들은 예수님께서 십자가에서 죽으신 진정한 이유를 확신할 수 있었다. 예수님의 부활 이후 예수님과 그 분의 교회를 핍박하다 부활하신 주님을 뵈옵고 그의 생애가 변하게 된 바울도 비슷한 고민과 질문 속에서 십자가 죽음의 의미에 대한 확신에 이르렀을 것이다.

그래서 바울은 그리스도의 십자가의 죽음에 대해서 이렇게 말한다: "그리스도께서 **우리를 위하여** 저주를 받은 바 되사 율법의 저주에서 우리를 속량하셨으니 기록된 바 나무에 달린 자마다 저주 아래 있는 자라 하였음이니라"(갈 3:13). 바울은 십자가에서 모든 유대인들과 같이 율법의 저주를 본다. 그러나 이제 그 전체의 의미가 바뀌어진다. 십자가에서 예수님은 모든 이들이 하나님의 율법 지키기에 실패함으로 말미암아 모든 이들이 받아야만 하는(신 27:26) 저주를, 즉 하나님의 저주를 받으셨다고 하는 것이다. "십자가의 저주는 그 안에서 그리스도께서 우리를 위해 저주가 되신 교환된 저주(an exchanged curse)라는 것"이다.[29] 그런데 유대인들은 예수님께서 그런 저주를 받으신 이유를 예수님 자신에게서 찾는 데 비해, 바울은 그 이유를 바로 우리 자신에게서 찾고 있다: "**우리를 위하여** 저주를 받은 바 되사"(직역하면, 저주가 되사, γενόμενος ὑπὲρ ἡμῶν κατάρα)[30] 그 분이 우리를 위해서 우리가 받을 저주를 받은 것이라고 선언하는 것이다.

"문맥은 그리스도께서 우리의 자리를 차지하시어 저주를 받은 바 되셨다는 것을 함의한다. 우리에게 와야만 하는 것이 그 분에게 간 것이다 … 십자가에 못 박히신 그리스도에게 내려진 저주는 모든 사람에게 있는 바로 그 저주인 것이다".[31] 그러므로 여기에 "대리"(substitution) 사상이 나타난다.[32] 그래서 바울은 "그가 저주를 받으셨다"고 자랑스럽게 선언한다. 그 저주는 우리가 받아 마땅한 율법의 저주였다고 확신하면서 이렇게 말한다. 즉 예수님께서는 율법의 저주로부터 우리를 자유하게 하시기(ἐξαγοράζειν) 위해 자신이 친히 그 저주의 죽음을 당하시려고 십자가에 못 박히셨다고 하는 것이다. 이것을 고린도후서 5:21에서는 그리스도께서 우리를 위해 죄가 되셨다고 표현하기도 한다: "하나님이 죄를 알지도 못하신 자로 우리를 대신하여 죄를 삼으신 것은 우리로 하여금 저의 안에서 하나님의 의가 되게 하려 하심이니라." 그 결과 저주의 십자가가 이제는 우리를 저주로부터 해방시키는 축복의 도구가 된 것이다.[33]

여기에 유대인들과 그리스도인들의 차이가 있다. 그 둘 모두 십자가에서 하나님의 저주를 본다. 그런데 유대인들은 그것을 자신들과는 상관없고 오히려 자신들이 피해야 할 저주로 보는 데 반해, 그리스도인들은 그것을 자신들이 마땅히 감당해야만 하는, 그러나 능히 감당할 수 없는 저주를 그리스도께서 대신 짊어져 주신 것이라고 보는 것이다. 유대인들은 예수님께서 십자가에서 하나님의 저주를 받고 죽으신 것이 그 분이 참된 메시아일 수 없다는 증거라고 보는 데 비해, 바울은 바로 그 십자가가 우리를 구원하는 하나님의 구원의 방도라고 하는 것이다. 바울은 이렇게 유대인들의 견해를 처음부터 명백하게 공격한다.[34] 그리고 바울을 따르는 그리스도인들은 예수님의 십자가의 죽음에서 자신들이 하나님께 받아 마땅한 저주가 그리스도에 의해 해결되었다는 확신을 갖게 되고 감사하게 된다. 십자가의 저주가 우리를 살리는 것이라는 확신이 그리스도인의 확신의 한 부분이기에 그들은 십자가를 사랑하는 것이다. 십자가에 못 박히신 그리스도를 생각하며 그 십자가를 끝까지 사랑하겠다는 그리스도인의 찬송의 이유가 바로 여기에 있는 것이다.

그러면 이제 결론 삼아 하이델베르크 요리 문답 제39문답으로 그리스도의 십자가 죽음의 의미를 정리해 보자.

(문) "그리스도께서 다른 어떤 방식으로 죽으시는 것에 비해 그가 십자가에 못 박혀 죽으신 것에 그 어떤 유익이 더 있습니까?"

(답) "그렇습니다. 십자가의 죽음은 하나님의 저주를 받은 것이므로, 이로써 나는 그가 내게 내려질 저주를 취하셨다는 것을 확신하게 됩니다."

함께 토의할 문제

1. 그리스도께서 십자가에 달려 죽으신 사실을 생각해 봅시다.

(1) (　　　) 회의 (마 27:1; 막 15:1)

(2) (　　　)에게 넘겨짐 (막 15:1f)

(3) (　　　)의 심문 (막 15:2-5)

(4) 처형 방식을 묻는 빌라도에 대한 (　　　)의 대답 (막 15:12, 13)

(5) 주저하는 빌라도가 (　　　)의 뜻을 따름 (막 15:9-15; 마 27:22-27; 눅 23:13~25) 그러나 궁극적 책임은 누구에게 있을까? (162-163쪽 참조)

(6) (　　　)과의 관계 (눅 23:6-12)

(7) (　　　)에서의 희롱 당하심(마 27:27~31; 막 15:16-20; 요 19:1-3)

(8) (　　　)까지의 행진(마 27:32; 눅 23:26)

(9) (　　　)이 찢겨짐 (요 19:23, 24)

(10) (　　　)들과 함께 십자가에 못 박히심

(11) (　　　)이 제비 뽑혀짐(마 27:35-36; 요 19:23-24; 시 22:18 참조)

(12) (　　　) 당하심 (164쪽 참조)

(13) 죽으심

눅 23:46 ______________________________

마 27:50 ______________________________

요 19:30 ______________________________

막 15:37; 눅 23:46 ________________________

(14) 이 모든 일에 대한 사도들의 선언 (행 2:23-24) ______________

____

2. 그리스도께서 죽으신 이유는 무엇입니까?

(1) (　　　)를 위해 죽으심 (마 20:28; 막 10:45)

[특별 참고] 안셈(Anselm)의 만족설의 의미와 제한점과 의의를 말해 보십시오. (166~167쪽 참조) ______________________________

(2) (　　　)께로 나아가는 길을 열어 놓으심 (히 10:19-20)

이를 보여 주는 상징적 사건으로 생각할 수 있는 것은 무엇입니까?

(눅 23:45; 마 27:51; 막 15:38) ______________________

이를 전달해 준 사람은 누구일까요? (397쪽 각주 24 참조)

____

3. 특별히 십자가형으로 죽으신 것에서 의미를 찾을 수 있을까요?

(1) 신 21:23을 읽고 당대 유대인들이 나무 십자가에 달려 죽은 사람에 대해서 어떻게 여겼는지를 생각해 보십시오. (168쪽 참조)

____

(2) 그리스도의 십자가형에 대한 바울의 인식을 표현해 보십시오. (갈 3:13) ______________________________

이에 대한 거뜨리와 리덜보스의 해석을 읽어 보십시오. (171쪽 참조)

____

____

이와 함께 하이델베르크 요리문답 39문답도 읽고 묵상해 보십시오. (173쪽 참조)

12장

십자가 사건의 의미

본문: 골로새서 3:9-10

우리는 앞에서 그리스도께서는 십자가에 못 박히셔서 우리의 죄에 대한 형벌과 저주를 당하신 것이라는 논의를 했다. 이것을 좀더 적극적으로 생각해서 표현한다면, 십자가에서 "우리의 옛 사람의 죽음"이 발생했다고 말할 수 있다. 이천년 전에 십자가에서 그리스도께서 죄인인 우리가 받아야 할 형벌을 다 받고 죽으셨을 때에 아주 신비하게도 우리의 옛 사람이 그 사건 안에서 그리스도와 함께 죽는 일이 발생한 것이다. 이는 그리스도와 우리 사이의 "신비한 하나됨"(*unio mistica*, mystical union) 가운데서 발생한 것이다.[1] 예수님과 오랜 시간적 거리를 가지고 있는 우리에게까지도 십자가 사건이 영향을 미치는 놀라운 일이 바로 여기에 있다. 그러므로 이번에는 십자가 사건이 우리에게 주는 유익 가운데서 옛 사람의 죽음이라는 이 사실과 그 의미를 생각해 보기로 하자.

1. 우리 "옛 사람"의 죽음이란 사실 자체

"옛 사람"이란 말로서 우리는 무엇을 뜻하는가? 그것은 한 마디로 "하나님과 그리스도와 관계없이 살던 존재 전체"를 지칭하는 것이라고 할 수 있다. 사실 "옛 사람"이라는 말은 그리스도 안에서 우리가 새로운 존재, 즉, "새 사람"이 되었다는 사실과 관련하여, 우리가 이렇게 새로운 존재가 되기 "이전의 존재와 그 존재 방식 전체"를 지칭하여 사용되는 말이다. 그러므로 옛 사람은 하나님과 관련 없는 사람이요, "유혹의 욕심을 따라 썩어져 가는 구습을 좇는" 사람이다(엡 4:22). 그런데 성경은 십자가에서 그리스도와 함께 우리의 옛 사람이 죽었다고 선언하고 있다. 이 옛 사람의 죽음은 십자가와 관련하여 각 개인에게서 **오직 한 번** 발생하는 일이다. 그러므로 옛 사람이 죽은 그리스도인들은 이제 더 이상 옛 사람이 아니라 새 사람이라고 간주된다. 예를 들어, 바울은 이렇게 말한다: "옛 사람과 그 행위를 벗어버리고 새 사람을 입었으니 이는 자기를 창조하신 자의 형상을 좇아 지식에까지 새롭다 하심을 받는 자니라"(골 3:9-10). 이 구절에 의하면, 우리는 이미 옛 사람과 옛 사람에게 속하는 행위를 벗어버리고 새 사람을 입은 것, 즉 새 사람이 된 것이다. 이 일은 그리스도의 십자가와 부활과 관련하여 일어난 매우 영적이고 신비한 일이다. 우리는 예수 그리스도와 합하여 죽고, 그 분과 함께 장사된 것이다(롬 6:8, 4). 그러므로 그리스도를 믿는 우리는 더 이상 옛 사람이 아니고 새 사람이다.

때문에 우리 개역 성경의 번역으로 인해 우리가 계속해서 반복적으로 옛 사람을 벗고, 새 사람을 입어야 하는 것처럼 생각하도록 오도(誤導)하기 쉬운 에베소서 4:22-24의 말씀도 지금까지의 논의의 빛에서 새롭게 해석하며 이해해야 한다. 현재 우리말 개역 성경에서는 여기 나오는 동사를 명령형으로 보고서 "옛 사람을 벗고 새 사람을 입으라"고 옮기고 있다. 신약 성경에서 부정사를 명령형으로 사용한 예가 있으므로(예를 들자면, 롬 12:15; 빌 3:16) 이런 번역이 아주 있을 수 없는 번역은 아니지만, (1) 22절에는 부정사만 나오는 것이 아니라 부정사가 목적격과 함께 나오고 있기 때문에 명령형으로 보기 어렵다는 견해가 있으며,[2] (2) 또한 이렇게 번역하면 우리는 항상 옛 사람을 벗고 새 사람을 입어야 하든지, 적어도 그리스도인이 된 후 적어도 한 번은 이런 일을 해야 하는 것처럼 생각하게 하여 성경 전체의 가르침과 괴리를 가져온다. 그러므로 그렇게 수많은 문제 속으로 들어가는 해석을 하기보다는 다른 설명의 가능성을 찾아보는 것이 좋다.

문법적으로 있을 수 있는 또 하나의 해석은 이를 "설명의 부정사"로 보는 것이다. 그렇게 설명의 부정사로 보고 앞의 주동사와 연결하여 "옛 사람을 벗고 새 사람을 입었다고 가르침을 받았다"고 옮기면 전혀 문제가 발생하지 않는 해석이 될 수 있다.[3] 이에 대해 프란시스 폴크스(Francis Foulkes)는 다음과 같이 말한다: "영어 개정역(RSV)에서 22, 23, 24절의 시작에 있는 명령형은 희랍어에서는 부정사들이고, 22-24절은 21절과 연관되도록 구성되어 다음과 같이 옮겨질 수 있다: '예수 안에 있는 진리는 너희가 [옛 사람을] 벗었고 새롭게 되어 [새 사람을] 입었다는 것이다.'"[4] 그리고 이미 옛 사람을 벗고 새 사람을 입었다고 분명히 말하는 (앞에서 인용한 바 있는) 골로새서 3:9-11의 병행 구절의 말씀과 비교하면 이런 해석이 더 나은 해석이라고 할 수 있다.[5]

이런 주해를 잘 드러내고 강조한 이들의 선구자로 존 머레이(John Murray) 교수를 들 수 있다.[6] 그는 이 부정사를 결과의 부정사(the infinitive of result)로 본다. 또한 안토니 후크마도 머레이의 주해를 따라, 이 문장 속에 있는 세 가지 부정사[즉, (1) "벗어버리다"라는 뜻의 "아포떼스따이"(ἀποθήσθαι), (2) "새롭게 되다"라는 뜻의 "아나네우스따이"(ἀνανεούσθαι), 그리고 (3) "입다"라는 뜻의 "엔두사스따이"(ἐνδύσασθαι)]를 많은 영역본이나 한글 개역과 같이 명령형으로 번역하는 것보다는, 결과를 나타내는 부정사 혹은 설명형의 부정사로 보는 것이 더 옳다고 했다.

후크마는 이 세 부정사 모두가 주동사인 21절의 "너희가 가르침을 받았다"(ἐδιδάχθητε)에 의존한다고 설명한다.[7] 따라서 이 구절은 NIV와 같이 "옛 사람을 벗어버리고 … 새롭게 되어 … 새 사람을 입었다고 가르침을 받았다"고 이해해야 한다는 것이다. 그는 『개혁주의 구원론』에서는 이 문제를 좀더 길게 논의하면서 왜 머레이와 같은 해석을 하는 것이 더 옳은지를 잘 밝혀 주고 있다.[8] 이는 결국 신자 안에 새 사람과 옛 사람이 현존하고 있어서 싸움하고 있다는 다른 개혁 신학자들의 견해에[9] 반하는 것으로, 이를 주해를 통해 교정하는 것이다.[10]

그러므로 그리스도 안에 있는 사람들은 옛 사람이 죽고, 그리스도 안에서 새롭게 창조함을 받은 새 사람이라고 생각해야 한다. 이 얼마나 놀랍고 신비한 일인가! 이 일이 구체적으로 우리에게는 어떤 의미가 있고, 또 어떤 유익을 주는 것일까?

2. 옛 사람의 죽음의 소극적 유익

먼저 그리스도의 죽으심과 함께 옛 사람이 죽었다는 사실은, 소극적으로 이제 우리가 더 이상 죄와 상관이 없는 존재가 되었음을 말해 준다. 이는 죄의 형벌과 관계없는 존재가 되었다는 것과 더불어 죄의 세력과도 관계없는 존재가 되었다는 이중적인 의미를 가지는 말이다. 이 두 가지를 하나씩 생각해 보기로 하자.

첫째로, 그리스도의 죽음과 함께 우리의 옛 사람은 죄 때문에 마땅히 죽어야만 하는 형벌로서의 죽음을 죽은 것이다. 그것이 우리의 "옛 사람의 죽음"의 가장 큰 의미이다. 십자가에서 그리스도와 함께 우리의 옛 사람이 죽음으로 **우리의 과거와 현재와 미래의 모든 죄에 대한 형벌**이 다 내려진 것이다. 바울이 잘 표현하고 있는 것처럼, "하나님이 죄를 알지도 못하신 자로 우리를 대신하여 죄를 삼으신" 것이다(고후 5:21).* 옛 사람의 죽음으로 말미암아 새 사람인 우리는 더 이상 죄의 형벌을 받아야 하는 존재가 아니다. 옛 사람의 죽음과 함께 우리는 죄의 형벌로부터 자유하게 되었다. 그러므로 진정 그리스도를 믿는 새 사람은 죄에 대한 형벌을 두려워해서는 안 된다. 그것은 결국 십자가에서 이루어진 구속을 진정으로 믿지 않는, 또는 그 일에서 발생한 옛 사람의 죽음을 받아들이지 않는 불신앙이 되기 때문이다. 따라서 그리스도를 믿는 사람이 어떤 일에 대해서 혹시 하나님의 벌이 임할까 봐 두려워하는 것이나, 그런 식으로 사람들을 위협하고, 또 그런 저주의 위협 때문에 바른 생각과 바른 길로 가지 못하는 것은 모두 다 십자가에서 이루신 그리스도의 구속을 온전히 믿지 아니하는 불신앙적인 처사이다.

둘째로, 옛 사람의 죽음과 함께 "육의 소욕"(ἐπιθυμία τῆς σαρκός)이 더 이상 우리를 지배하지 않게 되었다는 것을 생각하지 않을 수 없다. 그

---

* 그러나 여기서 한 가지 주의할 일이 있다. 그것은 옛 사람의 죽음에 어떤 공로가 있는 것처럼 생각해서는 안 된다는 것이다. 이는 모두 그리스도와의 신비한 연합 가운데 **그리스도의 죽으심에서** 일어난 것이기 때문이다. 그러므로 우리의 죄를 사하는 공로는 오직 그리스도의 죽으심에만 있는 것이다!

리스도의 십자가에서의 죽으심 속에서 일어난 옛 사람의 죽음과 함께 우리는 죄의 형벌로부터 만이 아니라, 죄의 지배(the reign of sin)로부터도 원칙적으로 해방되었다. 그리하여 새 사람은 원칙상(in principle) 죄를 범하지 않을 수 있는 것이다. 죄가 우리를 지배하여 우리들로 하여금 죄를 짓지 않을 수 없게 하던 일에서 벗어나게 된 것이다. 물론 신약 성경이 때때로 "육" 또는 "육체"(σάρξ)라고 표현하는 부패한 인간성의 잔재가 새 사람 안에도 남아 있어서 우리는 끊임없이 이 육[부패한 인간성]과 투쟁을 하게 된다. 그래서 우리는 이 세상에 사는 동안에는 전투하는 그리스도인이지, 결코 죄를 범하지 아니하는 온전히 승리한 그리스도인, 즉 영광 가운데 있는 그리스도인은 아니다. 그럴지라도 성도는 성령님께 의존하면서 항상 부패한 인간성의 죄의 소욕과 투쟁해야 하며, 때때로 실패하여 죄를 범할지라도 항상 죄 중에 있거나 즐거이 죄를 짓지 않는 존재여야 한다.

그래서 그런 그리스도인에 대해서 요한은 "그[그리스도] 안에 거하는 자마다 범죄하지 아니하나니"(οὐχ ἁμαρτάνει)(요일 3:6), 또는 "하나님께로서 난 자마다 죄를 짓지 아니하나니"(οὐ δύναται ἁμαρτάνειν)(요일 3:9), 또는 "하나님께로서 난 자마다 범죄치 아니하는 줄을 우리가 아니니"(요일 5:18)와 같이 강력하게 말하기도 한다. 이 말씀들은 하나님께로부터 난, 즉 중생한 새 사람은 **전혀** 죄를 범하지 않는다는 말이 **아니다**. 성경은 그런 식의 완전주의를 한번도 시사하지 않는다.[11] 그렇게 생각해야 한다는 것을 단적인 예를 들어 말하자면, "하나님께로서 난 자마다 죄를 짓지 아니하나니"(요일 3:9)라는 말을 하는 요한이 바로 요한일서 초두에 "만일 우리가 죄 없다 하면 스스로 속이고 또 진리가 우리 속에 거하지 아니할 것이요"(요일 1:8)라고 하면서 우리의 죄의 고백을 권면하고 있다는 것을 깊이 있게 생각해 보는 것이 좋다. 그러므로 요한은 현세에서 우리가 죄가 전혀 없는 상태에 있을 수 있다는 것을 말하는 것이 아님을 알 수 있다. 많은 주석가들은 여기서 현재형으로 "죄를 짓지 않는다"라고 쓴 것이 습성적 상태(habitual state) 또는 반복되는 행위(repeated action)를 시사하는 것이라고 본다.[12] 그렇다면 요한이 말하는 말의 본의는 결국 "진정한 성도는 항상 죄 가운데 거할 수는 없다," "죄를 죄로 알면서 거기 계속 머물러 있는 상습적인 죄의 상태 가운데 있을 수 없다", "계속 죄를 지을 수 없다"(cannot continue to sin)는 것을[13] 말하는 것이라고 볼 수 있다. 그러므로 이 말은 결국 "만일 죄를 지으면 그것을 불법이라고 인정하고 고백하며 그것을 버릴 것이라는 뜻"이다.[14] 이런 해석이 성경의 일반적 가르침에 가장 일치하는 해석이라고 할 수 있을 것이다.[15]

다시 한 번 더 강조하자면, 성도는 이런 의미에서 원칙적으로 죄의 지배로부터 해방된 존재이다. 그래서 중생하기 전에는 전혀 생각할 수도 없었던 죄와의 투쟁, 육의 악한 소욕과의 투쟁을 할 수 있게 되었다. 그리고 때때로 그 투쟁에서 지는 일이 있을지라도 그가 참으로 중생한 하나님 나라의 백성이라면, 그는 그렇게 악에게 지는 일을 극복하고 종국적으로는 반드시 승리하게 될 것이다. 이 승리의 방도를 사도 바울은 다음과 같이 잘 제시하고 있다: "너희는 성령을 좇아 행하라. 그리하면 육체의 욕심을 이루지 아니하리라. 육체의 소욕은 성령을 거스리고 성령의 소욕은 육체를 거스리나니"(갈 5:16, 17). 즉, 성령을 좇아 행하는 일, 곧 성령의 가르침을 따르고 성령의 감동하심 가운데서 행하되 성령이 주시는 힘으로 그리하는 것이 우리의 승리의 비결인 것이다. 성령님의 인도하심을 따라 가는 것만이 우리에게 있는 유일한 승리의 방도이다.

3. 옛 사람의 죽음의 적극적 유익

우리는 이미 새 사람의 죄와 투쟁하는 것에 대해서 말하였다. 이것과 연관해서 좀더 적극적인 유익을 말한다면, 이제 새 사람은 자신을 하나님께 감사의 제사(a sacrifice of thanksgiving)로 드릴 수 있게 되었다는 점이다.

그는 더 이상 죄의 노예로 죄를 향하여 달려가는 존재가 아니고, 그리스도의 죽으심으로 말미암아 "우리로 하여금 저의 안에서 하나님의 의가 되게" 하셨고(고후 5:21), 이제 이 낯선 의(義)를 얻은 자로서 자신을 의의 병기로 하나님께 드릴 수 있게 된 존재이다. 그러므로 그리스도와 함께 살아남으로 그렇게 할 수 있게 된 사람들을 향하여 바울은 다음과 같이 말한다: "너희 지체를 불의의 병기로 죄에게 드리지 말고 오직 너희 자신을 죽은 자 가운데서 다시 산 자같이 하나님께 드리며 너희 지체를 의의 병기로 하나님께 드리라"(롬 6:13). 자신을 하나님께 드린다는 것은 자신의 전 존재를 가지고서 하나님의 경륜을 이루기 위해 노력할 때, 그 힘씀을 하나님께서 기쁘게 받아주신다는 뜻이다. "자신을 창조하신 자의 형상을 좇아 지식에까지 새롭게 하심을 받는 자"(골 3:10)인 새 사람으로 지음을 받았기에 그는 이제 하나님의 경륜과 온 세상을 향한 하나님의 뜻을 이해하고서, 그 경륜을 이루는데 자신을 드려나갈 수 있다. 이렇게 자신을 드릴 수 있다는 것도 그러하지만, 우리의 드리는 바를 하나님께서 받아주신다는 것은 아주 놀랍고도 은혜로운 일이 아닐 수 없다. 과거 구약 시대의 제사장들이 하나님께 제물을 드리듯이, 우리가 우리 자신을 주님을 위해 드릴 수 있게 된 것이다. 그러므로 그리스도의 십자가 사건 이후에는 십자가와 관련된 모든 그리스도인이 제사장이라고 할 수 있다. 우리야말로 그리스도의 십자가로 말미암아 진정한 의미에서 왕같은 제사장들이 된 것이다.[16] 루터와 칼빈 등의 개혁자들이 강조한 만인 제사장주의(universal priesthood of believers)의 근거가 여기 있다. 우리의 삶 전체, 우리의 일상을 다 주께 드리고, 그 시간과 노력을 사용해서 주께서 명하신 사명을 이루기 위해 살아가는 것이 주님께서 원하시는 산 제사(living sacrifice)를 드리는 것이다.

그런데 이 일은 이미 십자가에서 이루어진 그리스도의 희생 제사에 싸서 받아들여지는 것이므로 사실 우리의 애씀과 힘씀 그 자체가 하나님께 받음직한 것이어서 받아들여지는 것이 아니라는 것을 깊이 유념해야 한다. 그래서 베드로 사도는 "너희도 … **예수 그리스도로 말미암아** 하나님이 기쁘게 받으실 신령한 제사를 드릴 거룩한 제사장이 될지니라"고 말한다(벧전 2:5). 즉, 하나님께서 기뻐하실 신령한 제사를 우리가 드릴 수 있는 것은 다 예수 그리스도로 말미암아(διὰ ησοῦ χριστοῦ) 된다는 것이다. 오직 그리스도의 온전하신 희생 제사의 공로에 근거해서만 우리가 주님께 드리는 힘씀과 애씀이 하나님께 받아들여지는 것이다. 우리의 기도나 찬송, 그리고 예배도 그 자체가 무슨 공로가 있어서가 아니라, 다 그리스도로 말미암아서만 하나님께 드려질 수 있고, 우리의 삶과 매일의 행보도, 또 그것을 우리 자신의 대표로 표현해 내는 우리의 헌상 예식도 오직 그리스도로 말미암아서만 하나님께 드려질 수 있는 것이다. 그러므로 주께서 우리의 예배를 받으시고 우리의 섬김과 봉사의 삶을 받으신다고 하는 것 자체가 죄인인 우리에게는 아주 놀라운 일이다. 그러므로 예배를 드리기 시작할 때나 예배를 드리고 주를 위해 힘써 일한 후에도 우리의 마음은 주께서 이를 그리스도의 공로로 싸서 받아 주셨다고 하는 사실에 대한 큰 감사와 감격으로 넘쳐야만 한다. 주님을 위해 우리가 주를 기쁘시게 하고 주께 유익한 일을 해 드렸다는 공로 의식이 있을 수 있는 여지 자체가 없는 것이다.

그러므로 우리가 주께 드리는 삶의 열매는 결국 우리를 새 사람으로 만드신 주님께 대한 **감사의 표요, 감사의 제사**라고 할 수 있다. 우리가 주님을 위해 하는 모든 일들은 다 우리를 구원하신 일에 대한 감사의 표현일 뿐이다. 그러므로 그 자체는 우리를 구원할 수 있는 효능이나 능력이 전혀 없다. 그저 구원받았음을 감사로 표현하는 기능을 할 뿐이다. 성도는 그들의 삶에서 항상 이런 감사의 제사를 드리지 않을 수 없다.

이렇게 우리가 고찰한 바를 하이델베르크 요리 문답 제43문답은 다음과 같이 간명하게 정리해 주고 있다.

> (제43문) 그리스도의 십자가에서의 희생 제사와 죽음에서 우리는 또한 어떤 유익을 얻습니까?
>
> (답) 그의 능력으로 우리의 옛 사람이 그와 함께 십자가에 못 박히고 죽고 장사지낸바 된 것입니다. 그래서 육의 악한 소욕들이 더 이상 우리를 지배하지 않게 되었을 뿐만이 아니라, 우리가 우리 자신을 감사의 제사로 그에게 드릴 수 있게 되었습니다.

함께 토의할 문제

1. 십자가에서 우리의 옛사람이 죽었다는 것에 대해 생각해 보십시오.
   (1) 옛사람이란 무엇입니까? (엡 4:22)
   (2) 믿는 이에게는 옛사람이 어떻게 되었습니까? (175-176쪽 참조)

2. 옛사람의 죽음의 소극적 의미는 무엇입니까?
   (1) 우리가 마땅히 죽어야 하는 (　　　　)로서의 죽음을 그리스도께서 죽으심
   (2) (　　　　)과의 투쟁이 시작됨
   (3) 요일 3:6을 어떻게 이해해야 하는지 설명해 보십시오. (180-181쪽 참조)
   (4) 육체의 소욕과 싸워 승리하는 길은 무엇입니까? (갈 5:16, 17)

3. 옛사람의 죽음의 적극적 유익은 무엇입니까?
   (1) 롬 6:13 ______________________________
   (2) 벧전 2:5 ______________________________

4. 이런 것을 생각한 우리는 구체적으로 어떻게 살아야 합니까?

13장

"장사지낸 바 되시고"

본문: 마태복음 27:57-61; 마가복음 15:42-47;
누가복음 23:50-56; 요한복음 19:38-42

예수 그리스도께서는 십자가에서 죽으신 후에 장사지낸 바 되셨다. 이렇게 그분이 장사지낸 바 되신 것은 어떻게 보면 모든 죽는 자들에게 일어난 일과 같은 일로서 아무런 특이 사항이 없는 평범한 일 같으나, 우리 주님의 생애에서 일어난 일들은 그저 일어난 일이 없기에[1] 이 작은 사실 하나도 의미가 있고, 우리와 연관하여 깊은 뜻이 있는 것이다. 따라서 이번에는 그리스도께서 장사지낸 바 되신 이 사실과 그 의미를 생각해 보기로 하자.

1. "장사지낸 바 되시고": 그리스도께서 무덤에 묻히신 사실 자체

그리스도께서 장사지낸 바 되신 사실 자체는 네 복음서에 모두 기록된 사실이다. 따라서 예수님께서 장사지낸 바 되셨다는 것을 부인하는 사람은 일부 이슬람교도나 J. D. Crossan과 같은[2] 극단적인 자유주의적 입장을 지닌 이가 아니면 거의 모든 이들이 받아들인다. 네 복음서 모두에 예수님을 장사지내는 일에 주도적으로 관여한 사람 중 한 사람이 아리마대 사람 요셉이라고 기록되어 있다.[3] 누가는 그의 복음서에서 그를 "공회 의원(βουλευτὴς)으로 선하고 의로운(ἀγαθὸς καὶ δίκαιος) 요셉"이라고 말하며(눅 23:50),[4] "하나님의 나라를 기다리는 자(προσεδέχετο τὴν βασιλείαν τοῦ θεοῦ)"라고 표현하고 있고(눅 23:51하), 마가는 "존귀한 공회원(εὐσχήμων βουλευτής)이요, 또한 하나님의 나라를 기다리는 자라"(προσδεχόμενος τὴν βασιλείαν τοῦ θεοῦ)고 표현하고 있다(막 15:43하). 마태복음과 요한복음에서는 그가 예수님의 제자임을 분명히 하고 있다(마 27:57하; 요 19:38상).[5]

우리는 이로부터 산헤드린 공의회의 의원(a member of Jewish Sanhedrin)으로 하나님 나라를 기다리던 선하고 의로운 요셉이라는 분이 예수님의 가르침을 받아들이고서 예수님의 제자가 되었다는 사실을 알 수 있다. 이로써 예수님에게서 가르침을 받은 무리 중에 당대 유대인의 기준으로 볼 때 아주 독특한 신분의 사람이 있었음을 알게 된다. 요한복음에서는 그가 예수님의 제자이었지만 유대인을 두려워하여 제자 됨을 숨기더니, 이 일(예수의 십자가에 죽으심)후에 나아와 예수님의 장사를 담당한 것이라고 기록하고 있다. 다른 제자들은 도망하는데, 여기 평소에는 예수님의 제자라는 사실을 숨기고 있던[隱諱하던] 숨은 제자가 나서서 예수님을 장사지내는 일을 담당한 것이다. 어떻게 이것이 가능했을까? 성령의 내적 충동과 신적인 권면 가운데서 이 일이 가능하게 되었다고 할 수 있을 것이다. 그러므로 우리는 여기서도 하나님의 백성 안에서 작용하시는 하나님의 역사를 보게 된다.[6]

혹시 복음서를 읽는 이들 가운데서 이 요셉이 산헤드린의 회원이라면, 예수님을 정죄하고 빌라도에게 넘겨주는 일에 그가 관여했을 것이 아닌가 하고 궁금히 여길 사람들이 있을 것을 염려한 누가는 역사가답게 "저희의 결의와 행사에 가(可)하다고 하지 않은 자라"는 말을 덧붙이고 있다(눅 23:51상). 마가복음 14:64에서 만장일치로 결의했다고 한 것으로 보아서, 아마도 그 일(예수님의 처형)을 결의할 때 아리마대 요셉은 그곳에 있지 않았던 것 같다.[7]

마가는 그가 "당돌히(τολμήσας) 빌라도에게 들어가 예수의 시체를 달라 하니"라고 말하고 있다(막 15:43상). "용기를 내어"(having gathered courage) 또는 "용감하게"(boldly)라는 뜻의 이 단어는[τολμήσας] 그의 태도를 잘 표현한 것이라고 여겨진다. 우리는 마가가 아리마대 요셉의 이 행동을 당돌하다고 표현한 이 평가의 독특성을 생각해야 한다. 당시에 그 누구도 감히 그런 일을 생각하지 못할 상황에서 그가 이 일을 요구했다는 것이다. 물론 유대인들로서는 구약 율법에 따라서(특히 신 21:23) 처형된 사람이라도, 심지어 원수라도 다 묻어주어야 한다는 의식이 일반화되었고, 예루살렘 도시 외곽은 처형된 범죄자들을 위한 공적 매장지(a public field)로 지정되어 있기도 했다.[8] 그러나 당시 로마의 관리들은 일반적으로 십자가에 처형된 사람의 시체를 내어 주지 않는 일이 많았다고 한다. 이런 일에 대한 판단권은 순전히 유대 총독의 손에 달린 것이었다.[9] 그러기에 빌라도에게 예수님의 시체를 달라고 한 아리마대 요셉의 요구에는 (1) 구약 율법을 철저히 따라서 그 땅을 더럽히지 않으려는 마음, (2) 예수님에 대한 따뜻한 사랑, 그리고 (3) 이를 위해 모든 것을 무릅쓰는 용감함과 당돌함이 스며있다고 할 수 있다. 십자가에서 처형된 예수님과 연관되어 있음을 공개적으로 드러내는 이 행위에 신앙고백적 담대함이 나타나는 것으로 보는 것이 자연스럽다.[10]

또한 마가복음에서는 이 일과 관련해서 예수님의 죽으심의 확실성을 한번 더 분명하게 하고 있다. 즉, 이런 요구를 받은 빌라도는 “예수께서 벌써 죽었을까 하고 이상히 여겨(ἐθαύμασεν) 백부장을 불러 죽은 지 오래냐 묻고 백부장에게 알아본 후에 요셉에게 시체를(τὸ πτῶμα) 내어” 주었다고 하고 있다. 당대의 기록에 의하면 십자가 처형의 경우 처형된 지 2-3일 뒤에야 죽게 되는 일에 대한 기록이 있고, 십자가 처형은 이렇게 오래 지속되는 고통을 동반한 처형으로 알려져 있기에 빌라도가 벌써 죽었는지를 알아보게 한 것은 자연스러운 일이다. 그러나 마가가 이를 자세히 언급한 또 하나의 이유는 후에 보도될 부활의 확실성을 분명히 말하기 위한 것이기도 하다. 예수님께서 참으로 돌아가신 것이 아니라면 빌라도가 예수님의 시체를 장사하도록 내어주었겠는가고 묻도록 하는 것이다. 그러므로 예수님의 십자가 처형을 담당했던 그 백부장은 하나님께 영광을 돌리면서 예수님이 참으로 의인이요(눅 23:47) 하나님의 아들이었음을 증언하는 역할도 감당하고(막 15:39), 또한 예수님께서 확실히 죽으셨다는 것을 증언하는 역할도 하는 것이다(막 15:44-45; 마 27:54).[11] 그리고 여기 마가복음에서는 예수님의 “몸”(σῶμα)이라고 표현하지 않고 시체(τὸ πτῶμα)라고 쓴 표현에서도 예수님의 죽음의 확실성이 시사되고 있다.[12]

빌라도의 허락을 받은 요셉은 예수님의 시체를 십자가에서 “내려”(καθαιρέω, 눅 23:53) 세마포로 쌌다. 물론 이것은 아리마대 요셉이 이 일들을 직접했다는 것이라기보다는 그가 그 모든 일을 주도했고 그것을 가능하게 했다는 사역적 의미로 읽는 것이 자연스러울 것이다.[13] 요한은 여기서 이 일에 관여한 또 한 사람이 있음을 밝혀 준다. 그는 이전에 예수님께 "밤에 나아왔던 니고데모"이다. 그가 "몰약과 침향 섞은 것을 백 근(100 λίτρα) 쯤 가져 왔다"고 했다. 이를 파운드로 환산하면 75파운드가 된다.[14] 이는 상당히 많은 양의 몰약과 침향이다. 왕의 장례에서나 볼 수 있을 것 같은 이런 것을 가지고 예수님의 장례에 사용한 것이다.[15] 구체적인 것이 모두 언급되어 있지는 않으나, 당시의 관례에 따라서 시체를 씻고[16] 몰약과 침향으로(요 19:40) 처리하여 세마포로 싼 것이라고(막 16:46; 마 27:59; 눅 23:53) 생각해야 할 것이다.

그러므로 예수님은 니고데모가 가져 온 몰약과 침향과 아리마대 요셉이 산 세마포를 사용하여, 요한이 요약하여 말하는 대로, "유대인의 장례 법대로 그 향품과 함께 세마포로 싸서"(요 19: 40), 아리마대 사람 요셉이 자신을 위해 준비해 두었던(마 27:60) 일찍이 사용한 일이 없는 무덤(μνῆμα)에 묻히게 되었다고 볼 수 있다 [마태는 새 무덤(καινός μνῆμα)이라고만 말하고 있다 - 마 27:60]. 이렇게 하여 그 분의 묘실이 부자와 함께 하게 될 것이라는 예언의 말씀이(사 53:9) 그대로 이루어진 것이다. 이렇게 예수님의 시체는 그 흉악한 십자가로부터 신실하고 사랑하는 제자들의 사랑의 손에 의해 돌보아지고 무덤에 묻혀지게 되었다.[17] 이때 "갈릴리에서 예수와 함께 온"(συνέρχομαι) 여인들이 무덤까지 요셉을 좇아 왔다는(κατακολουθέω) 것은(눅 23:55) 장례의 한 부분을 보여 준다. 이것은 나중에 여인들이 무덤을 잘못 찾았다고 말 할 수 없게 한다.[18]

2. 예수님의 무덤에 묻히신 사실의 의미

이렇게 예수님께서 장사지낸 바 되셨다는 것과 이 사실을 강조하여 기록한 것은 무엇보다도 예수님께서 죽으신 일이 확실함을 우리에게 보여 주기 위한 것이다. 벵겔(J. A. Bengel)의 "장사지낸 바 된 것은 [예수님의] 죽음을 공식적으로 확언해 준다"(*sepultura mortem ratam fecit*)는 말이 이 문제에 대한 고전적 표현이라고 여겨진다.[19] 칼빈도 "하나님께서 그의 아드님이 장사되기를 원하신 한 가지 이유는 그가 우리 때문에 진정한 죽음을 죽으셨다 것을 보다 잘 증언하기 위한 것이다"라고 말하고 있다.[20] 예수님은 죽으셔서 무덤에 들어가실 정도로 확실히 돌아가신 것이다. 그러므로 그리스도의 죽으심의 확실성은 십자가 처형 사실에서도 강조되어 있고, 그를 장사지낸 이 사실에서도 강조되어 있다.

특히 장사하는 일에 특별한 관심을 가진 복음서는 요한복음이다. 상대적으로 후기에 쓰여진 요한복음에서는 이 죽음의 확실성을 분명히 할 필요가 있었다고 생각했는지, 안식일에 시체들을 십자가에 두지 않으려고 유대인이 앞장서서 "빌라도에게 그들의 다리를 꺾어 시체를 치워달라고" 했다고 기록하고 있다. 그런데 십자가에 달린 다른 두 사람은 아직 죽지 아니하였으므로 그 다리를 꺾었으나, "예수에 이르러서는 이미 죽은 것을 보고 다리를 꺾지 아니했다"고 했고, 그 대신에 "한 군병이 창으로 그 옆구리를 찌르니 곧 피와 물이 나오더라"고 했다. 이런 말로써 요한은 예수님께서 확실히 죽었음을 알리고, 또한 이런 저런 구약의 예언들이 성취되도록 하려는 것임을 분명히 한다.

예수님께서는 이렇게 확실히 죽으셨다. 이제 그 사실을 아주 분명하게 말하기나 하려는 듯이 그 분이 무덤에 장사 지낸 바 되었다는 사실을 우리에게 전해 주는 것이다. 하이델베르크 요리 문답 제41문도 "그는 왜 장사지낸 바 되셨습니까?"라고 묻고는 "그로써 그가 참으로 죽으셨음을 보여 주기 위해서입니다"라고 대답하고 있다. 이처럼 그리스도께서는 아주 확실하고도 분명히 죽으신 것이다. 그리고 그것을 보증하듯이 당대 유대인들의 관례를 따라 당일에 장례가 치루어져 무덤에 묻히셨다.

3. 예수님께서 장사지낸 바 된 사실이 우리에게 미치는 적극적 유익

우리는 예수 그리스도께서 장사지낸 바 되셨다는 이 사실과 관련해서 어떤 유익을 얻을 수 있는 것일까? 아주 놀랍게도 그리스도께서 무덤에 묻히심으로써 더 이상 무덤에 묻히는 일이 우리에게 두려워할 일이 아닌 것이 되었다. 사람의 타락 이후에 나타난 죽음으로 인해 저주와 두려움의 대상이 된 무덤이 이제 그리스도 안에 있는 사람들에게는 더 이상 그런 함의를 지니지 않게 된 것이다. 그리스도와 관련된 사람들도 그들이 죽기 전에 주께서 다시 오지 않으시면 이 세상의 자연스러운 진행을 위해 다 죽게 되지만, 그럴지라도 그들의 죽음은 이제 더 이상 형벌과 저주의 죽음은 아니게 되었다. 이런 사실을 잘 알고 있는 바울은 이런 의미와 후에 있을 부활을 모두 염두에 두면서 죽음과 사망에 대해 구약 선지서의 말씀을 원용하며 다음과 같은 조롱의 말을 하기도 한다: "사망아 너의 이기는 것이 어디 있느냐 사망아 너의 쏘는 것이 어디 있느냐"(고전 15:55). 이제 그리스도 안에서는 사망의 무서운 것이 다 제거되었다. 그리스도께서 우리를 대표해서 무덤에 묻히심으로 우리의 죽음과 장례의 의미를 다 바꾸어 놓은 것이다. 즉, 그리스도인들은 이제 더 이상 죄의 형벌로서의 죽음을 맞지 않게 되었다. 우리에게는 형벌적 요소(the penal element)가 다 제거되었기 때문이다. 바로 그런 죽음을 당해야만 하는 우리를 대신해서 그리스도께서 십자가에서 죄의 형벌로서의 죽음을 당하시고 무덤에 장사지낸 바 되신 것이다. 따라서 그런 형벌과 저주는 이제 그리스도 안에 있는 우리와는 거리가 먼 것이 되었다. 죄의 죽이는 권세와 가공할 만한 권세가 우리의 존재와는 상관없는 것이 되어 버린 것이다. 이런 의미에서 교회와 그 성원(成員)들에게는 이 세상에서 가장 힘이 세다고 여겨지는 음부의 대문, 즉 음부의 권세가 힘이 없게 된 것이다. 이제 그리스도와 연합되어 있는 우리는 더 이상 죽음을 두려워 할 필요가 없다. 그리스도 안에 있는 사람들에게는 우리가 묻혀질 무덤이 공포의 대상이 될 수 없는 것이다.

그렇다면 (즉, 이와 같이 우리에게 있어서 죽음이 형벌과 저주의 죽음이 아니라면) 그리스도인이 경험하는 죽음은 과연 어떤 의미를 지니는 것인가? 우리의 죽음은 하나님께서 우리를 위해 마련하신 "성화의 최종적 수단이요, 영혼의 성화를 위한 징계(discipline)의 극치"라고 할 수 있다.[21] 신자들에게도 죽음은 자연적인 악이요 부자연스러운 것이고 따라서 그런 것으로서 두려워해야 하지만, 그것이 이제 은혜의 경륜 하에서 성도들의 영적 진전과 하나님 나라의 유익을 위해 봉사하게 된 것이다.[22] 그래서 죽음은 우리에게 유익한 영향을 미쳐서 교만한 자로 하여금 겸손케 하고, 육욕성(carnality)을 죽이게 하며, 세속성을 막고, 영적인 정신을 증진시키는 역할을 하는 것이다. 그러므로 이제 성도에게 있어서 죽음은 우리의 영혼의 성화를 완성하는 것이 된다.[23] 죽으면 이제까지 늘 함께 있던 우리 몸과 영혼의 분리가 일어나서 우리의 몸은 무덤에 묻히지만, 우리의 영혼은 그리스도와 함께 하나님 면전에 있어서 하나님께서 계시는 그 하늘(heaven)의 영광을 목도(目睹)하고 그 기쁨을 누리게 된다. 그러므로 성도에게 있어서 죽음은 하늘에 이르는 문(the gateway of heaven)이다.[24] 하나님이 계신 곳인 하늘(heaven)에는 영혼이 온전히 성화되지 않은 이들이 없다. 오히려 그곳에는 "온전케 된 의인들의 영들만" 있다(히 12:23). 그런데 이 지상에서의 우리의 성화는 어떤 수준에 이르러 있는가? 우리 중에 완전한 성화에 이르렀다고 할 수 있는 이는 아무도 없다. 구약의 성도들이나 신약의 사도들을 비롯한 모든 성도들도 이 지상에서는 다 온전케 되지 못했음을 우리는 성경을 통해서 배울 수 있다. 예를 들어, 성경은 이렇게 말한다: "내가 내 마음을 정하게 하였다 내 죄를 깨끗하게 하였다고 할 자가 누구뇨?"(잠 20:9) 그럴 수 있는 존재는 아무도 없다는 것이다. 그런데 하나님이 계신 곳, 그곳 하늘에 있는 의인들의 영들은 다 온전케 되었다고 했으니, 우리가 내릴 수 있는 유일한 결론은 그들의 죽음에서 그들의 영혼의 성화가 완성되었다고 할 수 있는 것이다.

그러므로 성도들에게 있어서 죽음은 이제 오히려 축복의 수단 중 하나가 되는 것이다. 죽음은 우리를 겸손하게 하고, 우리로 하나님을 더 생각하도록 하며, 인간의 유한성을 더 의식하도록 하고, 과거 우리가 죽게된 연유를 생각하면서 우리를 그 죽음의 저주와 형벌에서 해방하신 예수 그리스도께 감사를 드리게 하는 것이다. 그리고 그 죽음 자체가 우리의 영혼을 온전히 성화시켜 그리스도와 함께 하나님 앞에 있도록 하는 것이다.

그리고 죽으면 우리의 몸은 무덤에 묻혀서 썩게 될 것이다. 이를 위한 절차가 장례이다. 그러나 그것이 우리에게는 두려워 할 것이 아니다. 그 죽음 이후 장례로부터 우리는 영광의 주님이 다시 오셔서 그리스도의 영광스러우신 부활의 몸과 같은 몸으로 부활하게 될 날을 기다리며 있게 된다. 그래서 그리스도인의 죽음에 대해서는 "주안에서 자는 것"이라는 표현을 쓰기도 한다. 언젠가는 땅 속에서 썩고 있는 그 몸도 다시 일으킴을 받을 날이 오기 때문이다. 우리의 몸이 무덤 속에 있는 것은 어떤 의미에서는 이렇게 기다리는 것이다. 우리의 몸은 썩으면서도 부활의 날을 기다린다고 할 수 있다. 그래서 바울은 이렇게 말한다: "보라 내가 너희에게 비밀을 말하노니, 우리가 다 잠잘 것이 아니요 마지막 나팔에 순식간에 홀연히 다 변화하리니, 나팔 소리가 나매 죽은 자들이 썩지 아니할 것으로 다시 살고 우리도 변화하리라. 이 썩을 것이 불가불 썩지 아니할 것을 입겠고 이 죽을 것이 죽지 아니함을 입으리로다"(고전 15:51-53). 그리스도 안에 있는 우리는 다 이런 부활과 변형의 소망을 가지고 있는 것이다.*

그러므로 우리의 죽음과 무덤에 묻히는 일은 우리에게 전혀 두려움과 공포의 대상이 될 수 있는 것이 아니다. 오히려 우리는 그리스도 안에 있는 우리의 존재에 근거해서 죽음과 무덤에 묻히는 일을 당당히 맞을 수 있다. 그리스도께서 무덤에 묻히심으로 말미암아 이런 일이 가능하게 되었다. 이렇게 그리스도로 말미암아 저주가 오히려 축복과 기대의 대상이 된 것이다. 십자가에서 이루신 구속의 결과로 이런 일도 가능하게 되었

---

* 그런데 이 때 주의해야 할 일 하나에 대해서 사족(蛇足)을 달아야 하겠다. 그것은 그리스도인이 "주안에서 잠잔다"고 표현할 수 있다고 해서 그 영혼이 그리스도의 재림 때까지 자고 있는 것으로 오해해서는 안 된다는 것이다. 이는 영혼 수면설(靈魂睡眠說, psychopannychy)이라고 불린 이단적인 견해로서 종교 개혁시대 때에 재세례파 사람들 중 어떤 사람들에 의해 주장되었고, 칼빈과 같은 개혁자들에 의해서 강하게 비판받은 견해이다. 오늘날도 이런 주장을 하는 이들이 이단에 속한 이들 가운데 있지만, 이는 결코 성경적인 견해라고 할 수 없다.[25] 부활 때까지 우리의 영혼이 잠을 잔다고 해서는 결코 안 된다. 왜냐하면, 위에서 밝힌 바와 같이 우리의 영혼은 그리스도와 함께 하나님 면전에서 하늘의 기쁨을 누리며 쉬고 있기 때문이다. 이는 분명히 명백한 의식을 가지고 있는 기쁨과 즐거움의 상태이다. 그러므로 영혼이 잠자는 것이 아니다. 단지 우리 몸이 마치 잠자는 것 같이 누워 있으면서 땅 속에서 썩지만, 언젠가는 우리가 깰 때 다시 일어나는 것처럼 하늘에 있던 영혼과 다시 연합하여 일어날 것이기에 바울은 우리가 주안에서 잠잔다고 비유적인 표현을 쓰고 있는 것이다. 그러므로 이 "주안에서 잠잔다"는 표현은 우리 영혼에 대한 말이라기보다는 우리의 몸과 관련해서 말하는 비유적인 말로 보아야 한다.

다. 이에 대해서 우리는 그리스도와 하나님께 영원히 감사드려야 할 것이다. 우리는 이처럼 죽을 때에도, 관에 들어 갈 때에도, 그리고 무덤에 묻힐 때에도 그리스도의 십자가에 의존해 있다. 그러므로 장례가 우리에게는 오히려 기쁨과 승리의 하늘 입성식과 같은 것으로 여겨질 수 있다. 따라서 장례식 때에 개선곡을 불러 달라고 부탁하던 우리의 믿음의 선진들의 부탁은 이런 사실을 잘 깨달은 자들의 바르고 위대한 신앙고백이다.

함께 토의할 문제

1. 그리스도께서 무덤에 묻히신 사실 자체를 생각해 보십시오.

(1) 아리마대 사람 요셉은 누구이고, 그가 예수님의 장사와 관련해 한 일은 무엇입니까?(187-188쪽 참조) ______________________________

(2) 그가 예수님의 시체를 달라고(막 15:43) 한 것의 의미는 무엇입니까? (189쪽 참조)

i) ______________________________

ii) ______________________________

iii) ______________________________

(3) 니고데모의 기여는 무엇입니까? (눅 23:53-54; 요 19:40)

(4) 여인들은 무엇을 하였습니까? (눅 23:55) ______________________

2. 예수님께서 무덤에 묻히신 사실의 의미는 무엇입니까?

(1) 이에 대한 벵겔의 말을 생각해 보십시오. (192쪽 참조)

____

(2) 예수님의 죽음의 확실성을 성경으로부터 이끌어 내 보십시오.

3. 이 사실의 적극적인 유익에 대해서 생각해 봅시다.

(1) 성도의 죽음과 장사는 무서워할 만한 것입니까? (고전 15:55)

(2) 성도의 죽음은 어떤 유익이 있습니까? (195쪽 참조)

____

(3) 죽어서 하나님이 계신 곳인 "하늘" (heaven)에 있는 영혼은 어떤 상태에 있습니까?(히 12:23) __________________________

(4) "주 안에서 잠잔다"는 말의 뜻은 무엇입니까? (195-196쪽 참조)

(5) 이 모든 것을 생각할 때 어떤 마음이 듭니까?

14장

"음부에 내려가사"

본문: 베드로전서 3:18-22

이번에는 한국에서 신앙 생활을 하는 우리에게는 좀 낯선 문제를 하나 생각해 보기로 하자. 그것은 우리말 사도신경에는 생략되어 있는 한 어구에 대한 문제이다. 약 390년경의 것으로 추정되는 소위 아퀼레이안 형(the Aquileian form)의 라틴어 사도신경과[1] 이를 따르는 다른 언어의 사도신경에는 "장사지낸 바 되시고"란 말 뒤에 "음부에 내려가사"(*descendit in inferna*, He descended into Hades)라는 말이 덧붙여져 있다. 이 어구가 무엇을 뜻하는지에 대해서 많은 사람들이 논의해 왔고, 또 그 때문에 많은 오해도 생겼다. 후에 좀 자세히 설명하겠지만, 개혁주의적인 입장에서는 이 어구를 **비유적으로** 보고 해석한다. 즉, 이 어구를 그리스도의 십자가의 고통과 연관시켜서 이해하는 것이다. 따라서 우리말 사도신경에서 이 어구를 뺀 것은 어떤 의미에서 이런 해석의 전통에 따라 오해의 소지를 미리 제거한 것이라고 할 수 있다. 그러므로 사실 이 어구는 그리스도의 고난과 죽으심의 의미를 더 심화시키는 표현이라고 할 수 있다. 이것이 사도신경에 나타난 이 표현을 개혁파적으로 이해하는 방식이다.

그러나 개혁파 전통에 속하지 않았던 다른 이들이 이를 어떻게 해석해 왔는지를 생각하면서 그런 해석들과 비교할 때 우리들의 입장이 왜 중요한지를 생각하는 것은 우리의 신앙의 의미를 생각하는 일에 있어서 큰 도움이 될 것이다.

1. 천주교의 해석과 그 문제점

천주교에서는 이 어구를 그들이 비성경적으로 발전시켜 가지고 있던 연옥 교리와 연관시켜서 설명해 왔다. 전통적 천주교 사상에 의하면, 죽은 후에 곧 바로 "하나님과 그리스도께서 계신 곳"인 하늘(heaven)에 이를 수 있는 완벽한 성인들은 극히 적다고 한다. 이런 생각이 벌써 천주교의 구원 이해가 철저히 그리스도의 구속에만 근거하는 것이 아니라, 구속함을 받은 이들이 얼마나 성화를 이루었느냐에 따라서 구원이 결정되는 공로적 구원관을 가지고 있다는 것을 분명히 보여 준다.

그러면 그와 같이 온전하지 못한 신자들은 어떻게 되는 것인가? 죽은 후에 곧바로 하늘에 이르지 못하는 불완전한 신자들은 일정한 기간을 다른 곳에서 지내게 된다고 천주교 사상은 가르쳐 왔다. 이곳이 바로 불완전한 영혼이 정화되는 장소인 연옥(煉獄, purgatory)이라는 것이다. 그렇게 연옥에서 영혼이 정화된 후에라야 "하나님과 그리스도께서 계신 곳"인 하늘(heaven), 즉 낙원(paradise)에 이르게 된다는 것이 천주교회의 전통적 가르침이었다. 그러나 이는 성경의 어떤 곳에서도 지지해 주지 않는 비성경적인 가르침이다.

그런데 천주교에 의하면 이런 연옥 외에 지옥의 주변, 혹 가장자리

(*limbus*)에 또 다른 장소가 있으니, 그것이 구약 시대의 신자들이 죽어 그 영혼이 "구속의 계시와 적용이 나타나기를 기다리며" 있는 소위 "선조 림보"(*Limbus Patrum*)이다. 이 "선조 림보"에서는 구약의 신자들이 그리스도께서 그들을 구하실 때까지 희망을 가지고 쉬면서 있는 상태인데, 이 "선조 림보"가 바로 그리스도께서 죽으신 후에 내려가신 음부라고 전통적 천주교에서는 해석했었던 것이다.[2] 즉, 죽어서 영혼과 몸이 분리되신 그리스도께서 그 몸은 아리마대 요셉의 무덤에 있었지만, 그 영으로는 이 "선조 림보"에 가셔서 그 분이 십자가에서 이루신 구속의 공로로 구약의 성도들을 풀어 해방하셔서 그들을 데리고 "하나님이 계신 하늘"(heaven)로 가셨다고 해석했던 것이다.

전통적 천주교 신학자들은 이와 연관해서 베드로전서 3:19을 즐겨 인용한다: "저가 또한 영으로 옥에 있는 영들에게 전파하시니라." 몸으로는 죽으셨지만 영으로는 옥에 가셔서 그 옥에 있는 영들에게 전파하시고, 그 구약 성도들이 신약적 복음을 알고 믿게 하여 하늘로 인도하셨다고 생각한 것이다. 이런 해석은 일반적으로 1586년의 로버트 벨라르민(Robert Bellarmine)이 명확히 제시하기 시작한 것으로 여겨진다.[3] 그러나 이런 해석이 옳지 않다는 것은 성경을 조금만 주의 깊게 살펴보면 분명히 드러난다. 성경에서는 그 어디서도 구약 시대의 성도들이 "선조 림보"에 있다는 시사를 주지 않는다. 오히려 구약 시대라도 성도들은 하나님과 관련하여 있으며 하나님께서 계신 곳에 있다고 시사한다. 그래서 "의인의 죽음"은 불신자의 죽음과 다르다고 여겨서 "의인의 죽음"을 희망하는 일이 있었고(민 23:10), "의인은 그 죽음에도 소망이 있다"고 선언하였다(잠 14:32). 다윗은 죽음 이후에도 "주의 앞에는 기쁨이 충만하고, 주의 우편에는 영원한 즐거움이 있나이다"라고 고백하기도 하고(시 16:10, 11), "나는 의로운 중에 주의 얼굴을 보리니 깰 때에 주의 형상으로 만족하리이다"라고 고백하기도 했던 것이다(시 17:15). 또 아삽의 시에서는 "주의 교훈으로 나를 인도하시고 후에는 영광으로 나를 영접하시리니 하늘에서는 주 외에 누가 내게 있으리요"라고 말했다(시 73:24, 25). 그러므로 우리는 구약 시대의 성도들도 신약 시대의 성도와 마찬가지로 죽은 후에 곧 바로 "하나님이 계신 곳", 즉 하늘(heaven)에 있다고 말해야만 하는 것이다.

전통적 천주교 사상이 말하듯이 하늘은 그리스도의 사역이 마쳐지기 전에는 열리지 않았던 것이 **아니고**, 하나님의 계획과 경륜 가운데서 장차 일어날 십자가 사건의 선취로 이미 열려 있어서 하나님과 그 계시를 믿는 이들은 언제든지 이미 하나님이 계신 곳에서 천상의 복락을 누리고 있었던 것이다. 그리고 십자가 사건이 발생한 이후인 지금은 그리스도의 십자가 구속을 믿는 하나님 나라의 백성인 우리가 죽으면 우리의 영혼이 곧바로 "하늘"(heaven)에 이르러 하나님을 뵈옵고 그와 함께 있게 되는 것이다. 그 천상의 복락을 이 세상의 무엇과 비교할 수 있으며, 그리스도 안에 있는 자에게로부터 그 낙원의 복락을 그 누가 빼앗아 갈 수 있겠는가? 그러므로 조상 연옥을 말하는 전통적 천주교의 해석과 사상은 명백히 잘못된 것이요, 비성경적인 것이라고 할 수 있다.

2. 이 견해의 개신교적 변형: 제2의 기회설

어떤 개신교도들은 천주교회의 연옥을 부정하면서 구원을 위한 제2의 기회를 상정하는 견해를 취하기도 한다. 즉, "옥에 내려가사"라는 이 구절은 그리스도께서 죽으신 후에 부활하실 때까지 지옥에 내려가셔서 지옥에 있는 영혼들에게 복음을 선포하셔서 제2의 기회를 주시는 것을 언급하는 것이라고 생각하는 견해이다. 구체적으로는 상당히 다양한 해석이 이런 입장에 포함될 수 있다. 아주 일반적으로 생각하며 보편적인 의미로 제2의 기회설을 제시하는 해석도 있고,[4] 매우 주저하면서 이런 입장을 제시하는 경우도 있으며,[5] 홍수 때의 반역하는 세대에 대해서 그리스도와 부활 사이에 복음이 전해져서 제2의 기회가 주어졌다는 견해가 있는가 하면,[6] 타락하여 불순종하는 천사들까지도 이런 제2의 기회가 주어진다고 보는 견해까지도 있다.[7]

그러나 이런 다양한 형태의 제2의 기회설은 천주교회의 입장의 문제에 대한 모든 비판과 함께, 성경 전체에 그 어디서도 제2의 기회를 시사하지 않는다는 강한 비판을 받지 않을 수 없다.[8]

3. 루터파의 해석과 그 문제점

루터파에서는 그리스도께서 죽으신 후에 그 영으로 음부(hades)에 내려가신 일은 있으나 천주교에서와 같이 구약의 성도들을 하늘로 인도하시기 위해서가 아니라, 사탄과 흑암의 세력들에게 자신의 승리를 드러내셔서 완성하시고, 사단에게 승리를 선언하시고 그들에게 명백한 유죄 선언을 하시기 위해서 음부로 내려가셨다고 해석한다.[9]

이렇게 예수님께서 장사지낸 바 되신 후에 그 영혼이 승리를 선언하러 음부로 내려가셨다는 해석은 천주교의 선조 림보를 말하는 견해보다는 조금 나은 것이지만, 성경이 말하는 "음부"[구약의 "스올"(sheol)과 신약의 "하데스"(hades)]의 성격에 주의할 때에 지지하기 어려운 해석이다. 대개 이 "음부"라는 말은 대부분의 건전한 신학자들에 의해서 성경에서 "죽음의 상태"를 지칭하는 말로 해석되고 있다.[10] 학자들에 따라서 때때로 이 말이 일정한 장소를 지칭하는 의미로 사용된 때가 있다고도 하나, 이는 오늘날 많은 비판을 받는 해석이고, 대부분의 학자들은 이 용어의 거의 모든 용례가 죽음의 상태를 지시한다고 본다. 그렇다면 그리스도께서 일정한 장소로서의 "음부"에 내려가셔서 승리를 선언하셨다는 루터파의 해석은 "음부"에 대한 그들 나름의 생각을 전제로 한 해석이라고 할 수 있고, 오늘날 더 밝히 드러난 성경 이해의 빛에서는 더 이상 지지되기 어려운 해석이다. 또한 이런 해석은 루터파에서 일반적으로 저항 없이 받아들이던 에녹서가 이 본문 배후에 있다는 가정에 근거하고 있는 것인데,[11] 이 점에도 문제가 있는 것이다.

또한 "전파하시니라"(κηρύσσω)는 말이 대개는 복음의 적극적인 전파, 그리하여 믿고 구원을 얻게 하려는 전파를 뜻하는 것임을 볼 때에 이를 심판의 선언과 승리의 선포에 적용하려는 것은 문제가 있다고들 지적한다. 결코 그렇게 해석할 수 없다고는 할 수 없으나, 이는 성경이 말하는 "선포하시니라"는 말의 일반적 용례에 비추어 볼 때에 상당히 부자연스러운 해석이라는 것이다. 따라서 이 점에 의해서도 루터파의 해석은 지지되기 어렵다고 할 수 있다.

4. 성공회 학자들의 해석과 그 문제점

성공회(Anglican Church)에 속하는 모든 이들은 아니지만 이 교회에서는 전통적으로 이 구절이 그리스도의 영이 하나님과 성도들이 있는 낙원(paradise)에 가셔서 그 곳에 있는 성도들에게 구속의 진리를 더 분명하게 선포하고 가르치셨다고 해석한다.[12]

이는 어떤 면에서는 천주교의 해석을 비판하며 나온 루터파의 해석의 문제점에서 비롯된 더 나은 해석이라고 할 수 있다. 그래서 이전의 두 해석보다 좀더 세련된 면이 있고, 더 현대적으로도 세련되게 할 수 있는 해석이다. 예를 들어, 이는 "선포하시니라"는 말의 일반적 용례인 복음을 선포하여 믿도록 하기 위해 사용하는 것에 훨씬 가까이 가는 해석이다. 그리고 전통적으로는 이들이 말하는 낙원은 음부(hades)의 두 장소, 즉 낙원과 지옥 중의 한 곳인 낙원을 뜻하는 것이었다. 하지만 오늘날에 이런 해석을 받아들이는 주석가들 중에서는 이 때 "음부"라는 말이 장소를 지칭하기보다는 죽음의 상태를 지칭하는 것으로 보고, 그 죽음의 상태에서 하나님 안에 있는 이들이 있는 곳이 바로 하나님이 계신 곳, 즉 그리스도께서 한 편 강도에게 언급하신 곳인 "낙원"이며, 그리스도의 영이 그 곳에 가셔서 복음을 성도들에게 상세하게 설명하시며 선포하셨다고 해석하기도 한다.

그러나 이 견해의 문제점은 이런 해석이 베드로전서 3장의 구절들과는 별로 상관이 없는 해석처럼 보인다는 점이다. 왜냐하면 그들은 "옥에 있는 것"으로 표현될 수 없기 때문이다. 물론 이는 사도신경에 대한 해석이고 베드로전서 3장은 다른 것을 가르친다고 개혁파와 같이 말할 수도 있지만, 그렇게 하기에는 그들의 논의가 너무 베드로전서 3장과 연관되어서 진행되었다는 점을 지적하지 않을 수 없다.

5. 개혁파의 해석

이 모든 해석에 주의하면서 칼빈은 "음부로 내려가사"라는 이 구절을 교부 중의 한 사람인 루피누스(Lufinus)의 해석을 따르면서, **비유적으로**

이해하고 해석했으며, 대부분의 개혁파 신학자들이 이를 따르고 있다. 개혁 신학자들은 이 어구는 겟세마네와 십자가의 죽으심에서 그리스도께서 겪으신 "영의 고뇌"를 지옥과 같은 극심한 고난을 당하셨다고 비유적으로 표현하는 것이라고 해석한다.[13] 즉, 실제로 그리스도의 영이 지옥에 가신 일이 없으나 (그렇게 생각하는 것은 비성경적인 것이므로!),[14] 그리스도께서 얼마나 극심한 영혼의 고통을 당하셨는지 그 분이 지옥의 고통까지도 우리를 위해 당하심으로[15] 그로부터 우리를 풀어 주셨다고도 할 수 있다고 해석하는 것이다. 칼빈의 다음 말을 들어보라:

> "[그리스도께서는] 하나님께서 진노 가운데서 사악한 자들에게 내리시는 죽음을 경험하셨으므로 그가 지옥에 내려가셨다고 말한다고 해도 놀라울 것이 없다. … 요점은 신조는 먼저 사람들 보기에 그리스도께서 당하신 것을 제시하고, 우리 구속의 값으로 그리스도의 몸이 주어졌다는 것을 알게 하도록 할 뿐만 아니라, 그 영혼이 정죄 받고 버려진 사람의 무시무시한 고뇌를 친히 받음으로써 더 크고 놀라운 값을 지불하셨다는 것을 알도록 하기 위해서 하나님 앞에서 그가 경험하신 불가시적이고 다 헤아릴 수 없는 심판에 대해서 적절하게 말하는 것이다."[16]

하이델베르크 요리 문답 제44문답도 이런 전통을 따르면서 다음과 같이 묻고 대답하고 있다:

> (문) "그가 음부에 내려가사"라는 말은 왜 덧붙여져 있습니까?

(답) 개인적인 위기와 유혹의 때에 나의 주님이신 그리스도께서 특별히 십자가에서, 또한 그 이전에도 말할 수 없는 영혼의 고뇌와 고통과 공포를 감당하심으로써 나를 지옥의 고뇌와 고통에서 구원하셨음을 나에게 확신시켜 주시기 위해서입니다.

그러므로 하이델베르크 요리 문답은 "음부로 내려가사"라는 말을 그리스도께서 우리를 위해 당하신 "말할 수 없는 영혼의 고뇌와 고통과 공포"를 표상적으로, 비유적으로 표현하는 말로 이해한 것이다. 즉 그리스도께서 우리를 대신해서 우리의 자리에서 그런 고뇌와 고통을 받으셨으므로 우리를 "지옥의 고뇌와 고통에서 구원하신 것"이라고 보는 것이다. 이렇게 하이델베르크 요리 문답은 이 어구에 대한 해석에서 복음의 핵심의 일부를 본다. 곧 그리스도는 십자가에서 우리의 죄를 짊어지신 분인데, 그 분에게 "내 위에 있는 하나님의 진노와 저주"가 임하므로 지옥의 고통을 경험했다고 할 수 있다. 우리는 이런 주님의 구원에 대해서 큰 감사를 표하지 않을 수 없다. 그 분은 참으로 우리의 구주이셔서, 지옥의 고통으로부터도 우리를 풀어 살리신 분이다.

이런 해석에 의하면, 노아가 방주를 만들고 있을 때 그리스도께서는 "영으로" 노아 안에서 당시 땅에 있던 불신자들에게 회개에 대해 가르쳤는데, 이에 순종하지 않던 이들은 지금 "옥에", 즉 지옥에 있다고 하는 것이다.[17]

6. 베드로전서 3:18-22의 가르침

위와 같은 개혁파의 해석은 아주 귀한 해석으로 이런 해석의 모범을 제시한 선배들에게 감사하지 않을 수 없다. 그러나 이 해석이 사도신경의 "음부로 내려 가사"라는 구절에 대한 아주 좋은 해석이기는 하나, 이와 연관해서 천주교 신학자들이 인용하며 언급한 베드로전서 3:18-22을 설명하는 해석은 아니다. 개혁파 신학자들은 이 본문이 "음부로 내려가사" 라는 어구와는 전혀 상관이 없는 본문이라고 본다. 이것이 바른 태도이다. 베드로전서 3장은 그리스도의 죽으심과 부활 사이에 어떤 일이 있었는지에 관심을 나타내는 본문이 아니기 때문이다.

그렇다면 베드로전서 3장이 우리에게 주는 교훈은 무엇일까? 이왕 언급된 본문이므로 "음부에 내려가사"라는 어구와는 직접적으로 상관이 없지만, "신약 본문 가운데서 가장 어려운 주해적 문제를 지니고 있는"[18] 이 본문의 의미와 그 교훈을 살피는 것이 우리의 도리일 것이다.

이 본문은 (1) 그리스도께서 한 번(ἅπαξ) 죄를 위해 죽으사 의인으로서 불의한 자를 대신하실 때 "육에 따라서 또는 육 안에서"(σαρκί, **소위 관련의 여격**, dative of respect or dative of reference) 죽임을 당하셨다고 한다(18절). 이는 단지 그리스도의 몸만이 고난을 당하셨다고 말하는 것이 아님에 주의해야 한다. 이와 더불어 다음 항에서의 "육을 따라"와 "영을 따라"의 대조는, 디모데전서 3:16, 로마서 1:3, 4 등에 나타나고 있는 이 두 어구의 대조와 같은 대조로 여겨져야 한다. 그러므로 이는 그리스도를 이루고 있는 두 요소인 그리스도의 몸과 영혼의 대조가 아니라, **구속사적인 대조**이다. 즉, 그리스도의 죽음은 자연적이고 물리적인 영역에서 발생했으나, 그 분의 부활은 영의 영역 안에서 일어났다는 것을 대조하는 것으로 보아야 한다. 다시 말해서, 이는 그리스도의 지상적 형태와 부활한 상태 사이의 대조인 것이다.[19] 그 지상적 형태로 의로운 그리스도께서 불의한 자를 위해 단번에 죽으셨음을 말함으로 이 본문은 로마서 6:10 등과 같이 그리스도께서 이루신 구원을 위한 분명하고 종국적인 사역과 대리적 죽음을 강조하는 것이다.[20]

(2) 그러나 그 분은 "영에 따라서 또는 영 안에서"(πνεύματι) 살리심을 입으셨다고 한다(18절下). 여기서도 소위 **관련의 여격**(dative of reference)을 살려 번역해야 하므로, 이는 그리스도의 부활이 단순한 영의 부활이란 뜻이 아니라 (그렇다면 그리스도의 부활은 진정한 의미의 부활이 아닐 것이다!), 그의 영육 단일체의 부활이 **영적인 영역, 성령의 능력 가운데서 발생한 것**이라는 의미이다.[21] 이 "영 안에서"라는 말은 "하나님의 영이 최고로 그리고 가장 뚜렷이 작용하는 그리스도의 존재의 영역"을 지칭하는 것이다. 따라서 이는 그리스도께서 신령한 몸(spiritual body)을 입으시고 부활하신 것도 함의한다. 18절 후반부에서 이처럼 그리스도의 부활을 생각하는 것이 자연스럽다.

(3) 그런데 그에 따라 그리스도께서 부활하신 그 영은 이전 시대에도 역사하시던 영인 바, 본문은 특히 노아의 시대에도 그 영이 작용하여 그 시대에 살던 사람들에게 하나님의 뜻을 선포했다(ἐκήρυξεν)고 한다(19절, 20절). 이는 의미상 그 영이 노아를 통하여 하나님의 뜻을 선포했다는 뜻이 된다. 그러므로 이는 성육신하시기 이진의 성자의 예언 사역의 하나를 지칭하는 것으로 보든지,[22] 아니면 그리스도 안에서 역사하셨던 영의 그리스도의 성육신 이전 사역을 언급하는 것으로 보는 것이다.

(4) 그 때에, 즉 "노아의 날 방주를 예비할 동안 하나님이 오래 참고 기다리실 때에 (하나님의 뜻에) 순종하지 않던 자들"은 지금 옥에(ἐν φυλακῇ) 있다고 한다(19절, 20절). 지금 정죄 하에 있는 죄인들은 그리스

도의 영이 전에 노아를 통하여 그들에게 전파하였을 때에 불순종했던 사람들이다.[23] 따라서 어느 시대에든지 하나님께서 성령을 통해서 선언하신 하나님의 말씀을 불순종하는 이들은 언제나 옥에 있는 것이다.

(5) 그러나 그리스도께서는 "하늘에 오르사 하나님 우편에 계시고, 천사들과 권세들과 능력들이 저에게 순복한다"고 한다(22절). 그러므로 이 본문과 관련해서 그리스도의 승리의 선포를 생각하는 이들은 이 승리의 선포가 십자가와 부활 사이에 발생하는 것이 아니라, 그리스도의 승천 이후에 이루어지는 것으로 생각한다.[24]

물론 이와 같은 해석에 모든 주석가들이 다 동의하는 것은 아니다. 그러나 외경의 에녹서 등에 근거한 주해보다는 여기서 간단히 제시한 주해가 더 성경 전체의 사상과 일치하는 주해라고 여겨진다. 이에 근거해서 좀더 폭넓게 생각해 보면, 그리스도께서는 영의 영역에서 부활하셔서 하늘에 오르셨고, 그 분에게 속한 이들도 죽으면 그 분과 함께 있을 것이니, 마땅히 하늘에 있을 것이다. 그러나 어느 시대에든지 그리스도의 영이 그 시대마다 종들을 통해서 선포하시는 뜻에 순종하지 않으면, 그 영은 옥에 있게 될 것이다. 그리스도를 믿는 이들이 옥을 피할 수 있는 것은 그들의 죄에 대한 모든 형벌을 그리스도께서 다 담당하셨기 때문이다. 결국 이 본문 가운데에도 그리스도를 신뢰하는 이들에게 미치는 큰 위로가 담겨 있다. 이에 대해서 하나님께 감사하며, 그것을 우리의 삶으로 표현해야 할 것이다.

7. 결론

한글 사도신경에는 "음부에 내려가사"(*descendit in inferna*, He

descended into Hades)라는 이 어구가 없으므로 대부분의 한국 그리스도인들은 이 문제를 생각하지 않고 지내는 일이 많다. 그것이 이 문제에 대해서 그 어떤 오해도 하지 않을 수 있으므로 좋은 일이기는 하다. 행복한 무지(無知)라고나 할까? 그러나 때때로 우리 교우들이 이런 이야기를 들으면 그리스도인들이 정확한 내용과 바른 교리를 알지 못한 채 이리 저리 방황하게 되는 일이 많다. 그래서 이전에 천주교의 해석을 따라서 해석해 보려는 개신교도들도 있을 정도다. 그런데 보편 교회의 사도신경에는 다 이 말이 있으므로, 다른 성도들과 함께 같은 신앙을 고백하는 우리로서는 이 문제를 좀 자세히 생각해 보는 것이 도움이 될 것이다. 그래서 다른 나라 그리스도인들이 이 고백을 할 때 우리도 같이 고백하면서, 그 의미에 대해 개혁파 성도들이 이전에 생각한 대로 바르게 이해해야 할 것이다. 즉, "음부로 내려가사"라는 말에서 주께서 겟세마네와 십자가에서 우리를 위해 이루신 구속의 깊은 의미를 생각해야 하는 것이다.

함께 토의할 문제

1. 우리말 사도신경에는 빠져 있으나 아퀼레이안 형의 사도신경부터 늘 있는 표현은 무엇입니까? (201쪽 참조) ______________________________

2. 이 구절에 대한 천주교의 해석은 무엇이고, 그 문제점은 무엇입니까?

3. 이것의 변형형인 제2기회설의 문제점은 무엇입니까?

4. 이 구절에 대한 루터파의 해석과 그 문제점은 무엇입니까?

5. 이 구절에 대한 성공회 학자들의 해석과 그 문제점은 무엇입니까?

6. 이 구절에 대한 개혁파의 해석은 무엇입니까?

7. 그러면 베드로전서 3:18-22은 어떻게 해석해야 합니까?

15장

"죽은 자 가운데서 다시 살아나시며"

본문: 마태복음 28:1-20; 누가복음 24:1-43

이제는 우리 주 예수 그리스도의 부활 문제를 생각할 때가 되었다. 지금까지는 그리스도의 낮아지신[卑下, humiliation] 지위의 여러 측면을 생각하였지만, 이제는 그의 높아지심[昇貴, exaltation]에 대해서 생각하는 것이다. 앞에서 살펴 본 그리스도의 음부 강하를 실제적인 것이라고 여기고서 그리스도께서 음부에 내려 가사 사탄과 그 무리들에게 승리를 선포하신 것을 그의 높아지심의 첫 단계로 생각하는 루터파 신학자들의 생각과는 달리, 성경적으로 바른 견해에 의하면 그리스도의 높아지심의 첫째 일은 그 분의 부활이다.[1] 어떤 점에서 부활은 가장 중요한 일이라고 할 수 있고, 이 사건에 우리의 구원에 대한 모든 것이 달려 있다고도 할 수 있다.[2] 마운스가 잘 말하고 있는 대로, "[그리스도의] 부활은 기독교 신앙의 초석(礎石)으로 서 있다."[3] 신약 교회의 초기부터 그리스도의 부활은 사도적 선포의 핵심을 차지하고 있었다.[4] 바울이 잘 지적하고 있는 대로, 그리스도의 부활이 없으면 신앙은 헛된 것이 되고(고전 15:14), 사도적 증언은 거짓이고(15절), 신자들은 여전히 그들의 죄 가운데 있을 것이며(17절), 이 세상에서 불쌍히 여김을 받을 자일 것이다(19절).

그러므로 이렇게 중요한 부활의 사실과 의미를 생각하는 일 역시도 매우 중요한 일이 아닐 수 없다. 참 성도는 날마다 이 놀라운 사건의 의미를 신중하게 묵상해야 할 것이다. 사실 우리는 매주일에 예배를 그리스도의 부활의 빛에서 드리고 있는 것이다. 주일에 예배를 드릴 때마다 우리는 우리 주 예수 그리스도의 부활의 사건과 그 큰 의미를 묵상하고, 그 부활의 빛에서 하나님께로 나아가며 그렇게 예배한 자들로서 매일 매일을 살아가야 한다.[5] 그러므로 우리가 이하에서 자세하게 살펴보려는 바와 같이, 진정한 성도는 항상 그리스도의 부활 안에서, 그리스도의 부활과 연합하여 사는 것이라고 할 수 있다.

1. 그리스도의 부활 사건 자체

그리스도의 부활에 대한 생각을 하거나 말을 할 때 우리가 제일 먼저 생각하고 강조할 것은 부활의 역사적 사실성(歷史的 事實性)이다. 그리스도의 부활을 역사적 사실로 믿지 않고서는 그리스도의 부활을 믿는다고 할 수 없다.[6] 때때로 그리스도의 부활을 믿는다고 하는 이들 가운데 부활이란 그리스도적 영이 우리 안에 사는 것이라고 하든지, 그리스도적 정신이 우리 안에 있는 것이라고 설명하는 이들이 있다. 마치 예수님께서 사역하시는 소문을 듣고서 헤롯이 그러면 죽은 요한의 영이 그 안에서 역사(役事)한다는 뜻에서 "내가 목베인 요한 그가 살아났다"(막 6:16)고 말했던 것과 같은 상황이 발생하면, 그것을 부활이라고 할 수 있지 않느냐고 하는 것이다.

이들은 역사적 시공간 내에서 그리스도께서 부활하신 것과 같은 것은 있을 수도 없고, 있지도 않았으며, 또 있어서도 안 된다고 한다. 이런 분들은 기본적으로 반초자연주의(anti-supernaturalism), 또는 자연주의(naturalism)적 확신을 가지고 있어서 그런 입장을 취한다. 하지만 우리는 이런 이들을 그리스도의 부활을 믿는 사람들이라고 할 수 없다. 우리가 살고 있는 이 시간과 공간 내에서 죽었던 예수님께서 같은 시공간 내에서 다시 몸을 가지시고, 물론 "신령한 몸"(σῶμα πνευματικόν)으로 살아나신 것이 성경이 말하는 부활이다. 이는, 예수님의 예언에도 불구하고, 그 누구도 기대하지 않았던 것이다.[7] 아리마대 요셉이 다른 이들과 함께 예수님의 장례를 담당하고 무덤에 넣고 돌로 그 무덤 문을 막았을 때, 그것은 그들의 메시아적 기대의 종국인 것처럼 보였다.[8] 안식 후 첫날 무덤으로 오는 여인들도 죽은 예수님의 시체와 관련하여 향품을 처리하고 슬퍼하기 위해 왔다. 그 당시 예수님의 부활을 긍정적으로 기대하고 있던 이들은 아무도 없었다. 그륀너는 이렇게도 말한다: "예수님께서는 죽고 장사지내졌다. 적대적인 예루살렘이 예수님을 이긴 것이다; 강한 자 사탄이 그의 공간을 다시 회복하여 주장한 것이다. 아니 그렇게 보였다."[9] 바로 이런 정황 가운데서, 즉 아무도 예수님의 부활을 긍정적으로 기대하지 않을 때에 부활이 일어난 것이다. 그러므로 부활은 하나님께서 일으키신 사건으로 사람들의 기대에 반하여 객관적으로 주어진 것이다.

이를 믿지 않으려고 하는 사람들은 처음부터 이를 반대하기 위해 여러 반론을 제기한 바 있다. 가장 오래된 것은 소위 "도적설"(the stolen body theory)이다. 예수님의 제자들이 예수님의 시체를 훔쳐서 다른 곳에 유기(遺棄)하고서는 예수님께서 부활하셨다는 소문을 내었다는 이 견해는 이미 성경 안에도 기록되어 있다. 마태는 예수님의 시체를 제자들이 도적질하여 갔다는 "이 말이 오늘날까지 유대인 가운데 두루 퍼지니라"(마 28:15)고 기록함으로, 이런 견해가 그가 마태복음서를 쓰던 당시 유대인들 가운데 일반적으로 회자(膾炙)되던 견해였음을 분명히 하고 있다. 2세기의 이교 철학자였던 셀수스(Celsus)도 바로 이 도적설에 근거해서 그리스도의 빈무덤에 대해 설명했다고 한다.[10] 그리고 2세기 중반의 유대인들 사이에서도 계속 이런 도적설이 유포되고 있었다고 저스틴 마터는 보고한다.[11] 이렇게 될 것에 대해서 마태는 이에 대해 다음과 같이 말하여 이런 잘못된 설명이 어디서부터 왔는지를 밝힘으로써, 이 견해에 대한 좋은 반박 논증을 시도하고 있다:

(1) [대제사장들이] 장로들과 함께 모여(συνάγω)[12] 의논하고,
(2) **군병들에게 돈을 많이 주며 가로되 너희는 말하기를 그의 제자들이 밤에 와서 우리가 잘 때에 그를 도적질하여 갔다 하라**
(3) 만일 이 말이 총독에게 들리면 우리가 권하여 너희에게 근심되지 않게 하리라(마 28: 12-14).

마태의 이런 반박 논증에 의하면, 이 잘못된 설명은 그리스도의 부활이 실제로 발생한 후에 대제사장들과 장로들이 군병들을 매수하여 유포시킨 유언비어(流言蜚語)이다.[13] 쳄블린이 잘 지적하는 대로, "[지진과 천사들과 빈무덤에 대한] 증인들을 매수하려는 시도는(마 28:12) 아주 분명한 실재 앞에서 그들의 무능력함을 증언해 주는 것이다."[14] 사실 그들은 이렇게 군병들을 매수하기 전부터 이런 일이 벌어질 것을 염려했었다. 그래서 그들은 예수님의 장사 후에 빌라도를 찾아가서 "분부하여 그 무덤

을 사흘까지 굳게 지키게 하소서. 그의 제자들이 와서 시체를 도적질하여 가고 백성에게 말하되 그가 죽은 자 가운데서 다시 살아났다 하며 후에 유혹(deception, 혹 "오류", πλάνη)이 전보다 더 될까 하나이다"고 말했던 것이다(마 27:64). 그러므로 대제사장들과 바리새인들은 부활 사건 전후에 모두 예수님의 시체가 도적질 된 것을 생각하고 있음을 볼 수 있다. 부활 전에는 그렇게 될까 봐 염려했고, 부활이 일어난 후에는 제자들이 도적질해 간 것이라고 그렇게 유언비어를 퍼뜨리라고 한 것이다. "(첫째는 메시아 사칭과 둘째는 신성의 주장이라는) 이중 속임의 죄를 예수님께 돌리려고 하는 자들이 사실 속이는 자들었다."[15] 그러나 이렇게 무덤을 봉인하고 확실히 지키게 한 것이 오히려 그리스도의 부활에 대한 좋은 증거가 되리라는 것을 그들은 미처 몰랐다. 부활이 일어나자 그들은 자신들이 유포하도록 한 유언비어에 의존할 수밖에 없었다.

그러나 이 유언비어가 시사하듯이 제자들이 예수님의 시체를 훔쳐 가서 은닉(隱匿)한 후에 그 분이 부활하셨다고 선언했다면, 그들이 선포하는 것은 결국 그들 자신이 만든 거짓말에 근거한 선포가 된다. 만일에 그랬다면 예수님의 제자들은 거짓에 근거한 자신들의 선포에 대해서 자신들의 생명을 무릅쓰는 일을 하지 않았을 것이다. 그 누가 그런 어리석은 일을 하겠는가? 또 이런 일이 있었다면, 이는 이 세상 최대의 사기극이었을 것이다. 그래서 이 "도적설"을 "거짓설"(the falsehood theory)이라고 하기도 한다.[16] 그러나 이런 도적설을 받아들일 이유가 전혀 없다. 사도들의 부활에 대한 강한 증언과 그에 근거한 삶이 이를 증거한다.

이 외에 예수님께서 실제로 돌아가신 것이 아니라 십자가에서 딜진히고 기절하셨다가 유대인들이 일반적으로 사용하는 서늘한 "바위 속의 판 무덤"(마 27:60; 막 15:46), "바위에 판 무덤"(눅 23:53)에서 원기를 회복하시고 일어나셨다는 "기절설"(the swoon theory)에 대해서는 또 어떻게 생각해야 하는가? 성경의 십자가 처형 보도는 그 분이 실제로 죽으셨다고 분명히 말하고 있다. 예수님께서는 십자가에서 하신 일곱 마디 말씀 가운데 아마도 여섯 번째로 "다 이루었다"(τετέλεσται, 요 19:30)고 하신 후, 마지막으로 큰 소리로 부르짖으셨다고 했다. 누가복음은 이에 대해 아마도 "아버지여 내 영혼을 아버지 손에 부탁하나이다"라고(눅 23:46) 크게 소리지르시고 "영혼이 떠나가시다"(ἀφῆκεν τὸ πνεῦμα - ἀφίημι, 마 27:50),[17] "영혼이 돌아가시다"(παρέδωκεν τὸ πνεῦμα, 요 19:30),[18] 또는 "운명하시다"(ἐξέπνευσεν,[19] 막 15:37; 눅 23:46)고 했다. 또한 아리마대 요셉이 예수님의 시체를 요구했을 때에 빌라도 총독은 예수님께서 그렇게 일찍 죽었을까 하고 "이상히 여겨 백부장을 불러 죽은 지 오래냐 묻고, 백부장에게 알아 본 후에 요셉에게 시체를 내어준" 것이다(막 15: 44-45). 마가가 이렇게 자세히 쓴 이유는 아마도 예수님의 죽음이 실제로 일어난 것이요, 거듭 확인한 후에 비로소 그 시체를 내어 주었다는 것을 강조하기 위함이었을 것이다.

또한 요한에 의하면 유대인들이 그 안식일에 시체들을 십자가에 두지 아니하려고 빌라도에게 요청하기를 그들의 다리를 꺾어 (즉, 죽여서) 시체를 치워달라고 했다(요 19:31). 그 요청이 받아들여져서 두 사람의 다리를 꺾었다고 했다(*crurifragium*, 요 19:32). 그런데 예수님께 이르러서는 그가 이미 죽은 것을 보고 다리를 꺾지 아니했다고 했다(요 19:33). 이는 한편으로는 "그 뼈가 하나도 꺾이우지 아니하리라"(출 12:46; 민 9:12; 시 34:20) 한 성경을 응하게 하려는 것이었고(요 19:36), 또 그가 죽었으므로 다리를 꺾지 않은 대신에 그가 죽었음을 분명히 하기 위해 "한 군병이 창으로 옆구리를 찌르니 곧 물과 피가 나오더라"(요 19:34)고 하여 그가 분명히 죽었음을 드러내며,[20] 동시에 성경에 이른 바 "그 찌른 자를 보리라"는 말씀(슥 12:10)을 이루도록 하신 것이다(요 19:37).

그러므로 구약의 말씀을 성취하는 의도도 있지만 요한복음에 기록된 이 두 가지 행위 (즉, (1) 그가 이미 죽었으므로 뼈를 꺽지 않은 것, (2) 그 옆구리를 창으로 찔러 물과 피가 나온 것) 모두가 다 예수님의 죽으심을 분명히 증언하는 것이다. 그리고 마가복음에서는, 앞에서 지적한 바와 같이, 예수님의 장사(葬事) 장면 전후에서 예수님의 "시체"(πτῶμα)라는 표현을 쓰고 있고(막 15:45),[21] 누가복음에서는 죽은 자와 산 자를 대조시키는 말이 나오고(눅 24:5) 있다. 이 모두가 예수님께서 참으로 죽으셨음을 당연히 시사하는 것이 아닐 수 없다.

더구나 예수님의 무덤에는 돌을 굴려 막아 놓았다고 했다(막 15:46). 그것도 마태는 "큰 돌을(λίθον μέγαν) 굴려 무덤 문에 놓고"라고 말한다(마 27:60). 마가도 여인들이 이 돌이 굴려진 것을 발견한 후에 이 점을 강조하고 있다: "눈을 들어 본즉 돌이 벌써 굴려졌으니, 그 돌이 심히 크더라"(막 16:4). 만일 예수님께서 기진했다가 일어나신 것이라면 이 무덤을 막은 그 큰 돌을 과연 누가 옮겼단 말인가? 레온 모리스의 유명한 책의 제목을 인유해서 말하자면, 도대체 "누가 그 돌을 옮겼을까?"(Who move the stone?) 성경 기사는, 특히 마태복음은 천사가 그 돌을 움직였음을 분명히 언급한다: "큰 지진이 나며 주의 천사가 하늘로서 내려와 돌을 굴려 내고 그 위에 앉았는데, 그 형상이 번개 같고 그 옷은 눈 같이 희거늘"(마 28:2, 3). 시체를 도적질해 간 제자들이 그 돌을 움직인 것도 아니고, 기진하셨다가 일어난 주님이 움직인 것이 아니라 천사들이 움직였다는 것이다.

더 나아가서 마태는 대제사장과 바리새인들이 빌라도에게 부탁해서 더 이상의 유혹이 있지 않도록 하기 위해 "파수꾼과 함께 가서 돌을 인봉하고 무덤을 굳게" 했다고까지 말하고 있다(마 27:66).[22] 그리고 그들은 그 무덤을 지키고 있었다(마 28:4). 그래서 부활 후에 그 "파수꾼 중 몇이 성에 들어가 모든 된 일을 대제사장들에게 고했다"고 했다(마 28:12). 그러므로 주께서 기절하셨다가 일어나 나오셨더라면 이 지키던 자들을 어떻게 피하여 갔겠는가? 이 외에도 "기절설"에는 너무도 많은 문제가 있어서 합리주의적 비평가인 데이비드 스트라우스조차도 이 견해를 비웃었다고 한다.[23]

그러므로 여기서 우리는 복음서의 기록을 조화롭게 해석해서 그리스도의 부활 장면을 생각해 볼 수 있다. 큰 지진이 나고(마 28:2), 천사에 의해서(마 28:2) 무덤을 막아 놓았던 돌이 움직여졌고(막 16:4; 눅 24:2; 요 20:1), 그 주변에 천사가 나타났고(막 16:5-7; 눅 24:4-7),[24] 그런 상황에서 무덤을 지키는 자들은 천사를 무서워하여 떨며(σϵίω) 죽은 자 같이 되었으나(마 28:4), 그 천사들에 의해서 여인들은 이미 주님께서 죽은 자들 가운데서 살아나셨다는 소식을 받았다(마 28:5-7; 막 16:5-7; 눅 24:5-7). 이것이 복음서가, 특히 마태복음이 그려주고 있는 "실제 부활 사건의 묘사"(a description of the actual resurrection event)이다.[25] 그러므로 신령한 몸(spiritual body)으로 부활하신 주님께서는 몸을 가지고 부활하셨으나, 마치 나사로가 무덤을 나오는 것 같이 그 무덤에서 나오거나 하신 것이 아님을 짐작할 수 있다. 바로 여기서도 정경 복음서와 정경이 아닌 글들의 차이가 잘 나타난다. 소위 "베드로 복음서"에서는 예수님께서 무덤으로부터 걸어 나오시는 것을 자세히 묘사하고 있다(9:35-11:44).[26] 정경 복음서들의 제시나 관심은 인간들의 호기심을 충족시키려는 정경이 아닌 글들의 태도와 얼마나 다른지가 잘 나타난다.

그러므로 천사들이 돌을 옮긴 것은 부활하신 예수님이 나오시도록 하기 위한 것이 아니라, 사람들에게 무덤이 비었음을 목격하도록 하기 위한 것이라고 생각할 수 있다.[27] 모리스가 잘 지적하는 것 같이, 여인들은 예수님께서 무덤에 장사되는 것을 보았으므로 만일 무덤 문이 그대로 있었다면 예수님의 시체가 그냥 무덤 안에 있을 것이라고 생각했을 것이기 때문이다.[28] 마치 제자들이 무서워하여 문을 닫고 있을 때 그들 가운데 오실 수 있었던 것을 생각하면 우리 주님의 부활체는 나사로와 같이 무덤에서 걸어 나오시는 모습을 보이신 것이 아니라, 이미 부활체로서 여인들(마 28:9-10)과 막달라 마리아에게 무덤 주위에서 보이신 것이고([막 16:9-1-11], 요 20:11-18) 후에 제자들에게 나타나신 것(요 20:19-23)이라고 할 수 있다.

셋째로, 그리스도의 부활이 실제로 일어난 것이 아니라 예수님을 너무 사모하던 제자들이 예수님의 죽음 뒤에 그를 사무치게 그리워한 결과 일종의 환상을 본 것이라는 "환상설"(the vision theory) 제안에 대해서는 어떻게 생각해야 하는가? 그러나 다시 제자들은 기본적으로 그리스도의 부활을 기대하지 않고 있던 것으로 성경은 묘사하고 있다. 그러므로 그들이 그리스도의 환상을 보았을 것이라고 생각하기는 어렵다. 더구나 부활하신 그리스도께 대해 그들은 그 분을 붙잡고(마 28:9; 요 20:17, 27), 경배하기도 하며(마 28:9), 만져 보라는 초청을 받기도 하고(눅 24:39), 그 분과 함께 음식을 먹기도 했다(눅 24:30, 41-43; 요 21:13, 15). 그리고 예수님께서는 개인적으로만 나타나신 것이 아니라 여러 사람에게 나타나셨으며, 오백여 형제에게 일시에 보이시기까지 하였으므로, 이런 일을 환상(vision)으로만 설명하기는 어렵다. 결국 이러한 이상한 이론들은 모두 예수 그리스도의 역사적 부활을 믿지 않으려는 의지(will not to believe)에서 나온 궁색한 말들이라고 밖에 말할 수 없다.

현대의 이론가들은 좀더 약아져서 부활을 전면적으로 부인하지 않고, 부활을 인정하는 듯이 말하면서 실제로는 그 부활이 우리가 살고 있는 이 시간과 공간이 아닌 다른 영역에서 일어난 것으로 말하는 이들도 있다.[29] 그들에 의하면 부활은 하나님의 시간에 하나님의 방식대로 일어났으므로 그것을 타락과 죄로 물든 이 시간과 공간에서 찾아보려고 하는 것은 불신(不信)이라는 것이다.[30] 우리의 생각과 사고 방식을 초월하여 하나님의 놀라운 능력으로 일어난 것이 부활이므로, 우리가 그것을 시간과 공간 안에서 찾을 수 없다고 해도 그것을 그대로 받아들이는 부활 신앙이 중요하다는 것이다.[31] 또한 Marcus J. Borg 같은 이는 예수님의 시체가 계속해서 무덤 안에 있었느냐는 문제는 별로 중요한 것이 아닌데, 왜냐하면 부활은 "새로운 종류의 존재에로 들어가는 것"(entry into a new kind of existence)이기 때문이라고 한다.[32] 그러나 이런 시도들도 사실은 부활의 역사성을 부인하는 것이며, 결국 부활의 의미도 손상시키고 마는 것이다.

그러므로 그리스도의 부활에 대해 우리가 가장 먼저 말해야 하는 것은 그리스도의 부활은 이 시간과 공간 가운데서 실제로 발생한 역사적 사건이라는 것이다. 부활의 새벽에 천사들이 여인들에게 하신 말씀대로 말이다: "너희는 무서워 말라 십자가에 못 박히신 예수를 너희가 찾는 줄을 내가 아노라 그가 여기 계시지 않고 그의 말씀하시던 대로 살아나셨느니라"(마 28:5, 6). 천사들은 이 사실성(事實性)을 분명히 하기 위해서 여인들로 하여금 그 사실을 확인하도록 유도하기도 했다: "와서 그의 누우셨던 곳을 보라"(마 28, 6下). 그 무덤은 이미 비어 있었다. 그리고는 그 빈 무덤의 목격자들에게 다음과 같은 말을 전할 사명을 주었다: "또 빨리 가서 그의 제자들에게 이르되 그가 죽은 자 가운데서 살아나셨고 너희보다 먼저 갈릴리로 가시나니 거기서 너희가 뵈오리라 하라"(마 28:7). 이전에 예수님께서 미리 말씀하셨던 것처럼(마 26:32) 갈릴리로 먼저 가신다고, 그곳에서 만나자는 말을 전하라고 하시는 것이다. 부활의 목격자들은 무엇보다 먼저 그 부활 사실과 그와 함께 전달되는 소식에 대한 증언자였고, 따라서 지금도 그래야만 하는 것이다.[33]

2. 부활의 처음 증인들

그리스도 부활의 처음 증인들은 과연 어떤 이들이었고, 그들은 어떻게 증인이 되고, 그 증언을 하는가? 그들은 부활하신 그리스도께서 자신을 보여 주심으로 부활의 처음 증인들이 되었다. 부활하신 예수님께서는 (1) 무덤 주변에서 울고 있는 막달라 마리아에게(요 20:11, 18),[34] (2) 예수님의 시체와 관련해 사용할 향을 가진 채 무딤을 막은 무거운 돌을 어떻게 해야 할지 걱정하면서(막 16:1-3) 무덤에 왔다가 (따라서 **도무지 예수님의 부활을 기대하지 않고 무덤에 왔다가**) 그 돌이 벌써 굴려진 것을 보고(막 16:4; 눅 24:2), 또한 천사들을 만나서 제자들에게 전할 메시지를 가지고 돌아가는 갈릴리 여인들에게 "갑자기"(9절의 ijdou'를 보라!)(마 28:1-10) 나타나셨다.[35] 이렇게 부활하신 주님에 대한 처음 증인들은 유대 사회와 문화 가운데서 일고의 가치도 없는 존재들로 생각되던 여인들이었다.[36] 그 당시 사회에서는 무시해 버리던 여인들을 최초의 증인들로 선택하신 것은 여인들에 대한 주님의 배려와 연관해서 생각해야 할 것이다. 이 여인들은 주님의 부활의 처음 증인이 되도록 섭리적으로 존귀한 대접을 받았다. 그러나 마가복음에 의하면 그들은 두려워서 아무 말도 하지 못한 것으로 끝마쳐진다(막 16:8). 물론, 다른 복음서와 역사를 통해 살펴보면, 그들이 후에 정신을 차리고 부활의 진정한 증인이 되었지만, 마가복음에서는 놀라서 감히 말하지 못하는 모습을 소개하며 끝맺음으로써, 독자들에게 우리는 과연 어떻게 하려는가 라는 강한 도전을 주는 것이라고 할 수 있다.[37]

그리고는 (3) 베드로와(눅 24:34; 고전 15:5; cf. 벧전 1:3ff.), (4) 엠마오 마을로[38] 가던 글로바와 또 한 제자에게[39] 나타나셔서 메시아가 먼저 고난당하고 영광에 이를 것이 구약에 예언되어 있음을 밝히 설명해 주시고(눅 24:13-35),[40] (5) 도마를 제외한 열 제자에게(눅 24:36-40; 요 20:19-23; 고전 15:5) 부활하신 그 날 나타나셔서 부활을 확실히 하며 그들의 의심을 제거하시기 위해서 손과 옆구리를 보이시고(요 20:20; 눅 24:38-41), 또한 제자들이 드린 구운 생선을 받으사 그 앞에서 잡수셨다(눅 24:42, 43). 이 때 예수님께서는 숨을 내쉬며 "성령을 받으라"고 하시고(요 20:22), 그들이 앞으로 해야 할 일을 언급하신다(요 20:23). 이 때 성령을 받으라고 하시는 것은, 해리슨이 잘 표현하고 있는 바와 같이, "이전에 제자들의 삶에 성령님께서 작용하고 계셨음을 부인하는 것도 아니고, 또 후에 오순절에 성령님께서 그들에게 임하실 것임을 부인하는 것도 아니다."[41] 그러므로 이는 오순절에 있을 일을 선취하여 미리 보여 주시는 것이라고 할 수 있다.[42] 따라서 이를 통해 제자들은 성령을 두 번 받았다고 해서는 안 된다.

또한 그 일이 있은 지 일주일 후인 다음 주일에 (6) 도마를 포함한 열한 제자에게 나타나셔서 도마에게 손과 발을 만져 보고 옆구리에 손을 넣어 보라고 도전하시며, 보지 않고 믿는 자가 복됨을 선언하시고(요 20:24-29), (7) 갈릴리 바다에서 고기 잡는 제자들에게[43] 나타나셔서 153마리의 고기를[44] 잡게 해 주시고(요 21:1-23),[45] (8) 이전에 예수님께서 미리 말씀하신 대로(마 26:32) 갈릴리의 어떤 산에서 열한 제자와(마 28:16-20)[46] 그리고 (9) 오백여 형제들에게 일시에(고전 15:6), 또(10) 주의 형제 야고보와(고전 15:7) (11) 승천하기 전 제자들에게 나타나시사 베다니 산 근처에 계시다 승천하신 것으로 성경은 보도하고 있다(눅 24:50-52; 행 1:3-8).

누가는 사도행전에서 "저희에게 **확실한 많은 증거로 친히 사심을 나타내사** 사십일 동안 저희에게 보이시며, 하나님 나라의 일을 말씀하시니라"고 말한다(행 1:3, 강조점을 덧붙인 것임). 그리스도의 부활 현현을 생각하면서 Reymond 교수는 흥미로운 관찰의 결과를 언급한다. 즉, 부활하신 예수님께서는 (1) 각 개인들에게(마리아, 베드로, 야고보) 나타나셨을 뿐만 아니라, 두 사람에게 나타나기도 하셨고, 작은 그룹의 사람들에게 나타나기도 하셨으며, 많은 무리에게 나타나기도 하셨고, (2) 남자와 여자에게 나타나셨으며, (3) 공적으로 나타나기도 하셨고, 사적으로도 나타나셨으며, (4) 각기 다른 시간에 나타나셨고, (5) 예루살렘에서도 나타나셨고, 갈릴리에서 나타나기도 하셨다는 것이다.[47] 이는 그리스도의 부활 현현의 온전함과 확실성을 드러내 준다.

이와 같이 예수님께서는 부활 후에 여러 번에 걸쳐서 자신을 친히 보이신 사람들에게 "너희는 이 모든 일의 증인이라"(눅 24:48)고 말씀하셨으며, "아버지께서 나를 보내신 것 같이 나도 너희를 보내노라"고 말씀하기도 하시고(요 20:21하下), 승천 직전에는 "오직 성령이 너희에게 임하시면 너희가 권능을 받고 예루살렘과 온 유대와 사마리아와 땅 끝까지 이르러 내 증인이 되리라"(행 1:8)고 말씀하셨다.

이렇게 예수님의 부활체의 현현을 목격한 이들은 실제로 부활의 증인으로 살았고, 자신들을 부활의 증인으로 간주했다. 그들은 이렇게 말한다: "이 예수를 하나님이 살리신지라. 우리가 다 이 일에 증인이로다"(행 2:32); 너희가 "생명의 주를 죽였도다. 그러나 하나님이 죽은 자 가운데서 살리셨으니 우리가 이 일에 증인이로라"(행 3:15, 이 외에도 행 5:32; 10:39-41; 13:31; 26:16 참조). 그래서 사도들은 자신들을 "미리 택하신 증인"이라고 말하기도 한다(행 10:41). 그리고 결국 그들은 때로는 그 부활 증언을 위해 순교하기까지 했다. 증인(μάρτυς)이 순교자(μάρτυς)가 된 것이다. 그래서 그 유명한 "증인은 순교자이다"(the witness is the martyr)는 말이 성립하게 된 것이다. 물론 증인은 반드시 순교해야 한다고, 따라서 순교하지 않는 이는 결코 그리스도의 증인일 수 없다고, 말년의 키에르케고어(Kierkegaard)처럼, 극단적으로 주장할 수도 없고 그렇게 해서도 안 된다. 그러나 교회의 처음 증인은 자신이 목격한 부활 사건과 그 의미를 증언하기 위해 목숨을 내어놓고 증언하며 살았다. 그리고 그들 중 일부는 그런 각오로 사는 가운데 실제로 순교하기도 했다.

3. 그리스도 부활의 간접적 증인들

그리스도의 부활 사건의 직접적 증인들에 비해서 사도들의 말을 통해서 부활을 받아들이고 예수님을 믿게 된 이들은 모두 그리스도의 부활의 간접적 증인들이라고 할 수 있다. 물론 증인은 목격자라는 전문적인 용어를 고집할 경우, 이 간접적 증인들은 증인일 수 없다. 그들은 그리스도 부활의 목격자들이 아니기 때문이다. 부활하신 주님을 직접 뵈옵는 것은 사도적 증언의 근거가 되지만(행 1:21-22; 고전 15:3-8; 요일 1:1-4), 이것이 모든 이에게 속하는 것은 아니다. 그러나 주님께서는 "보지 못하고 믿는 자들은 복되도다"고 선언하셨다(요 20:29). 바로 여기에 기독교적 특성이 나타나는데, 즉 사도들의 증언에 근거해서 믿고 자신도 예수 그리스도의 부활하심과 그 의미를 전하는 이들, 즉 보지 못하고 믿고서[48] 그 사실과 의미를 전하는 이들까지도 모두 증인이라고 하는 것이다. 이런 기독교적 용례에는 두 가지 함의가 있다고 할 수 있다.

첫째로, 모든 그리스도인들은 사실 부활에 의해서 지금 살아 계신 그리스도와 영적인 교제를 나누고 있는 사람들이요, 성령님에 의해서 부활하신 그리스도와 연관성을 지니고 있는 사람들이라는 함의이다. 그러므로 모든 그리스도인은 부활하신 그리스도를 직접 뵈온 것은 아니지만 부활하신 주님과 실제로 연관되어 있다. 부활하신 예수님을 수차례 보았던 베드로 사도는 "예수를 너희가 보지 못하였으나 사랑하는도다. 이제도 보지 못하나 믿고 말할 수 없는 영광스러운 즐거움으로 기뻐"한다(벧전 1:8)고 말하였다. 그것은 1세기 베드로가 돌아보던 사람들에게만 해당하는 말이 아니라, 오고 오는 세대의 모든 진정한 그리스도인들을 다 포함하는 말이다. 우리도 예수님을 보지 못하였으나 사랑하며, 지금도 그를 보지 못하나 믿고 말할 수 없는 영광스러운 즐거움으로 기뻐하는 것이다. 이렇게 우리는 살아 계신 그리스도와 영적인 교제를 나누고 있는 것이다.

둘째로, 성령님에 의해서 부활하신 주님과 연관성을 지니고 있는 이들은 반드시 우리 안에서 이렇게 확신을 주시는 그리스도에 대해서 **증언해야 한다**는 함의이다. 첫 번째 증인들만이 그리스도에 대해서 증언하는 것이 아니고, 우리도 그리스도에 대해서 증언하고 선포해야 한다는 의미에서 간접적 증인들도 그리스도 부활의 증인들이다.

그렇다면 이제 우리는 사도들의 증언에 근거해서 그리스도의 부활의 사실성 외에 또 무엇에 대해서 증언해야 하는가? 우리가 다음에 살피려고 하는 부활의 의미와 그 부활이 우리에게 주는 유익이 우리의 증언의 핵심적 내용이 되어야 할 것이다.

4. 그리스도의 부활의 의미

그리스도께서 시공간 안에서 죽었다가 그 시공간 안에서 다시 살아났다는 것을 믿는다 해도 성경이 말하는 대로 부활을 믿지 않을 수 있다. 예를 들어, 예수님의 부활을 죽었다가 살아난 다른 사람들이나, 죽음에 가까이 가는 경험(소위 臨死經驗, near-death-experience)을 하고 다시 의식이 회복된 사람들의 경험과 비슷하게 보는 것은 결국 그리스도의 부활을 믿지 않는 것이다. 이런 사람들의 경험과 그리스도의 부활 사이에는 아주 현격한 차이가 있다. 이 사람들은 그저 그들이 죽기 전이나 죽음에 가까이 가는 경험 이전의 생명으로 다시 돌아온 것에 불과하지만, 그리스도께서는 한 번 죽으신 후에 "다시는 죽지 아니하는 생명"으로 사신 것이다. 바울은 이렇게 말한다: "그리스도께서 죽은 자 가운데서 다시 사셨으매 **다시 죽지 아니하시고 사망이 다시 그를 주관하지 못할 줄을 앎이로라**"(롬 6:9). 그리고 이런 삶은 "**하나님께 대해 사는 삶**"이다(롬 6:10). 그것이 그리스도의 부활의 독특성이다. 그러므로 이런 부활은 참된 의미의 생명과 삶에로의 부활이므로 참된 의미의 **생명적 사건**이라고 할 수 있다. 그리고 그리스도께서는 이런 부활로서는 처음 부활하신 것이기에 성경은 거듭해서 그는 잠자는 자들의 "첫 열매"(ἀπαρχή)라고 말한다.

또한 성경에서는 이 일이 "성령 안에서 혹은 성령으로"(ἐν πνεύματι) 된 일임을 강조한다: "성결의 영으로 죽은 가운데서 부활하여"(롬 1:4), "영으로는(ἐν πνεύματι) 살리심을 받으셨으니"(벧전 3:18).[49] 그러므로 그리스도의 부활은 영적인 사건이며, 그의 몸을 이제 영적인 몸(spiritual body)으로 부활하게 만드는 사건이다. 그런데 성경에서는 때때로 성부께서 그를 일으키셨다고도 하며(행 13:33, 34; 골 2:12; 벧전 1:3; 히 13:20; 롬 8:11),[50] 성자께서 스스로 생명을 다시 취하셨다고도 하고(요 10:18; 11:25; 롬 1:4), 성령께서 그를 일으키셨다고도 말한다(롬1:4; 8:11). 그러므로 하나님의 하시는 일이 대개 다 그러하지만 부활이야말로 **삼위일체적인 사건**의 전형이라고 할 수 있다. 교부들이 잘 표현한 바와 같이 "삼위일체의 밖으로의 사역은 나뉘어지지 않는 것"이다(*opera trinitatis ad extra sunt indivisa*).

이런 부활은 **구속사적인 사건**이다. 그리스도의 부활은 십자가와 함께 객관적으로 우리를 위한 구원의 근거가 되는 사건이다. 십자가 사건이 사실상 구원의 사건임을 선포하는 하나님의 긍정(肯定)으로서의 부활은 항상 십자가와 연관된다. 예수 그리스도의 십자가에서의 죽음이 헛된 것이 아니고, 죽음이 마지막이 아니라는 것을 이 부활보다 더 잘 표현할 수는 없다. 이 부활은 십자가의 궁극적인 구원적 의미를 드러내는 사건이며, 우리의 구속의 객관적 근거를 마련하는 사건들 중 하나이다.

따라서 우리는 그리스도의 부활 안에서 구원받는다고 할 수 있다. 위에서 언급한 대로 객관적으로도 그렇거니와 이 객관적 구원이 우리에게 적용되는 것도 이 부활 안에서 된다고 할 수 있다. 우리는 부활하신 그리스도와 하나가 되는 것이요, 그리스도와 함께 죽고 살아난 것이며(롬 6:3-5), 따라서 우리가 죽었고 우리의 생명이 그리스도와 함께 하나님 안에 감추인 것이고(골 3:3), 함께 일으키사 그리스도 예수 안에서 함께 하늘에 앉혀진 것이다(엡 2:6). 그리스도의 부활로 인하여 그 분의 부활 생명을 받아 중생하고(벧전 1:3), 부활로 말미암아 의롭다 하심을 얻으며(롬 4:25), 부활 생명의 능력으로 날마다 거룩함을 구현해 나아가며, 후에는 우리의 몸까지도 부활의 능력 안에서 그리스도의 부활체와 같은 부활체로 변화할 것이다(롬 8:11). 이처럼 우리의 구원의 모든 과정이 다 그리스도의 부활과의 연관 가운데서 이루어지는 것이다. 그러므로 부활은 주관적으로도 **구원적 사건**이다.

마지막으로 이 모든 것을 종합해서 말하자면 부활은 **종말론적 사건**이다. 이 부활은 그리스도의 생애와 선포와 십자가 사건과 함께 그리스도께서 종말의 질서를 이 세상 안에 도입해 들이시는 일의 하나이고, 그리스도의 메시아적 사역에서 우리에게 임한 종말의 때에 일어난 일이요, 종말론적 구원을 이루는 사건이다. 그러므로 부활하신 주님은 과거 요엘 선지자가 앞으로 나타나리라고 한 성령을 부어 주시는 것을 아버지의 약속하신 것이라고 하면서 기다리라고 하셨고(눅 24:49), 그 일이 이루어지자 베드로는 "말일(즉, 종말)에" 이루어지리라고 하던(행 2:17)[51] 그 일이 이루어져서 "그가 약속하신 성령을 아버지께 받아서 너희가 보고 듣는 이것을 부어주셨느니라"(행 2:33)고 선포하고 있는 것이다. 이렇게 그리스도의 부활은 오순절 사건과 더불어 종말론적인 사건이다. 그러므로 부활은 (1) 아담에게 이미 약속되었지만 아담이 불순종하므로 얻을 수 없었던, 그러나 그리스도의 순종으로 말미암아 우리에게 주어지는 종말론적 생명의 드러남이며, (2) 삼위일체 하나님의 종말론적 사역의 하나이며, (3) 구속사의 진행 중 그리스도의 오심으로 말미암아 이미 임한 종말에 속한 사건이고, (4) 우리의 종말론적 구원이 그 안에서 발생하는 사건이라는 의미에서 이 모든 것을 종합하는 종말론적 사건이라고 할 수 있다.

이와 같은 것이 그리스도의 부활의 의미라고 할 수 있다. 이를 다시 한 번 더 정리하는 의미에서 하이델베르크 요리 문답을 따라서 이 부활이 우리에게 주는 유익을 생각해 보기로 하겠다.

5. 그리스도의 부활의 유익

하이델베르크 요리 문답 제45문답에서는 부활이 우리에게 주는 유익을 다음과 같이 세 가지 측면에서 요약하여 제시하고 있다.

첫째로, "그의 부활로 그는 죽음을 정복하셔서 그가 자신의 죽음으로써 우리를 위해 얻으신 의에 우리가 참여할 수 있게 하십니다." 그 분의 부활에서 객관적으로 나타난 것은 죽음을 정복하신 것이다. 따라서 이제는 그 분의 죽음과 부활로 말미암아 그 분과 함께 죽고 살아난 이들에게는 더 이상 죄에 대한 형벌로서의 죽음이 그 무서운 세력을 미치지 못하는 것이다. 그 첫째 유익으로 그리스도의 죽으심과 부활에 연합된 자들은 그리스도께서 얻으신 의에 참여하게 된다. 그래서 이 사람들은 그리스도의 의 때문에 의인으로 간주된다. 이것이 "예수는 우리의 범죄함을 위하여 내어줌이 되고 또한 우리를 의롭다 하심을 위하여 살아나셨느니라"(롬 4:25)는 말씀의 중요한 의미의 하나이다.

둘째로, "우리는 또한 그의 능력으로 지금 새로운 생명에로 일으킴을 받는 것이다." 이것은 우리의 중생에 대한 언급이라고 할 수 있다. 그리스도의 부활 생명이 우리에게 심겨져서 우리가 이 생명의 원리에 따라 살아가는 일이 가능하게 된 것이다(롬 6:4 참조). 따라서 성도들이 지금 여기서 사는 것은 이 새 생명 가운데서 살아가는 것이라고 할 수 있다. 우리의 날마다의 삶을 "새 생명 가운데서 사는 삶"으로 살 수 있는 근거가 우리의 중생에서 발생하는데, 중생은 그리스도의 부활 생명이 우리에게 심겨지는 일이다.

셋째로, "그리스도의 부활은 우리의 복된 부활에 대한 분명한 보증이 된다." 그리스도께서 부활하신 것은 우리의 부활이 그와 같은 부활이 되리라는 것을 확증하는 것이다. 그리스도께서 몸을 가지고 다시 사셨으므로 우리도 장차 몸을 가지고 다시 살 것이며, 그리스도께서 신령한 몸으로 다시 사셨으므로 우리도 신령한 몸으로 다시 살게 될 것이다.

이 모든 유익이 그리스도의 부활로 말미암아 우리의 것이 되었다. 그러므로 이 일에 대해서 그리스도께 감사하는 일이 우리에게 있어야 할 것이다. 그것은 (1) 그리스도의 부활 사건을 성경을 따라서 그대로 인정하는 일과 (2) 그 부활 사건의 의미를 날마다 깊이 묵상하는 일과 (3) 부활 생명에 충실한 삶을 날마다 의미 깊게 살아가며, (4) 장차 있게 될 우리의 몸의 부활에 대한 소망을 분명히 하며 그에 걸맞게 살아가는 일로 표현된다. 이런 표현이 우리에게 있지 않을 때 우리는 스스로 우리가 과연 그리스도의 부활을 참으로 믿는 것인가를 신중하게 물어야 할 것이다. 우리 모두가 그리스도의 부활을 참으로 인정하며 그에 대해 깊이 감사하는 사람인가? 우리 모두가 그런 사람들이 될 수 있기를 원한다.

함께 토의할 문제

1. 그리스도의 부활 사건 자체를 생각해 봅시다.

   (1) 부활에 대한 잘못된 견해를 열거해 보십시오. (216쪽 참조)

   (2) 그리스도 부활 사실의 참된 뜻을 말해 보십시오. (217쪽 참조)

   (3) 그리스도의 부활을 부인하는 견해들을 말하고 성경적으로 반박해 보십시오.

   i) 도적설 (217-219쪽 참조)

   ii) 기절설 (219-223쪽 참조)

   iii) 환상설 (223-225쪽 참조)

   iv) 우리의 시공간이 아닌 다른 영역에서 일어난 것으로 말하는 바르트주의의 견해 (412쪽 각주 29 참조)

   v) 부활신앙만을 말하는 불트만의 견해 (412쪽 각주 30 참조)

   vi) Markus J. Borg의 독특한 견해 (224쪽 참조)

2. 부활하신 주님을 만난 사람들을 만나 보십시오.

   (1) 요 20: 11, 18 ______________________________

   (2) 마 28: 1-10 ______________________________

   (3) 눅 24:34; 고전 15:5; cf. 벧전 1:3ff ______________________

   (4) 눅 24:13-35 ______________________________

   (5) 눅 24:36-40; 요 20:19-23; 고전 15:5 __________________

   (6) 요 20:24-29 ______________________________

(7) 요 21:1-23 ______________________________

(8) 마 28: 16-20 ______________________________

(9) 고전 15:6 ______________________________

(10) 고전 15:7 ______________________________

(11) 눅 24: 50-52; 행 1:3-8 ______________________________

3. 그리스도 부활의 간접적 증인들인 우리는 어떻게 해야 합니까? (229-230쪽 참조)

4. 그리스도의 부활은 어떤 의미를 지닙니까?

(1) 롬 6:9 ______________________________

이런 부활을 "생명적 사건이요, 영적인 사건이요, 삼위일체적 사건이고, 구속사적 사건"이라고 했습니다. 그 의미를 깊이 생각해 보세요.

(2) 부활이 종말론적 사건이라는 뜻을 설명해 보십시오. (232-233쪽 참조)

16장

“하늘에 오르사”

본문: 사도행전 1:6-11; 빌립보서 2:8-11; 히브리서 9:11-14; 10:11-14

부활하신 예수님께서는 부활 이후에 40여일의 기간 동안(행 1:3) 때때로 제자들에게 나타나셔서 자신이 분명히 부활하셨음을 나타내 보이셨다. 이 부활 현현에서 부활하신 예수님께서는 그 분의 사역과 죽으심의 의미를 구약 성경에 근거하여 설명해 주시고(눅 24:25-32; 눅 24:44-48; 행 1:3-5), 그들을 부활의 증인으로 세우시며 사명을 주시고서는(요 20:22-23; 요 21:15-22; 마 28:16-20; 눅 24:47, 48; 행 1:8) 하늘로 올라가셨다. 그러므로 부활에서 승천까지의 40일은 그것이 40일 동안에 일어난 것이기에 그렇게 표현한 것이지만,[1] 더불어 하나님께서 그렇게 하신 이유는 그것이 전통적으로 계시적 기간이기 때문이라고 생각하는 것도 필요하다. 그러므로 여기서 40일은 옛날 모세가 시내 산에서 하나님에게서 율법을 받을 때의 40일 등과 연관되는 계시의 40일이라고 할 수 있다. 그 계시의 40일을 마치는 날이 바로 주님의 승천일이다.[2] 승천 이후로는 예수님께서 그 분의 모습을 드러내어 보이시는 일을 거의 하지 않으신다.[3] 그러므로 이번에는 이 승천 사건과 그 의미에 대해서 생각해 보기로 하자.

1. 그리스도의 승천 사건 자체

부활하신 이후에 제자들에게 때때로 나타나셔서 자신의 죽으심의 의미와 그들이 할 일을 말씀하시던 부활하신 예수님께서 감람산(행 1:12) 자락에 위치한 베다니 앞까지 가셔서(눅 24:50)[4] 제자들을 자신의 부활의 증인으로 세우시는 말씀을 하시고서(눅 24:47-49; 행 1:4-8) "손을 들어 축복하시고"(εὐλογέω),[5] 그 축복하실 때에(눅 24:50-51) "저희 보는 데서 올리워"가셨다(ἐπήρθη, 행 1:9). 하늘로(εἰς τὸν οὐρανόν)[6] 가신 것이다. 그리고 나중에는 "구름이 저를 가리워 보이지 않게 되었다"(행 1:9). 이는 그저 그런 일이 있었다는 사실을 전달하는 일반적인 진술이기만 한 것이 아니라, 성경에서 구름이 늘 하나님의 현존의 비밀과 영광을 시사해 주는 것으로 나타나고 있다는 그런 이해의 빛에서 보아야 한다(예를 들어, 출 16:10; 출 40:34; 왕상 8:10f.; 시 104:3; 막 9:7; 눅 9:34 등). 그러므로 이는 "초자연적이고 상징적인 구름"이라는 하워드 마샬의 말은 의미 있는 것이다.[7] 따라서 이는 예수님께서 "하나님의 현존의 구름으로 싸여졌다"는 뜻이고, 승천을 "신현"(theophany)의 하나로 묘사해 주는 것이다.[8] 그리고 이 때[9] 이 광경을 뚫어지게 쳐다보고(look intently, ἀτενίζειν) 서 있는 제자들 곁에 흰 옷 입은 두 사람이 같이 있었는데, 그들은 예수님께서 "너희 가운데서 하늘로 올리우셨다(ἀναλαμβάνεσθαι)"고 말하면서, 바로 그 예수님께서(οὗτος ὁ Ἰησοῦς) "[너희들이] 하늘로 가심을 본 그대로(οὕτως … ὃν τρόπον) 오시리라"고 약속해 주었다(행 1:11). 부활 때에 예수님의 무덤 가에서 당황하는 여인들에게 "두려워하지 말라"고

하면서 주님의 부활 소식을 전하던 모습과 같이(눅 24:1-7) 흰 옷 입은 두 남자의 모습으로 나타난 천사(天使)가[10] 이 사건의 의미를 명확히 하면서[11] 그 분이 다시 오실 것을 예언하고 있는 것이다.

예수님께서 이렇게 하늘로 올라가신 것(ascension)을 우리말에서는 그 뜻을 다 드러내어서 승천(昇天)이라고 표현한다. 그러므로 여기서 그리스도의 거처의 변화, 즉 장소적 이동(local transition)이 발생한 것이다.[12] 따라서 칼빈이 말하고 있는 바와 같이, "그리스도께서 하늘로 올리우셨다고 언급되었을 때는 공간적 거리(spatial distance)가 분명히 시사된 것이다."[13] 그리스도의 거처가 지상에서 하늘로 옮겨지셨기 때문이다. 그러므로 예수님의 승천에 관한 누가의 묘사를 그저 "상징적이고 시적인 것"이므로, 그런 것 이상의 것이라고 여기지 말아야 한다는[14] 논의는 사실 일종의 반초자연주의적 전제에서 나온 것이라고 하지 않을 수 없다. 그런 반초자연주의를 전혀 가지지 않았던 과거의 신자들, 예를 들어서, 칼빈은 이 사실에 대한 의심이 조금도 있을 수 없도록 이 사실이 제자들 앞에서 분명히 발생하였음을 여러 번 강조하고 있다.[15] 이 일을 경험한 제자들과 이를 누가를 통해 들었던 처음 교회들이 이는 그저 부활하신 주님께서 주님이시라는 진리를 가장 잘 전달하는 "상상적인 그림 문자들"(imaginative word-pictures)이라고[16] 여기지 않았을 것임이 분명하다. 더구나 이 사실을 목격한 예수님의 제자들은 예수님의 삶과 죽음과 부활뿐만이 아니라 승천에 대해서도 목격자인 증인이 되어야 했다.[17] 그러므로 목격자인 사도들의 말을 듣고 믿게 된 우리는 성경에 기록한 것을 그대로 받아들이고 주님께서 이제 "하늘"로 가셔서 다시 오실 때까지는 더 이상 물리적으로는 우리와 함께하시지 않으신다고 해야 할 것이다. 그리고 천사들이 예언한 것과 같이, 또한 주께서 이전에 친히 가르쳐 주신 것과 같이(막 13:26; 14:62; 마 24:30; 마 25:31; 마 26:64; 막 14:62), 그 분이 역시 인격적으로 물리적으로 "가시적으로 그리고 하나님의 영광을 드러내면서" 신현적 구름을 타고 다시 오시리라고 해야 한다.[18] 물론 우리는 그 분이 가신 대로 오신다는 말의 정확한 의미를 다 모르므로 우리가 잘 모르는 것에 대해서는 모르는 대로 놓아두어야 하지만,[19] 적어도 위에서 언급한 것들에 대해서는 단언할 수 있는 것이다.

흥미로운 것은 그리스도의 승천을 물리적으로 받아들이지 않고 주님의 높아지심에 대한 시적인 상상적 표현이라고 보는 이들은 물리적인 다시 오심도 있지 않을 것이라고 여긴다는 것이다. 그렇게 보는 이들은 이 천사들의 말의 의도를 궁극적으로 승리하실 그리스도께서는 이미 몸으로 오셨던 그 그리스도이심을 확인해 주는 것이라고 주장한다.[20] 그러나 만일에 기독교가 이렇게 문자적인 승천과 문자적인 재림을 거부하고 났을 때, 그 기독교가 과연 성경이 말하는 기독교가 될 수 있는지에 대해 좀 더 심각하게 물어야 할 것이다. 우리는 기독교의 그런 이질화(異質化)를 막기 위해서라도 승천에서 그리스도께서 문자적으로 하늘로 올라 가셨음을 강조해야 한다. 이런 점에서 마샬의 다음과 같은 표현은 매우 의미심장하다: "이제 그들에게는 예수님의 승천이, 예수님께서 하늘로 오르시는 것이 가능했던 것처럼 그가 같은 방식으로, 즉 파루시아 때에 구름을 타고 다시 오시는 것이(눅 21:27; 막 14:62; cf. 단 7:13) 가능하다는 것에 대한 보증이 된다는 확신이 주어진 것이다."[21]

그러므로 승천 이후로 그리스도께서는 그 흰 옷 입은 두 사람의 약속과 같이 이 땅에 다시 오실 때까지 아버지 하나님이 계신 곳인 "하늘"에 계신다(요 16:5, 10, 17, 28; 요 17:5; 20:17; 엡 1:20; 4:10; 히 9:24 참조).[22] 이 "하늘"(heaven)을 바울은 "위"(above, τὰ ἄνω)라고 표현하기도 하고(골 3:1; 엡 4:8, 10), 예수님과 다른 유대인들과 같이 "낙원"(παράδεισος, paradise)이라고 표현하기도 한다(고후 12:4). 그런데 이 "하늘"(heaven)은 우주론적인 하늘이 아니라고 할 수 있다. 왜냐하면 그 하늘은 우리의 눈에 보이는 저 하늘 높이에 가면 어딘가에 있는 것이 아니기 때문이다. 옛날 유대인들이 생각하듯이 대기권과 성층권 밖에 있는 하늘이 하나님이 계신 하늘은 아니다. 그러나 하나님이 계신 곳을 전통적으로 "하늘"(heaven)이라고 칭해 왔거니와 이렇게 하나님께서 계신 "하늘"은 (비록 우리가 그 곳을 어디에 있는지 모르고, 그 곳이 어떤 성격을 가지고 있는지 규정할 수 없다고 해도) 분명히 **실재하는 장소**이다.[23] 하나님이 계신 그 "하늘"로 예수 그리스도께서 이 땅에서의 사역을 마치시고 오르신 것이다. 그러므로 그 분의 입장에서는 이전에 계셨던 곳으로 되돌아가신 것이라고 할 수 있다. 그러나 그저 장소만 옮기신 것이 아니라, 그 분이 "창세 전에 아버지와 함께 가졌던 영화"를 다시 취하신 것이다(요 17:5).

그러나 한 가지 차이가 있다면 성육신하시기 전에는 성자의 신성만이 "하늘"에서 하나님과 함께 있었던 것에 비해서, 이제 승천하심으로 그 분의 인성도 함께 "하늘"에 오르신 것이다.[24] 따라서 부활하신 그리스도의 영혼과 몸은 이제 영화로운 자태를 가지고 "하늘"에 계시는 것이다. 그렇기 때문에 그리스도의 승천에는 그 분의 거처의 변화만이 아니라, 그 분의 존재 상태의 어떤 변화가 동반되었다고 보는 것이 합당하다. 그 분이 "하늘"에서 사시기에 합당한 영광의 모습으로 변화하신 것이다. 천상 생활에 적절한 몸을 가지시게 된 것이다.[25] 그러기에 주께서 하늘에 오르신 것을 그저 그 분이 높여지셨고 초월적인 존재가 되심을 생생하게 표현하려고 했던 것이라고만[26] 볼 수 없는 것이다. 또한 그리스도께서 가시적(可視的) 세계에서 비가시적 세계로 옮기신 것을 위로 올라갔다고 유대인들이 표현했다고 말하는 것도[27] 별로 바람직한 표현은 아니다. 이런 견해를 처음으로 시사하면서 그리스도께서 오르신 하늘은 "어디에나 다"(everywhere)라는 점을 강조하려는 루터의 의도를 이해할 수 있지만, 그것은 우리가 후에 언급하려는 신학적 문제를 가지고 있을 뿐만 아니라, 현대의 많은 이들에게 의해서 오히려 오용될 수 있는 것임을 염두에 두지 않을 수 없다. 그러므로 우리는 그리스도께서 승천하셔서 하늘에 계심을 강조해야 한다.

이렇게 승천하셔서 "하늘"에 계신 그 분을 보게 되면, 이전에 그 분이 지상에 계실 때나 부활 후 승천하시기 전에 그 분을 뵙는 것과는 조금 다른 물리적으로도 **굉장한 영광의 광채 앞에 서게 되는 것**이다. 예를 들어, 바울이 다메섹 도상에서 승천하신 영광의 주님을 뵈었을 때 "홀연히 하늘로서 해보다 더 밝은 빛이 저를 둘러 비취었다"(행 9:3; 22:8; 26:13). 그 상태에서 진행된 주님과의 대화 후에 그는 그 영광스러운 빛으로 인하여 사흘 동안 보지 못하고 음식도 전혀 먹을 수 없었다(행 9:9; 22:11). 또한 요한이 밧모섬에서 승천하여 하늘에 계신 주님의 현현(顯現) 앞에 서서 그 분의 모습을 보게 되었을 때에 요한은 "그 발 앞에 엎드러져 죽은 자 같이" 되었다(계 1:17). 이런 것들은 하늘에 계셔서 영광 가운데 계신 주님의 모습이 가진 영광과 능력을 잘 예증해 주는 것이라고 할 수 있다.

그러므로 승천하신 그 분은 지극히 높여진 것이다. 이는 지금도 그러하고 후에는 모든 피조물이 이 사실을 다 인정하게 될 것이다. 이 점을 잘 알고 있는 사도 바울은 이것이 마치 지금 다 이루어진 일인 양 다음과 같이 찬양할 수 있었다: "하나님이 그를 지극히 높여 모든 이름 위에 뛰어난 이름을 주사 하늘에 있는 자들과 땅에 있는 자들과 땅 아래 있는 자들로 모든 무릎을 예수의 이름에 꿇게 하시고, 모든 입으로 예수 그리스도를 주라 시인하여 하나님 아버지께 영광을 돌리게 하셨느니라"(빌 2:10-11). 그는 "영광 가운데서 올리우신 것이다"(딤전 3:16). 따라서 지금 이 사실을 인정하고 예수님을 주님이라고 시인하며, 그 분에게 합당한 영광을 돌리는 이는 참된 지각이 있어 그것을 바로 사용하는 것이다.

2. 승천과 관련된 신학적 문제 : "인성 밖에도 계시는 신성"

승천 이후의 그리스도의 존재와 관련해서 우리가 생각해 볼 수 있는 신학적 문제가 하나 있다. 그것은 하늘 영광 가운데 계신 그리스도는 그 분의 인성으로서는 더 이상 제자들과 함께 있지 않다는 것과 관련된 문제이다. 다양한 신학 사조 가운데서 개혁 신학을 따르던 우리의 선배들은 이 점을 아주 분명히 천명해 왔다. 왜냐하면 개혁파 신학에서는 "신성은 신성이고, 인성은 인성이라는 원리"에 끝까지 충실했기 때문이다. 승천하여 하늘 영광 가운데 있는 성자의 인성이라도 그것이 인성인 이상 인성의 고유한 특징을 유지하는 것이지, 그 인성이 신성화하는 것은 아니기 때문이다.

개혁파 신학자들은 루터파 신학이 주장하는 바와 같이 부활 승천 이후에는 인성에도 신성의 성질이 적용될 수 있어서 그리스도의 인성도 신성과 같이 어디에나 다 있을 수 있다고 할 수 없었다. 즉, 그리스도의 신성과 인성 사이의 **본질적인** 속성 교류(*communicatio idiomatum*)는 인정할 수 없었던 것이다. 하이델베르크 요리 문답은 이런 개혁파의 전통을 잘 반영하면서 다음과 같이 매우 분명하게 이 점을 선언하고 있다: "그의 인성으로는 그는 더 이상 땅 위에 계시지 않는 것이다"(하이델베르크 요리 문답 제47문답). 따라서 이 세상에 사는 동안 우리는 그리스도와 따로 거하는 것이다. 그 분의 인성은 하늘에 있고 우리는 이 땅에 있기 때문이다.

그러나 그 분의 신성은, 인성과는 달리, 시공을 초월하시므로 하늘에 계시면서도 동시에 우리와 함께 계실 수 있다. 이렇게 그 분의 신성은 그 분의 인성 밖에서도(*extra humanum*) 역사하고 작용하시는 것이다: "그의 신성과 엄위와 은혜와 영으로는 그가 그 어느 때에도 우리에게서 떠나 계신 때가 없는 것이다"(하이델베르크 요리 문답 제47문답). 칼빈도 예수님이 승천 후에도 "그의 성령의 능력으로는 어디에나 다 계신다"고 했다.[28] 그리스도의 신성이 인성 밖에서도 역사하고 사역한다는 이런 주장은 칼빈주의자들이 열심히 주장하는 것이었으므로 루터파 신학자들은 이에 대해서 "칼빈주의 신학이 주장하는 밖에서"(*extra Calvinisticum*)라는 별명을 붙일 정도였다.

그러나 이는 칼빈주의자들만이 하는 주장이 아니고 성경이 우리에게 잘 보여주고 있는 중요한 교훈이다. 예를 들자면, 부활하신 주님께서는 그 분의 사역을 하는 제자들과 "세상 끝날까지 항상 함께 있으리라"고 말씀하셨고(마 28:20), 또 그 이전에 가르치실 때에도 주의 이름으로 치리(治理)를 하기 위해 "두세 사람이 내 이름으로 모인 곳에는 나도 그들 중에 있느니라"고 말씀하셨던 것이다(마 18:20). 그러므로 그리스도께서는 그 분의 신성으로 오늘도 하늘에 계시면서 동시에 우리와 함께하신다. 그 분의 신성으로 우리들의 교회와 함께하시고 우리를 다스리시고 인도하시는 것이다. 이를 생각하는 것은 우리에게 얼마나 큰 힘이 되는지 모른다. 그러나 그리스도가 다시 이 땅에 오시기 전까지는 **그 분의 인성**은 하늘에만 계시는 것이다. 즉, 그 분의 육체적 몸의 본질(substance, *essentia*)로서는 그 분이 어디에나 다 계시는 것이 **아니다**.[29]

3. "그리스도의 승천"의 구속사적 의의

그렇다면 그리스도께서 하늘에 오르신 일과 그 분이 이루신 구속 사역은 어떤 관계가 있을까? 히브리서에서는 구약의 희생 제사 제도의 빛에서 그리스도의 승천을 그 분의 구속 사역과 관련하여 아주 독특하게 바라보고 있다.

히브리서 기자는 먼저 다른 신약 저자들과 같이 예수님께서 십자가에 달려 돌아가신 일이 구약의 희생 제사들이 바라보던 실질적 희생 제사를 드린 것이라고 천명(闡明)한다. 다음과 같은 구절들을 깊이 생각해 보자: "염소와 송아지의 피로 하지 아니하고 이제 자기를 **단번에 제사로 드려** 죄를 없게 하시려고 세상 끝에 나타나셨느니라"(히 9:26), "이와 같이 그리스도도 많은 사람의 죄를 담당하시려고 **단번에 드리신 바** 되셨고"(히 9:28), "예수 그리스도의 **몸을 단번에 드리심으로** 우리가 거룩함을 얻었노라"(히 10:10), "오직 그리스도는 죄를 위하여 **한 영원한 제사를 드리시고**"(히 10:12), "이것을[저희 죄와 불법을] 사하셨은즉 다시 죄를 위하여 제사드릴 것이 없느니라"(히 10:18). 이 속죄는 십자가에서 이루어진 일이다.

그런데 구약의 희생 제도에 의하면, 이렇게 희생 제사를 드린 후에는 제사장이 그 희생제물의 피를 가지고 지성소 안으로 들어가서 지성소와 그 권속과 이스라엘 온 회중을 위해 기도하며 속죄를 이루도록 했었다(레 16:14-17 참조). 히브리서 기자는 이를 상기시키면서 그리스도께서도 그 분의 몸과 그 분의 피로 온전한 희생 제사를 드린 후에 "단번에 성소에 들어가셨다"(히 9:12)고 말하고 있다. 그러므로 어떤 의미에서는 그리스도께서 자신을 희생 제사로 십자가에서 드리시고, 그 피의 공효(功效)를 가지고 하늘 성소로 들어가셔서 그것을 그 백성들에게 적용시켜 주실 때에 속죄가 온전히 이루어진다고 할 수 있다. 따라서 히브리서 기자의 생각에 의하면, 그리스도의 승천 사건은 그 자체로 속죄 사건의 한 부분을 감당하는 것이었다. 그리스도께서 "하늘"에 오르사 하나님 앞에 서신 것으로 그 속죄가 완성된다는 것이다. "그리스도께서는 참 것의 그림자인 손으로 만든 성소에 들어가지 아니하시고 오직 참 하늘에 들어가사 이제 우리를 위하여 하나님 앞에 나타나시고"(히 9:24). 즉, 옛날에 대제사장이 속죄의 피를 가지고 지성소에서 백성을 위해 하나님 앞에 서서 기도하여 속죄를 이룬 것처럼, 그리스도는 자신의 희생의 피를 가지고 하늘 성소에서 우리를 위하여 하나님 앞에 나타나셨다는 것이다. 이를 위해 그리스도는 승천하신 것이다.*

* 그러나 여기서 사족을 하나 붙여야 할 것이 있다. 그것은 하늘 성소 등의 용어를 문자적으로 이해해서 마치 하늘이 성소라거나, 하늘의 한 부분에 성소가 있는 듯이 생각해서는 안 된다는 것이다. 이런 용어를 사용하신 것은 이스라엘의 희생제사 제도를 생각하면서 그와 연관시켜 이해를 돕도록 한 조치이다. 그러므로 이는 비유적인 의미를 가진 말이다. 이제 그리스도께서 그 분의 희생의 피를 가지고 하늘에 오르셨으니 하늘이 성소와 같다는 의도로 쓴 것이라는 말이다. 또한 하늘에 오르신 그리스도는 문자적으로 그 분의 피를 뿌리거나 하는 일을 하시는 것이 아니다. 그가 이루신 십자가 희생의 피의 적용을 비유해서 그렇게 사용할 수

그러므로 이 둘, 즉 십자가에서의 희생 제사와 하늘 성소에서의 적용은 두 가지 다른 것으로 분리할 것이 아니라, 하나의 속죄 사실의 두 측면으로 이해해야만 한다. 하나님과 그리스도의 생각 속에는 이 둘이 결코 뗄 수 없게 하나로 연관되어 있었다. 단지 히브리서 기자가 이스라엘의 희생 제사 제도에 맞게 그리스도의 희생 제사를 설명하면서 이와 같이 나누어 설명하여 그 의미를 드러낸 것이다. 그러므로 승천은 그리스도의 속죄 사역의 한 부분을 차지하는 중요한 일이다. 그리스도의 사역을 하나하나 떼어 내어서 생각할 수 없고 전체적으로 바라보아야만 한다는 것을 여기서도 깊이 느끼게 된다.

따라서 우리는 그리스도의 생애 전체, 특히 오늘 우리가 고찰하고 있는 승천과 관련해서도 하나님께 감사를 드려야만 한다. 그것이 이룬 "우리의 온전한 구원"이라는 놀라운 결과를 생각한다면 어찌 그렇게 하지 않을 수 있겠는가? 하늘로 올리워 가시는 주님을 바라보면서 그 분을 생각하던 제자들보다 더한 확신과 소망과 감사가 승천하셔서 하늘에 계신 영광스러운 주님을 생각하는 우리의 마음속에 있어야만 할 것이다. 그렇게 되어야만 승천하셔서 하늘 영광 중에 계신 그리스도를 믿는 것이라고 할 수 있다. 그러므로 그리스도의 승천을 믿는가 하는 질문은 그저 그 사실을 인정하는가 하는 것 이상의 깊은 함의를 지닌다. "당신은 진정으로 그 의미를 다 가지고서 그리스도의 승천을 믿습니까?" 이것이 우리가 승천에 대한 논의를 마치면서 스스로에게 묻고자 하는 질문이다.

있는 것이다. 이런 것들은 성경의 용어들을 조금만 더 주의해서 생각해 보면 알 수 있는 말이다.

함께 토의할 문제

1. 그리스도의 승천 사건을 생각해 보십시오.

(1) 장소 (행 1:12, 눅 24 :50) : ______________________________

(2) 행 1:9 ______________________________

2. 승천의 성격을 생각해 보십시오. (241쪽 참조)

____

3. 승천하신 주님은 어디에 계십니까?

(행 3:21; 엡 1:20; 4:10; 히 9:24) ______________________________

그 곳의 성격을 말해 보십시오. (243쪽 참조)

4. 그리스도의 십자가의 구속과 승천을 구약의 제사 과정과 비교하여 히브리서는 어떻게 말하고 있습니까?

(히 9:12, 24) ______________________________

5. 그리스도의 하늘에 오르심의 의미를 깊이 생각해 보십시오.

17장

"하나님 우편에 앉아 계시다가"

본문: 시편 110편; 빌립보서 2:9-11

승천하신 예수님께서는 하늘에서 과연 무엇을 하고 계시는 것일까? 사도 신경에서는 승천하신 주님께서 "하나님 우편에 앉아 계신다"고 표현하고 있다. 오늘은 이 표현이 무슨 뜻이고, 어떤 의미를 가지고 있는지를 생각해 보도록 하자. 이는 승천하신 주님의 천상적 사역(heavenly ministry)이 어떤 것인지 그 한 부분을 짐작하게 해주는 매우 중요한 표현이 아닐 수 없다. 예수님을 사랑하는 그리스도인들은 지금 예수님께서 하늘에서 무엇을 하고 계시는지를 생각하지 않을 수 없는데, 이 표현은 우리가 사랑하는 주님께서 지금 하늘에서 무엇을 하고 계신지의 한 측면을 밀해 주는 것이기에 우리에게는 매우 흥미롭고 중요한 것이다. 그러면 먼저 예수님께서 "하나님 우편에 앉아 계신다"는 표현 자체에 대한 고찰로부터 시작해 보기로 하자.

1. 그리스도께서 "하나님 우편에 앉아 계신다"는 표현 자체

예수님께서 "하나님 우편에 앉아 계신다"는 것은 문자적으로 과연 하나님의 보좌 우편에 예수님께서 앉아 계심을 뜻할까? 그는 그 보좌에서 주무시지도 않고 졸지도 않으시고 지난 이천 년 동안 앉아계신 것일까? 아니면 하늘 다른 곳에는 그의 침대도 있고 해서 일정한 시간은 쉬시고 주무시고 하시지만, 대개는 그 보좌 우편에 앉아 계신다는 뜻일까? 이 표현은 과연 무슨 뜻을 가진 표현일까?

이를 바로 이해하기 위해서는 먼저 "하나님께서 하늘에 앉아 계신다"는 표현의 의미부터 잘 생각해 보아야만 한다. 이 표현이 그저 하나님이 어디에 앉아 계신 것을 의미하는 것이 아님은 하나님의 어떠하심을 잘 생각해 보면 명백히 드러난다. 하나님은 무엇보다 먼저 "영"(靈)이시다: "하나님은 영이시니"(요 4:14上). 성령님만이 영이신 것이 아니고, 삼위일체 하나님이 영이시다. 우리는 무한하고 인격적인 영이신 하나님의 영성(spirituality)을 잘 생각하고 유념해야 한다. "그분은 자신을 개별화하기 위하여 어떤 물질을 필요로 하는 분이 아니시다".[1] 하나님은 이렇게 영(靈)이시므로 몸(또는 신체, body)을 가지고 있지 아니하신다. 그러므로 그 분은 "썩지 아니하고 보이지 아니하고"(딤전 1:17), "오직 그에게만 죽지 아니함이 있고 가까이 가지 못할 빛에 거하시고 아무 사람도 보지 못하였고 또 볼 수도 없는 자"이시다(딤전 6:16). 그 분은 영이시기 때문이다.[2] 이렇게 영이신 하나님께서는 몸을 가진 우리들처럼 어디에 앉아 있고, 서 있고, 누워 있고 하시는 것이 아니시라는 것은 조금만 생각해 보면 누구나가 알 수 있다.

그런데도 성경에서 "하나님께서 하늘에서 앉아 계신다"고 표현한 것은 하나님을 인간에 비유하여 표현함으로 우리로 하여금 사태를 잘 이해하도록 하기 위한 소위 "신인 동형론적 표현법"(antropomorphism)

의 하나이다. 즉, 하나님께서 사람과 같은 형태를 지닌 듯이 표현하여 우리가 쉽게 이해하도록 하는 것이라는 말이다. 하나님의 손, 손가락, 등, 얼굴, 눈, 불꽃 같은 눈동자, 귀 등의 성경에 사용된 표현들이 모두 이런 신인 동형론적 표현들이다.

그런데 성경에서는 항상 그저 하나님이 "앉아 계신다"고 하지 않고, **어디에** 앉아 계신다는 것을 분명히 말한다. 즉, 그 분의 보좌에 앉으신다고 말한다. 이렇게 여호와께서 그 분의 보좌를 하늘에 가지고 계시다는 것도 사실은 문자적이고 물리적인 보좌가 하늘에 있다는 것이 아니라, 일종의 신인 동형론적 표현으로서 인간 왕이 그 분의 보좌에 앉아서 그 분의 나라를 다스리듯이 하나님께서는 **온 땅의 왕으로 온 땅을 다스리신다는 것**을 그렇게 표현하는 것이다.[3] 이는 다음 시편 구절의 병행법적 표현에서도 잘 나타나 있다: "여호와께서 그 보좌를 하늘에 세우시고, 그 정권으로 만유를 통치하시도다"(시 103:19). 그 보좌를 하늘에 세우신다는 것은 결국 만유를 통치하신다는 것을 달리 표현하는 말이다. 그러므로 하나님께서 보좌에 앉으셨다는 것도 하나님께서 왕으로서 온 세상을 다스리신다는 표현이 되는 것이다.

승천하신 예수님께서 하나님 우편에 앉아 계신다는 것도 이와 같은 생각과 연관해서 이해해야만 한다. 즉, 이것을 하나님께서 온 세상을 통치하시고, 다스리시는 것과 연관해서 생각해야만 한다. 물론 승천하신 예수님께서는 그 분이 성육신 때 취하신 인성의 일부로서 몸을 가지셨으므로 앉아 계실 수 있다. 그러나 성자께서 하늘 보좌, 또는 하나님 우편에 앉으셨다는 것도 문자적인 의미를 가진 것이 아니라고 생각하는 것이 보다 자연스럽다. 즉, 성자께서 하나님 우편에 앉아 계심도 문자적으로 취할 수

없는 신인 동형론적인 표현인 것이다.[4]

그러면 이 때 사용된 "우편"(오른 편)이란 무엇을 뜻할까? 동양인들은 대개 우편은 바른 편이고 옳은 편이라고 생각하는 경향이 있다. 그래서 유대인들에게 주신 계시에서도 "우편"이란 그런 함의를 지니고 있었다. 그래서 누군가를 우대할 때 왕의 우편에 앉게 하는 것이다. 솔로몬이 등극하고서 자신의 왕위(王位)에 앉아 통치할 때 어머니 밧세바가 나아오자 "그 모친을 위해 자리를 베풀게 하고 그 우편에 앉게 하는지라"(왕상 2:19)라고 표현된 곳에서 이런 경우의 대표적인 예가 나타난다(시 45:9도 참조하라). 더구나 하나님의 보좌 오른 편이란 하나님과 함께 통치하는 권능의 자리, 같은 영예의 자리, 같은 영광의 자리를 의미한다.[5] 그래서 시편 110편에서도 여호와께서 그 시편 저자의 주에게 말씀하시기를 "내가 네 원수로 발등상이 되게 하기까지 너는 내 우편에 앉으라"고 하신다(시 110:1). 따라서 바로 이 말을 반영하면서 승천하신 예수님께서 하나님 우편에 앉아 계신다고 할 때에는 하늘에 보좌가 몇 개 있고 그 가운데 성부가 앉아 계시고 그 오른 편에 예수님께서 앉아 계신 것처럼 생각해서는 안 되고, 이제 인성을 가지신 성자께서 승천하신 후에 권능의 자리에서, 영광의 자리에서 하나님의 세계 통치에 참여하신다는 것으로 이해해야만 한다. 그 분이 온 세상을 다스리시는 것이다.

2. 그리스도의 통치의 의미(1): "은혜의 왕국"을 다스리시는 그리스도

승천하신 예수님께서 지금도 온 세상을 다스리신다고 할 때에 가장 먼저 생각해야 하는 것은 예수님께서 그 분의 오심과 사심과 십자가에서 죽으심과 부활과 승천과 성령을 부어주심 등을 통해 세우신 그 "하나님의 나라"(Kingdom of God) 또는 하늘 나라(天國, Kingdom of heaven)을 다스리신다는 것이다. 승천하신 예수님께서 지금도 하나님 나라, 하늘 나라(天國)를 다스리신다. 하나님 나라는 그 분의 사역으로 이 세상에 이미 임하여 왔으나 아직 그 극치에 이르지 않은 영적 실재를 지칭하는 것이다.[6] 선인(先人)들은 이를 신학적으로 "은혜의 왕국"(*regnum gratiae*)이라고 불러 왔다. 이는 때때로 그리스도의 영적인 통치, 영적 왕권(spiritual kingship of Christ)이라고 불리기도 한다.[7]

그리스도께서는 무엇보다 먼저 이 "은혜의 왕국"을 다스리시고 인도하시며 이끌어 가신다. 그것은 이 땅에서 가장 중요하게는 "교회"라는 형태로 드러난다. 하늘에 계신 교회의 왕께서 오늘도 이 땅에 있는 은혜의 왕국, 즉 교회를 다스리시는 것이다. 그 분의 기록된 말씀과 그 분에 대한 바른 해석과 선포, 그리고 성령의 사역을 통해서 그 분은 지금도 이 일을 하신다. 그러므로 성령님의 인도하심에 민감하면서 말씀을 통해서 다스리시는 그리스도에게 복종하는 이들은 교회의 참된 성원(成員)으로서 그들의 왕이신 그리스도를 높이고 존귀하게 해야 하는 것이다. 그러나 교회를 무시하거나, 교회가 하나님 나라적 성격을 가지지 못하게 하거나, 교회의 왕이신 그리스도께서 그 분의 말씀을 통해 주시는 바를 혼잡하게 하거나 복종하지 않거나, 교회의 참된 사랑을 파괴하는 이들은 그 왕이신 그리스도를 모독하는 것이고 무시하는 것이다. 우리는 이 일을 생각하면서 우리의 왕이신 그리스도께서 오늘도 우리를 다스리신다는 사실 앞에서 있어야 한다. 이를 유념할 때에 우리의 삶에서는 구체적으로 과연 어떤 일이 나타날까?

첫째로, 이는 그리스도의 교회가 하나님 나라적[神國的] 성격을 잘 나타내도록 힘쓰는 것으로 나타나야 한다. 이 일은 먼저 우리가 각 지교회의 충실한 성원 역할을 할 것을 요구한다. 우리가 교회의 바른 성원 구실을 하지 않는다면 그것은 그저 교회만을 무시하는 것이 아니라, 교회의 왕이신 그리스도를 무시하는 것이 되기 때문이다. 우리가 속해 있는 지역 교회가 하나님 나라를 드러내는 교회다운 모습을 잘 드러내도록 해야 하는 것이 우리의 일차적인 의무이다. 그것을 위해 지교회(肢敎會)의 모임은 무엇보다 먼저 하나님의 말씀을 깊이 있게 이해하는 일에 그 초점을 맞추어야 하고, 공동체 전체와 개인은 그 깊은 이해에 근거한 하나님 나라적 사상을 갖고, 그것에 근거해서 교회와 사회와 개인들이 직면한 문제를 판단하고 적용해 나가도록 해야 할 것이다. 이런 일이 앞서는 가운데 그 성원들은 먼저 그들간의 깊은 사랑의 교제를 나누고, 후에 그 사랑이 교회 밖에 있는 사람들에게까지도 번져가게 해야만 한다. 그것이 우리의 왕이신 그리스도께 순종하는 일의 한 부분이다.

그러므로 둘째로, 교회 공동체와 개개인이 성경에서 가르치는 그리스도의 품성이 성령의 능력으로 그들 가운데서 잘 나타나도록 해야만 한다. 이렇게 될 때에 그리스도의 통치가 구체적으로 표현되는 것이다. 우리가 그리스도의 어떠하심을 드러내지 못할 때, 그것은 결국 우리가 우리의 왕의 통치를 잘 받지 않는 것이 된다. 우리 개개인의 마음의 움직임에서나 다른 이들에 대한 태도에서나, 주어진 일을 해 나가는 과정에서 그리스도적 품성이 잘 나타나야만 한다. 우리가 마땅히 그렇게 해야 하는 이유는 우리의 왕이 하늘에서 지금도 우리를 다스리시기 때문이다. 그러므로 우리는 구성원 상호간에 이런 그리스도적 품성에 근거한 인격적 관계를 맺어야만 한다. 개개인이 드러내는 그리스도적 품성은 그 성원들간의 사랑의 교제로, 집합적 인격성의 드러남으로 표현되게끔 되어 있기 때문이다.

셋째로, 각각의 교회는 주께서 불러 시키시는 일을 위해 사명 의식을 가지고 그것을 이루기 위해 힘써야 한다. 교회에 속한 개개인도 하나님께서 주신 사명을 이루기 위해 사는 것이고, 교회 전체도 교회로서의 사명을 이루기 위해 노력해야만 하는 것이다. 그것이 우리의 왕이신 주님의 통치를 받으면서 주어진 사명을 수행해 가는 것이다. 교회가 모든 시대에 반드시 힘써야 하는 교회로서의 보편적인 사명에 유의할 뿐만 아니라, 각각의 지교회(肢敎會)가 그들이 처해 있는 상황 가운데서 반드시 힘써야 할 것에 대한 바른 파악에 근거해 노력해야 하는 것이다. 그것이 우리들 가운데서 그리스도의 은혜의 통치를 실현해 가는 모습이다.

3. 그리스도의 통치의 의미(2): "권능의 왕국"을 다스리시는 그리스도

이렇게 그 분에게 속한 백성들과 그 공동체인 "은혜의 왕국"을 다스리시는 그리스도께서는 또한 "권능의 왕국"(*regnum potentiae*)을 다스리시는 왕이시기도 하다. 이 "권능의 왕국"이라는 말은 온 우주와 이 세상에 보편적으로 적용되는 그리스도의 다스리심을 지칭하는 말이다. 그래서 이는 "우주에 대한 그리스도의 왕권"(the kingship of Christ over the universe)이라고 하기도 하고, 그리스도의 보편적 통치라고 하기도 한다.[8] 바로 이런 의미에서 부활하신 주님은 "하늘과 땅의 모든 권세"를 자신이 받았다고 말씀하셨다(마 28:18). 이는 예수님의 구속 사역에 대한 보상으로 하나님께서 그 분의 인성도 그 분이 영원부터 가지고 계신 온 세상에 대한 주권에 참여하도록 하신 것에서 비롯한 신-인이신 그리스도의 독특한 중보적 보편적 왕권을 뜻하는 것이다.[9] 그러므로 이 세상에 있는 것들 중에서 우리 주 예수 그리스도의 다스림 밖에 있는 것은 하나도 없다. 심지어 사탄이라도 이 그리스도의 권능의 다스림 아래에 있다. 이렇게 온 세상에 보편적으로 적용되는 그리스도의 왕권을 그리스도의 보편적 왕권이라 하고, 그 왕권의 시행을 "권능의 왕국"이라고 하는 것이다.

그런데 이 "권능의 왕국"은 교회, 즉 그 분의 "은혜의 왕국"에 대한 그리스도의 다스림을 위해 존재하는 것이다.[10] 즉, 우리 주님께서는 당신님의 교회를 위해서 이 세상 전체를 다스리신다. 따라서 교회는 이 세상에 있으면서 전혀 두려워할 필요가 없고 두려워할 수도 없다. 온 세상에서 가장 보편적이고 가장 큰 힘을 가지고 있는 음부의 권세라도 교회를 해할 수 없는 것은 이 세상 전체가 교회를 위해 그리스도의 다스림 아래에 있기 때문이다. 바로 이런 의미에서 우리 주님은 이 전에 "내가 내 교회를 세우리니 음부의 권세가 이기지 못하리라"고 말씀하셨던 것이다(마 16:18).

이것을 다른 측면에서 표현한다면, 이 세상이 지금 멸망하지 않고 존재할 수 있는 것은 결국 이 세상 안에 존재하고 있는 은혜의 왕국인 교회 때문이라고 할 수 있다. 교회가 이 땅 위에서 세워지고 전진해 나가도록, 또 교회가 그 은혜의 왕국의 성격을 잘 드러내도록 그리스도께서는 이 세상을 주재하시며 통제해 나가시는 것이다. 그러므로 사실은 온 세상이 이 땅에 있는 교회의 덕을 보고 있는 것이며, 그리스도의 교회에 대한 구속과 통치의 간접적인 은혜 아래에 있는 것이다. 이 사실은 아브라함이 소돔과 고모라 안에서 살던 롯을 위해, 종국적으로 의인 10명이 있을 때에도 그 성을 멸망시키실 것이냐고 물었을 때, 여호와 하나님께서 하신 "내가 10인을 인하여도 멸하지 아니하리라"(창 18:32)는 말씀에도 잘 드러난다. 하나님께서는 그 분의 친 백성을 위해 온 세상에 대해서 오래 참으시는 것이다. 이렇게 권능의 통치는 은혜의 통치를 위한 것이라고 할 수 있다. 이와 같이 권능의 왕국은 은혜의 왕국과 연관되지만, 그둘은 구별되는 것이다.

그러나 종국에 그리스도께서 하늘 보좌로부터 이 세상에 다시 오시게 될 때는 이 은혜의 왕국과 권능의 왕국의 구별이 사라지고 온 세상이 모두 적극적인 의미에서 하나님의 지배 아래 있게 될 것이다. 그러나 그 때까지는 이 땅에서 은혜의 왕국이 진전해 나가도록 하기 위해서 그리스도께서는 온 세상을 주관하시고 지배하시는 것이다. 이것에 대해서 고린도전서에서는 "저가 모든 원수를 그 발아래 둘 때까지 불가불 왕노릇하시리라"고 표현했다(고전 15:25). 이는 시편 110편 1절에서 "내가 네 원수로 네 발등상이 되게 하기까지 너는 내 우편에 앉으라" 하신 말씀을 반영하는 것이다. 그리스도께서는 이렇게 온 세상의 통치자이시다.

그 사실은 지금도 유효하다. 비록 아직 온 세상이 이 사실을 인식하고서 그 분에게 합당한 영광과 영예를 돌려 드리지 않는다고 해도, 그리스도께서는 온 세상을 다스리시는 것은 분명하다. 이것을 성경과 신조에서는 "그가 하나님 우편에서 앉아 계신다"고, 즉 "온 세상을 다스리신다"고 표현했던 것이다. 지금 이 시간도 그리스도께서는 이 통치를 계속하고 계신다.

이런 사실을 성경을 통해서 깨닫고 있는 사람답게 우리는 이 왕께 참된 경배와 영광을 돌려드려야만 한다. 그런데 우리는 과연 그렇게 하고 있는가? 우리의 왕이 하늘 보좌에서 그 분의 은혜의 왕국에 속한 우리를 중심으로 해서 온 세상을 보편적으로 다스리신다는 것을 생각하면서 우리는 감사의 마음으로 가득 차 그리스도를 높이고, 그 분에게 무궁한 찬양을 돌려야 한다. 그리고 이 경배와 찬양은 영원히 계속되어야 한다. "죽임을 당하신 어린 양이 능력과 부와 지혜와 힘과 존귀와 영광과 찬송을 받으시기에 합당하시기" 때문이다(계 5:12). 우리는 모든 만물과 함께 "보좌에 앉으신 이와 어린 양께 찬송과 존귀와 영광과 영광을 세세에" 돌려야만 하는 것이다(계 5:13).

함께 토의할 문제

1. 예수님께서 "하나님 우편에 앉아 계신다"는 말의 뜻을 생각해 봅시다.
   (1) "하나님께서 하늘 보좌에 앉으셨다"는 말은 무엇을 뜻합니까? (252-253쪽 참조)
   (2) "우편"은 어떤 뜻이겠습니까? (왕상 2:19; 시 45:9; 110:1)
   이에 대해 바빙크(Bavinck)는 무엇이라고 했습니까? (254쪽 각주 5 참조)
   (3) 그렇다면 그리스도께서 하나님 우편에 앉으셨다는 말의 의미는 무엇입니까? (254쪽)

2. "은혜의 왕국" 에 대한 그리스도의 통치를 생각해 봅시다.
   (1) '은혜의 왕국'이란 무엇을 뜻합니까? ______________________
   이를 다른 말로는 무엇이라고 할 수 있습니까? ______________
   (2) 그리스도께서는 교회를 어떻게 다스리십니까?
   (3) 교회가 어떻게 해야 그리스도의 다스리심을 받음을 잘 드러낼 수 있습니까? (255-257쪽 참조)
   i) ______________________________________
   ii) ______________________________________
   iii) ______________________________________

3. “권능의 왕국”에 대한 그리스도의 통치를 생각해 보십시다.

(1) “권능의 왕국”이란 무엇을 뜻합니까? (257쪽) ____________________

이를 다른 말로는 무엇이라고 합니까? ____________________

(2) “권능의 왕국”과 “은혜의 왕국”의 관계를 설명해 보십시오. (258쪽 참조)

(3) 그리스도의 통치를 생각하면서 어떤 마음이 드십니까?

____

18장

"저리로서 산 자와 죽은 자를 심판하러 오시리라"

본문: 마태복음 24:23-51; 25:31-46

이제까지 우리는 우리 주님의 사역 가운데서 그 분이 과거에 이루신 사역과 현재 하늘에서 통치하고 계시는 사역에 대해 생각해 보았다. 이번에는 우리 주님의 사역 가운데 미래 사역의 일부를 생각해 보기로 하겠다. 지금도 살아 계셔서 그 분의 교회와 온 세상을 다스리시고 계시는 주님께서는 언젠가 이 세상에 다시 오셔서, 세상을 심판하시고, 그 분의 나라를 극치에 이르게 하셔서, 그 메시아 왕국을 성부께 돌려드리고, "영광의 왕국"(*regnum gloriae*)을 이루실 것이며, 그 "영광의 왕국"에서 삼위일체 하나님으로 영원히 다스리실 것이다. 그러므로 그리스도의 사역의 미래적 측면은 (1) 이 세상에 다시 오셔서 세상을 심판하시는 일과 (2) 하나님의 나라를 극치에 이르게 하셔서 메시아 왕국을 성부께 돌려드리고 영원히 왕노릇하시는 일로 구성되어 있다. 그 중에서 이번에는 그리스도의 다시 오심에 대하여 생각해 보도록 하자.

1. "저리로서 … 오시리라"

우리는 앞에서 구속 사역을 이루시고 완성하신 예수님께서 "하나님 우편에 앉아 계신다"고 했다. 예수님이 그 곳으로부터, 즉 그 분이 지금 계신 "하늘"(heaven)인 낙원(paradise)으로부터 이 세상에 오시리라고 고백하는 말이 "저리로서 … 오시리라"는 말이다. 우리는 이렇게 주님께서 하늘로부터 우리에게로 오시기를 기다린다. 이는 주님께서 친히 자신의 다시 오심을 분명히 말씀하셨기 때문이며(마 24:30; 25;19, 31; 26:64; 요 14:3), 사도들이 이를 분명히 믿고 동일하게 가르쳤기 때문이다.

예수님이 위로부터 오시는 것이기에 흔히 "강림"(降臨)이라는 말도 쓰고, 오셔서 현존하실 것이기에 "현존"(現存)이라는 말도 쓴다. 이런 두 의미를 다 담아서 하던 말, 즉 현존하시기 위해 오시는 것을 지칭하기 위해 쓰던 말이 바로 "파루시아"(παρουσία, parousia)라는 말이다(마 24:3, 27, 37; 고전 15;23; 살전 2:19, 3:13, 4:15, 5:23; 살후 2: 1-9; 약 5:7, 8; 벧후 1:16, 3:4, 12; 요일 2;28). 예수님은 이 세상에 "현존"(parousia)하기 위해서 그 분이 지금 현존하고 계신 하늘로부터 이 세상에 "오시는 것"(parousia)이다. 이런 "파루시아"라는 용어의 이중적 의미를 잘 표현하는 한자말은 "내림"(來臨)이다. 그런데 예수님은 이미 한 번 이 세상에 오신 일이 있기에 교회에서는 흔히 그 분의 이 오심을 "두 번째 오심"이란 뜻으로 "재림"(再臨, second coming)이라고 불러 왔다. 이는 당연한 말이므로 성경에 재림이라는 용어가 사용되지 않았다고 해도 그 분의 두 번째 오심은 당연히 그 분의 재림이라고 할 수 있다.

이 그리스도의 재림은 그 분의 찬연한 영광이 나타나는 것이므로 그 분의 "나타나심"(ἐπιφάνεια, epiphaneia)이라고 불리기도 하고(살후

2:8; 딤전 6:14; 딤후 4:1, 8; 딛 2:13), 때로는 그 분의 "드러나심"(계시, ἀποκάλυψις, apokarypsis)이라고 불리기도 한다(고전 1:7; 살후 1:7; 벧전 1:7, 13, 4;13). 그러나 어떤 용어로 불리든지 그것은 위에서 우리가 말한 그리스도의 한 강림 외에 다른 것이 아니다. 이 세 가지 용어가 각기 다른 실재를 지칭하는 것이 아니라, 한 사건을 지칭하는 용어들이다.[1] 부활, 승천하셔서 지금 하늘 영광 가운데 계신 그리스도의 영광은 지금 이 세상 사람들에게는 보이지 않지만, 그 날에는 그 분이 영광과 권능 가운데서 다시 이 땅에로 오실 것이다. 그러므로 그 재림은 그리스도의 영광의 나타남이며, 그 분의 본래적 정체의 드러남이다.

2. "그리스도의 재림"의 방식

그렇기에 재림이란 승천하셔서 지금 하늘에 계신 예수님께서 친히(personally) 오시는 것이고, 따라서 그 분의 부활하셔서 승천하신 몸으로(bodily) 오시는 것이다. 그러기에 모든 사람이 볼 수 있게 가시적(可視的, visible)으로 오시는 것이지, 그저 영적으로나 비가시적인 방식으로 오는 것을 재림이라고 할 수는 없다. 물론 그 분은 지금도 영적으로 우리와 함께 계신다(마 28:20). 즉, 그 분은 이미 오순절 날 교회에 임재하신 성령으로 우리에게 오셔서 세상 끝날까지 교회인 우리들과 항상 함께 하신다. 그러나 그 분이 이렇게 성령님으로 교회에 현존하고 계시다고 해도 그것을 그리스도의 재림이라고는 할 수 없다. 그 분의 영적 임재와 현존이 그 분의 "파루시아"일 수는 있으나 재림의 의미에서의 "파루시아"는 아니다. 그 분의 재림은 분명히 그의 몸으로 임하시는 가시적(可視的, visible)인 사건이다. 우리 주님께서는 아주 분명하게 "그 때에 **땅의 모든**

족속들이 통곡하며, 그들이 인자가 구름을 타고 능력과 큰 영광으로 **오는 것을 보리라**"(마 24:30)고 말씀하셨다.

그러므로 예수님의 가르침을 바르게 생각한다면 어떤 이들이 말하는 "그리스도께서 은밀하게, 비밀스럽게 임하는 사건"(secret coming)은 있을 수가 없다. 주님께서는 "보라 그리스도가 … 골방에 있다 하여도 믿지 말라"(마 24:26)고 하셨다. 이 가르침에 의하면 예수님의 재림은 단번에 이루어지는 공개적인(public) 사건이다. 따라서 먼저 그리스도의 은밀한 재림이 있고 시간이 흐른 뒤에야 가시적으로 오신다고 말하는 것은 매우 위험한 것이고 비성경적인 것이다. 이런 세대주의적 가르침이 우리 주위에 범람하는 것에 대해서 우리는 매우 주의해야만 한다.[2] 그리스도의 가르침에 의하면 "번개가 동편에서 나서 서편까지 번쩍임 같이 인자의 임함도" 온 세상이 다 알 수 있게 공개적으로 일어나는 것이다(마 24:27).

그리고 우리 주님의 재림은 어떤 의미에서 믿지 않는 사람들에게는 갑자기(sudden) 임한다고 할 수 있을 정도의 사건이다. 주께서 다시 오실 때 사람들은 그저 평범한 일상의 일을 하고 있을 것이기 때문이다. 그런 일이 있으리라고 생각하지 않은 때에, 그래서 평범하게 일상의 일을 하고 있을 때에 주께서 오시는 것이다. 그때에 사람들은 평상시와 같이 일하기 위해서 밭에 있을 것이고(마 24:40), 여자들은 매를 갈고 있을 것이다(마 24:41). 성경에서는 이런 일상의 일 중 4가지를 특별히 언급하고 있다: "사람들이 먹고 마시고 장가가고 시집가고 있으면서"(마 24:37). 이는 이런 일들이 악한 일이라는 뜻으로 언급된 것이라기보다는 이런 일들이 사람들이 늘상 하는 일상(日常)의 일이라는 뜻으로 사용된 것이다. 그러고 있을 때에 갑자기 주께서 임하신다는 것이다.

그러나 또 한 편으로 보면 하나님의 백성에게는 이미 주께서 친히 자신의 재림 이전에 있을 징조들(signs)에 대해 말씀해 주신 것이 있기에 **그들은 항상 깨어서** 역사의 과정을 바라보며 주의 재림을 바라고 있다. 그러므로 **그들은 "어두움에 있지 아니하매 그 날이 도적 같이 임하지 못할 것"**이다(살전 5:4). 따라서 성도들은 재림에 대해서 "주의 날이 이르렀다고 쉬 동심하거나 두려워하거나 하지 아니해야" 한다(살후 2:2). 오히려 "우리는 다른 이들과 같이 자지 말고 오직 깨어 근신해야" 한다(살전 5:6). 그렇게 하는 것이 주의 재림하심을 "예비하고 있는 것"이 된다(마 24:44).

또한 우리는 "충성되고 지혜 있는 종이 되어 주인에게 그 집 사람들을 맡아 때를 따라 양식을 나눠주어야" 한다(마 24:45). 즉, 주의 오심을 생각하면서 하나님 나라에서 우리에게 맡겨진 일을 열심히 해야 하는 것이다. 그러므로 깨어 있어 예비하는 것은 어떤 별다른 일을 하는 것이 아니고, 우리에게 주어진 하나님 나라 백성으로서의 일상의 일을 하나님 나라 백성답게 건실하게 꾸준히 해 나가는 것을 말한다. 그것이 주의 가르침에 맞도록 재림을 준비하는 것이다. 재림을 맞이하고 준비하기 위해서 어떤 별다르거나, 특별한 일을 하도록 주께서 가르치신 일이 없다. 그러므로 우리는 단정히 주의 백성답게 우리의 할 일을 열심히 하면서 주의 재림을 기다려야만 한다.

3. 그리스도 재림의 전조들

그러면 주께서는 그 분의 재림에 대해서 어떤 전조가 있으리라고 하셨는가? 어떤 일을 보면 무화과나무의 "가지가 연하여지고 잎사귀를 내면

여름이 가까운 줄을 아는" 것처럼 "인자가 가까이 곧 문 앞에 이른 줄을" 알 수 있는 것인가?(마 24:32f.) 도대체 "주의 임하심과 세상 끝에는 무슨 징조가" 있는 것인가? 이런 질문을 하는 제자들에게 주께서는 몇 가지 "때의 징조들"을 일러 주셨다. 간단히 그것이 어떤 것인지를 언급해 보자.

(1) 여러 가지 난리가 일어난다고 하셨다. 즉, 전쟁, 기근, 지진 등이 있게 된다고 하셨다(마 24:6-8). 이는 사람이 만들어 내는 난리와 자연적인 재해가 있을 것이라는 말이다. 그러나 이것은 재난의 시작일 뿐이지, 끝은 아직 아니다.

(2) 그리스도인들은 특별히 환난과 핍박을 받는다고 하셨다. 이는 위에서 말하는 자연 재해나 인공적인 재해의 일반적인 어려움에 있는 것과는 다른 성격의 특별한 고난을 그리스도인들이 당하게 되리라는 것을 말해 준다. 즉, 그리스도인들이 "예수의 이름을 위하여" 모든 민족에게서 미움을 받고, 환난과 핍박, 고난에 처하게 된다는 것이다. 더구나 이 과정 가운데서 "많은 사람들이 시험에 빠져 서로 잡아 주고 서로 미워하는" 일도 발생할 것이다(마 24:9-10). 이는 그리스도인과 교회가 "배도"하는 일의 한 부분으로 나타나게 된다(살후 2:3). 즉, 그리스도인들이 서로 잡아 주기도 하고, 배교하여 서로 파는 일도 발생하게 된다는 것이다. 그리고 불법, 즉 죄가 성하므로 "많은 사람의 사랑이 식어진다"고 하셨다(마 24:12).

그 일의 극치로 "불법의 사람"(죄의 사람), 즉 적그리스도가 나타나 "자존하여 하나님 성전에 앉아 자기를 보여 하나님이라 하는 일"이 일어날 것이다(살후 2:3-4). 그는 정치적 권세와 경제적 권세를 사용하여 성도와 교회를 극심하게 핍박할 것이다.

그러므로 이 극치의 어려움의 때는 “큰 환난”[대환난]이라고 불린다. 그 어려움이 얼마나 극심한지 “그 날들을 감하지 아니할 것이면 모든 육체가 구원을 얻지 못할 것이나 그러나 택하신 자들을 위하여 그 날들을 감하실 것”이다(마 24:22). 그러므로 끝까지 견디는 자는 구원을 얻는다” 고 하시는 것이다(마 24:13). 이는 성도들이 소위 대환란기에 **함께 고통을 받으며 있음**을 보여 주고, 그것이 성도들에 대한 핍박의 시기라는 것을 말해 준다.

(3) 거짓 그리스도와 거짓 선지자들이 출현한다고 하셨다. “거짓 선지자가 많이 일어나 많은 사람을 미혹케 하겠으며”(마 24:11), 그들은 “큰 표적과 기사를 보이어 할 수만 있으면 택하신 자들도 미혹하게 할 것”이다(마 24:24). 그러므로 평소에 여러 이적과 기사만을 추종하는 이들은 이런 거짓 선지자들을 따르게 될 위험이 있다. 그래서 주께서는 사도들을 통해서 보이는 것으로 행하지 말고 보이지 않는 것을 믿음으로 행하라고 말씀하셨다.

(4) 그러나 이 모든 어려운 과정 가운데서도 “천국 복음이 모든 민족에게 증거되기 위하여 온 세상에 전파되리니 그제야 끝이 온다”고 하셨다(마 24:14). 이 마지막 징조만이 긍정적이고 좋은 일로 나타난다.

이렇게 네 가지로 정리할 수 있는 것이 주의 재림의 전조들이다. 그런데 이 네 가지 징조들의 특징이 있다. 그것은 이 모든 일이 그리스도의 초림 이후로부터 **계속해서 진행하여 가서 시간이 지남에 따라 점증해 간다는 것이다.** 예를 들어, 환난과 핍박은 역사상의 모든 그리스도인에게 공통적으로 있는 일이지만, 최후에는 "대환난"이라고 할 수 있는 극치의 어려움의 때가 있게 된다는 것이다. 그러므로 우리는 주님의 이런 말씀을 기억하면서 역사를 바라보며 우리가 과연 어떤 시기에 속해 있는가를 판단해 가야 하지만, 동시에 우리는 항상 깨어 있어야만 하는 것이다.

4. "산 자와 죽은 자를 심판하러 오시리라"

주께서 재림하시는 이유 중의 큰 하나는 이 땅에 임하셔서 심판을 하시기 위한 것이다. "인자가 자기 영광으로 모든 천사와 함께 올 때에 자기 영광의 보좌에 앉아서 모든 민족을 그 앞에 모으고 각각 분별하기를 목자가 양과 염소를 분별하는 것같이" 할 것이다(마 25:31-32). 모든 사람들이 다 그 심판대 앞에 설 것이다. 그래서 "산 자와 죽은 자를 심판하러 오시리라"고 하는 것이다. 그 당시에 살아 있는 자들만이 아니라, 죽은 자들도 그 심판대 앞에 서야 하므로 이 심판이 있기 전에 "모든 죽은 자들의 부활"이 있을 것이다. 죽은 자들은 부활하고, 당시에 살아 있는 자들은 죽음을 맛보지 않고 곧 바로 부활체와 같이 변형되어 먼저 오시는 주님을 맞기 위해서 공중으로 끌어올려 갈 것이다(살전 4:17). 이것, 즉 주님을 맞기 위해 하늘로 끌어올려 가는 것을 "휴거"(rapture)라고 번역한 바 있다. 그러나 이 말은 우리들이 흔히 이 용어를 사용하여 말하는 바와는 상당히 다른 의미로 성경에 사용되고 있다는 점을 주의해 보아야 한다. 성경에 의하면, 휴거의 목적은 오시는 주님을 영접하기 위한 것이다.

주님을 영접했으면 그 분을 모시고 이 땅에로 와야 영접한다는 말의 의미를 잘 드러내게 된다. 본래 주를 맞기 위해라고 쓰여진 용어가 바로 이렇게 영접하여 모시어 올 때의 행위를 지칭하는데, 특히 왕의 사신 같은 이들을 영접하여 올 때를 지칭하던 용어이다. 마치 사도 바울을 기다리던 로마 교회의 형제들이 그들이 온다는 소식을 듣고 압비오 저자(forum)와 삼관까지 맞으러 와서 바울과 그 일행을 모시고 로마로 들어간 것과 같이 말이다(행 28:15, 16).

주님은 이 세상에 심판하러 오신 것이므로 그 후에는 모든 사람들이 다 심판대 앞에 서게 될 것이다: "죽은 자들이 무론대소하고 그 보좌 앞에 섰는데"(계 20:12). 이렇게 서서 그들은 자신들 행한 대로 심판을 받을 것이다(계 20:12).

그 때에 "누구든지 생명책에 기록되지 못한 자는 불못에 던지울 것이다"(계 20:15). 이것이 "영벌"에 들어가는 것이며(마 25:46), 이를 위해 부활한 것이 "심판의 부활"이다(요 5:29). 그들은 땅의 티끌 가운데서 깨어 "수욕을 받아서 무궁히 부끄러움을 입을 자"들이다(단 12:2). 이들이 던져질 불못을 우리 주님께서는 "지옥"(γέεννα, gehenna)이라고 하셨고, "거기는 구더기도 죽지 않고 불도 꺼지지 아니한다"고 하셨다(막 9:48). 이는 이사야서의 새 하늘과 새 땅과 대조되어 그 영광에 참여하지 못하는 이들의 처절함을 다음과 같이 표현하는 곳을 인유하여 말씀하신 것이다: "내게 패역한 자들의 시체들을 볼 것이라. 그 벌레가 죽지 아니하며 그 불이 꺼지지 아니하여 모든 혈육에게 가증함이 되리라"(사 66:24).

사람으로서는 이런 지옥의 형벌을 피할 수 있는 방법이 없다. 아무리 의롭게 살며, 하나님의 법을 다 지킨다고 해도 그 법을 다 지킬 수 있는 사람이 없고, 하나님께서 요구하시는 엄격한 기준에 미칠 수 있는 사람은 없기 때문이다. 그러면 구원받을 수 있는 방법은 없는 것인가? "사람으로서는 할 수 없으나, 하나님으로서는 하실 수 있다." 이 하나님의 구원을 위해 오셔서 우리를 위한 구속을 이루시고 지금 하늘에 계신 예수님께서 그 날에 우리의 심판주로 오시는 것이다. 그러므로 예수님께서 이루신 구속이 우리를 위한 것이었음을 믿는 사람만이 구원을 얻으며, 지옥의 형벌을 면하게 되는 것이다. 우리의 주님께서 자신의 몸으로 친히 구속을 이루신 것에 근거해서 우리를 **공적으로 의롭다고 칭하실 것이다**. 그 때에 공적인 칭의의 선언을 받을 사람들은 지금 예수님을 믿음으로 칭의를 얻은 사람이며, 그들을 위해 주께서 이미 십자가에서 구속을 이루신 것이다. 그러므로 그들은 예수님을 믿음으로 의인된 자들이고, 이들이 영생의 부활에 참여할 것이다(요 5: 29).

이렇게 주님을 믿어 의인이라 칭함을 받은 사람들은 이 땅에서 과연 어떻게 살아야 하는가? 그들은 분명히 감사하며 살 것이다. 그들은 주님의 뒤를 따라가며 주님을 본받아 살 것이다. 주님을 사랑하며, 다른 이들을 사랑하되 원수까지 사랑하며 살 것이다. 왜냐하면 그들 자신이 주님에 의해서 많은 죄를 용서함 받은 죄인들이기 때문이다.

바로 이런 것이 우리들의 모습이 아닌가! 우리는 반드시 그래야만 한다. 주님의 구속 때문에 우리는 "깨어 영생을 얻을 것"인데, 그 영생이 주님으로 말미암아 이미 우리 안에 있기 때문이다. 그러므로 주님의 재림을 바라는 마음은 기쁨과 기대와 감사에 찬 마음이다. 주님은 말씀하신다: "내가 진실로 속히 오리라." 이 말씀에 대해서 우리 모두가 다 함께 다음과 같이 반응할 수 있기 바란다: "아멘 주 예수여 오시옵소서"(계 22:20).

하이델베르크 요리 문답 제52문답은 이 주제를 다음과 같이 요약해 준다:

(문) "그리스도께서 죽은 자와 산 자를 심판하러 오시리라는 것이 당신에게는 어떤 위로를 줍니까?"

(답) "나의 모든 고뇌와 핍박 중에서 나는 나의 눈을 들어 하늘을 향합니다.그 때에 나는 이미 자신을 내어 주셔서 하나님의 심판 앞에서 내 자리에 서시어 나의 모든 저주를 제거해 주신 바로 그 분이 심판자로 오실 것을 확신을 가지고 기다립니다.그의 모든 원수들과 나의 원수들을 그는 영원한 심판으로 정죄하실 것이며,나와 그의 모든 택자(擇者)들을 그가 그와 함께 하늘의 기쁨과 영광으로 취하여 들이실 것이라는 위로를 줍니다."

함께 토의할 문제

1. 사도신경 가운데서 "저리로서 … 오시리라"는 말은 무엇을 뜻합니까? (264쪽 참조)

2. 그리스도의 재림을 표현하는 세 가지 단어를 쓰고 그것이 사용된 성경을 찾아보십시오.

   (1) 파루시아 (강림, 현존) ______________________

   (2) 에피파네이아 (나타나심) ______________________

   (3) 아포칼륩시스 (드러나심, 계시) ______________________

3. 그리스도의 재림의 방식을 생각해 보십시다.

   (1) (   ) 오심

   (2) (   )으로 오심

   (3) (   )으로 오심 (마 24:30)

   그러므로 공개적인 사건임 (마 24:26)

   (4) (   ) 임하심 (마 24:37-41)

4. 그러면 우리는 어떻게 해야 합니까?

(1) 살후 2:2 ________________________________

(2) 살후 5:6 ________________________________

(3) 마 24:44, 45 ________________________________

5. 그리스도 재림의 전조들을 알아봅시다.

(1) 마 24:6-8 ________________________________

(2) 마 24:9-10 ________________________________

살후 2:3 ________________________________

살후 2:3-4 ________________________________

(3) 마 24:11 ________________________________

(4) 마 24:14 ________________________________

이 징조들의 성격은 어떤 것입니까? (270쪽 참조) ________________

____

6. 재림 때 동반 되는 일들은 무엇입니까?

(1) (   ) 자들의 부활

(2) 살전 4:17 ________________________________

이런 "휴거"의 목적은 무엇입니까? (270-271쪽 참조) ____________

(3) 계 20:12 ____

이런 심판의 결과로

i) 계 20:15 ____

ii) 마 25:46 ____

iii) 요 5:29 ____

iv) 막 9:48 ____

Cf. 단 12:2; 사 66:24

v) 요 5:29 ____

(4) 그렇다면 재림에 대한 우리의 태도는 어떠해야 합니까? (계 22:20)

____

7. 하이델베르크 요리문답 52문답을 읽어 보시고(273쪽 참조), 이에 대한 본인의 생각을 써 보십시오.

____

제4부

성령님과 교회

19장_ "성령을 믿사오며"

20장_ "하나의 거룩하고 보편적 교회를 믿사오며"

21장_ "성도들의 교통"을 믿사오며

22장_ "죄를 사하여 주시는 것을 믿사오며"

23장_ "몸이 다시 사는 것과 영원히 사는 것을 믿사옵나이다"

성부와 성자 하나님의 사역을 생각한 뒤에는 성령님과 그 분이 주시는 은혜에 대하여 생각하는 것이 자연스럽다. 그리고 성령 하나님에 대한 논의는 자연스럽게 교회에 대한 논의에로 우리를 인도해 간다. 그러므로 사도신경에서 성령님에 대한 언급이 간단하게 되어 있는 것에 대해 의아해할 필요는 없다. 교회와 구원과 은혜에 대한 그 후의 모든 조항이 사실은 다 성령님과 관련된 것이기 때문이다. 그러므로 이제부터는 성령님과 그 분이 하시는 일을 포괄적으로 생각할 것이다.

19장

"성령을 믿사오며"

본문: 사도행전 5:1-11

이번에는 성령임이 하시는 일의 서론으로 성령님께서는 과연 누구시며, 우리와 어떻게 관련되는지에 대해서 생각해 보도록 하자.

1. 성령님은 성부 하나님 및 성자 하나님과 동일 본질의 하나님이시다

성령님은 성부 하나님 및 성자 하나님과 동일한 본질(*homoousios*)을 가지신 참되신 하나님이시다. 이렇게 같은 본질을 가지신 참 하나님이시므로 성부 하나님 및 성자 하나님과 성령 하나님은 그 존재와 영광과 능력에 있어서 동등하시다. 그리고 이 삼위(三位)는 세 하나님이신 것이 아니고 **한 하나님**이시다. 그런데 우리는 "아버지께로서 나오시는 성령"이라고 하신 요한복음 15장 26절에 나오는 예수님의 말씀에 따라서 "성령이 성부에게서 나오신다"(παρὰ τοῦ πατρός ἐκπορεύεται)고 하고, 그 구절의 병행법적 표현에 유의하면서 이 나오심(*processio*)이 보내지심(*missio*)과도 연관된다고 여겨,[1] 서방 교회의 전통을 따라 성령은 "성자로부터도"(*filioque*) 나오신다고 말한다.[2] 이는 성자 하나님께서 성령 하나님을 보내신다는 표현으로부터 그와 병행법적으로 사용된 "나오신다"는 말을 적용해 "성자로부터 나오신다"고 표현할 수도 있다고 본 것이다. 그러나 이런 표현은 성부와 성자와 성령 사이의 **관계성을 표현하는 것**일 뿐이고, 시간에서나 영원에서나 성자가 있지 아니하던 때가 없었듯이 성령님께서도 시간에서나 영원에서나 있지 않았던 때가 없다. 즉, 성령님이 성부와 성자에게서 나오지 않으셨던 때가 없었다. 이를 그 "영"(πνεῦμα) 이라는 말의 어원에 유의하면서 다시 표현하기를 성령님이 숨쉬어지시지 않았던 때가 없었다고 표현하기도 한다. 성령님은 성부 하나님과 성자 하나님으로부터 항상 나오시며(*processio*), 항상 숨쉬어지시는(*spiratio*) 것이다. 이런 복잡한 말들은 모두 성령님이 온전하신 하나님이시며, 성부 하나님 및 성자 하나님과 어떤 관계를 가지고 계신지를 표현하는 말이다. 즉, 성령 하나님은 하나님에게서 나오시는 참 하나님이시므로 그 신성에 부족한 것이 전혀 없으신 참되고 온전하신 하나님이심을 표현하는 것이다.

성령님께서 온전하신 하나님이심을 가장 잘 보여주는 말씀 중의 하나가 사도행전 5:1-11의 말씀이다. 이 본문이 보여주고 있는 아나니아와 삽비라의 문제점은 그들이 헌금을 적게 하였다거나, 처음에는 많이 하려고 하였는데 후에 적게 했다는 데에 있지 않다.[3] 베드로가 말하는 대로 땅을 판 후에도 그 값을 그들 임의대로 할 수 있었기 때문이다(4절). 우리 하나님은 땅을 판 값을 다 바치지 않았다고 진노하시거나 벌을 주시는 분이 아니다. 그들의 문제는 그것이 땅을 판 값의 전부라고 말한 데에 있다.[4] 2절과 9절, 그리고 10절을 읽고 잘 생각해 보면 그 부부가 함께 꾀하여 일부를 바치면서 그것이 전부라고 말했다는 것을 알 수 있다. 여기에 거짓과 속임이 있다. 그리고 그 배후에는 하나님의 거룩한 교회 안에서 헌금하는 일로 자신들의 이름을 내어 보려는 생각이 있는 것이다. 즉, 본문 바로 앞에 언급되어 있는 바나바와 같은 정도의 교회의 칭송을 누려 보려고 한 것이다.[5]

이런 식으로 교회의 일과 하나님 나라의 일을 할 수 없다는 것을 명확히 보여주기 위해서 하나님께서는 그들의 생명을 취하기까지 하셨다. 이 시기가 신약 교회의 초석을 놓는 중요한 시기였으므로 하나님께서는 이런 방법을 사용하셔서라도 엄중한 교훈을 만대의 교회에 내려 주시려고 하신 것이다. 이 본문에서 우리는 교회의 일과 하나님 나라의 일을 하는 중요한 원리를 발견하게 된다. 그것은 하나님 나라의 일이나 교회의 일은 사람들의 힘이나 재력에 의지하여 할 수 없다는 원리이다. 더구나 그런 것들을 이끌어 오기 위해서 사람들의 공명심을 자극하는 식으로 해서는 안 된다. 교회는 어떤 상황에서도 하나님의 힘만을 의지해야 한다.[6] 사람들의 힘이나 그들의 노력에 의지하는 것은 결국 멸망을 자초하는 것이다.

이런 귀중한 교훈을 배울 수 있는 이 본문에서 우리는 간접적으로 귀한 교훈을 또 하나 얻게 된다. 그것은 성령님이 하나님이시라는 것이다. 베드로는 아나니아를 책망하면서 그가 "성령을 속였다"고 하고는(3절), 또 "사람에게 거짓말 한 것이 아니요 하나님께로다"(4절)라고 말하였다. 또한 삽비라에게는 "너희가 어찌 함께 꾀하여 주의 영을 시험하려 하느냐"(9절 上)고 하였다. 그러므로 우리는 베드로가 성령님을 하나님으로 인식했으며, 당시의 교회와 누가가 이 사실을 배우고 인정했다는 것을 알 수 있다. 구약에서 "하나님의 신"으로 불리신 성령님이 여기서 명확히 하나님으로 인정된 것이다. 브루스는 "3절과 4절의 언어를 비교해 보면 성령님은 단지 인격적 존재로 여겨지기만 한 것이 아니라, 그 분의 백성과 함께하시는 **하나님 자신**으로 여겨지고 있음이 나타난다"고도 표현한다.[7] 그러므로 우리는 성령님께서 온전한 하나님이심을 인식하고, 항상 그 분에게 합당한 영예와 경배와 존경을 성령님께 드려야만 할 것이다. 성령님께 합당한 경배와 찬양를 드려야 함은 물론이고, 성령님께 드리는 말씀에서나 성령님에 대해서 쓰는 용어에 대해서도 매우 주의해서 말을 해야 할 것이다. 예를 들어, 성령님께 명령을 하거나, 그런 인상을 풍기는 듯한 표현을 해서는 안 될 것이다. 그 분은 온전하신 하나님이시기 때문이다. 이 점은 한국 교회에서 매우 심각하게 고려하고 주의해야 할 일이 아닐 수 없다.

2. 성령님은 우리로 하여금 참 신앙을 통해 그리스도와 그 분의 모든 유익에 참여하게 하신다

이렇게 온전한 하나님이신 성령님께서 하시는 일 중에 가장 현저한 것은 그리스도께서 그 분의 구속으로 이루신 모든 유익을 우리에게 가져다 주시는 것이다. 아버지께로서 나오시는 진리의 성령님은 그리스도를 증거하신다(요 15:26). 성령님은 그리스도의 것을 가지고 우리에게 알리신다. 그리하여 그 분은 그리스도의 영광을 나타내시는 것이다(요 16:14). 성령님은 그리스도께서 말씀하신 모든 것을 생각나게 하시고, 모든 것을 가르치실 것이다(요 14:26). 그리하여 그 분이 우리를 모든 진리 가운데로 인도하실 것이다(요 16:13). 성령님께서는 일차적으로 교회에 대해서 이런 일을 하신다. 그래서 그 분은 사도들을 영감하시고 그들에게 계시를 기록하도록 하셨다. 또한 개인적으로도 우리 개개인이 성령님으로 다시 나게 되고, 그렇게 중생한 자로서 성령님의 가르치심과 인도하심을 받게 된다(요 3:5). 그런데 이 다시 나게 됨은 결국 그리스도의 부활 생명에로 다시 나는 것이므로, 이 중생도 결국 그리스도의 십자가에서의 죽으심과 부활에 근거해서 발생하는 것이다. 그러므로 엄밀하게 말하자면, 그리스도의 구속사적 사역이 있고서야 성령님의 새언약적 사역이 있을 수 있는 것이다.*

성령님께서 그리스도의 구속의 유익을 우리에게 적용시키시는 일의 시작이 바로 이 중생이다. 우리는 중생으로 말미암아 그리스도의 부활 생명에 참여하고, 그 부활 생명의 약동으로 하나님의 효과적인 부르심에 반응하여 회개함으로 하나님을 믿는 변개의 경험을 하고, 그리스도를 믿음으로 값없이 의롭다함을 받으며, 그 후 계속해서 평생을 회개하며 하나님을 믿는 하나님의 자녀로서의 성화의 길을 걸어가게 된다. 그리스도께서 재림하실 때, 즉 우리의 몸과 영혼이 온전히 다 영화될 때까지 말이다. 그리스도의 속죄의 공로를 적용받는 이 모든 일은 다 성령님 안에서 성령님의 사역으로 말미암는 일이며(the works of the Holy Spirit), 따라서 우리는 우리의 구원의 서정에 있어서 언제나 그리스도의 공로에 의지하고 성령님의 사역에 의지할 수밖에 없는 것이다. 시간적으로는 그리스도의 구속 사건이 먼저 있고, 그것을 성령님께서 우리에게 적용시키시지만, 실

* 그러나 성령님께서는 오순절 날 구속사적 사역의 한 부분으로 교회에 강림하시기 전에도 장차 이루실 그리스도의 사역에 **미리 근거해서** 구약의 백성들을 중생시키시고, 그들 안에 계시고, 그들을 인도하시는 일을 하고 계셨다고 보아야만 한다. 구약에는 이 사실이 현저하게 나타나지 않았고, 제한적으로만 표현되었을지라도 말이다. 그러므로 다음에 언급할 일들은 본질적으로도 성령님의 예기적 사역으로 구약에서도 있었다고 보아야 할 것이다.

질적으로 그리스도의 공로에 의지하는 것과 성령님께 의지하는 것은 떼어질 수 있는 것이 아니다.

3. 성령님은 우리 안에 주어져 영원히 내주하신다

그러므로 성령님의 놀라운 사역으로 말미암아 그리스도와 함께 죽고 함께 일으킴을 받은 우리의 삶은 성령님 안에 있는 삶이며, 성령님의 지배를 받는 삶이다. "우리가 성령님 안에 있기" 때문이다. 그런데 이것을 때로는 "성령님이 우리 안에 계신다" 또는 "성령님께서 내주하신다"고 표현하기도 한다. 그러므로 성령님께서 우리 안에 계신다는 말과 우리가 성령님 안에 있다는 말은 서로 다른 말이 아니다. 그 말은 함께 사용되어서 우리와 성령님 사이의 밀접한 관계를 지칭하는 데 사용되는 것이다.

예수 그리스도께서 대제사장적 기도에서 다음과 같이 표현하신 성부와 성자 사이의 밀접한 관계와 이것을 비교해 보라: "아버지께서 내 안에 내가 아버지 안에 있는 것 같이 … 우리가 하나된 것 같이"(요 17:21, 22). 이는 그 둘이 하나이며(요 10:30), 그러나 또 구별된다(distinct); 구별되는데 그들이 하나이며 서로 안에 있다고 말하는 것이다. 그래서 한 곳에서는 성자께서 "내가 너희에게 이르는 말이 스스로 하는 것이 아니라 아버지께서 내 안에 계셔 그의 일을 하시는 것이라"고도 말할 수 있을 정도였다(요 14:10). 과거로부터 모든 정통 신자들이 그렇게 고백해 왔고, 이 말씀에 근거해서 카슨이 잘 말하고 있듯이, 성부 하나님과 성자 하나님은 구별될 수는 있으나 하나이신 것이다.[8]

그러므로 "서로가 서로 안에 있다"는 표현은 가장 깊이 사랑하는 가장 밀접한 관계를 표현하는 말이다. 마치 구약의 아가서에서 가장 깊은 사랑의 관계를 표현하면서 "나의 사랑하는 자는 내게 속하였고 나는 그에게 속하였구나"(아 2:16, 6:3, 7:10)라고 표현했던 것과 같다. 그러나 이와 같이 "서로가 서로에게" 속한 관계의 궁극적 모델은 성부 하나님과 성자 하나님과 성령 하나님의 관계이다. 인간의 사랑은 그에 대한 유비일 뿐이다. 그런데 그와 같이 깊은 신비한 연합이 우리와 성령님 사이에 있다고 성경은 말한다. 성령님은 영원토록 우리와 함께 계신다(요 14:16). 그 분은 우리와 함께 거하시고, 우리 속에 계시는 것이다(요 14:17).

그런데 성령님이 우리 안에 있고, 우리가 성령님 안에 있는 것은 결국 그리스도께서 우리 안에 그리고 우리가 그리스도 안에 계신 것과 다른 실재가 아니다. 그래서 성령님이 우리 안에 계실 것이라고 말하시던 주님께서는 얼마 뒤에 "**그 날에는** 내가 아버지 안에 **너희가 내 안에 내가 너희 안에 있는 것**을 너희가 알리라"(요 14:20)고 말씀하실 수 있었다. 이는 예수님께서 죽은 자들 가운데서 부활, 승천하신 후에 성령님이 제자들에게 주어진 그 날에 제자들의 심령 가운데서 일어날 인식을 말씀하시는 것이라고 할 수 있다. 성령님이 제자들 안에 있게 되고 제자들이 성령님 안에 있게 되면, 그 때가 곧 제자들이 성자 안에 성자께서 제자들 안에 계신 것이라는 말이다. 또한 지상 명령을 우리에게 주시면서도 "볼지어다 내가 세상 끝날까지 너희와 항상 함께 있으리라"(마 28:20)고 말씀하신 것을 생각해 보라. 물론 그리스도께서 그 분의 몸으로 지상 명령을 수행하는 그 분의 백성들과 함께 계시는 것은 아니다. 그 분의 몸은 재림 때까지 하나님께서 계신 곳 "하늘"(heaven)에 있다. 그러나 **영적으로** 그리스도께서는 그 분의 지상 명령을 수행하는 이들과 항상 함께하신다. 하이델베르크 요리 문답 제47문에서 다음과 같이 잘 표현하고 있는 바와 같다:

그리스도는 참 사람이요 참 하나님이십니다.

그러므로 그의 인성으로는 그는 더 이상 땅 위에 계시지 않는 것입니다.

그러나 그의 신성과 엄위(嚴威)와 은혜와 영으로는

그가 그 어느 때에도 우리에게서 떠나 계신 때가 없는 것입니다.[9]

이처럼 그리스도께서 영적으로 함께하시는 것은 성령님께서 함께하심과 같은 것이다. 그래서 때로는 성령님을 "그 아들의 영"이라고 하시기도 하셨다: "너희가 아들인 고로 하나님이 그 아들의 영을 우리 마음 가운데 보내사 아바 아버지라 부르게 하셨느니라"(갈 4:6). 또한 "하나님의 영"과 "그리스도의 영"을 연관시키며 상호 호환적으로 사용하고 있는 로마서 8:9을 살펴보고, 이를 로마서 8:2의 성령과 11절과 연관하면 이는 모두 성령을 지칭하는 표현들임을 알 수 있게 된다. 베드로는 구약의 선지자들에 대해 언급하면서 "자기 속에 계신 그리스도의 영이 그 받으실 고난과 후에 얻으실 영광을 미리 증거하여 어느 시 어떠한 때를 지시하는지 상고하니라"고 말하고 있다(벧전 1:11). 이는 구약 선지자들 안에서 성령께서 역사하신 것을 "그리스도의 영"으로 언급한 것으로 볼 수 있다.[10] 또한 갈라디아서 4:6의 "아들의 영"을 빌립보서 1:19의 "예수 그리스도의 성령"과 연관시키면, 이 모든 표현들이 모두 성령님을 지칭하며 성령님께서 얼마나 성자의 사역과 밀접한 관계를 지니고 있는지가 잘 드러난다.

4. 성령님으로 살고, 성령님으로 행하는 일

성령님에 대한 가르침을 받고 우리가 성령님 안에 성령님이 우리 안에 영원히 내주하신다는 것을 깨달은 후에 우리에게 남은 한 가지 과제는 이

제 계속해서 "성령님으로 행하는 것"이다. 그것은 "성령을 좇아 행하는 일"이며(갈 5:16), "성령의 인도하시는 바가 되는 것"이다(갈 5:18). 그것은 "성령의 충만을 받는 것"(엡 5:18)과도 밀접한 관계를 지닌다. 그것은 결국 성령님께 민감해서 그 분이 가르치고 인도하시는 대로, 또한 성령님의 힘에 의존해서 따라가는 인격적인 삶을 사는 것이다. 성령님은 결코 우리의 인격을 배제한 채 우리를 황홀경 가운데서 인도하고 가르치시는 것이 아니다. 오히려 성령님은 우리를 창조하신 하나님의 형상이 가장 잘 반영되도록 우리를 인격적으로 인도하고 가르치신다.[11] 그러므로 성령님으로 행하며, 성령님의 인도를 받는 삶에 대한 시금석을 우선 다음 두 가지로 제시해 볼 수 있을 것이다.

(1) 성령님의 힘으로 온전하고 구비된 그리스도적인 품성이 드러나는 삶이다. 즉, "사랑, 희락, 화평, 오래 참음, 자비, 양선, 충성, 온유, 절제"가 잘 조화되어 나타나는 성령의 **한 열매를** 내는 삶이다(갈 5:22, 23). 그런 삶을 사는 이들에게서는 "음행, 더러운 것, 호색, 우상 숭배, 술수, 원수 맺는 것, 분쟁, 투기, 분냄, 당 짓는 것, 분리함, 이단, 시기, 술취함, 방탕함, 또 그와 같은 것들"이 나올 수 없다(갈 5:19-20). 그러므로 참된 그리스도인은 하루 아침에 다 되는 것은 아니더라도 날마다 점진적으로 그리스도적인 품성이 온전히 드러나는 삶을 향해 성령님에게 의존해서 나아간다.

또한 (2) 성령님의 인도하심을 받고 성령님을 좇는 이들은 하나님 나라의 백성으로서 이 나라가 어떤 나라이며, 어떻게 시작되었고, 어떤 상황 가운데 있는지에 유의하며 그 나라와 의를 위해 살아간다. 특히 그 나라를 중시하는 교회의 사명을 유의하면서 교회가 참으로 교회답게 그 사명을 다해갈 수 있도록 "교회의 지체"[教會我]로서의 모든 활동을 성령님의 능력 안에서 열심히 해 나가는 것이다. 교회는 항상 성령님의 능력 안에 있어야 하기 때문이다. "교회는 성령님의 인도하심을 따르고 성령님께서 제공하는 힘 가운데서 전진할 때에라야 유효한 힘을 발휘할 수 있는 것"이다.[12]

이런 것들이 어떤 이가 과연 성령님 안에 살고 성령님의 인도하심을 받는지를 잘 드러내 주는 것이다. 성령님께서 이루시는 온전한 그리스도인의 인격이 나타나지 않으며, 하나님 나라와 그 나라를 드러내는 교회의 지체 역할을 제대로 하지 않는 이가 성령님의 인도하심을 받고 있다고는 결코 말할 수 없다. 아무리 성령님에 대해서 많은 이야기를 하고, 성령의 능력을 강조한다고 해도 이와 같이 온전한 성령적 인격성의 드러남과 하나님 나라 중심의 태도가 나타나지 않는다면, 그것은 성령님의 역사라고 할 수 없음을 주의해야 한다. 한국 교회의 모든 성도들이 이런 시금석을 가지고 있어야 한다. 이런 시금석을 가지고서 신중하게 판단할 경우, 우리는 이단의 가르침을 따를 수 없고, 나아가 우리 자신이 이단의 방향으로 나아가는 일을 하지 않게 될 것이다. 상당히 많은 이단 종파가 성령님을 강조하고 나오는 것은 이런 점에서 매우 흥미로운 일이다. 그러므로 우리는 항상 성령님에 대한 성경의 가르침에 유의해서 우리가 이상한 방향으로 나아가지 않도록 해야 한다.

바라기는 우리 모두가 성령님을 바르게 알고, 성령님의 힘에 의존해서 성령님이 원하시는 온전한 그리스도인과 하나님 백성으로서의 삶을 살아 갈 수 있기를 원한다.

하이델베르크 요리 문답 제53문은 성령님에 대한 이해를 다음과 같이 요약해 주고 있다:

(문) 당신은 성령님에 관해서 무엇을 믿습니까?

(답) 첫째로, 나는 성령님이 성부와 성자와 함께 영원하신 하나님이심을 믿습니다.

둘째로, 나는 그가 개인적으로 내게 주어진 바 되었다는 것을 믿습니다.

그래서 그는 나로 하여금 참된 신앙에 의해서
그리스도와 그의 모든 축복에 참여하게 하시고,
나를 위로하시며,
나와 영원히 함께하심을 믿습니다.

함께 토의할 문제

1. 성령님은 누구십니까?

2. 다음 구절에 근거해서 성령님과 성부 하나님과 성자 하나님의 관계를 표현해 보십시오.

   (1) 요 15:26 ______________________________

   (2) 성령님의 나오심과 보내어지심의 관계는 무엇입니까? (280쪽 참조)

   ____

   ____

3. 행 5:1-11을 읽고 생각해 보십시다.

   (1) 이 본문에서 성령님은 어떤 분이라고 여겨집니까?

   ____

   (2) 성령님을 속였다는 것은 무엇을 뜻합니까?

   ____

   (3) 아나니아와 삽비라의 궁극적인 문제는 무엇입니까? (280쪽 참조)

   ____

   (4) 이를 볼 때 우리가 유의해야 할 것은 무엇입니까?(281쪽 참조)

   ____

   ____

4. 성령님이 하시는 일을 말해 보십시오.

(1) 요 3:5 ______________________________

(2) 요 15:26; 16:13-14 ______________________________

(3) 요 14:16, 17 ______________________________

i) 그 뜻을 다음 구절에 비추어 생각해 보십시오. (아 2:16, 6:3, 7:10)

____

ii) 성령님의 내주하심과 그리스도의 함께하심의 관계를 말해 보십시오.

(요 14:20, 마 28:20) ______________________________

____

5. 우리가 이 세상을 사는 방식은 어떤 것이어야 합니까? (갈 5:16, 18)

____

성령님의 인도하심을 받고 있는지 여부를 알아보는 시금석은?

(1) 갈 5: 22, 23 ______________________________

____

(2) 334쪽 참조 ______________________________

우리의 삶이 과연 성령님의 인도하심을 받아 가고 있는지 생각해 보십시오.

____

20장

"하나의 거룩하고 보편적 교회를 믿사오며"

본문: 에베소서 2:11-22

I. 교회란 무엇인가?

교회란 그리스도의 구속 사역에 근거하여 성령님의 사역과 말씀으로 그리스도께서 이 땅 위에서 얼마든지 불러 모으시는 하나님의 백성들로 이루어진 하나님 나라의 공동체이다.[1] 하이델베르크 요리 문답 제54문에 대한 대답은 이런 인식을 다음과 같이 표현하고 있다: "나는 하나님의 아드님께서 그의 성령과 말씀을 통해서 세상 처음부터 마지막까지 온 인류 가운데서 영생을 위해 선택하신 참된 신앙의 통일성 안에 있는 공동체를 그 분을 위하여 모으시고, 보호하시고, 보존하신다는 것을 믿습니다. 그리고 이 공동체에 대해서 나는 지금도 그러하고, 앞으로도 영원히 산 지체인 것입니다."[2] 이처럼 교회는 하나님과 그리스도의 사역으로 말미암아 세워졌고(마 16:18), 지금도 유지되어 가고 있는 공동체이다. 그 분은 **지금도 교회를 모으시고, 보호하시고, 보존하신다**. 교회는 이렇게 하나님과 그리스도와 성령님의 사역으로 이 땅에 있는 것이다. 교회는 결코 사람이 세우거나 개척하거나 운영하거나 유지해 나가는 것이 아니다.[3] 따라서 우리는 그런 생각이나 그런 표현을 하지 않도록 항상 주의해야 한다. 왜냐하면 교회는 사람의 힘으로 세워지거나 유지될 수 있는 공동체가 아니기 때문이다. 교회는 그리스도께서 친히 약속하시고 이루시는 대로, 그 분이 친히 세우시고 보호하시며 보존하시는 것이다. 따라서 교회는 **하나님의 힘으로서만 세워질 수 있는 것이고, 하나님의 힘으로 보호되며 보존되는 것이다**. 우리는 이것이 그저 성경에서 말하는 이상적인 이야기이기만 한 것이 아니고, **아주 현실적인 이야기임**을 분명히 의식하고 이렇게 교회를 세우시고 유지하시고 보존하시고 보호하시는 하나님을 믿고, 이 일을 하시는 그리스도의 통치를 받아야만 한다. 그렇지 않을 때 우리는 교회를 세우시고 보호하시고 보존하시는 교회의 왕이신 그리스도를 무시하는 것이 된다. 우리 주님께서는 이 세상에서 가장 강력한 힘인 죽음이라는 음부의 권세도 교회를 이기지 못할 것이라고 말씀하셨다(마 16:18).

따라서 교회의 지체로 있는 일은 한편으로는 하나님의 역사와 성령의 역사를 기다리는 매우 수동적인 것이면서, 또 한편으로는 성령께서 하나님의 뜻을 깨닫게 하시고 그것을 이루어 가도록 알려 주실 때 자신의 모든 것을 다 드리는 매우 적극적인 일이기도 하다. 이런 의미에서 하나님께서 친히 세우시고 보호하시며 보존하시는, 삼위일체 하나님의 사역으로 존재하는 이 영광스러운 공동체의 영원한 **산 지체**(a living member)로 산다는 것은 매우 독특한 경험이다. 그것은 하나님의 관점에서 보았을 때 얼마나 놀라운 일인지 모른다. 그러므로 우리는 교회의 산 지체요 회원됨에 대해서 큰 긍지를 가지고, 그 사명을 다하도록 해야 한다.

물론 이 교회는 이렇게 세상에 나타나기 전에 하나님의 마음속에 이미 영원 전부터 있었다. 그것은 택함 받은 이들의 총수로 구성되는 "하나님의 눈에만 보이는", 그래서 우리들 인간의 눈에는 "보이지 않는 교회"(不可視的 敎會, 혹은 無形 敎會, church invisible)라고 할 수 있다. 그런데 이런 "보이지 않는 교회"는 반드시 이 땅 위에서 '보이는 교회'(可視的 敎會 혹은 有形 敎會, church visible)의 형태로 드러나게 되어 있고 또 드러나야만 한다.[4] 다시 말하지만, 보이지 않는 교회와 보이는 교회는 서로 절연되어 있는 다른 교회가 아니다. 우리의 눈에 보이지 않는 교회가 보이는 교회로 그 자태를 드러내야 한다. 이 "눈에 보이는 교회"는 지상의 모든 교회, 즉 1세기부터 재림 때까지의 모든 교회를 다 일컬을 수도 있고, 1세기의 교회, 5세기의 교회, 혹은 20세기의 교회와 같이 각 시대의 구체적인 교회 전체를 말할 수도 있으며, 독일 교회, 영국 교회, 또는 한국 교회와 같은 나라별로 구성된 구체적인 교회를 말할 수도 있고, 한 지역의 아주 구체적인 교회들(예를 들어, 영국 런던 중심부에 있는 All Souls Church, Westminster Chapel, 또는 한국에 있는 강변 교회, 언약 교회, 실로암 교회, 다니엘 교회, 낙원 교회, 나누며 섬기는 교회, 언덕 교회 등등)을 뜻할 수도 있다.[5]

그런데 이 교회들은 하나님 나라의 공동체로서 교회가 마땅히 드러내야만 하는 특성을 가지고 있어야 한다. 이를 전통적으로 교회의 속성들(the attributes of the Church)이라고 불러 왔다. 참된 교회라면 교회는 이미 다음에 언급할 속성들을 가지고 있어야 한다. 교회는 근본적으로 하나님의 심중(心中)에 있는 우리의 눈에 보이지 않는 교회이기 때문이다. 그러므로 교회는 자신들이 이미 교회의 속성들을 가지고 있음을 의식하면서, 그러나 또한 부지런히 그 속성들을 **아주 현저하게 밖으로 드러내도**

록 힘써야만 한다(교회의 "아직 아니"의 측면은 이렇게 교회의 노력과 힘씀을 요구한다).[6] 우리는 이미 교회이지만(하나님의 은혜, *Gabe*), 아직 온전하지는 않으므로 부지런히 교회의 교회됨을 향해 노력해야 한다(우리의 과제, *Aufgabe*). 그러나 이 때 교회의 "이미"가 교회의 "아직 아니"에 깃들여 있는 노력과 힘씀의 근거가 된다는 것을 잊어서는 안 된다.

각 시대의 교회들 가운데서 이 일에 충실한 교회는 하나님 앞에서 신실하고 바른 교회였으나, 이 일에 충실하지 않은 교회는 아주 연약한 교회였다. 그리스도의 착하고 신실한 종들과 악하고 게으른 종들의 차이가 여기서 나타난다. 그리스도의 착하고 신실한 종은 그리스도의 뜻을 알고 그것을 추구하고 나간 데 반해서, 악하고 게으른 교회는 주어진 교회의 사명을 알지도 못하고, 따라서 추구하지도 않아 그것을 전혀 하지 않든지 아니면 자기 식의 종교적 열심을 내어서 어떤 일을 열심히 하지만 사실은 그런 종교적 일 가운데서 주님의 뜻에서 멀리 떨어져 나갔다. 어떤 교회는 연약한 정도가 아니라 아주 어두워진 교회도 있었다. 또한 참 교회의 모습에서 아주 멀리 떨어져 있어서 개혁을 필요로 한 교회도 있었다. 종교성이 아주 많은 것 같으나 성경이 가르치는 교회의 참된 모습에서 멀리 벗어나 있던 중세 말기의 교회가 그러했고, 또 많은 이들은 오늘날의 교회가 그러하다고 판단한다. 그러므로 각 시대의 구체적인 교회는 자신들이 과연 어떤 상황에 있는지를 명확히 살펴보아야만 한다. 우리 교회는 과연 교회의 속성들을 잘 드러내기 위해서 힘쓰는 교회인지 알기 위해서는 교회가 마땅히 드러내야만 하는 다음의 속성들을 잘 검토해 보아야 한다.

II. 교회가 지향해야 하는 교회의 속성들

1. 교회의 통일성: "모든 교회는 하나이다"

성경의 가르침에 의하면, 모든 참된 교회는 하나이다. 그러므로 우리가 진정한 그리스도인들이라면, 우리도 바울과 베드로가 속해 있던 바로 그 교회에 속하며, 어거스틴과 안셈이 속해 있던 그 교회, 개혁자들인 루터와 칼빈이 속했던 그 교회, 요한 웨슬레와 요나단 에드워즈, 그리고 스펄전과 워필드가 속했던 그 교회에 속한 교우들인 것이다. 과거에 이 세상에 있던 신실한 성도들이 속해 있던 그 교회에 지금 우리가 속해 있는 것이라는 말이다. 진정한 교회는 이렇게 하나이다.

교회의 이러한 통일성을 깊이 생각할 경우, 우리는 무엇보다 먼저 사도적 가르침(apostolic teaching)에 충실해서 그리스도를 믿는 일과 아는 일에 하나가 된 모습을 나타내는 일에 힘써야 한다(엡 4:13). 사도적 가르침에서 벗어난 교회는 진정한 교회가 아니기 때문이다. 그런 교회는 이단이든지 배교한 교회일 뿐이다. 따라서 그런 교회는 여기서 우리가 말하는 하나의 교회 안에 있지 않다. 사도적 가르침만이 교회를 하나로 만드는 유일한 토대이다. 그래서 교회를 사도와 선지자의 터 위에 세우심을 받았다고 하신 것이다. 교회가 진리를 모르거나 진리에서 멀리 떨어져서는 진정한 하나의 교회에 속할 수 없다. 그러므로 우리는 우리가 과연 사도적 가르침에 충실한 교회에 속해 있는지를 잘 살펴보아야 하고, 교회는 무엇보다도 사도적 가르침을 충실히 배우고 그 가르침에 충실한 모습을 이루려고 노력해야 한다. 우리가 처한 상황 속에서 교회로서의 일을 한다고 하면서 사도들의 가르침을 저버리거나 무시하고, 성경을 그대로 믿지 않는 교회는 스스로 과연 하나의 교회, 즉 사도적 교회에 속해 있는지를 점검해야 한다.*

또한 교회의 성원들이 서로 잘 모르거나, 아예 성원들이 서로 깊이 있게 알고 사랑할 수 없는 구조를 가지고 있든지, 또 서로 사랑하지 않는다면, 그런 교회는 교회의 하나됨을 잘 드러내지 못하는 교회인 것이다. 그러므로 우리는 우리가 속해 있는 구체적인 교회의 모든 성원들을 좀더 깊이 알고 구체적으로 사랑을 나누기 위해서 최선의 노력을 기울여야만 한다. 우리가 속한 지교회(肢敎會)가 사랑으로 뭉쳐 있는 것을 우리의 구체적인 교제에서 잘 드러내야 할 것이다(이것에 대해서는 다음 번에 논의할 "성도가 서로 교통함"에서 좀더 구체적으로 생각해 보기로 하겠다).

이와 같이 참된 하나의 교회에 속해 있기 위해서는 개개의 지교회(肢敎會)가 사도적 가르침에 충실하며, 서로 사랑하는 일로 하나가 되어야만 한다. 그런 의미에서 교회는 진리와 사랑으로 하나가 된 공동체이다.

그러나 개개의 지교회가 이렇게 하나가 되었다고 해서 교회의 통일성과 하나됨을 다 드러낸 것은 아니다. 교회의 진정한 하나됨은 이 땅에 있는 모든 교회들과 진정으로 하나라는 것을 드러낼 때에야 비로소 드러나는 것이기 때문이다. 칼빈 신학교의 조직신학 교수였던 프레드 클로스터

* 모든 이단에 속해 있는 이들에게 강한 도전을 여기서 하고 싶다. 이 세상의 여러 사람들이 우리가 이단이나 이단에 가까운 종교 집단에 속해 있다고 하거든, 그 말을 무시하지 말고 그 말을 잘 생각해 보고, 성경을 탐구하여 과연 우리가 사도적 가르침에 충실한지를 점검해야 할 것이다. 그리고 우리가 속한 교회가 과연 사도적 가르침에 충실한지 여부는 교회의 가르침 및 우리가 지금 공부하는 사도신경에 대한 성경적 가르침과 잘 비교해 보는 것도 좋은 판단의 지침이 될 수 있을 것이다.

가 잘 표현하고 있듯이, “예루살렘과 아테네, 하이델베르크와 제네바, 암스테르담과 에딘버러, 뉴욕과 샌프란시스코, 상파울로와 서울에 걸친 그리스도의 큰 교회”를 바라보고, 그 교회가 하나의 교회라는 것을 생각해야 한다.[7] 진정한 교회가 모두 하나라는 것은 각 교회가 이런 의식을 가지고 같이 주어진 사명을 수행하기 위해 노력해 가는 데서 나타난다. 그러므로 오늘날 유행하고 있는 개교회주의(個敎會主義)라는 것은 교회의 교회 됨에 반(反)하는 현상이라는 것을 우리 모두가 강하게 의식해야만 한다. 진정한 교회에 속한 우리는 서로 경쟁하는 이들이 아니라, 서로 위하고 격려하여 같이 사명을 이루어가도록 힘써야 하는 것이다. 그러므로 일차적으로 이웃 교회와 하나됨을 잘 드러내는 일이 무엇인지를 찾고 실천해 보려고 노력하는 일은 매우 귀한 일이다. 먼 지역으로 성도가 이사할 때에 자연스럽게 이명 증서(移名證書)를 가지고 다른 지역의 교회에로 가는 것도 교회와 교회간의 하나됨을 드러내는 방식의 하나이다.

그러기 위해서는 어느 지역의 교회이든지 모든 지교회(肢敎會)가 다 사도적 가르침에 충실하고 하나님의 말씀의 은혜를 풍성히 받으며, 힘써 사랑의 교제를 나누는 교회가 되어야 한다. 이와 같이 **교회의 질적 성장에 의한 상향적 평균화**는 교회의 하나됨을 구체적으로 가시화하는 일을 위한 현실적 준비인 것이다.

그리고 어떤 명백한 신학적 이유가 없는 한 모든 교단들은 다 하나의 교단이 되려고 노력해야만 한다. 특히 다 같이 보수적 개혁주의 신학을 가지고, 장로교적 정치 형태를 가지고 있는 교회들이 각기 다른 교단으로 나뉘어져 있는 한국 장로교회의 현실은 그 원인이 어떠하든지 하나님 앞에서 있을 수 없는 일이다. 우리는 우리의 이런 현실을 “문제가 되는 현실", "죄된 현실"이라고 여기면서, 이런 현실에 대해서 진지하게 회개하고 이를 바꾸려고 노력해야만 한다. 비록 그것이 여러 가지 현실적 여건 때문에 이루어지기 어렵다 해도, 적어도 그런 의식과 노력을 가지고 살아야 교회의 하나됨을 드러낼 수 있는 것이다. 그런 의식도 없고, 그런 노력도 전혀 하지 않는 교회는 교회를 세우시고 통치하시는 하나님과 그 분의 뜻을 별로 귀중하게 여기지 않는 것이다.

2. 교회의 거룩성: "교회는 거룩한 교회이다"

이렇게 하나인 교회는 모두 우리 주 예수 그리스도의 교회이므로 그리스도의 객관적인 의(義)로 말미암아 이미 의로운, 따라서 따로 구별되어[聖別되어] 하나님께 드려진 거룩한 교회이다. 이 객관적인 거룩성에 대한 인식이 우리들의 주체적 거룩성의 기초가 된다. 교회는 천주교회 사람들이 생각하듯이 교회 안에 있는 의식(儀式)이나, 또 다른 것들로 인해서 거룩해지는 것이 아니고, 교회의 머리요 통치자이신 그리스도의 의(義)로 인해서 거룩해지는 것이다. 우리의 머리되시는 그리스도가 없이는 우리는 전혀 거룩할 수 없다. 그러므로 그리스도와의 생명적 연결성이 교회의 생명이다. 그리스도와 생명적으로 연관되어 있음으로 우리에게 전가되는 그리스도의 온전한 의와 거룩함만이 교회의 거룩함의 근거가 된다. 우리는 그리스도에게 속해 있는 존재이기 때문이다(요 15:1-6).

그리스도와 생명적으로 연결된 교회는 그 구성원들이 지닌 이 그리스도와의 생명적 연관성에 근거해 그들을 모든 면에서 주관적으로도 거룩하게 만들어 간다. 그러므로 교회의 거룩성은 성도들의 성화와 밀접한 관련을 가지고 있다. 그런데 성경에 의하면 성화는 개인적인 것만이 아니라 교회적인 것이고 공동체적인 것이다. 교회에 속한 지체(肢體)들이 성화한 만큼 교회는 거룩성을 드러낼 수 있다. 우리가 같이 성화해 가야 우리가 속한 교회가 거룩한 교회임을 드러낼 수 있는 것이다. 그러므로 참된 교회는 그리스도와의 연관성에 근거해서 거룩함을 향해 나아가는 교회이다.

그런데 우리가 주체적으로 거룩해지는 것은 성령님께서 진리인 하나님의 말씀을 사용하셔서 이루어지는 것이므로(요 17:17), 우리는 항상 성령님께서 성경의 말씀을 깨닫게 하시는 바에 민감해야만 한다. 그리고 교회 안에서는 다른 무엇보다도 성경의 도리 전체를 폭넓게 가르침 받는 일에 최선의 노력을 기울여야만 한다. 교회는 이렇게 하나님의 말씀을 배우고 그것을 깨달아 가는 공동체이다. 그래서 개신교회에서는 전통적으로 교회로 모이는 시간의 상당 부분을 하나님의 말씀을 배우는 데 투자해 왔다. 그런데 그것은 지적인 호기심을 채우기 위해 그렇게 하는 것이 아니라, 그 가르침을 받은 구성원들이 그 말씀을 가지고 역사하시는 성령님의 사역을 통해서 참된 성화를 이룸으로 그 공동체가 참된 거룩성을 잘 드러내도록 하기 위한 것이다. 그러므로 모든 교회의 성원들은 이런 목적에 충실한 하나님의 말씀에 대한 탐구가 교회 안에서 이루어짐으로 교회가 거룩성을 잘 드러낼 수 있도록 해야 한다.

그런 관점에서 본다면, 과연 어떤 교회가 거룩한 교회일까? 첫째는, 사도적 가르침에 충실하여 하나님의 말씀의 가르침을 잘 받으며, 그 진리에 대해 적극적인 수호와 변증과 선포를 하는 교회가 거룩한 교회이다. 둘째는, 그 말씀을 사용하시는 성령님의 사역으로 말미암아 그 교회의 각 지체들이 많이 성숙하고 성화를 온전히 이루어 나가는 교회가 거룩한 교회이다. 셋째는, 교회의 이런 거룩성을 잘 유지하기 위해서 교회의 모든 성원들이 다 같이 성장하고 성화할 수 있도록 서로 격려하고 힘쓰는 교회가 거룩한 교회이다. 그리고 혹시 같이 힘쓰지 않는 이들이 있으면 그들을 교회의 징계(discipline)를 통해서라도 같이 성숙해 나가도록 해야 하는 것이다. 특히 바른 가르침에서 벗어나는 이들에 대해서는 사랑의 심정에서 아주 분명한 태도를 취하여 교회의 거룩성을 유지하도록 해야 한다.

다시 한 번 더 정리하자면, 우리는 이미 그리스도의 의로 말미암아 거룩해진 공동체이다. 따라서 우리는 이 객관적 거룩성을 교회의 진리에 대한 순종과 지체들의 성숙과 성화를 통해 주체적으로 드러내야만 한다.

3. 교회의 보편성: "교회는 보편적인 교회, 즉 공교회이다"

교회에는 교회의 보편성(catholicity)이라는 또 하나의 속성이 있다. 그것은 교회는 이 세상의 인종, 성별, 지위, 교육 정도 등등의 모든 차이를 넘어서는 공동체라는 말이다. 이 보편성은 신약 교회가 가장 현저하게 드러내는 속성이다. 시대의 성격상 구약의 교회는 충분히 보편적일 수 없었다. 왜냐하면 그 시대는 종국적 넓어짐을 위해서 아브라함의 자손과 이스라엘 민족이라는 좁은 통로로 좁혀진 특정주의(particularism)의 시대였기 때문이다. 그러나 그 때에도 우주적이며 보편적인 관점을 잃어버렸던 것은 아니다. 아브라함을 부르시는 하나님은 땅의 모든 족속을 염두에 두시는 하나님이셨고(창 12:3), 이스라엘의 구원자는 온 세상을 소유하시고 온 세상을 통치하시는 하나님이셨다(출 19:5; 시 103:17-19; 시 47:2-4, 7-9). 그러므로 구약 시대에도 보편성에 대한 관심이 있었다고 보아야 한다.

그러나 교회의 보편성이 명확하게 드러난 것은 예수 그리스도께서 오셔서 그 분의 십자가의 사역으로 말미암아 유대인과 이방인 사이에 있었던 담을 허시고 그 둘로 하나를 만드신 일로부터 시작되었다고 할 수 있다(엡 2:14, 15). 신약 시대에서 교회의 보편성은 아주 분명히 드러났다. 이제는 우리가 "다 믿음으로 말미암아 그리스도 예수 안에서 하나님의 아들이" 되었으므로, 이런 우리들은 "유대인이나 헬라인이나 종이나 자유자나 남자나 여자 없이 다 그리스도 예수 안에서 하나"인 것이다(갈 3:26, 28). 왜냐하면 진정으로 그리스도에게 속한 자라면 우리 모두가 아브라함의 자손이요, 약속대로 유업을 이을 자이기 때문이다(갈 3:29). 그러므로 그런 자들의 공동체인 교회 안에는 그 어떤 차별도 있을 수 없고 있어서도 안 된다.

이 모든 차별을 그리스도 안에서 극복한 공동체는 그런 공동체의 모습 그대로 이 세상의 빛이다. 왜냐하면 이 세상에는 세상 끝날까지 이런 저런 종류의 차별이 있을 것이기 때문이다. 그러므로 모든 차별이 있는 이 세상 한 가운데 차별이 없이 서 있는 교회 공동체는 놀라운 복음의 빛을 세상에 비취는 것이다. 그러므로 우리가 가장 힘써야 할 일 중의 하나는 이런 보편성이라는 특성에도 불구하고 교회 안에 남아 있는 모든 차별을 없애는 것이다. 유대인 교회와 이방인 교회의 구별이 없듯이, 남자들의 교회와 여자들의 교회의 구별이 있어서는 안 되며, 가진 자들의 교회와 빈자(貧者)들의 교회의 구별이 있어서도 안 된다. 또한 한 교회 안에 귀족들과 평민, 노예의 차별이 있어서는 안 되듯이, 한 교회 안에 백인, 흑인의 차별이 있어서도 안 된다. 따라서 한 교회 안에 전라도 사람, 경상도 사람 등등의 차별이 있어서도 안 된다. 그러므로 보편성과 관련하여 성경의 가르침에 충실한 이상적인 교회는 남녀의 구별 없이, 빈부귀천의 구별 없이, 교육 정도의 구별 없이, 노소의 구별 없이 모든 종류의 사람들이 다 같이 참여할 수 있는 교회인 것이다. 그러므로 특정한 사람들만이 올 수 있는 형태와 구조를 지닌 교회는 될 수 있으면 지양해야 한다.

그러나 이런 차별을 없앤다는 것이 교회 안에서 모든 구별이 없게 한다는 뜻은 아니다. 교회의 보편성 안에서도 남자와 여자의 구별은 있고, 그 역할의 차이도 있다.[8] 또한 각자의 은사와 기능에 의한 차이도 이 세상 안에서는 계속된다. 단지 이 모든 차이를 교회 전체를 위해서 사용할 경우, 그것은 교회의 풍성한 교제를 위해 더 큰 도움이 되는 것이다.

그러나 교회 안에서 이런 정당한 구별은 유지하면서도 차별을 없애려고 노력하는 것은 교회의 보편성에 대한 소극적인 작업일 뿐이다. 그렇다면 좀더 적극적으로 교회의 보편성을 드러내려는 노력은 무엇일까? 그것은 모든 종류의 사람들에게 적극적으로 복음을 전해서 그로 하여금 교회의 지체가 되도록 하는 일이다.[9] 예루살렘에서 시작된 신약 교회는 그 때도 이미 보편적인 교회였지만, 그곳에만 있는 동안에는 아직 충분히 보편적인 교회라고 할 수 없었다. 그 때에는 아직 유대인들만이 교회에 속해 있었기 때문이다. 그러므로 그리스도의 명령을 따라서 사도와 온 교회가 "예루살렘과 온 유대와 사마리아와 땅 끝까지 이르러" 그리스도의 증인 역할을 하여 모든 족속으로 제자를 삼아 이 땅에 온갖 종류의 사람들을 그리스도의 몸된 교회에 속하게 하였을 때에 교회는 비로소 그 보편성을 온전히 드러내게 되었던 것이다. 그러므로 교회의 보편성은 교회의 선교적 사명을 강조하게 한다. 복음을 전하여 모든 종류의 사람들이 다 교회에 속할 수 있도록 하는 일이야말로 교회의 보편성을 실현하려는 적극적인 노력이다. 그러므로 전도와 해외 선교에 힘쓰지 않는 교회는 적극적으로는 교회의 보편성에 관심이 없다고 할 수 있다. 우리가 로마 가톨릭 교회(Roman Catholic Church)처럼 이름만 "보편적"(catholic)인 교회가 되지 않으려면, 두루 다니며 복음을 만방에 전하는 선교적인 교회가 되어야만 한다. 그래야 우리 참으로 보편적인 교회(catholic church)가 될 수 있다. 그러므로 교회의 전도와 선교 노력은 여력이 있으면 하는 일이 아니라 거의 교회의 본질적인 활동의 하나라고 하지 않을 수 없다. 전도와 선교는 선택적인 것이 아니고 교회의 필수적인 요소들이다.[10]

III. 마지막 당부의 말: "교회아" 의식의 강화

성경에서 제시하고 있는 이런 교회의 속성에 대해 생각해 본 우리는 이제 어떤 일에 힘써야 할까? 무엇보다 우리 안에 "교회아"(教會我) 의식, 또는 교회의 지체로서의 의식이 충만해져야만 한다. 교회가 바로 이런 속성을 가졌다는 것을 의식하고(즉, 교회를 그런 존재로 판단하고서), 우리가 속한 교회가 진정 그러한 교회가 되도록 힘쓰는 일을 할 수 있는 이들은 다른 사람들이 아니라, 바로 우리들 자신이기 때문이다. 오늘날 한국교회의 많은 그리스도인이 그렇게 하듯이 다른 이들이 그렇게 해주기를 기다리고, 그렇게 준비된 교회가 있으면 자신도 그런 교회에 속하여 교회 생활을 해볼까 하고 소극적으로 생각하는 이들은 실상 교회의 지체 의식이 별로 없는 이들이라고 말하지 않을 수 없다. 우리는 교회가 교회답게 되도록 하기 위해서 최선을 다해 노력하는 교회의 진정한 지체가 되어야만 한다. 하이델베르크 요리 문답은 이런 이들을 교회의 "산 지체"(a living member)라고 하였다. 그리스도에게 생명적인 연관 관계를 가지고 붙어 있어서 그로 말미암아 생명력과 힘을 얻고 그 때문에 살 뿐만 아니라, 다른 지체들과도 생명적인 관계를 가지고 깊이 사랑하며 사는 그런 그리스도인이 산 지체이다. 우리 모두가 이런 산 지체로서 우리 교회를 교회답게 하는 종교 개혁적 교회원들이 될 수 있기를 원한다.

그러려면 우리 모두는 아주 구체적인 지교회(肢敎會)의 회원이어야 한다. 교회에 공식적으로 속해 있지 않고 그저 예배만 드리고 있는 그리스도인은 제대로 그리스도인의 역할을 하는 것이 아니다. 따라서 이 교회 저 교회를 순방하는 그리스도인이나 한 교회의 교우가 아닌 그리스도인은 비정상적인 상황에 있다고 할 수 있다.

지교회(肢敎會)의 지체는 그 지교회가 우리가 설명한 교회의 속성을 잘 드러내도록 하는 일에 힘써야 한다. 그것을 힘쓰는 이가 그 교회의 산 지체이기 때문이다. 따라서 내가 속한 지교회가 사도적 가르침을 배우기 위해, 또한 함께 모여 경배하고 기도하기 위해 정한 모든 공예배에 적극적으로 참여하며 그 교회의 가르침과 자신의 사상이 하나가 되도록 하며, 주께서 그 교회를 통해 내려 주시는 은혜 가운데서 성장해 가야 한다.

그리고 지교회의 성도들은 이런 사도적 가르침에 근거한 깊은 교제를 나누어야 한다. 이런 교제를 나눌 때 우리의 교회됨이 현저하게 드러나는 것이다. 그런데 이런 교제는 결국 개개인 지체들이 더욱 힘있게 서서 하나님 백성으로서의 활동을 제대로 감당하도록 하기 위한 것임을 잊어서는 안 된다.

따라서 마지막으로 우리 모두가 교회가 가르치는 하나님의 뜻에 따라 이 세상 곳곳의 모든 삶의 영역 가운데서 하나님의 뜻을 구현하기 위해

각자의 소명과 은사에 따라 건실한 하나님 백성의 역할과 이 세상의 시민 역할을 할 때, 비로소 자신이 속한 교회가 힘있게 서는 것이며, 자신이 속한 교회가 그 한 부분으로 있는 보편적 교회를 성경이 말하는 모습답게 이 세상에 있도록 하는 것이다. 따라서 우리 개개인이 이 땅 가운데서 구체적인 삶과 몸의 활동을 통해서 하나님의 뜻을 구현할 때에야 우리의 교회가 그 사명을 제대로 감당할 수 있게 되는 것이다.

이렇게 교회는 그에 속한 개개인들과 공동체의 모습을 통해 예수 그리스도 안에서 우리에게 임하여 와서 지금도 이 세상 역사 가운데서 진행하고 성장해 가다가 예수 그리스도께서 재림하실 때에 그 극치에 다다를 하나님 나라를 이 땅 가운데서 가장 힘있게 증시(證示)하도록 주께서 친히 세우신 하나님 나라의 공동체이다. 우리들이 그런 교회의 성원 역할을 잘 감당해 갈 수 있기를 원한다.

이렇게 할 때 우리는 이 땅에서 참된 교회를 구현하려고 힘쓰는 전투하는 교회(Church militant)에 속한 그리스도의 정병(正兵)의 모습을 드러내는 것이다. 그래서 바울은 이 땅에 있는 그리스도인이 마치 군인인 것처럼 그들에게 "하나님의 전신 갑주를 취하라"고 명령했던 것이다(엡 6:13). 이 땅에 있는 한, 우리는 항상 전투하는 교회의 일원이다. 오직 우리가 이 세상과 사단의 세력과 또 우리 안에 있는 부패한 인간성인 육(σάρξ)과 싸워나가는 일을 그치고 쉬는 때인 천상의 교회(heavenly church)와 하나님 나라가 극치에 도달한 영광의 나라(*regnum gloriae*)에서의 교회만이 승리한 교회(church triumphant)일 수 있다.[11] 그러므로 이 땅에 있는 한 우리는 끊임없이 교회의 교회다운 속성이 우리 교회 안에 분명히 나타나도록 힘써 노력하고 싸워야 할 것이다.[12] 그것이 우리가 교회에 속한 그리스도인이라는 말의 진정한 의미 이다. 교회의 속성이 잘 드러나도록 우리가 교회의 지체로서의 역할을 제대로 감당해 나가는 데서 전투하는 교회가 드러나는 것이다.

함께 토의할 문제

1. 교회란 무엇입니까?

2. 교회는 누가 세웁니까? (마 16:18) ______________________

그 정확한 의미는 무엇입니까? (294쪽 참조) ______________________

____

3. "눈에 보이는 교회"(가시적 교회, 가견의 교회, 유형교회)와 "눈에 보이지 않는 교회"(불가시적 교회, 불가견의 교회, 무형 교회)라는 말의 뜻은 무엇입니까? (295쪽 참조)

____

4. 교회는 어떤 속성을 가지고 있습니까?

(1) (   )

어떻게 많은 교회가 하나이며 하나여야 합니까? ______________________

____

(2) (   )

근거 (요 15:1-6): ______________________

방식 (요 17:17): ______________________

(3) (　　　　)

근거 (엡 2:14, 15): ____________________

실질적 의미 (갈 3:26, 28): ____________________

구현 방법 (304-305쪽 참조): ____________________

5. 교회아(敎會我) 의식 또는 지체 의식의 의미를 말하고, 어떻게 해야 참된 지체 의식을 드러내는 것인지를 언급해 보십시오.

21장

“성도들의 교통을 믿사오며”

본문: 요한일서 1:1-4; 요한복음 17:20-22

I. 교회에 대한 또 하나의 다른 표현: “성도들의 교통”

우리는 앞에서 “하나의 거룩하고 보편적인 교회”에 대해서 생각했다. 사도신경에서는 이 표현 바로 다음에 “성도들이 교통하는 것”(*communio sanctorum*)이라는 말이 나온다. 이는 문자적으로는 “거룩한 것들의 교통”이라고 할 수도 있고, “거룩한 자들의 교통”이라고 할 수도 있는 것이다. 또 이 “거룩한 자들의 교통”이라는 말도 상당히 폭넓게 이해될 수 있으나, 우리가 흔히 생각하는 대로 “성도들의 교통”으로 이해하는 것이 가장 좋은 해석을 따르는 것이다. 그리고 여기서 말하는 “교통”이라는 고어(古語)는 “교제”(κοινωνία, fellowship)라는 말에 상당하는 말이나, 어떤 이들은 “교제” 하면 또 좁은 의미로만 생각할 수도 있다. 그러므로 공식적인 신조에서는 고어체를 가진 “교통”이란 표현을 유지하면서 그 의미는 “교제”로 이해하되, 그 “교제”의 뜻이 정확히 어떤 것인지를 잘 살펴 나가야 할 것이다. 사도신경에서는 이처럼 “성도들의 교통(교제)"이라는 말을 덧붙여서, 우리가 거룩한 공교회를 믿는다는 것과 나란히 성도들이 교통하는 것을 믿는다고 병행시키고 있다. 사실 이것은 두 가지 다른 실재를 믿는다는 것이 아니고, 교회라는 것의 두 가지 다른 측면을 잘 표현하면서 우리가 교회를 믿는다고 말하는 것이다. 그렇다면 교회를 "성도들의 교통"이라고 표현했을 때, 우리는 교회에 대해서 무엇을 표현하고 무엇을 강조하려고 하는 것일까? 이번에는 교회를 "성도의 교통"으로서 표현할 때의 의미를 탐구해 보기로 한다.

II. "성도들의 교통"의 의미

1. 그리스도와의 신비한 일체의 한 부분으로서의 교통

진정한 성도들의 교통은 그저 사람들끼리의 교제가 아니고, 그리스도와 하나됨으로 말미암아 그리스도에게 속한 사람들이 나누는 교제이다. 그러므로 이는 그리스도와의 교제에서 나오는 파생적인 교제이다. 이를 가장 잘 나타내 주는 말씀은 요한일서 1:1-3의 말씀이다. 여기서 사도 요한은 영원한 생명이신 예수 그리스도께서 사도들에게 나타나셨고, 따라서 사도들은 그 영원하신 생명이신 그리스도에 대해 듣고, 그 분을 친히 보고, 그 분에게 주목하고, 심지어 그 분을 손으로 만져서 온전한 목격자가 되었다고 하면서(1, 2절), 자신들이 보고 들은 바를 전하는 이유는 결국 증언하는 자신들과 그 증언을 듣는 자들 사이에 사귐이 있도록 하려는 것이라고 말한다. 그런데 이 사귐은 "아버지와 그 아들 예수 그리스도와 함께"하는 것이라고(3절) 한다. 그리스도에 대한 선포를 통해서 이 소식에 대해 적극적으로 반응하는 사람들은 결국 그리스도와의 교제와 사귐에로 들어가게 된다는 것이다. 사도 요한이 하는 이런 말은 그저 비유적인 말이 아니다. 그저 하는 말이 아닌 것이다. 말씀 선포를 통해서 성령님께서 그 사람과 그리스도 사이에 이런 생명적 관계를 형성시키시면 복음에 참여하는 사람들이 그리스도와 신비한 한 몸을 이루게 된다. 이를 그리스도와의 신비한 하나됨(*unio mistica*)이라고 표현해 왔다. 그렇게 되면 이 신비한 하나됨에 참여하는 그 한 사람 한 사람이 그리스도의 신비한 몸을 이루는 지체들(members)이 된다. 즉, 그들로 말미암아 신비한 그리스도의 몸(mystical body of Christ)이 이 땅에 있게 되는 것이다.*

그리스도와 우리 사이의 이런 생명적 관계는 성경의 여러 곳에서 언급되고 강조된다. 요한복음에서는 예수님 자신을 포도나무로, 우리를 가지로 언급하면서 이를 강조한다(요 15:1, 5). 심지어는 아주 직접적으로 "가지가 포도나무에 붙어 있지 아니하면 절로 과실을 맺을 수 없음과 같이 너희도 내 안에 있지 아니하면 그러하리라"고 말씀하시기도 한다(요 15:4). 나아가 "내가 저 안에 저가 내 안에 있으면 이 사람은 과실을 많이 맺나니 나를 떠나서는 너희가 아무 것도 할 수 없음이라"고 말씀하기까지 하신다(요 15:5). 우리는 **그리스도를 떠나서는 아무 것도 할 수 없을 정도로** 그리스도와 생명적으로 연관된 존재들이다. 이것은 그저 말로만이

---

* 그러나 이 때에 그 지체들이 자신들로 말미암아서 그리스도의 신비한 몸이 이 땅에 있게 되니 자신들이 그리스도적 존재요, 자신들이 그리스도의 일을 이루는 데 무슨 공헌이나 하는 듯이 주제넘은 생각을 해서는 안 된다. 그렇게 생각하는 이들은 아마도 그리스도의 신비한 몸에 속하지 않은 사람들일 가능성이 매우 높다. 왜냐하면 그들이 그리스도의 신비한 몸의 지체인 것은 십자가 사건과 복음 전파를 통해 하나님께서 이루신 것이기에 인간이 자랑하거나 드러낼 것이 없는 것이기 때문이다. 또한 우리가 다 하나가 되어 그리스도와 성부 안에 있게 되는 일은 하나님께서 이루시는 일이기 때문이다.

아니라 우리의 의식 깊은 곳에서 작용해야만 한다. 그런 모든 이들이 합하여 이 땅에 있는 그리스도의 몸을 이루는 것이다. 그러나 이 일은, 다시 강조하지만, 성령님께서 이루시는 일이다. 그래서 바울은 이렇게 표현하기도 했다: "우리가 유대인이나 헬라인이나 종이나 자유자나 다 한 성령으로 세례를 받아 한 몸이 되었고, 또 다 한 성령을 마시게 하셨느니라"(고전 12:13). 이처럼 성령님의 영적 사역이 아니고서는 그리스도의 몸이 이 세상에 이루어질 수 없다. 오직 우리는 성령의 사역으로 이루어진 영적인 그리스도의 몸이다. 그러므로 성도의 교통에 참여하는 이들은 성령의 세례를 받고 성령을 마시게 된 자들로서 이 땅에서 그리스도의 영적인 몸을 이루는 것이다.

이렇게 그리스도의 신비한 몸의 지체가 된 사람들에게는 그리스도께서 그 분의 사역을 통해서 우리에게 가져다 주신 모든 유익과 그 분이 우리에게 주신 모든 은사에 참여하는 특권이 주어진다. 그리스도의 지체가 된다는 것은 그리스도의 모든 유익과 그의 공효(功效)에 참여하는 것이 된다. 그러므로 이는 이 세상과 오는 세상에서 그 무엇에 비할 데 없는 큰 특권과 복에 참여하는 것이 아닐 수 없다. 그리스도에게 속하지 않고서 그 누구도 그리스도께서 이루신 공효에 참여할 수는 없는 것이다. 그러므로 그리스도를 믿는 모든 사람들은 모두 다 그리스도의 신비한 몸을 이루는 지체가 된다.

이렇게 그리스도와 한 몸을 이룬 사람들은 그 사람들끼리도 그리스도의 한 지체임을 **의식하게** 된다. 이것이 성도들의 교통이라는 말의 존재적 근거가 된다. 그러므로 성도의 교통은 "복음으로 말미암는 교통"이며, 성령께서 이루시는 "영적인 교통"이며 "생명적 교통"이다. 우리는 성령님의 사역으로 말미암아 그리스도와 생명적으로 관련된 이들이기에 서로 나누게 되는 공동의 의식에서 나오는 교제가 있게 된다는 말이다. 그런데 이런 성도들의 교통은 어떻게 나타나야 할까? 이것이 다음 단락에서 우리가 생각해 보려는 것이다.

2. 구체적이고도 실천적인 교제인 "성도의 교통"

이렇게 그리스도 안에서 하나된 우리의 교제는 무엇보다도 우리의 존재와 은사를 다른 이들을 위해서 서로 나누는 것으로 표현되어야만 한다. 그것은 우리에게 주어진 모든 은사는 다 자신을 위해서가 아니라, 다른 지체들을 위해서 사용되어야 한다는 말이다. 그리스도인들에게는 그의 존재 전체와 그의 모든 은사들이 다 **다른 지체를 위한 것**이다. 그러므로 우리는 그리스도의 신비한 몸에 속한 다른 지체들의 복지와 유익을 위해 살며, 그렇게 사용되기를 기꺼이 그리고 즐겁게 원해야만 한다. 그러므로 진정한 그리스도인들은 모두가 그리스도의 신비한 몸인 교회의 다른 지체들을 위한 존재들이고, 다른 지체들의 유익과 복지와 번영을 위해 사는 존재들이어야만 한다. 그는 그리스도의 신비한 몸에 속한 지체이므로 이는 당연한 일이다. 이 세상에는 이렇게 철저히 다른 이를 위해 사는 이들이 없다. 그러므로 그리스도인 됨은 **오직 성령님의 능력으로만 가능하게 되는** 놀랍고 신비스러운 일이 아닐 수 없다. 성령님의 능력이 아니고서는 이렇게 다른 지체를 위해 산다고 하는 일이 발생할 수 없기 때문이다. 그러나 이제 성령님의 능력으로 우리는 다른 형제 자매를 깊이 있게 알고 그를 위해 살며, 그를 지키는 자로 이 세상에 있게 된 것이다.

그렇게 다른 지체를 위해 우리의 존재와 은사가 사용된다는 것은 그저 말로만 이루어져서는 안 되고, **아주 구체적으로** 표현되어야 한다. 이런 교제의 대표적인 예로 신약 성경에 기록되어 있는 것 중의 하나는 예루살렘 교회 공동체를 위한 이방 교회 공동체의 헌금이다. 글라우디오 황제 때에(41-54) 발생한 흉년이 유대 지역에는 아마도 44-48년에 발생한 것 같다. 이 흉년으로 인해 유대 지역 교회의 성도들이 어려워지자 안디옥 교회에 속한 “제자들이 각각 그 힘대로 유대에 사는 형제들에게 부조를 보내기로 작정하고, 이를 실행하여 바나바와 사울의 손으로 장로들에게” 보냈던 것이다(행 11:29, 30). 안디옥 교회의 부조, 또는 섬김(διακονία)은 안디옥 교회와 예루살렘 교회의 하나 됨과 그들 사이의 교제를 아주 구체적으로 표현한 것이다.

바울은 다른 곳에서도 이와 비슷하게 다른 지역의 가난한 성도들을 위해 헌금하는 것을 교제(κοινωνία)라고 표현했다. 예를 들어, 고린도후서 9:13에서 우리말로 “저희와 모든 사람을 섬기는 너희의 후한 연보”라고 번역된 말은 “저희와 모든 사람을 섬기는 너희의 교제의 풍요함”(ἁπλότητι τῆς κοινωνίας εἰς αὐτοὺς καὶ εἰς πάντας)이라고 직역할 수 있다. 가난한 성도들을 위한 헌금을 다루는 고린도후서 8-9장에서는 이 연보에 대해서 때로는 “은혜”(χάρις)라고 표현하기도 하고(8:4, 6, 7; 9:5), 때로는 “교제”(κοινωνία)라고 표현하기도 하고(8:4; 9:13), 또 때로는 “봉사”(διακονία)라고 표현하기도 한다(8:4, 20; 9:1, 12). 이는 성도들에 대한 봉사와 섬김이 성도의 교제의 한 표현이고, 그것이 은혜를 나누는 일이 된다는 것을 말해 주며, 또한 오늘 우리의 주제와 관련해서는 성도들의 교제가 얼마나 구체적이고 현실적이어야 하는지를 잘 보여준다. 바울은 “이 봉사의 직무가 성도들의 부족한 것만 보충할 뿐 아니라, 사람들의 하나님께 드리는 많은 감사를 인하여 넘쳤느니라"고 말하기도 한다(고후 9:12). 고린도 교회와 예루살렘 교회가 하나라는 것과 그들 사이의 교제가 있다는 것은 그저 이념이나 정신으로만 되는 것이 아니다. 그것은 필요할 때에 이렇게 구체적으로 표현되어야 하는 것이다. 그것을 가르쳐 주기 위해서 바울 사도는 교회를 위한 헌금을 교제라고도 표현했다.

그러므로 우리는 이런 예를 깊이 있게 생각하면서 우리의 사랑이 아주 구체적으로 표현될 수 있도록 노력해야 한다. 교회 안에서는 역사적으로, 심지어 초대 교회에서도 말로만 사랑을 표현하는 일들이 있었음을 보게 된다(약 2:15-16). 그런 것은 진정한 성도의 교통이라고 간주할 수 없다. 그러므로 우리의 문제는 어떻게 그리스도 안에서 우리에게 주어진 성도의 교통을 가시적으로 드러내는가 하는 것이다.

III. 마지막 당부의 말: 당신은 진정으로 성도의 교통에 참여하고 있는가?

성경에서 말하고 있는 교회의 참된 모습은 이런 식으로 성도의 교제를 구체적으로 드러내는 것이다. 그것은 1세기의 이방 교회들에게만이 아니라, 바로 지금 여기서 살고 있는 우리들 자신에게 부과된 과제이다. 나의 존재와 은사가 같은 교회에 속해 있는 다른 지체들을 위한 것이라고 진정으로 생각하는가? 그리고 나 자신을 다른 지체들을 위해서 진정으로 사용하는가? 그렇다면 우리는 성령님의 능력 가운데서 이루어지는 진정한 "성도의 교통"에 참여하는 것이다.

이런 성도의 교통을 실현하기 위해서 지극히 현실적인 몇 가지 예를 제시해 보겠다. 이는 절대적인 것은 아니고 다만 상대적인 지침일 뿐이다.

첫째로, 우리가 속해 있는 교회 공동체의 성도들을 얼마나 알고 있는지를 생각해 보라. 성도들을 얼마나 많이, 그리고 구체적으로 알고 있는지를 생각해 보라. 교회 공동체의 회원들을 될 수 있는 대로 많이 구체적으로 알고 있는 것이 성도들의 교통의 기본적인 토대가 된다. 그리고 그 형제와 자매들을 진정으로 사랑하는지 물어 보라. 그리스도를 사랑하기 때문에 그 형제와 자매의 그리스도 안에서 애쓰고 노력하는 모습을 생각할 때 미소가 자연스럽게 나오는 사랑의 마음이 있는가? (그것이 없다면 우리는 우리의 죄악을 회개하면서 주께서 우리 마음의 완악함을 깨뜨려 주시기를 위해 기도해야 할 것이다. 우리는 사랑하는 자로 이 세상에 있는 것이기 때문이다.) 그러므로 현실적으로 이런 교제가 가능한 한도에 의해서 우리 교회들의 크기(size)가 결정될 수 있다는 생각을 해야 한다. 각각의 지교회(肢敎會)는 하나의 그리스도의 교회에 속해 있는 이런 깊은 교제를 위한 모임이라는 것을 유념해야 할 것이다.

둘째로, 성도들 중 몇 사람을 집으로 초대해서 식사나 차를 나누며 이야기하는 시간을 마련해 보라. 자주는 아니더라도 한 달에 한 번, 또는 일 년에 몇 회라도 이런 기회를 마련해서 깊이 사귀는 데 신경을 써 보라. 그리고 그 교제가 그저 신변잡기를 나누는 것이 아니라, 그로부터 출발해서 주를 사랑하는 마음으로 우리의 일상을 나누는 것이 되는지 돌아보아야 한다. 이것이 성도의 교통하는 삶에서 매우 일상적인 일로 나타나야 할 것이다.

셋째로, 성도들의 문제에 대해 알게 되었을 때 그에 대해 자연스럽게 마음이 쓰여지는지, 아니면 면목과 눈치 때문에 속으로 귀찮아지는지 솔직히 생각해 보라. 후자의 경우에 속한다면 하나님 앞에서 진정으로 회개하고, 성령님께서 진정한 사랑과 실천의 능력을 주시도록 기도해야 한다. 우리는 서로가 서로를 돕기 위해 존재하도록 부름 받았기 때문이다.

넷째로, 다른 교회의 성도들과도 깊이 사귈 수 있는 여유와 능력이 있는지를 점검해 보라. 우리 교회의 성도들과 깊이 교제하면서, 다른 교회의 성도들과는 교제하기 어렵다면, 그것은 문제를 일으킬 수 있음을 생각하라. 성도의 교제는 궁극적으로 그리스도 안에서 우주적 교제를 낳는 것이기 때문이다.

하이델베르크 요리 문답 제55문답에서는 "성도들의 교통"의 의미를 다음과 같이 잘 요약하고 있다.

> (문) "성도들의 교통"이라는 말이 당신에게는 무엇을 의미합니까?
>
> (답) 첫째로, 모든 신자들은 이 공동체의 지체들로서 그리스도의 한 부분이며, 그의 모든 보화와 은사들에 참여한다는 뜻이고, 둘째로 각각의 지체들이 자신의 은사들을 다른 지체들의 유익과 복지를 위해 기꺼이, 그리고 즐겁게 사용하는 것을 의무로 여겨야만 한다는 것입니다.

함께 토의할 문제

1. 거룩한 공회(=하나의 보편적 교회)라는 말과 "성도의 교통"이라는 말의 관계를 말해 보십시오. (311쪽 참조)

____

2. 성도의 교통의 출발점이나 근거는 무엇입니까?

(1) 요일 1:1-3 ______________________

(2) 요 15:1, 4, 5 ______________________

(3) 고전 12:13 ______________________

3. 성경에 나타난 성도의 교통의 예를 살펴보십시오.

(1) 행 11:29, 30 ______________________

(2) 고후 9:13 ______________________

4. 우리의 성도의 교통을 반성해 보고, 좋은 성도의 교통의 방안을 제시해 보십시오.

____

22장

"죄를 사하여 주시는 것을 믿사오며"

본문: 마태복음 18: 21-35

우리가 참으로 그리스도의 몸인 교회에 속하여 있을 때 누리게 되는 큰 유익의 하나로 우리의 죄가 용서된다는 사실이 있다. 그래서 참된 교회는 항상 "우리의 죄를 사하여 주시는 것을 믿사오며"라고 고백하기를 그치지 않았고, 이 고백은 그리스도께서 재림하여 오시기까지 계속될 것이다. 그러므로 우리는 교회에 속하여 우리가 이미 얻었으며 지금도 얻고 있는 큰 복인 죄 용서에 대해서 좀더 깊이 생각해 볼 필요가 있다. 예수님을 믿는 이는 다들 죄 용서를 믿고 아는 듯하지만, 우리가 과연 성경이 가르치는 대로 죄 용서의 깊은 의미를 알고 있는가를 물으면서 천천히 우리의 믿음을 점검해 보기로 하자.

I. 죄 용서[赦罪]란 무엇인가?

기독교가 말하는 죄 용서에 대한 선포는 하나님께서 친히 마련하신 사죄의 근거 때문에 우리의 모든 죄를 용서하셨을 뿐만 아니라, 우리의 죄된 본성도 기억하지 아니하시고 그에 대해서 정죄하시거나 형벌을 내리시지 않는다는 것이다. 이는 우리들의 죄나 죄된 본성이 별로 심각한 것이 아니라는 말이 아니다. 오히려 우리가 이제 생각할 것과 같이 우리의 죄는 매우 심각하고 치명적인 것이며, 따라서 우리가 심각한 죄인이지만, 그럼에도 우리를 위해 주어진 죄 용서의 근거가 아주 확실하고 분명하다는 것을 의미하는 것이다.

우리는 먼저 우리의 "과거의 죄"에 대한 하나님의 용서를 우리가 참으로 심각하게 받아들이고 있는지를 물어야 한다. 죄 용서를 받은 사람은 먼저 **죄를 죄로 여긴다**. 죄를 죄라고 여기지 않는 사람은 진정 용서함을 받았다고 할 수 없다. 죄 용서를 심각하게 생각하기 위해서는 먼저 죄를 심각하게 여겨야만 한다. 물론 죄에 대한 인식과 죄 용서는 서로 떨어질 수 있는 것이 아니다. 진정 죄 용서함을 받은 사람만이 죄를 하나님께서 보시는 관점에서 심각하게 여기며, 죄 용서함을 받지 않은 이들은 죄를 가볍게 본다는 반어적(反語的, ironical) 상황이 있다. 죄를 하나님의 존엄과 엄위에 대한 침해요, 그 분의 법에 대한 고의적 침해라고 인정할 때에야 죄를 제대로 인정하는 것인데, 이렇게 볼 때 우리의 죄는 참으로 심각한 문제이다.[1] 그런데도 오직 죄 용서함을 받은 이들만이 자신들이 처한 죄의 상황이 얼마나 무시무시한지를 잘 안다. 그런데 그 무시무시한 죄를 하나님께서 용서하셨다는 것이다. 이는 아주 놀라운 사실이 아닐 수 없다. 그러므로 죄 용서(赦罪)에 대한 말이 곧 복음(좋은 소식)이다.

그러면 "현재와 미래의 죄"에 대해서는 어떻게 되는 것인가? 그 죄들을 하나님께서 용서하시든지 아니든지 하는 것은 이제는 전적으로 우리에게 달려 있는 것인가? 펠라기우스주의나 적어도 반(半)-펠라기우스주의적인 태도를 지닌 이들은 이렇게 주장한다.[2] 그러나 성경은 그렇게 말하지 않는다. 우리의 죄는 그것이 과거의 죄든지, 현재의 죄든지, 심지어 미래의 죄든지 다 (우리가 다음에 생각할 사죄의 근거에 근거해서) 하나님께서 친히 주도권을 가지고 용서하신다. 그러므로 죄 용서함을 받았다고 참으로 믿는 이는 자신의 현재와 미래의 죄 때문에 하나님의 형벌을 받을까 두려워 해서는 안 된다. 이런 점에서 어떤 일을 하거나, 또는 하지 않으면 하나님께서 벌주신다고 백성들을 위협하는 이들은 죄 용서에 대한 복음을 무시하는 참으로 무시무시한 죄를 범하는 것이다. 또한 하나님께서 현재와 미래의 죄에 대해서 벌하실까 봐 두려워하며, 그것 때문에 전전긍긍하는 이들도, 또 그런 생각에 근거해서 하나님의 백성을 위협하는 이들도, 엄밀한 의미에서 하나님의 죄 용서를 참되게 받아들이지 않은 것이라고 할 수 있다. 하나님께서는 아주 놀랍게도 우리의 모든 죄에 대한 사죄를 선언하신다. 심지어 우리의 죄된 본성에 대해서도 하나님은 사죄를 선언하시며 기억하지도 않으신다고 하신다.

그러므로 죄 용서에 대한 선언은 그야말로 엄청난 사건이 아닐 수 없다. 이처럼 죄 용서가 사소한 문제가 아니라 엄청난 사건임을 생각하는 사람은 반드시 하나님께서 어떤 근거에서 우리의 죄를 용서하셨는가에 대해서 묻게 된다.

II. 죄 용서[赦罪]의 근거: 그리스도의 십자가와 그의 전적이고 온전하신 순종

도대체 어떤 근거에서 하나님께서는 우리의 과거, 현재, 미래의 모든 죄와 우리의 죄된 본성까지도 다 잊으신다는 것인가? 도대체 어떻게 해서 우리의 죄과가 가려지고 동이 서에서 먼 것처럼 우리에게서 옮겨질 수 있는 것인가? 이런 일은 아주 상상하기 어려운 것이므로 개중에는 하나님의 이런 사죄 선언과 관련해서 하나님의 어떠하심[本性]을 오해하는 사람들까지 있을 정도이다. 그들은 그렇게 용서하시는 하나님은 공의롭지 않다고 오해하든지, 아니면 하나님께서는 마치 무골호인(無骨好人)과 같아서 그저 용서하시는 것이 그 분의 일인 양 생각한다. 그러나 그것은 하나님의 어떠하심이나 하나님의 하시는 일에 대한 심각한 오해가 아닐 수 없다. 아주 공의로우신 하나님께서 그와 같은 오해를 받으시면서까지 우리를 용서하신 그 근거는 과연 무엇일까?

우리의 죄 용서에 대한 유일한 근거는 예수 그리스도께서 십자가에 달려 돌아가신 일이다. 성경은 거의 모든 곳에서 이 사실을 분명히 진술한다.

> 이 예수를 하나님이 **그의 피로 인하여** 믿음으로 말미암는 **화목제물**(propitiation, ἱλαστήριον)로 세우셨으니(롬 3:25).

> 예수는 우리의 범죄함을 인하여 **내어줌이 되고**(롬 4:25).

> 우리가 아직 죄인 되었을 때에 그리스도께서 우리를 위하여 죽으심으로 … 이제 우리가 **그 피로 인하여** 의롭다 하심을 얻었은즉 더욱 그로 말미암아 진노하심에서 구원을 얻을 것이니 곧 우리가 원수 되었을 때에 그 아들의 죽으심으로 말미암아 하나님으로 더불어 화목되었은

즉 … (롬 5:8-10).

그리스도께서 우리를 위하여 저주를 받은 바 되사 율법의 저주에서 우리를 속량하셨으니(갈 3:13).

그는 실로 우리의 질고를 지고 우리의 슬픔을 당하였거늘 우리는 생각하기를 그는 징벌을 받아서 하나님에게 맞으며 고난을 당한다 하였노라 그가 찔림은 우리의 허물은 인함이요 그가 상함은 우리의 죄악을 인함이라 … 여호와께서는 우리 무리의 죄악을 그에게 담당시키셨도다(사 53:4-6).

이렇게 성경은 곳곳에서 예수님께서 십자가에 죽으신 것은 그 분이그리스도(메시아)로서 우리의 죄에 대한 형벌을 담당하시기 위해 죽으신 것이라는 점을 분명히 한다. 예수님께서 우리의 죄에 대한 형벌과 저주를 받으신 것이다. 그러므로 그 분은 우리를 위해 죽으신 것이요, 우리를 대신해서, 우리의 자리에서, 우리의 죽음을 죽으신 것이다. 그 분이 우리의 죄에 대한 형벌을 지고 우리의 자리에서 죽으셨으므로, 그 결과 우리는 우리의 죄에 대한 형벌을 받지 않게 된 것이다. 이것을 믿는 것이 그리스도의 십자가를 우리를 위한 구원의 근거로 받아들이는 것이다. 이와 같이 신약 성경에 의하면 우리의 구원은 우리가 어떤 일을 하기도 전에, 아니 오히려 "우리가 아직 죄인되었을 때에 그리스도께서 우리를 위하여 죽으심"(롬 5:8)과 하나님께서 그리스도의 온전하신 의와 공로를 우리에게 전가시켜(imputation) 주심을 통해서 이루어진 것이다. 이를 좀 구체적으로 생각해 보면 다음과 같이 말할 수 있다.

첫째로, 그리스도께서는 우리를 위하여(for us), 우리의 자리에서(in our place), 우리 대신(on behalf of us) 우리의 죄에 대한 형벌을 온전히 다 감당하셨다. 이것이 십자가 사건의 본질적 의미이다. 인간들이 하나님 앞에 범죄했을 때, 하나님께서는 처음에 범죄하면 "정녕 죽으리라"고 하셨던 말씀의 뜻에 따라서 포괄적인 죽음을 인간들에게 선언하셨다.[3] 그 심판의 선언 때문에 죽음 아래 있는 인간들의 자리에 서시어 그리스도께서 대신해서 죽어 주신 것이다(vicarious atonement). 이로써 그리스도께서는 세례 요한이 언급했던 "세상 죄를 지고 가는 하나님의 어린 양"의 직무를(요 1:29) 감당하신 것이다. 그리스도께서는 죄를 자기 자신이 짐(take upon oneself)으로써 제거하는(take out of the way) 이중의 함의를[4] 감당하는 하나님의 어린 양 역할을 하신 것이다. 구약 시대에 모형적으로 행하던 의식 중 아사셀 양이 백성들의 죄를 지고서 광야로 나감으로 하나님의 백성들로부터 죄를 제거하도록 했던 바(레 16:6-10)의 의미를 실체적으로 그리스도께서 십자가에서 이루셨다는 말이다. 그리하여 그리스도의 십자가 죽음을 우리의 죄에 대하여 하늘로부터 임하는 하나님의 진노하심을(롬 1:18, 2:5-6, 8-9; 3:5) 누그러뜨리는 "화목제물"(ἱλαστήριον, propitiation)로[5] 삼으신(προέθετο) 것이다(롬 3:25).[6] 우리와 화목하실 수 있는 근거를 하나님께서 친히 그리스도의 십자가로 마련하신 것이다. 따라서 십자가에서 이루어진 것은 우리 죄에 대한 값을 치르시고 우리를 속하신 구속이다(롬 3:24). 그래서 그리스도를 우리의 자리에 대신 세우셔서 이루신 구속을 대리 속죄(vicarious atonement), 곧 대속(代贖)이라고 한다. 이렇게 하여 "우리가 원수 되었을 때에 그 아들의 죽으심으로 말미암아 [우리가] 하나님으로 더불어 화목된” 것이다 (롬 5:10).

그러므로 우리는 “이제 우리로 화목을 얻게 하신 우리 주 예수 그리스도로 말미암아 하나님 안에서 또한 즐거워”할 수 있는 것이다(롬 5:11). 즉, 객관적으로 그리스도께서 이루신 화목에[7] 근거해서 이제는 우리가 주관적으로도 하나님과 화목할 수 있게 되었다. “하나님과의 평화”(peace with God)가 여기서 비로소 시작될 수 있다. 그러므로 십자가에서 이루신 구속(redemption)이 없었더라면, 그 누구도 하나님과 평화를 누릴 수 없는 것이다.

둘째로, 그리스도께서는 십자가에서만이 아니라, 그 분의 생애 전체에서 하나님께 온전히 순종하심으로,[8] 그 공로로 하나님 앞에서 의롭다함을 얻으시고 그 의를 우리에게 주시는 것이다. 그래서 “한 사람이 순종하심으로 많은 사람이 의인이 되리라”(롬 5:19)고 말하는 것이다. 그 분의 생애 전체에 걸친 온전하신 적극적 순종으로 그 분은 우리를 의인으로 만드신 것이다. 십자가나 마지막 고난뿐만이 아니라, 영원하신 신성을 가지신 성자께서 인성을 취하시고 이 세상에 오시는 것으로부터 시작해서 그 분의 생애 전체에 걸쳐 철저하게 순종하신 것이다. 그 분의 철저한 순종으로 그 분은 아담의 불순종을 역전시켜 놓으셨다.

이렇게 그리스도께서 우리를 위해 우리의 자리에서 우리의 형벌을 대신 받아 죽으시고, 우리 대신 순종하신 것이 우리에게 전가되기 위해서는 그리스도와 우리 사이에 신비한 하나됨(*unio mistica*)있어야만 한다.[9] 이 그리스도와 신비하게 하나되는 일이 없이는 그리스도께서 죽으셨다고 해서 그것이 우리의 죄에 대한 형벌을 지고 죽으시는 사건으로 발생할 수 없고, 그리스도의 온전하신 순종이 우리에게 전가될 수도 없는 것이다. 우리가 신비하게 그리스도와 하나가 되어야만 그리스도께서 십자가에서 죽으셨을 때, 그리스도만이 아니라 우리도 그 분과 함께 죽었다고 말할 수 있고, 그리스도의 철저한 순종이 우리에게 전가(impute)되었다고 할 수 있는 것이다. 바울은 그리스도와의 이러한 신비한 하나됨을 믿었기에 "내가 그리스도와 함께 십자가에 못박혔나니"라고 말할 수 있었다(갈 2:20). 바울만이 아니라 그리스도와 신비한 일체를 이룬 모든 "그리스도 예수의 사람들은 육체와 함께 그 정과 욕심을 십자가에 못 박았느니라"고 할 수 있다(갈 5:24). 우리의 옛 사람이 예수님과 함께 십자가에 못 박힌 것이다(롬 6:6). 이것이 하나님과 관련하여 **객관적으로** 일어난 것이라고 할 수 있다.

이렇게 우리 밖에서(*extra nos*) 객관적으로 일어난 것이 우리와 진정으로 연관되기 위해서는 그리스도의 십자가가 나와 관련하여 발생한 것이라고 믿는 믿음이 매우 중요하다. 여기에 우리의 **주체적**인 면의 중요성이 있다. 다시 말해서 십자가 사건과 그리스도 생애 전체의 순종의 의(義)의 전가를 믿는 믿음이 있어야만 한다. 역사 속에서 십자가에서 이루어진 객관적인 사실을 주체적으로 믿는 일이 있어야 하는 것이다. 이것을 존재 전체를 다하여 믿는 이들만이 이 구원에 참여할 수 있고, 그리스도와 하나됨을 드러내게 된다. 그래서 성경은 계속해서 이 믿음을 강조한다:

> 예수 그리스도를 **믿음으로 말미암아 모든 믿는 자에게** 미치는 하나님의 의니 차별이 없느니라(롬 3: 22).
>
> **예수 믿는 자를** 의롭다 하려 하심이라(롬 3:26).

오직 믿음의 법으로니라. 그러므로 사람이 의롭다하심을 얻는 것은 율법의 행위에 있지 않고 **믿음으로 되는 줄**을 우리가 인정하노라(롬 3:27-28).

믿는 자에게는 그의 믿음을 의로 여기시나니(롬 4:5).

저에게 의로 여기셨다 기록된 것은 아브라함만 위한 것이 아니요… 곧 예수 우리 주를 죽은 자 가운데서 살리신 이를 믿는 자니라(롬 4:23-24).

우리가 믿음으로 의롭다하심을 얻었은즉(롬 5:1).

이처럼 성경은 그리스도 안에서 이루어진 구원을 믿는 것을 강조하고 있다. 이것이 성경이 말하고 있는 우리의 구원의 방도이다. 다른 식으로는 우리의 구원이 이루어질 수 없음을 분명히 하고 이를 강조하는 것은 매우 중요하다. 이를 받아들이면 기독교를 받아들이는 것이고, 이를 받아들이지 않거나 변질시키면 기독교를 받아들이지 않거나 변화시키는 것이다.[10]

이런 점을 생각하면서 사람들이 빠지는 한 가지 오해는 우리들의 "믿음"이 우리를 하나님 앞에 세울 수 있을 정도로 공로가 있는 것이라고 생각하는 것이다. 행위를 공로화할 수 없다는 것을 깨달은 사람들이 나중에는 자신들이 무력하게 서서 그리스도께서 이루신 구원을 받아들이는 그 믿음을 공로화하려고 하는 것이다. 그러나 우리의 믿음이 우리를 하나님 앞에 세우도록 하는 것이 아님을 명심해야 한다. 물론 이는 믿음이 중요하지 않다거나 믿음이 없어도 우리가 하나님 앞에 설 수 있다는 뜻은 아니다. 믿음은 중요하다. 그리스도의 십자가에서 이루신 구속과 그 분의 온전하신 의의 전가를 **내가 믿어야** 한다. 그러나 나의 믿음 자체는 아무런 공로도 되지 않는 것은, 그 자체로는 그리스도께서 하신 것을 그저 받아들이는 도구에 불과하기 때문이다.[11] 우리는 칼빈이 강조하듯이 빈손으로 하나님 앞에 선 거지와도 같다. 그저 하나님께서 주시는 구원을 받아들이는 것이 우리의 믿음이다.[12]

그런 사람이 적어도 나는 믿었다고 하면서 자신의 믿음을 자랑할 수 있겠는가? 그러므로 우리의 믿음의 가치 때문에 내가 하나님 앞에서 받아들여질 수 있다고 생각해서는 안 된다(하이델베르크 요리 문답 제61문답). 또한 메이쳔이 잘 말한 바와 같이, "우리의 구원은 믿음의 강도에 의존하는 것이 아니다."[13] 우리의 구원은, 위에서 우리가 강조한 바와 같이, 오직 예수 그리스도의 속죄의 공로와 그 분이 이루신 의에만 근거하는 것이다. 하이델베르크 요리 문답 제61문에 대한 대답은 이를 이렇게 표현한다; "나는 나의 신앙의 가치에 근거해서 하나님에 의해 받아들여질 수 있는 것이 아니고, 그리스도께서 이루신 만족, 의, 거룩함만이 하나님 앞에서 나의 의이기 때문이며, 나는 오직 믿음으로만 그것들을 받고 나 자신의 것으로 만들 수 있기 때문입니다."

그리고 이것은 개개인적인 사건이기만 한 것이 아니라, 그리스도와 신비한 일체를 이룬 모든 사람에게 있는 것이다. 그리스도와 신비하게 하나 된 모든 사람은 "그리스도의 신비한 몸"의 일원이다.[14] 그러므로 우리는 그리스도의 신비한 몸과 관련해서라야 죄 용서를 받을 수 있다. 따라서 그리스도와 신비하게 하나가 되지 않은 이들, 즉 그리스도의 신비한 몸의 일원이 아닌 이들은 죄 용서를 받지 못한다. 오직 그리스도의 신비한 몸 안에서라야 우리는 죄 용서함을 얻는다. 그런데 이 그리스도의 신비한 몸은 이 땅에 있는 교회이다. 따라서 눈에 보이는 구체적인 교회들은 그리스도의 신비한 몸의 성격을 유지하려고 애써야만 하고, 그런 구체적인 교회 안에서라야 사죄의 선언이 주어지는 것이다. 그래서 우리도 사도신경의 전통, 하이델베르크 요리 문답의 전통에 따라 죄 용서를 교회에 대해 생각하면서 다루고 있는 것이다. 그리스도의 신비한 몸인 교회 안에서라야 죄 용서가 있을 수 있다. 그리스도의 신비한 몸인 교회 밖에서는 사죄도 구원도 없는 것이다.

그러므로 교회는 진정 그리스도의 신령한 몸의 일부인 모든 사람들에게 사죄가 있음을 선언해야 한다. 그리고 교회가 진정으로 사죄를 선언하면, 그것은 하나님께서 죄 용서를 선언하시는 것과 같은 것이다. 이런 뜻에서 예수님께서는 "네가 땅에서 무엇이든지 풀면 하늘에서도 풀리리라"고 말씀하셨던 것이다(마 16:19, 18:18).[15] 주님께서는 교회에 이렇게도 고귀한 사명과 직무를 맡기셨다. 교회가 하나님을 대신해서 하나님의 사죄 선언을 하는 것이다. 다시 말하지만, 교회에 속하지 않고서는 사죄란 없다.

그러나 이 때에 오해하지 말아야 할 것이 있다. 그것은 교회가 그 자체 안에 무슨 특별한 능력을 가지고 있어서 사죄를 선언할 수 있다거나, 그 자체의 힘으로 사죄를 약속할 수 있는 것이 아니라는 것이다. 그리스도에게 속한 사람들로 구성된 교회는 자신들이 그리스도의 신비한 몸이기 때문에 그리스도 안에 있는 모든 이들에게 죄 용서가 있다는 사실에 근거해서 사죄를 선포하고, 온 세상에 이를 알려야 할 사명을 가지고 있는 것이다. 그래서 교회는 **복음 선포를 통해 그리스도의 신비한 몸 안에 있는 사죄를 선언하는 것**이다. 교회는 그리스도의 것을 가지고, 그리스도의 것인 사람들에게는 죄 용서가 있고, 이런 점에서 더 이상 정죄가 없다는 객관적 사실을 선언하는 것일 뿐이다. 그러므로 이것은 기본적으로 교회의 복음 선포와 설교 가운데서 이루어지는 일이다. 이런 점에서 예배 순서 가운데 따로 순서를 마련하여 죄 용서와 사죄 선언을 하기보다는 기도 중에 죄 용서를 비는 것이, 그리고 설교 중에 사죄를 선언하는 것이 이미 포함되어 있다고 보고 예배 중에 특정한 순서를 넣지 않기로 한 화란 개혁파 교회의 미델부르그 회의의 결정(The Synod of Middelburg, 1581)을 존중하는 것이 좋을 것이다. 사제적 의식을 드러내는 선언보다는 죄 용서와 사죄에 대한 하나님의 선언을 이미 포함하고 있는 설교로 충분하다고 여겨진 것이다.[16] 그러므로 교회 전체로나, 특히 교회의 교직자들이 자신들에게 사죄의 권한이 있는 듯이 생각하여, 그 권한을 사용하거나 그것을 이용해서 교인들을 위협하는 것은 있을 수 없는 일이다. 그런 것은 그리스도의 권위를 찬탈하는 일이 될 뿐이요, 그렇게 함으로써 교회는 죄를 범하는 것이 된다. 그리고 계속 그리할 경우, 그 교회라고 이름하는 곳은 교회가 아니라 교회와는 상관없는 죄의 소굴임을 선언하는 것이 됨을 유념해야만 한다.

다시 요약해서 강조하자면, **교회 안에 죄 용서[赦罪]가 있다. 그러나 죄 용서의 권한은 교회와 교직자들의 권한이 아니고, 오직 하나님께서만 하실 수 있는 것이다. 교회 안에 죄 용서가 있는 것은 교회가 우리를 위해 하나님의 온전한 형벌을 다 받으신 그리스도의 신비한 몸이기 때문이다.**

III. 죄 용서함을 받을 이들은 어떻게 살 것인가?

그렇다면 참으로 그리스도의 신비한 몸인 교회에 속하여 예수 그리스도의 속죄의 공로에 근거해서 죄 용서함을 받은 사람들은 어떻게 살아야 할까? 진정 모든 죄를 다 용서함 받은 이들은 자유라고 외치면서 더한 죄로 줄달음치지 않을 것이다. 자유함을 육체의 기회로 삼고(갈 5:13), 방종의 삶으로 나아가지 않을 것이다. 또한 이상한 것을 도모하고, 하나님께 저항하지 않을 것이다. 그들의 삶은 아마도 다음과 같은 두 단어로 규정될 수 있을 것이다: "감사"와 "용서."

1. 감사의 삶

진정으로 죄 용서함을 받은 사람들은 무엇보다도 **그들의 삶 전체를 용서 받은 것에 대한 감사의 표현으로 살아갈** 것이다. 예수 그리스도에게 속한 그리스도인의 삶은 이제 감사의 삶일 뿐이다. 그가 무엇을 하든지 다 하나님께서 자신을 용서하시고 크신 구원을 베풀어주신 것에 대한 감사로 하는 것이다. 그의 삶의 목표는 오직 하나님께 감사하려는 것이다. 그러므로 그가 하나님을 더 잘 알아가려는 노력도, 하나님의 뜻을 알아보려고 성경을 더 깊이 공부하는 것도, 성경에서 가르치신 원칙에 따라 살고, 모든 것을 하나님께 다 드리는 것도 모두 감사의 표현일 뿐이다. 그는 이렇게 감사로서 산다. 인생의 불행처럼 보이는 상황 가운데서도, 심지어 죽음의 순간에서도 그가 감사하는 이유는 그의 삶 전체가 자신의 죄를 용서하신 하나님께 대한 감사로 구성되어 있기 때문이다. 그는 감사하는 사람이다. 진정 하나님께 우리의 모든 죄를 용서하신 것에 대한 감사를 표현하고 싶은가? 그러면 모든 상황 가운데서 하나님께 감사하는 감사의 삶을 살아야 한다. 그래서 바울은 이렇게 말한다: "범사에 감사하라. 이는 그리스도 예수 안에서 너희를 향하신 하나님의 뜻이니라"(살전 5:18). 바울의 이 말은 감사하는 이가 진정 하나님께서 의도하신 하나님의 뜻을 수행하는 이라는 것을 아주 현저히 말해 주고 있다. 그렇다면 믿음으로 말미암아 감사하는 사람은 구체적으로 어떻게 하며, 어떤 삶을 살아가는 것일까?

첫째로, 하나님께서 과거의 죄를 용서하시고 기억하지도 않으신다는 것을 진정으로 받아들였으면, 죄에 대한 진정한 참회와 회개 뒤에는 하나님께서 그것을 용서하시고 우리를 받아들여 주셨음에 근거해서 우리도 자신과 이웃을 받아들여야만 한다. 자신과 이웃에 대한 수용성(receptivity)이 여기서 나오는 것이다. 마치 죄가 없는 것 같이 하나님께서 우리를 받아 주셨다고 하시는데, 정작 우리 스스로가 자신을 받아들일 수 없다면, 그것은 우리가 하나님보다도 더 높은 자가 되려고 하는 것이 된다. 그러므로 진정으로 죄 용서함을 받은 이는 자신을 하나님께서 받아 주셨음에 근거해서 스스로도 자신을 받아들이고 용감하게 살아갈 것이다. 자신의 죄에 대한 절실한 깨달음 가운데 울면서 큰 죄에 대해 용서 받았음을 표현했던 막달라 마리아가 평생 나는 큰 죄인이라고 생각하면서 울고만 보냈다면, 그녀는 진정 죄 용서함을 받아들인 것이라고 할 수 있을까? 그러므로 그녀는 평생을 울기만 하면서, 또는 회개만 하면서 지내기보다는, 오히려 용감하게 여러 가지 일을 감당하며 살았을 것이라고 생각하는 것이 더 옳을 것이다. 교회를 핍박하던 사울이 회개한 후에 늘 울기만 하지 않고 용감하게 사도로서 얼마나 많은 일을 감당했는지를 생각해 보라. 죄 용서함을 받아들이고 그것에 대해 진정으로 감사하는 것은 이렇게 적극적이고 헌신적인 삶을 낳는다.

그러므로 둘째로, 죄 용서하심에 대해서 참으로 하나님께 감사하는 사람은 이제 그전과 같이 죄에게 종노릇하는 데서 벗어나 하나님 앞에서 산 자로서 그 지체를 의에게 종으로 드려 거룩함에 이르려고 한다(롬 6:19). 이제는 죄에게서 해방되고 하나님께 종이 되어 거룩함에 이르려고 한다(롬 6:23). 이와 같이 칭의는 성화를 낳는다. 성령님께 의존해서 성화에 힘써 나가는 성도의 삶이 나타나게 된다는 말이다. 그리하여 이제 우리는 "하나님을 위하여 열매를 맺히게" 된다(롬 7:4). 그것이 우리의 믿음으로 말미암은 칭의를 확증하는 것이다. 이와 같이 성화는 칭의 사실에 대한 보증이 된다.

따라서 셋째로, 진정으로 죄 용서함을 받았음을 믿고 감사하는 이는 그렇게 열심히 살면서도 결코 스스로를 자랑하지 않을 것이다(롬 3:27). 하나님의 능력으로만 말미암는 구원이라는 '하나님 독력주의'(monergism)를 받아들이는 사람은 자신들이 얻은 구원에 대해 자신들의 공로나 역할을 전혀 자랑하지 않는다. 사실 우리에게는 자랑할 것이 전혀 없다. 우리는 간증한다고 하면서 은근히 스스로를 자랑하는 어리석음에 빠져서는 안 된다. 그리스도인들에게 자랑할 것이 있다면 그것은 오직 예수 그리스도와 그의 십자가의 못 박히신 것 뿐이다. 그러므로 그 누구도 사람을 자랑해서는 안 된다(고전 4:21). 주 안에서 자랑한다는 것은 결국 주님만을 자랑한다는 것이다. 그 안에서 은근히 자신을 높이고 자랑하는 마음은 옳은 것이 아니다.

2. 용서의 삶

죄 용서함을 받은 사람은 용서의 삶을 산다. 자신에게 잘못하는 모든 사람을 그저 용서하는 것이다. 진정으로 용서하는 이는 이미 하나님에 의해서 용서함을 받았음을 드러내고 표현하는 이인 것이다. 마찬가지로 우리 이웃을 용서할 수 없는 이는 하나님의 용서를 심각하게 생각하지 않는 사람이다. 우리가 진정 하나님에 의해서 큰 용서를 받았다고 생각하면 우리는 우리에게 잘못하는 이들을 무조건 용서할 수 있어야 한다. 우리는 그 어떤 상황에서도 마음에 섭섭한 마음도 가지지 않고 용서해야 한다. 물론 이것이 쉬운 일은 아니다. 이는 사람의 힘으로나 부패한 인간성인 "육체"(σάρξ)로서는 도무지 할 수 없는 일이다. 오직 성령님의 능력으로 우리는 사람이 할 수 없는 것을 하는 것이다.

그러나 잘못한 사람들이 이런 원리를 이용하려 해서는 안 된다. 잘못한 사람은 분명 자신의 잘못을 깨달아야 한다. 잘못한 사람은 그 누구에게도 용서를 강요할 수 없다. 다만 할 수 있는 일이 있다면, 그것은 용서를 간절히 구하고 청하는 일뿐이다. 잘못한 사람은 늘 그런 마음의 자리에 있어야 할 것이다.

그러나 용서해야 하는 입장에 있는 이들도 또한 이것을 이용하려고 해서는 안 된다. 우리 입장에서는 그저 그 누구의 잘못이라도 일흔 번씩 일곱 번이라도 다 용서해 주어야 한다(마 18:22). 우리는 하나님께 로부터 더 많이 더 큰 죄를 용서함 받았기 때문이다. 이 사실을 강조하시면서 우리에게 분명한 교훈을 주시려고 우리 주님께서 베푸신 비유를 우리는 잘 기억하고 있다(마 18:23-34). 그 비유 속의 임금과 같이 우리 주님께서도 이렇게 말씀하실 것이다: "내가 너를 불쌍히 여김과 같이 너도 네 동관을 불쌍히 여김이 마땅치 아니하냐?"(마 18:33). 그러므로 용서받은 우리도 마땅히 우리의 이웃을 진정으로 용서해야 할 것이다. 우리는 용서받은 죄인이기 때문이다. 그러므로 진정 교회 안에 있는 우리는 서로 용서하는 법을 배웠거나 적어도 그것을 배우고 있는 이들이고 또 그런 이들이어야 한다.

이를 강조하기 위해서 주님께서는 "너희가 각각 중심으로 형제를 용서하지 아니하면 내 천부께서도 너희에게 이와 같이 하시리라"고 말씀하신다(마 18:35). 주께서 가르치신 기도에도 비슷한 표현이 나온다: "우리가 우리에게 죄 지은 자를 사하여 준 것같이 우리 죄를 사하여 주옵시고"(마 6:12; 눅 11:4). 문자적으로만 보면, 우리의 형제들의 죄에 대한 용서가 하나님께서 우리를 용서하시는 것에 대한 조건인 것처럼 나타나 있다. 이는 과연 우리의 죄에 대한 조건이 우리가 형제를 용서하는 것이라고 말씀하시는 것일까? 성경을 전체적으로 살필 경우, 우리는 이 말씀을 그렇게 해석할 수 없다. 이는 겉으로 보이는 바와 같이 조건을 말하는 것이 아님에 유의해야 한다. 만일 이것이 조건이라면 우리들 가운데서 하나님의 용서함을 받을 수 있는 자는 아무도 없다. 그럴 경우 우리는 모두 멸망하고 말 것이다. 그러므로 이런 표현들은 조건적으로 하시는 말씀이 아니라,[17] 우리가 중심으로 형제를 용서해야 함을 **강조하시는 말씀**이다. 주님께서 강조하시기 위해서 이런 식의 표현을 사용하신 것으로 보아야만 한다. 그래야 성경의 전체적 사상과도 조화되고, 위에서 우리가 죄 용서의 유일한 근거로 그리스도의 십자가 사건을 언급한 것과도 조화될 수 있다. 그래서 이런 표현을 아람어가 속한 어군인 셈어의 한 특성이라고 하면서 "셈어적인 과장법"이라고 말하는 것이다.

중요한 것은 우리가 형제를 중심에서부터 진정으로 용서해야만 한다는 것이다. 겉으로만 용서하는 척하는 것이 아니라, 진정 속에서도 용서해야 한다는 것이다. 필슨이 잘 표현한 바와 같이, “구원은 구원받은 자의 태도와 사회적 관계를 변혁시키는 것”이기 때문이다.[18]

그러므로 우리는 아무런 거리낌 없이 용서하는 마음을 주께서 우리에게 주시기를 위해 기도해야 한다. 그 형제를 보았을 때 마음속 깊은 곳으로부터 따뜻한 마음이 생기는 그런 마음을 달라고 말이다. 주께서 그런 복을 허락해 주시는 이들은 진정 행복한 이들이다. 이는 사람의 힘으로는 도무지 될 수 없는 것이고, 오직 성령님의 능력으로라야 가능한 마음이다. 그래서 칼빈은 이렇게 말했다: “성령께서 우리 마음을 다스리시면, 모든 나쁜 의도와 원수 갚아야만 한다는 생각이 사라질 수밖에 없다. 우리가 하나님의 자녀 됨에 대한 증거로서 성령님을 모시고 있다면 하나님의 자녀들과 다른 이들을 구별시키는 이런 특성이 나오리라고 할 수밖에 없다.”[19] 그러므로 구원받은 우리는 주께 담대함을 가지고 다음과 같이 기도할 수 있다: “오 주여 우리에게 그런 평온한 마음, 그런 사랑의 마음을 주소서!”

그러므로 그리스도의 신비한 몸인 교회, 그리스도와 신비하게 하나가 되어서 죄 용서함을 받은 공동체인 교회도 감사와 용서의 공동체일 것이다. 교회 안에서는 어디서나 감사와 용서가 넘쳐나야만 한다. 그것이 그 교회가 참으로 그리스도의 신비한 몸임을 드러내는 것이다. 감사와 용서로 가득차 있지 않은 교회는 아직 그 교회됨을 잘 드러내고 있지 못한 연약한 교회이다. 감사와 용서 가운데서 모든 성원이 죄 용서함 받은 감사를 표현해 내는 교회 - 그것이 우리가 성령과 교회를 생각하면서 강조하고 꿈꾸며 이루어야 할 교회이다. 우리가 속한 교회가 감사와 용서를 실천하는 교회인지 자문해 보자.

하이델베르크 요리 문답 제56문답에서는 "죄 용서"의 의미를 다음과 같이 잘 요약하고 있다.

> (문) "죄 용서"에 대하여 당신은 무엇을 믿습니까?
>
> (답) 나는 하나님께서 그리스도께서 이루신 만족[구속] 때문에 나의 어떤 죄에 대해서나내 일생 동안 투쟁해 나갈 필요가 있는나의 죄 된 본성도 기억하지 않으시고 [문책하지 않으실 것을] 믿습니다. 오히려 하나님께서는 은혜스럽게 내가 영원히 정죄에 이르지 않도록 그리스도의 의(義)를 제공해 주십니다.

함께 토의할 문제

1. 죄 용서란 무엇입니까?

2. 죄 용서의 근거는 무엇입니까?

(1) 롬 5:25 ______________________________

(2) 롬 4:25 ______________________________

(3) 롬 5: 8-10 ______________________________

(4) 갈 3:13 ______________________________

(5) 사 53:4-6 ______________________________

3. 좌 용서와 믿음의 관계를 말해 보십시오.

(1) 롬 3:22 ______________________________

(2) 롬 3:26 ______________________________

(3) 롬 3:27-28 ______________________________

(4) 롬 4:5, 5:1 ______________________________

(5) 롬 4:23-24 ______________________________

4. 교회가 하는 사죄 선언의 의미를 말하고, 우리는 이를 말하는 설교 외에는 왜 따로 사죄 선언 순서를 가지지 않는지를 말해 보십시오. (331-332쪽 참조)

____

5. 죄 용서함을 받은 자들은 이제 어떻게 살아야 합니까?

살전 5:18 ______________________________

롬 6:19; 6:23; 롬 7:4 ______________________________

롬 3:27 ______________________________

마 18:22, 33, 35 ______________________________

23장

"몸이 다시 사는 것과 영원히 사는 것을 믿사옵나이다"

본문: 요한계시록 21:1-22:5; 고린도전서 15:42-44

개교회가 성령님 안에서 보편 교회인 이 세상의 모든 성도들과 함께 고백하는 사도신경에서는 맨 마지막에 "영원히 사는 것"에 대한 믿음을 고백하고 있다. 그러나 이 일은 그저 불로 장생(不老長生)에 대한 인간의 일반적 소망을 기원(祈願)하는 말이거나 그런 소망을 반영하는 자기 소원을 비는 말이 아니다. 이는 성경 계시에 근거한 기독교 신앙의 고백이다. 또한 성도들이 영원히 사는 것은 그저 개인적인 일이 아니라, 구원의 공동체인 교회와 하나님 나라의 백성으로서 경험하는 일이다. 영생을 누리는 것은 집합체로서의 교회의 공동적 경험이라는 말이다. 그리고 이러한 영생은 다양한 차원에서 경험되는데, 먼저는 일단 개인적으로 예수 그리스도께서 이루신 구원에 믿음으로 참여하는 일에서 시작된다.

I. 영원한 삶[영생]은 신자들에게는 "지금 여기서"부터 시작된다

신자 개개인은 예수 그리스도를 믿을 때에 이미 영생에 참여하게 된다. 다시 한번 강조하지만, 영생은 성도들이 죽은 후에 비로소 시작되는 것이 아니라, 예수 그리스도를 믿는 그 순간에 이미 시작되는 것이다. 이 점을 가장 잘 강조하고 있는 복음서가 요한복음이다. 요한은 자신이 쓴 복음서의 기록 목적을 다음과 같이 제시하고 있다: “이것을 기록함은 너희로 예수께서 하나님의 아들 그리스도이심을 믿게 하려 함이요, 또 너희로 믿고 그 이름을 힘입어 **생명을 얻게** 하려 함이니라”(요 20:31). 또한 예수님께서도 친히 말씀하시기를 “내 말을 듣고 또 나 보내신 이를 믿는 자는 **영생을 얻었고** 심판에 이르지 아니하나니 **사망에서 생명으로 옮겼느니라**”(요 5:24)고 하셨다. 이는 예수 그리스도를 믿는 일에서 이미 우리가 영생에 참여하는 일이 시작된다는 말씀이다. 하나님 나라가 예수 그리스도의 사역으로 말미암아 이 세상 안에서 이미 시작되었으므로, 우리는 지금 여기서 이미 그 나라에 참여할 수 있는 것이고, 이렇게 하나님 나라에 참여하는 이들은 이미 영생에 참여한 것이다. 다른 복음서에서 “하나님 나라”라고 쓰던 말을 요한은 거의 “영생”이라고 쓰고 있을 정도이다.[1]

그러므로 자신의 생전에, 그리고 “지금 여기서” 하나님 나라와 그 나라의 영생에 참여하지 못하는 이들에게는 그 어떤 영생도 있지 않다. 죽음 이후 제2의 기회도 없고, 죽음 이후 어떤 시련을 넘어 영생에 들어가는 일도 없는 것이다.[2]

그러므로 **우리는 우리가 살아 있는 기간 동안에, 우리가 오늘이라고 말하는 동안에 예수 그리스도를 믿어야만 한다**. 그것이 없이는 우리는 영생과는 전혀 관련 없는 사람이 되고 만다. 우리는 우리 자신들이 지금 여기서 예수 그리스도의 구속하심을 신실하게 믿고, 또 다른 이들로 하여금 그 사실을 믿도록 해야 하는 막중한 책임을 가지고 있다. 지금 여기서 영생에 참여한 자들에게만이 이후에도 영생에의 참여가 보장되는 것이다.

II. 성도의 죽음 이후 영생의 모습

이 땅에서 그리스도를 믿음으로 이미 영생과 하나님 나라에 참여한 성도들이 죽으면 어떻게 되는 것일까? 신자인 우리가 죽으면 우리 몸은 땅 속에 들어가 썩지만, 우리의 영혼은 하나님이 계신 곳, 그 "하늘"(heaven)에서 그리스도와 함께 하나님 면전(with Christ in the presence of God)에 있게 된다.[3] 그것이 물리적으로 죽은 신자들의 영생의 모습이다. 그 상태는 기쁘고 즐거우며, 이미 안식에 들어간 좋은 상태이다. 성도는 분명한 기쁨과 즐거움과 영생에 대한 의식을 가지고 그 상태에 있는 것이다.[4] 그러므로 죽음 이후의 상태도 성도가 바라고 소망해야 할 상태의 하나이다. 하이델베르크 요리 문답 제58문답에서는 "영원히 사는 것을 믿는" 신앙의 의미를 다음과 같이 잘 요약하고 있다.

> (문) "영원히 사는 것"에 대한 조항은 당신에게 어떤 위로를 줍니까?
>
> (답) 지금도 내가 영원한 기쁨의 시작을 나의 마음 가운데서 경험하는 것과 같이, 이 삶이 마쳐진 후에도 나는 그 누구의 눈도 본 일이 없고, 그 누구의 귀도 들어 본 일이 없고, 그 어떤 인간의 마음으로도 상상하지 못할 그런 완전한 복됨, 즉, 영원토록 하나님을 찬양하는 복됨을 갖게 될 것이라는 위로를 나에게 줍니다.

이와 같이 우리의 영혼이 더 높은 상태에 이르는 것, 즉 더 이상 죄를 범할 가능성이 없는 피조물로서는 가장 온전한 영혼의 상태에 이르는 것은 성도들의 죽음이나 그 직후에 하나님의 은혜로 이루어지는 것이다. 그것이 **우리의 영혼에 관한 성화의 완성이라고 할 수 있다**. 왜냐하면, "죽음 이후에는 더 이상 어떤 성화도 일어나지 않기" 때문이다.[5] 그러므로 죽기까지는 우리가 끊임없이 성화되어 간다. 우리는 복음을 믿고 이 세상에서 구원함을 받지만 이 구원은 일정한 과정을 지니고 이루어지는 것이어서, 우리의 구원받은 영혼도 이 세상에서는 하나님께서 원하시는 그 온전함에 완전히 도달하지는 않는다.

성경은 그리스도 안에 있는 우리라도 항상 범죄할 수 있는 가능성이 있다고 말하며, 또 실제로 다 범죄하며 실수가 많다고 말한다: "우리가 다 실수가 많으니…"(약 3:2). "만일 우리가 범죄하지 아니하였다 하면 하나님을 거짓말하는 자로 만드는 것이니, 또한 그의 말씀이 우리 속에 있지 아니하니라"(요일 1:10). 그러므로 이미 구원함을 받았고 영생에 참여한 우리도 죽기까지 항상 우리의 죄를 자백하며 회개하여 계속해서 죄 용서함을 받아야만 한다. 그러므로 우리는 이 세상에서 완전한 성결이나 온전한 성화에 이를 수 있다고 말하는 완전주의(perfectionism)를 지지할 수 없다.[6]

그러나 하나님께서 계시고, 그리스도께서 계신 "하늘"(heaven)에 있는 영들은 온전하다. 그 영들에 대해서 "온전케 된 의인들의 영"이라고 말하는 히브리서 12:23을 살펴보아도 이는 부인하기 어렵고,[7] 또한 하나님의 성품을 살펴보아도 하나님과 함께 있는 영들은 다 온전하지 않을 수 없다고 해야 할 것이다.

이런 두 가지 사실, 즉 (1) 이 세상에 있는 성도들의 영이 온전한 성화에 도달할 수 있다고 성경이 가르치지 않는다는 사실과 (2) 하늘에 있는 영들은 다 온전하다는 사실로부터 우리는 우리의 영혼의 성화가 죽음에서 완성된다고 추론하는 것이다. 그리고 그럴 수밖에 없다. 우리의 영혼은 죽어서 우리의 몸과 분리되는 동시에 곧바로 우리의 언약적 머리되신 그리스도에게로 가는 것이기 때문이다. 그래서 바울도 죽는 것, 이 세상을 떠나는 것을 가리켜서 "떠나서 그리스도와 함께 있을" 것이라고 했다(빌 1:23). 또한 우리가 "담대하여 원하는 바는 차라리 몸을 떠나서 주와 함께 거하는 그것이라"고 했다(고후 5:8). 그리스도와 함께 있는 이들의 영이 어찌 온전하지 않겠는가? 이 온전케 된 의인들의 영이 하늘의 기쁨을 누리면서 있는 것은 분명히 아주 좋은 일이다. 기쁘고 행복한 일이다.

그러나 성경은 이렇게 하늘에서 우리의 영이 하늘 복락을 누리고 있는 것, 그것이 우리가 바랄 수 있는 최후의 것이 아니라는 것을 분명히 하고 있다. 즉, 이런 천상 상태(heavenly state)의 영생은 아직도 영생의 온전한 모습에 온전히 다 도달한 것이 아니다. 이 때는 우리의 영혼만이 하늘의 복락에 참여하기 때문이다. 하나님께서 창조하신 인간의 모든 부분이 다 영생에 참여하고 있지 않은 상태이다. 따라서 이런 "하늘" 의 상태에서 누리는 영생도 **"아직 아니"의 측면을 지니고 있는 영생**이라고 할 수 있다. 그래서 이 상태 가운데서 성도는 어떤 의미에서는 "잠시 동안 쉬며, 기다리고 있는 것"이라 할 수 있다.

그러면 그들은 과연 무엇을 기다리는가? 하나님의 의가 온전히 시행되고, 하나님의 영광의 나라가 이 땅에 임하기를 기다리는 것이다. 요한계시록의 한 부분에는 순교한 성도들의 기도와 그에 대한 하나님의 답이 다음과 같이 묘사되어 있다:

> 내가 보니 하나님의 말씀과 저희의 가진 증거를 인하여 죽임을 당한 영혼들이 제단 아래 있어 큰 소리로 불러 가로되 거룩하고 참되신 대주재여, 땅에 거하는 자들을 심판하여 우리 피를 신원하여 주지 아니하시기를 어느 때까지 하시려나이까' 하니 각각 저희에게 흰 두루마리를 주시며 가라사대 아직 잠시 동안 쉬되 저희 동무 종들과 형제들도 자기처럼 죽임을 받아 그 수가 차기까지 하라 하시더라(계 6:9-11).

물론 이 말씀을 순교자의 특별한 경우로나, 비유적인 표현으로 해석해 보려는 이들도 있지만, 넓게 보면 이 말씀의 의미는 모든 죽은 성도들의 경우에 다 해당할 수 있다. 이는 결국 "저희의 수고를 그치고 쉬리니"라는 성령의 말씀과(계 14:13) 같은 의미를 전달하는 것이기 때문이다.[8] 후크마 교수도 죽음부터 부활까지의 중간 상태에서의 성도의 "즐거움이란 잠정적이며 불완전"하다고 말하며, "그들의 즐거움이 완성되기 위하여 그들은 육체의 부활을 기다리며, 동시에 하나님께서 그 분의 구원 사역의 결정체로서 창조하실 새 땅을 바라보게 되는 것이다"고 잘 말하고 있다.[9] 그러므로 물리적으로 죽은 성도들은 "**아직 잠시 쉬며**, 하늘 영광을 누리며 **기다리고 있는 것**"이라고 할 수 있을 뿐(웨스트민스터 소요리문답 37문 참조), 아직은 최종적 영광의 상태에 있다고 할 수는 없는 것이다. 성도들의 궁극적 영광은 모든 성도들과 동시에 함께 누리기 시작할 것이기 때문이다.

그러므로 우리가 죽어서 하늘 영광(heavenly glory)을 누리고 있는 상태는 성도들이 궁극적으로 바라고 소망하는 상태는 아직 아니다. 우리의 영생의 "아직 아니"의 측면이 온전히 다 제거된 상태는 우리 주 예수께서 재림하여 오신 후의 상태이다. 그러므로 우리는 죽어서 우리의 영이 "하늘"에서 그리스도와 함께 있는 것보다는 우리의 몸의 부활을 소망해야만 한다고 말하는 것이다. 그러므로 성도의 궁극적 소망은 우리 주의 재림 때에 있게 될 몸의 부활에서 시작되는 영생의 온전한 모습이다.

III. 그리스도의 재림 이후의 영생의 모습

다시 말하지만, "하늘"(heaven)에 있는 온전케 된 영혼은 그 온전케 된 영혼에 걸맞은 몸을 입기를 기다리고 있는 것이다. 그것은 하늘에 있는 온전케 된 영혼만이 원하고 간구하는 것이 아니라, 우리가 이 땅에 있을 때에도 간절히 원하며 간구하는 것이다. 바울은 이렇게 말한다: "과연 우리가 여기 있어 탄식하며 하늘로부터 오는 우리 처소로 덧입기를 간절히 사모하노니, 이렇게 입음은 벗은 자들로 발견되지 않으려 함이라. 이 장막에 있는 우리가 짐진 것같이 탄식하는 것은 벗고자 함이 아니요 오직 덧입고자 함이니, 죽을 것이 생명에게 삼킨 바 되게 하려 함이라"(고후 5:2-4). 여기서는 "땅에 있는 우리의 장막 집" 또는 "이 장막"(고후 5:1, 4) 등으로 표현된 현재 우리의 몸을 "하늘에 있는 영원한 집" 또는 "하늘로부터 오는 우리 처소"(고후 5:1, 2)로 표현된 부활한 몸과 대조시키고 있다.

그런데 이 변형된 몸을 덧입는 것은 죽은 뒤에 곧 이루어지는 것이 아니라, 그리스도께서 이 세상에 재림하실 때에야 이루어지는 것이다.[10] 사도 바울은 또한 이렇게 말한다: "보라 내가 너희에게 비밀을 말하노니, 우리가 다 잠잘 것이 아니요, 마지막 나팔에 순식간에 홀연히 다 변화하리니, 나팔 소리가 나매 죽은 자들이 썩지 아니할 것으로 다시 살고 우리도 변화하리라"(고전 15:51, 52). 여기서 말하는 "마지막 나팔소리"는 "주께서 호령과 천사장의 소리와 하나님의 나팔로 친히 하늘로 좇아 강림하시리니"(살전 4:16)라고 말할 때의 그 나팔 소리를 의미한다. 그러므로 이것은 우리 주 예수 그리스도의 재림 때 일어날 일을 묘사하는 것이다. 그 때에 "그리스도 안에서 죽은 자들이 먼저 일어나고"(몸의 부활), 그 후에 살아 남은 자들도 그 몸이 부활체와 같은 모습으로 변형되어(부활체로의 변화) "우리가 항상 주와 함께" 있을 것이다(살전 4:16, 17). 이미 온전케 되어 하늘에서 하나님과 깊은 교제를 나누며 하늘 복락에 참여하고 있던 성도들의 영혼이 재림 때에 온전케 된 몸을 입고서 온전히 구원함을 받은 사람의 모습을 드러내는 것이다.

또 당시에 살아 있던 성도들은 죽음을 거치지 않고 재림과 함께 그 영혼이 온전히 성화하고 그 몸이 부활하신 주님의 몸과 같은 몸으로 변화하는 것이다. 그래서 사도 요한은 "그가 나타내심이 되면 우리가 그와 같을 줄 아는 것은 그의 계신 그대로 볼 것을 인함이라"고 한다(요일 3:2하). 주님을 뵈오면 그 분과 같은 모습으로 변화하든지, 주님을 뵈올 수 있는 사람은 반드시 그 분과 같은 모습을 가진 자라야만 한다는 것을 말해 주는 것이다. 그러므로 우리 주 예수께서 다시 재림하실 때에라야 비로소 우리는 하늘의 속한 자의 형상을 입게 된다. 이것이 **몸에 대한 성화의 완성**이요, 영화(glorification)인 것이다. 이것은 성령님의 능력으로 이루어지는 것으로, 모든 성도들이 함께 경험하게 되는 것이다. 그러므로 우리는 이 부활을 성령님께서 일으키시는 사건이요, 교회적인 사건으로 보아야 한다. 그것은 구원 과정의 종국이며, 극치이다.

따라서 이렇게 부활하신 주님과 같은 모습을 가진 우리의 부활체가 영원히 있게 될 곳도 하나님 나라의 극치인 온 세상이 변형되어 새롭게 된, 온 세상이 중생한(마 19:28) 새 하늘과 새 땅이다(계 21:1-8; 사 65:17; 66:22).[11] 그 새 하늘과 새 땅에 영육 단일체로서의 온전한 성도들이 영원히 거하게 될 것이다. 이 때에야 우리가 "영원히 산다"는 것의 의미가 온전히 드러나게 된다. 그 때에야 비로소 우리는 온전한 생명의 의미로 가득찬 삶을 누리며 살게 되는 것이다. 그것은 무엇보다도 몸의 부활로부터 시작하는 삶이다. 이제 이렇게 부활한 몸이 과연 어떤 것인지에 대한 고찰을 해 보기로 하자.

1. 몸의 부활은 "영육의 온전한 사람"[全人]의 부활이다

몸의 부활은 영육으로서의 온전한 인간의 부활을 지칭해 주는 말이다. 이는 성경이 부활에 대해서 가르칠 때에 이와 같이 가르치고 있으므로 우리가 그렇게 말하는 것이기도 한지만, 기독교의 중요한 교리들의 논리적 결국을 생각해 보아도 그렇게 되지 않을 수 없다.

첫째로, 하나님의 창조를 생각할 때 부활은 결국 영과 육의 온전한 사람의 부활일 수밖에 없다. 하나님께서는 처음에 사람을 창조하실 때부터 영육 통일체(psycho-somatic unity)의 온전한 인간을 창조하셨다. 그 때의 영혼과 몸은 모두 선한 것이었다. 그리고 그 둘은 서로 분리될 수 있는 것이 아니었다. 그런데 죄악 때문에 영육 단일체인 인간의 타락이 일어났고, 그 죄에 대한 형벌로 영과 몸의 분리인 물리적 죽음이 있게 된 것이다. 그러므로 하나님의 창조의 관점에서 보면 영과 몸 모두가 온전한 것이 인간의 바른 모습이다. 따라서 우리의 부활도 영육 통일체의 부활일

수밖에 없다.[12]

둘째로, 하나님께서 이루신 구원을 생각할 때에도 인간은 종국적으로 영육 단일체의 온전한 사람으로 회복되어야 한다. 하나님께서 이루시는 구원은 본래의 창조의 상태로 인간을 되돌려 놓는 것 정도가 아니라, 그 창조의 상태에서 하나님께 대한 온전한 순종을 통해서 마땅히 이르러야만 하는 더 높은 상태(the higher state)로 인간을 올려놓는 것이다.[13] 따라서 구원은 창조를 무시하고 이루는 것이 아니라, 창조가 궁극적으로 지향하던 것으로 우리를 인도하는 것이다. 그러므로 창조된 인간이 영육 통일체의 인간이라면, 온전히 구원된 인간도 영육 통일체의 온전한 인간이지 않을 수 없다. 그리고 온전히 구원된 인간은 최초의 창조된 인간보다 더 높은 단계에 이른 사람인 것이다.

그러므로 우리의 온전한 구원은 몸의 부활을 포괄하는 것이다. 그렇지 않으면 하나님의 창조가 파괴된 채로 구원이 이루어지는 것이라고 하지 않을 수 없다. 하나님께서는 창조의 의도가 죄로 인해 파괴된 것 고치시되 온전히 고치실 뿐만 아니라, 더 높은 상태로 그것을 옮기셔서 고치시는 것이다. 그러면 도대체 우리를 더 높은 상태에로 옮기신다고 했을 때의 그 높은 상태의 극치인 부활체는 과연 어떤 특성을 가졌는가?

2. 부활체의 특성들

성경은 부활체의 정확한 모습을 아주 구체적으로 가르쳐 주고 있지는 않다. 그러나 성경이 부활체에 대해 전혀 빛을 비춰주지 않는 것도아니다. 적어도 부활체가 어떤 것이라는 것은 알 수 있을 만큼 가르침을 준다. 우리는 성경이 부활체에 대해서 가르치는 특성들을 다 무시해서는 안 된다. 먼저, 우리는 부활의 첫 열매가 되셔서 우리의 부활을 인쳐 주시고 보증해 주신 주님의 부활체로부터 부활체의 성격을 짐작할 수 있는데, 이는 고린도전서 15:42-44로에 잘 나타나 있다. 이 고린도전서의 말씀을 중심으로 해서 부활체는 정확히 어떤 특성을 지니고 있는지 생각해 보기로 하겠다.

첫째로, 부활한 몸은 썩지 아니할(ἀφθαρσία) 몸이다(고전 15:42). 이 세상에서 우리가 경험하는 몸은 죽으면 썩는다. 또 살아 있을 때에라도 몸의 일부가 썩는 일을 볼 수 있는 것이 우리가 이 세상에서 경험하는 몸이다. 그래서 우리는 모든 몸은 이런 특성을 가졌다고 단정하기 쉽다. 그러나 하나님께서 처음에 창조하셨던 몸은 이렇게 썩도록 되어 있는 몸이 아니었다. 오히려 그 몸은, 만일 타락이 없었더라면 죽지 아니하도록 창조함을 받은 몸이었다. 이에 반해 부활체는 창조의 몸과 달리 타락하여 죽을 가능성조차 없는 몸이다. 그러므로 부활체는 온전한 의미에서 "썩지 아니할 것"이다. 이러한 몸의 부활에 대해서 바울은 "이 썩을 것이 불가불 썩지 아니할 것을 입겠고 이 죽을 것이 죽지 아니함을 입으리로다"(고전 15:53)라고 말하였다. 그 때는 사망이 이김에 삼킨 바 될 것이다.

둘째로, 부활한 몸은 영광스러운(δόξα) 것이다(고전 15:43). 이 세상에서 우리가 경험하는 몸은 욕된 것이라고 바울은 말한다. 이는 무엇보다도 부활체의 영광과 비교할 때 지금의 우리의 몸은 욕된 것이라고 할 수 있다. 부활 때에는 그리스도께서 "만물을 자기에게 복종케 하실 수 있는 자의 역사로 우리의 낮은 몸을 자기 영광의 몸의 형체와 같이" 변화하게(빌 3:21) 하실 것이기 때문이다. 또한 바울은 이렇게도 말한다: "우리 생명이신 그리스도께서 나타나실 그 때에 너희도 그와 함께 영광 중에 나타나리라”(골 3:4). 그 영광의 기준은 그리스도의 부활체의 영광이다. 이런 말을 쓸 때에 바울은 아마도 그가 다메섹 도상에서 만나 뵌 그리스도의 영광을 염두에 두면서 영광에 대한 언급을 하고 있을 것이다. 그렇다면 이것이 얼마나 놀라운 사실에 대한 진술인지 짐작할 수 있다. 때문에 바울은 우리가 지금 받는 어려움과 고난은 장차 우리에게 임할 영광과 족히 비교할 수 없다고 말하는 것이다.

셋째로, 우리의 부활한 몸은 강한(δύναμις) 몸이다(고전 15:43). 부활체의 강함에 비하면 이 세상에서 우리가 경험하는 몸은 아무리 강한 몸이라도 약한 것일 뿐이다. 이 세상의 몸은 병들 수 있고, 노쇠해 가는 몸이다. 의학이 아무리 발달해도 이 죽음에로의 과정을 제거할 수는 없다. 그러나 하나님께서 “하늘에 속한 자의 형상”을(고전 15:49) 입히실 때에는 그 몸이 강한 몸이었다. 그 때에는 “다시 사망이 없고 애통하는 것이나 곡하는 것이나 아픈 것이 다시 있지 않을” 것이다 이 모든 것은 다 처음 것에 속한 것들인데 “처음 것들이 다 지나갔음이러라”고 요한 사도는 선언한다(계 21:4). 다시는 병들지 않고, 다시는 죽지 아니할 정도로 그렇게 강한 것이다. 우리의 부활한 몸은 이렇게 강한 몸이다.

넷째로, 우리의 부활한 몸은 “신령한 몸”(σῶμα πνευματικόν, spiritual body)이다(고전 15:44). 이는 이 세상에서 우리가 경험하는 “육의 몸”(σῶμα ψυχικόν, soulish body)과 대조되는 성령의 인도하심을 온전히 받는, 온전히 성령에 의해서 통제되고 소유된 영의 사용에 적합한 몸, “하나님의 영의 새 세계에 맞도록 성령에 의해서 변화된 몸”을 뜻한다.[14] “신령한 몸”이란 말은 영으로 이루어진 몸을 뜻하는 말이 아니다.[15] 물론 부활한 몸도 분명히 “몸”이다. 그러므로 그 몸은 지금 우리의 몸과 어떤 연속성(continuity)을 가지고 있는 몸이다. 분명히 살과 뼈를 가진 몸이다. 부활하신 주님께서는 아주 분명하게 "나를 만져 보라 영은 살과 뼈가 없으되 너희 보는 바와 같이 나는 있느니라"고 말씀하셨다(눅 24:39). 또 그 부활의 주님께서 구운 생선 한 토막을 "받으사 그 앞에서 잡수시더라"고 누가는 보도했다(눅 24:43). 그러므로 예수님의 부활체와 같은 모습으로 변화하는 우리의 부활체도 분명히 살과 뼈가 있으며, 음식을 꼭 섭취해야 살 수 있는 것은 아니지만 음식을 먹을 수도 있는, 그래서 극치에 이른 하나님 나라에서 생명 나무의 실과를 문자적으로 먹을 수도 있는 몸을 가지고 부활하는 것이다.

그러나 그 부활의 몸은 또한 지금 우리의 몸이 가진 "죽을 수 있음"[可死性]과 "썩는 성질"[可滅性], "욕됨", "연약함" 등의 성격을 배제한 몸이다. 그리고 그 몸을 가지고 살아가는 생활에서는 더 이상 장가가고 시집가고 하는 일이 없다(눅 20:35 참조). 그래서 그 때에는 자녀를 낳는 일도 없을 것이다. 이런 점에서 부활체는 지금의 우리의 몸과 비연속적인 측면(discontinuity)도 가지는 것이다. 또한 지금 우리의 몸이 성령님의 사용에 온전히 순종하지 않은 데 비해서, 부활한 몸은 온전히 하나님과 성령의 인도하심에 따르는 몸이 된다. 이렇게 부활의 몸은 성령님의 사용하심에 적합한 몸이라는 뜻에서 "신령한 몸"이라고 하신 것이며, 불멸적이고 생명을 주시는 영이신 그리스도에 의해서 전적으로 통제되는 몸인 것이다.

그러므로 우리는 이런 특성을 가진 부활체를 가지고 영원히 주님을 섬기는 일의 시작인 주의 재림과 부활을 간절히 기대해야 한다. 성도의 진정한 소망은 단순한 사후의 세계가 아니라, 그리스도의 재림과 함께 있게 될 몸의 부활과 그 후에 있을 새 하늘과 새 땅에서의 부활체로서 살고 활동하는 데 있다. 그러므로 우리는 항상 그와 같은 온전한 삶을 바라며 살아야 한다. 바로 이런 의미에서 우리는 모든 진정한 그리스도인들과 함께 "아멘 주 예수여 어서 오시옵소서"라고 기도하기를 그치지 말아야 한다. 그리고 "주를 향하여 이 소망을 가진 자마다" 이 세상에서도 신령한 삶을 살아 나가며, "그의 깨끗하심과 같이 자기를 깨끗하게" 하는 것이다(요일 3:3).

하이델베르크 요리 문답 제57문답에서는 "몸의 부활을 믿는 신앙"의 의미를 다음과 같이 잘 요약하고 있다.

> (문) "몸이 다시 사는 것"을 믿음은 당신에게 어떤 위로를 줍니까?
>
> (답) 이 생이 끝나면 즉시로 나의 영혼이 그 머리되신 그리스도께로 취하여질 뿐만 아니라, 이 나의 몸까지도 그리스도의 능력으로 일으킴 받아 나의 영혼과 다시 연합하여 그리스도의 영광스러우신 몸과 같아 질 것이라는 위로를 줍니다.

3. 새 하늘과 새 땅에서의 부활체를 지닌 삶의 의미

이제는 이런 새 하늘과 새 땅에서의 부활체를 지닌 우리의 삶의 의미를 좀더 구체적으로 진술해 보겠다.

(1) 하나님의 구원 경륜이 온전히 이루어진 새 하늘과 새 땅에서 우리는 피조된 존재로서 온전한 의미를 다 누리며 살게 될 것이다. 그 상태에서는 우리가 하나님께서 인간을 영육 통일체로 창조하신 그 온전한 의미로 가득찬 삶을 사는 것이다. 하나님께서 사람을 처음 창조하셨던 그 목

적이 온전히 이루어지고 그 뜻이 계속적으로 구현되는 그런 삶을 사는 것이다. 하나님의 처음 창조가 멸망하거나 제거되고 마는 것이 아니고, 영원에서 실현되고 그 뜻에 따라 계속 진행해 가는 것이다. 그러므로 "새 하늘과 새 땅"에서 우리는 존재의 참 의미를 온전히 다 파악할 뿐만 아니라, 그 의미로 가득찬 삶을 살게 된다. 그 삶의 본질은 하나님과의 깊이 있는 교제에 있다.[16] 그것은 다른 모든 이들과, 나아가 다른 피조물들과의 교제를 가능하게 할 것이다. 이처럼 모든 존재의 의미가 실현된 상태에서 우리는 진정한 존재의 의미를 추구하는 이들이 될 것이다.

(2) 그러므로 "새 하늘과 새 땅"에서 우리는 진정한 의미의 기쁨을 누리게 된다. 그 때와 그 상태는 진정한 복됨(blessedness)으로 가득찬 상태다. 보스는 그 상태를 가리켜 "행복의 최고 상태를 낳는 질서"라고 말했다.[17] 그러므로 그 상태에서 우리가 누릴 기쁨은 아무런 거리낌이 없는 진정한 기쁨이다. 그 때에는, 벌코프 교수가 말하는 대로, "그 어떤 불완전이나 현세의 방해물이 없을 것이다."[18] 하나님이 주시는 진정한 위로로 가득찬 기쁨만이 "새 하늘과 새 땅"을 가득 채울 것이다. 이를 요한계시록에서는 이렇게 표현하고 있다: "[하나님께서] 모든 눈물을 그 눈에서 씻기시매 다시 사망이 없고 애통하는 것이나 곡하는 것이나 아픈 것이 다시 있지 아니하리니 처음 것들이 다 지나갔음이러라"(계 21:4). 그때에는 하나님께서 주시는 참으로 온전한 만족이 우리를 가득 채울 것이다.

그 때의 기쁨은 너무나도 크고 놀라운 것이어서 이전 것은 그 무엇이라도 기억하지 않게 될 것이다. 이와 연관해서 하나님께서 친히 선언하셨던 다음 말씀을 생각해 보라: "보라! 내가 새 하늘과 새 땅을 창조하리니 이전 것은 기억되거나 마음에 생각나지 아니할 것이라"(사 65:17). 이는 솔로몬 성전의 영광을 기억하던 이들이 스룹바벨 성전의 지대가 놓임을 보면서 울었다고 말하는 것(에스라 3:12, 13)과 대조된다. 비록 스룹바벨 성전의 지대가 놓일 때에는 기쁨과 슬픔이 함께했고 과거에 대한 회상과 그에 대한 연민 등이 작용하였으나, 새 하늘과 새 땅의 기쁨은 온전한 기쁨이어서 이전 것이 기억되거나 마음에 생각되지도 않을 것이다. 그만큼 영원 상태의 기쁨은 크고 온전한 것이다. 그래서 하나님께서 친히 말씀하신다: "너희는 나의 창조하는 것을 인하여 영원히 기뻐하며 즐거워할지니라"(사 65:18); "예루살렘을 사랑하는 자여 다 그와 함께 기뻐하라 다 그와 함께 즐거워하라 그를 위하여 슬퍼하는 자여 다 그의 기쁨을 인하여 그와 함께 기뻐하라 너희가 젖을 빠는 것 같이 그 위로하는 품에서 만족하겠고 젖을 넉넉히 빤 것 같이 그 영광의 풍성함을 인하여 즐거워하리라"(사 66:10-11). 그만큼 기쁜 것이다.

(3) 왜냐하면 "새 하늘과 새 땅"은 온전한 의로 가득찬 상태이기 때문이다. 하나님의 의가 온 세상을 지배하며, 우리의 모든 관계가 의로 가득찬 삶을 사는 것이다. 극치에 이른 하나님 나라는 원리적으로만이 아니라, 실제적으로 하나님의 의가 온 세상을 지배하는 온전한 의의 나라이기 때문이다. 그래서 보스는 "하나님 나라는 의와 동일한 것이다. 그것은 겹치는 것이고 서로의 부분 집합이다"라고 말하기도 한다.[19] 그 때에야말로 공법이 물 같이 정의가 하수 같이 흘러넘칠 것이다(암 5:24 참조). 여호와께서 천하의 왕이 되셔서(슥 14:9 참조) 온 천하를 공평과 정의로 다스리실 것이기 때문이다.

(4) 따라서 새 하늘과 새 땅에서의 삶은 참으로 평강(shalom)으로 가득찬 삶이다. 왕이신 하나님께서 우리에게 "평강을 강같이" 주실 것이기

때문이다(사 66:12). 하나님의 온전한 평강이 온 세상에 가득찬 그 때에는 더 이상 죽음과 싸움이 있을 수가 없다. 이를 선지서에서는 다음과 같이 목가적(牧歌的)인 모습으로 그려준다:

> 그 때에 이리가 어린 양과 함께 거하며 표범이 어린 염소와 함께 누우며 송아지와 어린 사자와 살진 짐승이 함께 있어 어린아이에게 끌리며 암소와 곰이 함께 먹으며 그것들의 새끼가 함께 엎드리며 사자가 소처럼 풀을 먹을 것이며 젖 먹는 아이가 독사의 구멍에서 장난하며 젖뗀 어린아이가 독사의 굴에 손을 넣을 것이라 나의 거룩한 산 모든 곳에서 해됨도 없고 상함도 없을 것이니 이는 물이 바다를 덮음 같이 여호와를 아는 지식이 세상에 충만할 것임이니라(이사야 11:6-9).

이 구절만큼 새 하늘과 새 땅에서의 평화의 모습을 잘 그려 주고 있는 그림은 찾아보기 어려울 것이다.[20] 반은 비유적인 이 말씀은 새 하늘과 새 땅의 상태가 온전한 평강의 상태임을 잘 보여 준다.

(5) 또한 새 하늘과 새 땅은 영광으로 가득찬 상태이다. 그 상태는 영광의 왕국(*regnum gloriae*)의 상태이기 때문이다. 그러므로 그곳에서는 무엇보다 먼저 하나님의 영광이 차여하게 빛나게 된다. "그 성은 해나 달의 비췸이 쓸데없으니 이는 하나님의 영광이 비취고 어린 양이 그 등이 되심이라"(계 21:23). 따라서 그 하나님 아버지와 주 예수 그리스도의 영광을 반영하는 신자들의 영광도 빛나게 된다: "만국이 그 빛 가운데로 다니고 땅의 왕들이 자기 영광을 가지고 그리로 들어오리라"(계 21:24). 그 모든 "열방의 영광을 넘치는 시내 같이" 우리에게 주실 것이다(사 66:12). 따라

서 온 피조물도 영광으로 그 빛을 드러낼 것이다. 그래서 비유적으로 다음과 같이 말하기도 하는 것이다: "성문들을 낮에 도무지 닫지 아니하리니 거기는 밤이 없음이라"(계 21:25), 또한 "다시 밤이 없겠고 등불과 햇빛이 쓸데없으니 이는 주 하나님이 저희에게 비취심이라"(계 22:5). 이는 온 세상에 하나님의 영광이 가득한 상태로 영원히 계속될 것을 비유적으로 표현한 말씀들이다.

(6) 뿐만 아니라 새 하늘과 새 땅은 무한한 진보와 발전으로 가득찬 상태이다. 그 상태에서는, 마치 하나님께서 순수 활동(*actus purus*)이시면서도 불변하시는 것과 같이, 안식과 활동이 온전히 조화된다. 그것은 그저 정태적인 상태의 안식이 아니라, 온전한 안식이 역동적인 활동과 함께 있으며, 무한히 하나님의 뜻을 따라 진보해 나가는 상태인 것이다.[21] 바빙크는 이에 대해서 매우 겸손하게 표현하면서도 아주 분명하게 이렇게 확언한다: "하나님을 섬김, 서로 교통함, 새 하늘과 새 땅에서의 거주함은 의심할 것도 없이, 비록 그 형태와 방법에 대해서는 우리가 모르지만, 이 임무들을 수행할 많은 기회를 제공한다. 그 활동은 쉼과 즐거움을 누림과 동시에 일어난다."[22]

IV. 결론: 온전한 영생의 소망을 가진 성도들의 삶의 태도

이런 삶이 우리가 영원히 누리게 되는 삶의 특성들이다. 우리 모두가 이런 영생의 극치를 다함께 누려 나갈 수 있기를 바란다. 그러나 우리는 그 때에만 이런 영생을 누릴 것이라고 소망만 하는 것이 아니라, 그 일부분을 이 세상에서 살면서도 이미 누리며, 나아가 그것을 우리의 삶으로 증언해 가야 할 것이다. 그러므로 우리는 지금 여기에서 그 존재의 의미가 과연 어떤 것인지를 깊이 생각하고, 그 온전한 의미가 나타날 상태에 대해 명상하며, 나아가 그 의미를 드러내도록 노력해야만 한다. 그럼으로써 우리는 지금 여기서도 영생의 기쁨을 누리며 그것을 증언해야만 한다. 이 세상의 큰 불행이 우리 앞에 있어도 우리는 그 불행과 슬픔의 한 가운데서 이러한 영생을 드러내며 살아나가야만 한다. 그러므로 우리는 모든 일에서 진정 기뻐하며 감사할 수 있는 것이다. 그래서 바울은 "항상 기뻐하라, 범사에 감사하라"고 명령하고는 "이는 그리스도 예수 안에서 너희를 향하신 하나님의 뜻이니라"고 했던 것이다(살전 5: 16, 18).

또한 우리는 지금 이 세상에서도 의와 평강을 추구해 가야 한다. 우리의 노력으로 하나님의 의와 하나님께서 이루실 평강을 이 땅 위에 이루어낼 수는 없어도 그 나라의 의와 평강에 가까운 것을 드러내는 일에 최선을 다해야 한다(approximation approach).

첫째로, 우리의 교회 생활과 우리의 관계들을 통해서 우리는 이 세상이 가지지 못하는 의와 평강을 증시해 놓아야만 한다.

둘째로, 우리는 이 세상에서도 이 의와 평강에 가까운 것의 실현을 위해서 최선을 다해야만 한다. 이런 일에 힘쓰는 이들은 "그리스도를 위해 현재 이곳에서 행해진 일들이 장차 영원 세계에서 충만한 진가의 빛을 발할 것"이라고 말하는 후크마 교수의 말에 전적으로 동의할 것이다.[23]

우리 모두가 이런 삶의 태도를 가지고 살 때에 우리는 이 땅에서 영원한 삶에 대한 증인이 될 수 있다. 이것이 우리 안에 있는 영생을 드러내는 일이고, 영원한 삶에 대한 소망을 실증(實證)하는 것이다. 과연 우리 교회와 우리 개개인이 영생의 향유자요, 그 신실한 증인들인지를 물어야 한다. 부디 우리 모두가 바르고 충실한 영생의 참여자요 증인들일 수 있기를 원한다.

함께 토의할 문제

1. 성도에게 영생은 언제 시작하는 것입니까? (요 5:24) ______________

2. 영생을 누리는 성도의 죽은 후의 상황은 어떤 것입니까?

(1) 히 12:23 ______________

(2) 빌 1:23 ______________

계 6:9-11 ______________

3. 영생을 누리는 성도의 재림 이후의 모습은 어떤 것입니까?

(1) 고전 15:51, 52 ______________

(2) 요일 3:2 ______________

성도가 영원히 사는 곳은 어디 입니까? (계 21:1; 사 65:17; 66:22)

____

4. 부활한 몸에 대해 생각해 봅시다.

(1) 고전 15:42 ______________

(2) 고전 15:43 ______________

=(골 3:4 ______________

(3) 고전 15:43 ______________

(4) 고전 15:44 ____________________

이 말의 뜻은 무엇입니까? (355쪽 참조) ____________

5. "새 하늘과 새 땅"에서 부활체를 가지고 사는 삶의 의미를 나누어 보십시다.

(1) 구원이 온전히 이루어진 삶, 하나님과 온전히 교제하는 삶

(2) 계 21:4 ____________________

사 65:18 ____________________

(3) 사 66:12 ____________________

= 사 11:6-9 ____________________

(4) "영광의 왕국"(regunum gloriae)

(계 21:3, 24) ____________________

6. 온전한 영생의 소망을 가진 성도의 삶의 태도를 말해 봅시다. (살전 5:16, 18)

____

부록

사도신경이란 무엇인가?: 역사적 배경

우리들이 가지고 있는 신조들 가운데서 가장 보편적인 신조들 가운데 하나라고 할 수 있는 사도신경은 오래된 전설과, 루피누스(Rufinus Tyrannius Aquileia, 345-410)가 사도신경에 대한 최초의 주석서에서 "우리 선조들의 전승"(the tradition of our forefathers)이라고 말하는 것처럼,[1] 또한 영국 교회의 공동기도서의 작성자들이나[2] 사용자들, 그리고 상당수의 그리스도인들이 그렇게 잘못 생각하는 것처럼 주 예수께서 승천하신 후 10일째 되던 날에 성령의 영감으로 사도들 한 사람이 한 조항(article)씩 말해서 구성된 것은 **아니다**.[3] 즉, 사도신경은 성경과 같은 의미에서 영감된 글은 **아니다**. 그러나 사도신경은 성경의 가르침을 상당히 잘 요약하고 있는 것으로 여길 수 있고, 따라서 교회의 예배 의식에 한 자리를 차지해도 될만한 권위 있는 가장 보편적인 신조로 여길 수 있다. 이러한 사도신경은 천주교회와 동방 정교회,[4] 개신교 모두가 다 받아들이는 신조들 가운데서 가장 보편적인 형태의 신조이다. 그러므로 이에 대해

"사도신경"이라고 하는 것이 그것이 엄밀히 사도들의 말에서부터 생성된 것은 아니므로 잘못이라고 하는 것은 너무 지나친 정확성을 요구하는 주장이다. 오히려 이는 성경에 나타난 사도들의 교훈을 잘 요약한 것으로 생각할 수 있다. 따라서 어떤 이가 그리스도인인지 아닌지를 판별하는 시금석 가운데 하나가 "그가 사도신경을 받아드리고 고백할 수 있는가, 아닌가?"라고도 할 수 있다. 물론 사도신경의 내용을 받아들인다는 것은 참 그리스도인 됨의 충분 조건은 아니고 필요 조건일 뿐이다.

이런 사도신경은 과연 어떤 역사적 배경 가운데서 나타나게 된 것인가? 대부분의 학자들은 이는 초기 로마 교회에서 새신자가 세례를 받기 위해 준비하는 과정에서 배우고 고백하는 증표(*symbolum*)에서 기원한 것으로 본다. 그러나 초기 교회의 세례식에서 그런 신앙고백의 예들이 잔존해 있는 것을 찾기는 어렵다. 그에 가장 가까운 것은 히폴리투스(Hyppolitus)가 215년에 쓴 "사도적 전통"(Apostolic Tradition)에 나오는 질문 형식으로 된 신앙고백이다. 여기서는 다음과 같은 것을 묻는다:

> 첫째로, 당신은 모든 것을 다스리시는 하나님 아버지를 믿습니까?
> 둘째로, 당신은 하나님의 아들이시며, 성령으로 잉태하사 동정녀에게 시 나시고, 본디오 빌라도에 의해서 십자가에 못박혀 죽으시고 장사되었다가 사흘만에 죽은 자 가운데서 다시 살아 나시며, 하늘에 오르사 아버지 우편에 앉아 계시다가 산 자와 죽은 자를 심판하러 오실 예수 그리스도를 믿습니까?
> 셋째로, 성령을 믿으며, 거룩한 공회와 몸이 다시 사는 것을 믿습니까?

히폴리투스의 이런 질문의 내용은 우리의 사도신경의 고백을 거의 다 포함하고 있다. 또한 앙키라의 감독 마르셀루스(Marcellus of Ancyra)가 당시의 로마 감독이었던 쥴리우스(Pope Julius)에게 보낸 희랍어 편지(340년경)에 나타난 신조도 이와 비슷한 요점을 가지고 있으나 마지막 부분에 "죄를 사하여 주시는 것"과 "영원히 사는 것"이 첨가되어 오늘날 사도신경과 거의 비슷한 형태를 지니고 있다. 그리고 루피누스 [Rufinus Tyrannius (Aquileia), 345-410]가 쓴 사도신경 주석(390년경)에 나타난 고대 로마 교회에서의 세례 고백문 형식은 "모든 것을 다시리시는"이라는 말 대신에 "전능하시고 볼 수 없으시며 수난 받지 아니하시는"(*omnipotente invisibili et impassibili*)이란 말이 나타나 있고,[5] "음부로 내려 가사"(*descendit in inferna*)라는 구절이 더하여져서[6] 공인 본문과 같고, "영원히 사는 것"에 대한 고백이 빠져 있다.[7] 이 모든 증거들에 기초하여 사도신경의 기원을 로마에서 희랍어를 예배 언어로 사용하던 시기(즉 250년 이전)로 추정하는 학자들이 많다.[8] 제베르그 같은 이는 이를 위한 증거로 이그나티우스(Ignatius)와 저스틴(Justin)이 이 신조와 비슷한 다양한 형태의 공식적 표현을 사용하고 있는 것과 이런 고백이 초기 사도 시대의 세례 때의 고백문에 포함되어 있었다는 증거를 언급한다.[9] 예를 들어서, 이그나티우스의 서신 가운데서 나타나는 다음의 표현을 참조해 보라:

> 그러므로 당신은 누가 예수 그리스도에 대하여 그는 다윗의 줄기에서 나셨으며, 마리아에게서 참으로 태어나셨으며, 먹고 마시었으며, 참으로 본디오 빌라도 치하에서 고난을 받으셨으며, 참으로 십자가에 달

리시고, 하늘과 땅과 지하의 모든 것들이 지켜보는 가운데서 죽으시고, 참으로 죽은 자들 가운데서 살아나셨던 분이시라고 고백하지 않을 때는 언제나 귀를 막으십시오(*Trallians*, 9:1-2).[10]

또한 순교자 저스틴의 신앙고백으로 다음과 같은 것이 나타나기도 한다:

태초로부터 계시며, 보이는 것들과 보이지 않는 모든 피조물의 창조주, 곧 그리스도인들의 하나님을 우리는 경배하오며, 인간들과 함께 하실 것으로 선지자들이 예언하신 구원의 선포자요 선한 교훈의 교사이신 하나님의 종 주 예수 그리스도를 경배하나이다(165년경의 고백).

그리고 서머나에서 Noetus를 정죄한 장로들의 회의에도 다음과 같은 신앙 고백이 히폴리투스의 글에 기록되어 있다:

또한 우리는 참으로 한 분뿐이신 하나님을 알며, 그리스도, 그 아들을 아노니, 그는 바로 고난을 받으셨고 죽임을 당하셨으며, 사흘만에 부활하사 하나님 우편에 앉아 계시다가, 산 자와 죽은 자를 심판하러 오실 분임을 우리가 아나이다. 우리가 이것을 고백할 때에 우리는 우리에게 전해진 바를 그대로 말하나이다(180년경의 서머나 장로회의의 고백).

그러므로 상당히 초기부터 이와 비슷한 형식의 고백이 회자되고 있었음을 우리는 알 수 있다. 어떤 이들은 이런 것을 보면서 150년경 이전에 사도신경의 초기 형태가 사용되었을 것이라고 본다.[11]

그러나 지금 사용하는 사도신경과 정확히 같은 형태의 신경이 언제, 어디서부터 사용되었는지를 말하기는 쉽지 않다. 아마도 6세기말이나 7세기 초에 남부 프랑스에서부터가 아닌가 하는 생각들이 지배적이다.[12] 현존하는 공인 본문(*Textus Receptus*)은 710-724년의 문서인 Priminius의 *De Singulis libris canonicis scarapsus* 가운데서 발견되므로 약 700년경부터 사용된 것으로 여겨진다. 그리고 그것이 다시 로마에 의해서 받아들여진 것은 9세기라고 생각된다.

사도신경의 변형들로는 로마 교회에서 사용되는 신경과 너무 비슷해서 "딸 신경들"이라고 불리는 것들이 많이 있고, 히포(Hippo)에서 사용되던 아프리카적 변형의 예를 어거스틴의 설교에서 재구성해 볼 수 있는데 그 내용은 다음과 같다:

> 우리는 전능하시고 모든 것들의 창조주시며 (모든 시대의 주재자이시며 영원하시고 보이지 아니하시는) 하나님 아버지를 믿습니다.
>
> 우리는 그의 (독생하신) 아들 우리 주 예수 그리스도를 믿습니다. 그는 성령으로 동정녀 마리아에게서 나시고, 본디오 빌라도 치하에서 십자가에 못박혀 죽으시고 장사지낸 바 되었다가, 사흘만에 죽은 자들 가운데서 다시 살아 나사 하늘에 오르사 하나님 우편에 앉아 계시다가 저리로서 산 자와 죽은 자를 심판하러 오실 것입니다.
>
> 성령을 믿사오며, 거룩한 교회와 죄를 사하여 주시는 것과 몸이 다시 사는 것과 (거룩한 교회를 통하여) 영원히 사는 것을 믿사옵나이다.

그러므로 비교적 이른 시기인 150-215년경에 로마에서 사도신경의 다양한 변형들이 사용되다가, 5세기 말이나 6-7세기에 다른 지역에서 확정된 것이 9세기 경 로마에 정착되어 사방의 공식적 신경으로 사용되었고, 점차 그 내용에 근거하여 사도신경이 가장 보편적이고 에큐메니칼인 신경으로 인정 받게 되었다고 보는 것이 좋을 것이다.

주

1장

1. John Calvin, *Institutes of the Christian Religion*, trans. Ford Lewis Battles (Philadelphia: The Westminster Press, 1960), I. viii. 5.
2. 위의 말을 한 후에 칼빈은 이렇게 말한다: "그러면 당신은 한 마디로 성경이 진술하는 것을 말하면서 공허한 잔소리를 다 줄일 수 있을 것이다"(*Institutes*, I. viii. 5).
3. Cf. Augustin, cited in Calvin, *Institutes*, I.viii. 5; J. I. Packer, "형상을 만드신 하나님", 『포스트모던 세계에서의 기독교 신학과 신앙』 (서울: 엠마오, 1994), 95.
4. 이 "하나"라는 말을 "정신에서의 하나, 목적에서의 하나, 그와 함께 행동함에서의 하나"(one in mind, one in purpose, one in action with him)로 해석하려는 이들이 있다. 대표적인 예로 F. F. Bruce, *The Gospel of John* (Hants: Pickering & Inglis, 1983), 233을 보라. 그러나 이 말씀에 대한 바른 이해는 다음과 같은 레온 모리스의 말에서 찾아야 할 것이다: "(여기서) … 본질적 통일성이 주장된 것이다. 이 둘은 함께 속하는 것이다. 이 진술은 요한복음서의 서문의 말 이상의 것을 말하는 것이 아니고, 그 말씀들과 같이 서 있는 것이다. … 이 말은 형이상학적인 진술로 이해되서는 안 된다는 것도 사실이지만, 그러나 이는 예수님의 뜻과 아버지의 뜻이 하나라고 하는 것 이상의 것을 의미하는 것도 사실이다"[Leon Morris, *The Gospel of John*, NICNT (Grand Rapids: Eerdmans, 1971), 522f.]. 또한 그와 호스킨스(Hoskyns)는 이 말씀 이후의 유대인들이 하나님에 대한 신성 모독을 문제 삼고 있는 점을 잘 지적하면서 자신의 주장의 근거로 옳게 제시한다. 브루스와 같은 해석에 반하면서 아주 논리적으로 모리스와 같은 결론을 내리고 있는 D. A. Carson, *The Gospel of John* (Grand Rapids: Eerdmans, 1991), 394f.도 보라.
5. 이에 대한 가장 좋은 주해적 설명의 하나로 G. Vos, 『예수의 자기 계시』 (서울: 엠마오, 1986), 202-208를 보라.
6. 그러나 이런 삼신론에 가장 근접한 이들로 후기 단성론자들 중의 John Ascunages와 6세기에 아리스토텔레스에 대한 주석을 썼던 John Philoponus, 그리고 중세기의 극단적 유명론자였던 Roscelinus와 극단적 실재론자였던 Gilbert de la Porree를 들 수 있다. 이들을 각기 소이송(Soissons) 공의회(1092)와 라임(Reims) 공의회(1148)에서 정죄되었다. 현대에는 헤겔의 범신론적 견해에 반해

서 A. Gunter가 삼신론적 견해를 표했다고 한다. Cf. Louis Berkhof, *Systematic Theology* (Grand Rapids: Eerdmans, 1941), 82; *Oxford Dictionary of the Christian Church* (Oxford: Oxford University Press, 19742), 1396. 오늘날에는 몰트만의 생각 가운데 삼신론적 성향이 있는지의 문제로 학문적 논의가 제시되곤 한다.

7. Herman Bavinck, *The Doctrine of God* (Grand Rapids: Eerdmans, 1951), 286=한역, 『개혁주의 신론』 (서울: CLC, 1988), 420에서 재인용.
8. 이들의 선구자들은 2-3 세기의 Noetus, Praxeus, Epigonus, Cleomenes이고, 3세기에 Sabellius에 의해서 공식화되었다. 사벨리우스는 신 6:4, 출 20:3, 사 44:6, 요 10:38 등에 호소하면서 자신의 견해를 밝혀 보려고 한다. Cf. Bavinck, 421f.
9. 변증가들에게 있던 종속론적 경향에 대해서는 Bavinck, 404-408, 오리겐의 종속론적 문제점에 대해서는 Bavinck, 411 등을 보라.
10. 그 정확한 의미에 유의하지 않으면 혹시 오해될 수도 있는 이런 용어를 사용하는 이유는 다음과 같은 성경의 용례를 따른 결과임에 유의해야 한다: 요 1:18("독생하신 하나님"), 요 1:14 ("독생자", μονογενής), 시 2:7("오늘날 내가 너를 낳았도다") 등. "독생자"라는 말에 대한 가장 좋은 설명의 하나로 G. Vos, 『예수의 자기 계시』, 245-63을 보라.
11. 이 용어들의 사용에 유의하면서 이를 잘 유지하는 것이 매우 중요하다. 이 용어들에 대한 일관성 있는 사용을 보려면 바빙크의 『개혁주의 신론』의 번역례를 잘 살펴 보라. 특히 성령님의 "나오심"(*processio*)에 대해서 발출(發出) 등의 번역어를 사용하지 않도록 주의해야 할 것이다.
12. 그러나 이전의 교부들 중 어떤 이들이 생각하듯이 창세기 18장의 세 천사가 삼위일체의 현현이라고 하는 등의 생경한 주장을 해서는 안 될 것이다. 늘 계시사적인 의미에 유의해야 한다. 이런 점에 대한 논의로 졸고, "성경신학과 조직신학", 『성경과 교회』 제1호 (2003): 180-214=『21세기 개혁신학의 방향』 (서울: SFC, 2005), 제 7장을 보라.
13. 이 문제에 대한 논의로 졸고, "존재론적 삼위일체와 경륜적 삼위일체의 관계에 대한 개혁주의적 입장", 『개혁신학 탐구』 (서울: 하나, 1999): 52-67을 보라.

2장

1. 창조 사실을 성경에 근거하여 설명하는 일은 이미 다른 곳에서 하였으므로 여기

서는 생략하였다. 이에 대해서는 이승구, 『기독교 세계관이란 무엇인가?』 (서울: SFC, 2003), 제4장을 참조하라.

2. 우리의 유신론을 기독교 유신론(Christian theism)이라고 칭하고, 이런 사상의 독특성을 강조한 대표적인 글로 다음을 보라: Corneilus Van Til, *The Defense of the Faith* (Philadelphia: Presbyterian and Reformed Pub. Co., 1955), 9-13, 114; idem, *Christian-theistic Evidences* (Philadelphia: Presbyterian and Reformed Pub. Co., 1961); idem, *A Survey of Christian Epistemology* (Phillipsburg: Presbyterian and Reformed Pub. Co., 1970), 62; and idem, *Christian Theistic Ethics* (Phillipsburg: Presbyterian and Reformed Pub. Co., 1971).
3. 이런 점들에 대한 논의로 이승구, "존재론적 삼위일체와 경륜적 삼위일체의 관계에 대한 개혁주의적 입장", 『개혁신학 탐구』 (서울: 하나, 1999), 52-67을 보라.
4. 이는 이를 주장하는 John Hick의 주장에 대한 비판적 진술임을 이제는 누구나가 다 잘 알 것이다. Cf. John Hick, *God and the Universe of Faith* (London: Collins, 1977); *God Has Many Names* (London: Macmillan, 1980); *An Interpretation of Religion* (New Haven: Yale University Press, 1989); *Dispute Questions in Theology and the Philosophy of Religion* (New Haven: Yale University Press, 1993). 다음의 비판서들을 참조하라. Ronald H. Nash, *Is Jesus the Only Savior?* (Grand Rapids: Zondervan, 1994), 그리고 이승구 역, 『다원주의 논쟁』 (서울: 기독교문서선교회, 2001)을 보라.
5. Cf. R. T. France, *Matthew*, Tyndale New Testament Commentaries (Leicester: IVP, 1985), 140.
6. 이런 활동에 대한 시사로 졸고, "복음화와 사회 참여", 『개혁신학에의 한 탐구』 (서울: 웨스트민스터 출판부, 1995): 83-88; Paul Marshall, "노동, 소명, 그리고 쉼", Mark Noll and David Wells, eds., 『포스트모던 세계에서의 기독교 신학과 신앙』 (서울: 엠마오, 1994): 369-403 등을 보라.
7. '하나님 나라'에 대해서는 이승구, 『기독교 세계관이란 무엇인가?』, 제3장을 참조하라.
8. Cf. Leon Morris, *The Gospel According to Matthew* (Grand Rapids: Eerdmans, 1992), 161, 105.
9. 그리스도인의 고난에 대한 이해를 위해서는 이승구, "고난과 기독교", 『개혁신학 탐구』, 68-81을 보라.

3장

1. 대표적인 이신론자들로 우리는 영국의 John Toland (1670-1722), Anthony Collins (1676-1729), Matthew Tindal (1655-1729), 유럽 대륙의 Hermann Reimarus (1694-1768), Francois-Marie Aroute Voltaire (1694-1778), 그리고 미국의 Thomas Paine (1737-1809) 등을 들 수 있을 것이다. 이들은 기독교를 우리의 타락한 이성에 부합하는 종교로 만드는 일에 부심하였다고 할 수 있다.
2. Dryden: "rationalists with a heart-hunger for religion," quoted in *New Dictionary of Theology* (Leicester: IVP, 1988), s.v. "Deism."
3. 헤겔 사상과 그와 같은 범신론적 사상의 이런 점에 대한 좋은 지적으로 Louis Berkhof, *Systematic Theology* (Grand Rapids: Eerdmans, 1941), 165, 166, 168을 보라. 그는 아예 "a pantheistic confusion of God with the world"라는 말을 사용하기도 한다(165).
4. 거의 모든 신학자들은 다른 곳에서와 같이 이 문제도 나누어 설명하는 것이 개념상의 정의를 위한 것임을 분명히 한다. Berkhof, 169; Millard J. Erickson, *Christian Theology*, One Volume Edition (Grand Rapids: Baker, 1985), 388, 389, n. 1.
5. Leon Morris, "Hebrews," in *The Expositor's Bible Commentary*, vol. 12 (Grand Rapids: Zondervan, 1981), 14. 이 본문에서 성자가 전면에 나서도록 표현된 것은 성자만이 섭리하신다는 것을 전하려는 것이 아니라, 성자께서 세상을 사랑하셔서 그 안에서 계속해서 이루어 가시는 하나님의 계획에 대한 관심 때문에 그를 중심으로 논의하고 있다는 모리스의 논의를 주의 깊게 살펴야 할 것이다.
6. 섭리의 포괄성에 대한 좋은 논의들로 Berkhof, 176; Francis Turretin, *Institutes of Elenctic Theology*, trans. George Musgrave Giger, vol. 1 (Phillipsburg:, New Jersey: Presbyterian and Reformed Pub., 1992), 498-501을 보라.
7. 흔히 섭리를 보존, 통치, 협력 등 셋으로 나누어 말하나(Berkhof, 169-76; Mastricht, a Marck, De Moore, Brakel, Francken, Kuyper, Bavinck), 보존과 통치의 두 요소를 말하고 협력을 그것이 이루어지는 구체적 과정을 지칭하는 데 사용하던 과거의 신학자들, 특히 칼빈과 하이델베르크 요리 문답, 그리고 댑니(Dabney), 핫지 부자(the Hodges), 딕(Dick), 쉐드(Shedd), 맥펄슨(McPherson) 등에 따라 여기서도 이런 설명을 시도한 것임에 유의하라. 이에 대해서 Berkhof, 166을 보라.
8. 이에 대한 좋은 논의로 Berkhof, 176을 보라.

9. 이런 표현에 대해서 Berkhof, 167을 보라.

10. 이 본문에 대한 두 가지 대립되는 견해, 즉 "너희를"을 (Michaelis나 I. H. Marshall이 주장하듯이) 각각의 교인들로 볼 것인가, 아니면 (Ralph Martin이 생각하듯이) 빌립보 교회 전체로 볼 것인가 하는 문제는 그리 심각한 대립의 문제는 아니라고 여겨진다. 여기서는 이 둘을 다 취하여 생각하는 것이 옳은 듯하다.

11. 이 점에 대한 지적으로 Berkhof, 168을 보라.

12. 최근에 나온 만유재신론에 대한 심도 깊은 논박서로 John W. Cooper, *Panentheism: The Other God of the Philosophers* (Grand Rapids: Baker Acadamic, 2006)을 보라.

4장

1. 비슷한 의견으로 Victor P. Hamilton, *The Book of Genesis, Chapters* 18-50, NICOT (Grand Rapids: Eerdmans, 1995), 575를 보라.

2. Walter Brueggemann, *Genesis*, Interpretation (Atlanta: John Knox Press, 1982), 345. See also John H. Sailhamer, "Genesis," *The Expositor's Bible Commentary* (Grand Rapids: Zondervan, 1990), 257.

3. Cf. Derek Kidner, *Genesis*, Tyndale OTC (Leicester: IVP, 1967), 207: "one of the classic statements of providential control."

4. Cf. Kidner, *Genesis*, 207; Bill T. Arnold, *Encountering the Book of Genesis* (Grand Rapids: Baker Books, 1998), 159.

5. Cf. Gordon Wenham, *Genesis* 16-50, WBC 2 (Dallas, Texas: Word Books, 1994), 428.

6. 비슷한 견해로 Hamilton, 575를 보라.

7. Wenham, 490.

8. 그러므로 이 말씀들의 수사적 질문을 통해서 요셉이 45장의 모습과는 좀 다르고 차갑게 형제들을 대한다는 Brueggemann, 371f.의 논의는 너무 지나친 것으로 여겨진다. 오히려 45장과 50장의 분위기를 연속적인 것으로 보는 대부분 주석가들의 논의를 더 옳다고 생각한다.

9. Kidner, 224.

10. Arnold, 163.

11. Leon Morris, *The Epistle of Paul to the Thessalonians*, Tyndale NTC

(Leicester: IVP, 1956), 103.

12. Morris, *The First and Second Epistles to the Thessalonians*, NICNT (Grand Rapids: eerdmans, 1959), 174.

13. 놀랍게도 명확히 이를 말하는 이들 가운데 하나가 James Everett Frame이다 [*Epistles of St. Paul to the Thessalonians*, ICC (Edinburgh: T. & T. Clark, 1912), 202: "The stimulating cause of thanksgiving is the Christ within (ἐν Χριστῷ Ἰησοῦ; cf. the διά in Rom. 1:18; 7:25 and especially Col. 3:17"). See also I. Howard Marshall, *1 & 2 Thessalonians*, NCBC (London: Marshall Morgan & Scott, 1983), 156.

14. Cf. E. Best, *A Commentary on the First and Second Epistles to the Thessalonians*, Black's NTC (London: 1972), 236.

15. 여기서 단수인 "이는"(*tou'to*)으로 언급된 것은 바로 앞에 나오는 감사에 대한 것만이 아니고, 그 앞에 나오는 "항상 기뻐하라", "쉬지 말고 기도하라"는 것까지를 하나로 묶어서 표현하는 것으로 보아야 할 것이다. Morris, *Tyndale*, 103; Morris, *NICNT*, 174; Frame, 202; F. F. Bruce, *1 & 2 Thessalonians*, WBC 45 (Waco, Texas: Word Books, 1982), 125; Marshall, 156; Charles A. Wanamaker, *The Epistles to the Thessalonians*, NIGTC (Grand Rapids: Eerdmans, 1990), 200f.; John Stott, *The Gospel and the End of Time* (Downers Grove, Ill.: IVP, 1991), 126.

16. 모리스는 "하나님의 뜻"(θέλημα θεοῦ) 앞에 정관사가 없는 것에 근거해서 이것이 하나님의 뜻 전체로 여겨질 수 없다는 점을 지적하고 있다(Morris, *Tyndale*, 103; Morris, NICNT, 174).

17. F. W. Grosheide, *The First Epistle to the Corinthians*, NICNT (Grand Rapids: Eerdmans, 1953), 54.

18. Leon Morris, *1 Corinthians*, Tyndale NTC, Revised edition (Leicester: IVP, 1985), 20. Bruce는 고후 10:17의 말씀에 대해서는 주께서 (자신을 통해) 해 주신 일을 자랑하라는 뜻으로도 해석한다[Bruce, *I & II Corinthians*, NCBC (London: Marshall, Morgan & Scott, 1971; Grand Rapids: Eerdmans, 1980), 234]. 고린도 교회 안에서 되어진 모든 옳은 것들은 "주께서 바울을 종으로 사용해서 하셨을지라도 주께서 이루신 것이다"는 것이 그 문맥 전체의 중심 주제의 하나이다. Cf. Paul Barnett, *The Second Epistle to the Corinthians*, NICNT (Grand Rapids: Eerdmans, 1997), 492.

19. John Calvin, *The First Epistle of Paul the Apostle to the Corinthians*, trans. John W. Fraser (Edinburgh: Oliver and Boyd, 1960; Reprinted, Grand Rapids: Eerdmans, 1976), 47.
20. 이에 대한 예들은 ICC 주석에 잘 인용되어져 있다[James Hardy Ropes, *The Epistle of St. James* (Edinburgh: T. & T. Clark, 1916), 279].
21. 이에 대한 지적과 인용들은 James Adamson, *The Epistle of James*, NICNT (Grand Rapids: Eerdmans, 1976), 181에서 찾아볼 수 있다.
22. 이 점에 대한 가장 강한 강조로 Douglas J. Moo, *James*, Tyndale NTC (Leicester: IVP, 1985), 156f.을 보라. 특히 156: "이 어귀가 얼마나 폭넓게 사용되었든지 상관없이, 야고보는 성경적 세계관과 그 역사의 주권적 통치자를 위해 '세례를 주어' 이 용어를 사용하고 있는 것이다". 소피 로즈는 좀더 나아가서 "그들의 용어로 미래에 대한 그들의 계획에 대한 바른 태도를 어떻게 표현해야 하는지를 표현하고 있는 것이다"라고 말한다[Sophie Laws, *A Commentary on The Epistle of James*, Harper's NTC (Harper and Row, 1980; Peabody, Mass: Hendrickson, 1987), 192].
23. Adamson, 180.

5장

1. 이를 요셉이 어떻게 알게 되었느냐에 따라 다음에 오는 행동에 대한 해석이 달라진다. 일반적으로는 마리아가 임신했음이 자연스럽게 널리 퍼져 알게 되었다는 견해가 주도적이다. 어떤 이는 마리아가 자신의 사정을 요셉에게 알리지 아니하고 하나님의 손에 맡기기로 선택했음이 분명하다고 설명하기도 한다[Homer A. Kent, Jr., "Matthew," in *The Wycliffe Bible Commentary* (Chicago: Moody Press, 1962), 932]. 두 번째 견해는 마리아가 이 놀라운 사실을 요셉에게 알렸다는 견해다.
2. 요셉의 생각을 어떻게 해석할 것인가에 대한 두 가지 다른 견해가 있다. 일반적인 해석은 요셉이 공적으로 드러내지 아니하고 (즉, 마리아가 공적인 수치를 당하지 않게) 당대의 관례에 따라서 두 사람의 증인들 앞에서의 사적인 이혼의 가능성을 생각하고 있었다는 견해이다[Willoughby C. Allen, *Gospel According to S. Matthew*, ICC (Edinburgh: T. & T. Clark, 1907), 9; David Hill, *The Gospel of Matthew* (London: Marshall, Morgan & Scott, 1972), 78; D. A. Carson, "Matthew," in *The Expositor's Bible Commentary*, vol. 8 (Grand Rapids:

Zondervan, 1984), 75; R. T. France, *Matthew*, Tyndale New Testament Commentaries (Leicester, England: IVP and Grand Rapids: Eerdmans, 1985), 77; Robert C. Mounce, *Matthew: A Good News Commentary* (New York: Harper & Row, 1985), 4; Craig L. Blomberg, *Matthew, The New American Commentary* (Nashville, Tennessee: Broadman Press, 1992), 58; Leon Morris, *The Gospel According to Matthew* (Leicester, England and Grand Rapids: Eerdmans, 1992), 28, n. 39]. 모리스는 20절의 동사가 aorist라는 것으로부터 이것이 요셉이 그의 마음을 결정했다는 뜻이라고까지 해석한다 (Morris, 28).

다른 해석은 마리아로부터 성령에 의해 잉태되었다는 말을 듣고 그 말을 받아들여서 메시아가 탄생하는 하나님의 고귀한 일에 자신은 감히 이 일을 감당하지 못할 사람이라고 생각하면서 두려워하며 조용히 이 일로부터 물러나려고 했다는 해석이다[John McHugh, *The Mother of Jesus in the New Testament* (Garden City; Doubleday, 1975), 164-72; R. H. Gundry, *Matthew: A Commentary on His Literary and Theological Art* (Grand Rapids: Eerdmans, 1982), 21-22; Adolf Schlatter도 이런 견해를 표했다고 한다; 김홍전, 『그리스도의 오심』 (서울: 성약, 19943)도 보라].

3. 이 점에 대한 좋은 지적으로 France, 78; Morris, 29를 보라. 또한 C. E. B. Cranfield, *The Epistle to the Romans*, vol. 1 (Edinburgh: T. & T. Clark, 1975), 59, n. 1도 보라.
4. Morris, 32.
5. J. Knox Chamblin, "Matthew," in *Evangelical Commentary on the Bible*, ed., Walter A. Elwell (Grand Rapids: Baker, 1989), 726; and R. E. Brown, *The Birth of the Messiah* (New York: Doubleday, 1979), 139.
6. 김홍전, passim.
7. 이런 차이에 대한 의식과 지적으로 Geerhardus Vos, *Biblical Theology*, 이승구 역, 『성경 신학』 (서울: 기독교 문서선교회, 1985), 341을 보라.
8. Cf. Mounce, 5; Blomberg, 59; Carson, 76: "in the biblical perspective sin is the basic."
9. I. Howard Marshall, *Acts*, Tyndale New Testament Commentaries (Leicester: IVP and Grand Rapids: Eerdmans, 1980), 101.
10. 이 점에 대한 지적으로 Marshall, 296을 보라.

11. Cf. F. F. Bruce, *The Acts of the Apostles, The Greek Text* (Grand Rapids: Eerdmans, 1951), 346. 또한 Bruce, *The Book of the Acts*, NICNT (Grand Rapids: Eerdmans, 1984), 372, n. 24도 보라. 여기서는 딛 2:14, 벧전 2:9f.을 같이 언급하고 있다.
12. John Calvin, *The Acts of the Apostles*, vol. II, trans. John W. Fraser, *Calvin's New Testament Commentaries* (Edinburgh: Oliver and Boyd, 1966; reprinted Grand Rapids: Eerdmans, 1977), 136.
13. David J. Williams, *Acts*, New International Biblical Commentary (Peabody, Mass.: Hendrickson, 1985), 316.

6장

1. G. Vos, *The Self-disclosure of Jesus* (1926; New Jersey: Presbyterian and Reformed Pub. Co., 1978), 이승구 역, 『예수의 자기 계시』 (서울: 엠마오, 1986), 117.
2. 이 점에 대한 조심스러운 구분에 대해서는 Vos, 120, 125f.를 보라. 또한 C. F. D. Moule, *The Origin of Christology* (Cambridge: Cambridge University Press, 1977), 30f.도 보라. 그는 70인경에서 "마슈아흐"(מָשׁוּחַ)는 "엘레임메노스"(ἠλειμμενος)로, "마쉬아흐"(מָשִׁיחַ)는 "크리스토스"(χριστός)로 일관성 있게 번역한 것을 연관하여 설명하고 있다.
3. Vos, 『예수의 자기 계시』, 121.
4. G. Verms, *Jesus the Jew* (London: Collins, 1973), 132를 인용하는 Moule, 32, n. 39.
5. 물론 이 구절을 주해하는 바에 따라서 달리 말할 수도 있다. 여기서는 병행법적 표현으로 보고 해석하는 해석에 따라 진술한 것이다. 비슷한 견해로 Moule, 32, n. 38을 보라.
6. Cf. Moule, 32.
7. 그래서 어떤 사본들에서는 "그리스도 주"(Χριστὸς Κύριος)라는 것을 이상히 여겨서 "주의 그리스도"(Χριστὸς Κυριοῦ)로 바꾸어 말하기도 한다(βr[1]). 그러나 그렇게 고쳐서 볼 이유가 없고 천사들의 이 계시를 중시하여 이로부터도 예수님께서 신적인 메이아이심을 가르침 받아야 할 것이다.
8. 이런 해석의 예로 Moule, 33을 보라.
9. 이 구절, 특히 마 16: 17, 20에서 예수님께서 자신을 그리스도라고 인정하셨다는

지적으로 Vos, *The Self-Disclosure of Jesus*, 116을 보라. 보스는 이 구절 외에 막 9:41과 눅 24:26-46을 더 언급하고 있다.

10. 이는 결국 "성령과 능력으로 기름부어졌다"는 것이다. NIV는 "God anointed Jesus of Nazareth with the Holy Spirit and power"라고 옮기고 있다. 그러므로 이 표현은 그리스도께서 기름부음을 받은 자라는 것을 직업적으로 지시하는 구절의 하나인 것이다. 대부분의 주석가들은 이것이 예수님의 세례 때를 지칭하는 공생애의 시작 때의 임직을 뜻하는 말로 이해하려고 한다. Cf. F. F. Bruce, *The Acts of the Apostles*, The Greek Text (Grand Rapids: Eerdmans, 1951), 226: "The anoiting was at His baptism"; idem, *The Book of Acts*, NICNT (Grand Rapids: Eerdmans, 1984), 227; David J. Williams, *Acts, New International Biblical Commentary* (Peabody, Mass.: Hendrickson, 1990), 193.
11. 이하에서 선지자, 제사장, 왕이라는 그리스도의 삼중 직무를 말한 교회의 신학적 전통을 따라 말하게 될 것이다. 이것이 너무 교의적이라고 느낄 분들을 위해 그리스도라는 칭호와 삼중 직무를 연결시키는 것을 높이 사면서 "이는 우리 주님의 메시아 됨의 내적 핵심이 무엇인가에 깊이 사로잡힌 데서 나온 표현"이며, "이 보다 더 이 사실(즉, 그가 그리스도인 사실)을 잘 표현하는 형식이 나오기는 어려울 것이다" 그리고 "이는 이 명칭의 어원적 의미에 가장 근접해 있으며, 그 의미를 다 드러내는 표현인 것이다"고 말하는 성경신학자 보스의 말을 인용하는 것이 좋을 것이다(Vos, *The Self-Disclosure of Jesus*, 131).
12. 이 점에 대한 좋은 강조로 Berkhof, *Systematic Theology*, 359; Robert Letham, *The Work of Christ* (Leicester: IVP, 1993), 제5장을 보라.
13. Berkhof, *Systematic Theology*, 405.
14. 그리스도의 통치에 대한 좀더 구체적인 설명으로 Berkhof, *Systematic Theology*, 404-11; Letham, 제10장, 11장; 이승구, 『진정한 기독교적 위로』 (서울: 여수룬, 1998), 287-91을 보라.
15. 그리스도께서 회복시키신 본래적 통치권에 대한 강조로 Berkhof, *Systematic Theology*, 411을 보라.
16. Berkhof, *Systematic Theology*, 357.

7장

1. 이런 주장의 대표적인 예로 J. H. Bernard, *Gospel According to St. John*, vol. II,

ICC (Edinburgh: T. & T. Clark, 1928), 366; Ernst Hanchen, *John* 2, Hermenia (Philadelphia: Fortress Press, 1984), 50을 들 수 있다. 심지어 George R. Beasley-Murray, *John*, Word Biblical Commentary 36 (Waco, Texas: Word Books, 1987), 174도 그런 견해를 말한다. 그는 양을 다루고 돌보며 사랑하고 빼앗기지 않는 면에서 성부와 성자 사이의 기능적 통일성이 있는 것임을 표현하는 말이라고 해석한다. 그의 논의 근거는, 헨첸의 논의와 같이, 여기 하나라는 말이 "헤이스"(ἑῖς)가 아니라 "헨"(ἕν)이라는 데에 있다. 따라서 이는 존재에서의 하나됨(one in person)보다는 행동에서의 하나됨(one in action)을 뜻한다는 것이다. 그래서 그는 많은 초대 교회 교부들이 이 구절에서 이끌어낸 결론들이 복음서 기자의 마음과는 거리가 먼 것이라고 결론내린다. 그러나 그는 31절에서 왜 유대인이 돌을 들어 치려 했는지를 잘 설명하지 못하는 것이다. 그러므로 우리는 다른 많은 주석가들과 함께 이 점에 있어서 버나드나 비슬리-머레이의 주장은 옳지 않다고 말하지 않을 수 없다.

2. Leon Morris, *The Gospel According to John*, NICNT (Grand Rapids: Eerdmans, 1971), 522; Donald Guthrie, "John," in *New Bible Commentary*, Third Edition (Leicester: IVP, 1970), 952. F. F. Bruce는 매우 조심스럽게 이 말이 이런 고등한 의미를 지닐 수 있고, 그것이 요한복음서 일반적 가르침과 모순되는 것이 아니라고 말하는 상당히 조심스러운 진술 태도를 보인다[*The Gospel of John* (Hants, U.K.: Pickering & Inglis, 1983), 232].
3. Morris, 522.
4. Beasley-Murray, 177.
5. 이것이 너무 강하기에 많은 이들은 이 말씀을 예수님께서 직접하신 말씀이 아니라고 하거나(Ferdinand Hahn) 또는 이 말씀은 좀 변형된 말씀이라고 한다[W. G. Kümmel, *Promise and Fulfilment*, 2nd edition (London, 1961), 40-42; Joachim Jeremias, *The Prayers of Jesus* (London, 1958), 36-37]. 그러나 이 말씀이 예수님께서 직접하신 말씀이라는 증거는 너무 강력하다.
6. 유대인들의 반응으로부터 예수님의 주장의 의미를 잘 추론하는 해석으로 Hoskyns, Morris, 523 등을 보라. R. H. Lightfoot도 아주 명확히 진술하지는 않지만 이런 것을 암시하는 논의를 하고 있다[*St. John's Gospel, A Commentary* (Oxford: Oxford University Press, 1957), 208]. 그런가하면 Barnabas Lindars는 유대인들은 예수님의 말씀을 너무 문자적으로 해석하므로 예수님을 오해하였다는 묘한 해석을 한다[*The Gospel of John*, The New Century Bible

Commentary (1972; Grand Rapids: Eerdmans, 1987), 371]. 린다스의 논지가 과연 주장될 수 있을 것인가?

7. Morris, *John*, NICNT, 114. 심지어 Bernard도 이를 말한다(32: "the intimate relationship of love between the Son and the Father").

8. Beasley-Murray, *John*, 15.

9. 심지어 Lindars 같은 이도 그리한다(99).

10. 그 대표적인 예가 입다의 딸을 유일한 딸(무남독녀)이라는 의미로 쓴 "야히드"(יָחִיד)를 70인경에서 μονογενής라고 번역하고 있는 것이 될 것이다(삿 11:34 참조). 그러나 같은 것을 보면서도 어떤 이들은 여기서는 γενῆς보다는 μονο에 강조점이 있는 것이라고 말하기도 한다. Cf. J. H. Bernard, *Gospel According to St. John*, vol. II, ICC (Edinburgh: T. & T. Clark, 1928), 23.

11. 이 용어의 성경적 용례들에 대한 자세한 분석으로 Geerhardus Vos, *The Self-disclosure of Jesus* (Philipsburg: Presbyterian and Reformed Pub. Co., 1978), 『예수의 자기 계시』, 이승구 역 (서울: 엠마오, 1986), 245-63을 보라.

12. 심지어 이 말에 "낳아진"이라는 의미가 전혀 없다고 단언하든지(Morris, *John*, NICNT, 105), 그런 의미에 관심을 기울이지 않는 분들이 많다. 모리스는 이 말이 '겐나오'(γεννάω)에서 온 것이 아니라 다른 단어인 "기노마이"(γίνομαι)에서 온 것이므로 어원적으로 낳음과 관련이 없다고 주장한다(105, n. 93). 그는 이 단어가 예수님의 지상에서의 출생과 연관될 것을 우려해서 이점을 강조한 것 같아 보인다. 그렇다면 이는 좀 문제 있는 주해일 수 있다. Bruce는 모리스와는 정반대로 요한이 '모노게네스'를 말할 때 동사 "겐나오"(γεννάω)와의 연관성을 생각하면서 이 용어를 사용하였기에 이는 "유일하게 낳아진"(only-begotten) 또는 "오직 하나의 낳아진"(begotten of the only One)을 의미한다고 단언한다(Bruce, 65, n. 26). 이 말의 본래적 의미에 "유일하게 낳아진"(only begotten)이라는 뜻이 있다는 어원 연구에 근거한 강한 주장으로 Vos, 『예수의 자기 계시』, 235 등을 보라. Lindars는 두 견해를 다 소개한 후 결정적인 결론을 제시하지 않는다(96). 단지 "그 아버지의 독생자"로 표현된 경우가 "유일하게 낳아진"으로 해석할 수 있는 결정적인 근거가 될 수 있다는 말을 하면서 논의를 끝내고 있는 것으로(96) 보아서 이런 입장에 굴복할 수밖에 없음을 시사하는 듯하다.

13. 그 대표적인 예로 J. H. Bernard, *Gospel According to St. John*, vol. I, ICC (Edinburgh: T. & T. Clark, 1928), 23; Merrill C. Tenney, "John," in *The Expositor's Bible Commentary*, vol 9 (Grand Rapids: Zondervan, 1981),

33; B. F. Westcott, *The Gospel According to St. John*, 2 vols (London: John Murray, 1908), 12; Beasley-Murray, 14을 보라. Lightfoot, 90도 보라. 그러나 그는 이를 "only begotten"과 연관시킨다는 점에서 다른 이들보다 우리가 앞서 말한 견해에 좀더 근접하는 표현을 하고 있다고 할 수 있다.

14. 심지어 Bruce 같은 이도 이 점을 지적하기도 한다(41).
15. Vos, 『예수의 자기 계시』, 247.
16. Vos, 『예수의 자기 계시』, 247. 아마 이는 같은 창세기 22:2의 사례를 보면서도 어떻게 생각하는가가 확연히 다를 수 있는지를 보여 주는 대표적인 예라고 할 수 있을 것이다.
17. 이는 Moulton and Milligan, *The Vocabulary of the Greek Testament*, 416-17에 근거하여 Tenney가 하는 주장이다(33).
18. Vos, 『예수의 자기 계시』, 254.

8장

1. Cf. E. Stauffer, *New Testament Theology*, E.T. (London: SCM Press, 1955), 114.
2. 황제 숭배에서 이 "쿠리오스"(κύριος) 용어의 사용에 대한 논의로 A. Deissmann, *Light from the Ancient East*, E.T. (1927), 338ff.을 보라.
3. David F. Wells, *The Person of Christ* (Illinois, Westchester: Crossway Books, 1984), 『기독론』, 이승구 옮김 (서울: 엠마오, 1994), 161.
4. F. Foulkes, "Rabbi, Rabboni," in *New Bible Dictionary*, eds., J. D. Douglas et al., 2nd Edition (Leicester: IVP, 1982), 1006f.
5. 그래서 모울 같은 이는 호격으로 "쿠리에"(κύριε)가 나타난 경우는 기독론적 중요성이 없는 것으로 제쳐놓기까지 한다[C. F. D. Moule, *The Origin of Christology* (Cambridge: Cambridge University Press, 1977), 35f.]. 비록 모울을 직접적으로 언급하는 것은 아니지만 웰즈도 같은 입장에서 논의한다(Wells, 160). 그러나 우리가 논의한 바와 같이 이는 좀 지나친 경계심의 표현이라고 할 수 있다.
6. Merrill C. Tenney, "The Gospel of John," in *The Expositor's Bible Commentary*, vol. 9 (Grand Rapids: Zondervan, 1981), 195.
7. 그것이 바로 "주"(κύριος)라는 칭호를 뜻한다는 논의로 다음을 보라: F. F. Bruce, *The Acts of the Apostles, The Greek Text with Introduction and*

Commentary (Grand Rapids: Eerdmans, 1951), 96.

8. Wells, 160.

9. Geerhardus Vos, *The Self-disclosure of Jesus* (Philipsburg: Presbyterian and Reformed Pub. Co., 1978), 『예수의 자기 계시』, 이승구 역 (서울: 엠마오, 1986), 132, 136.

10. 용례를 잘 살펴 가면서 이 점을 잘 지적한 논의로 Vos, 146을 보라.

11. 고대의 권위 있는 사본들에는 한글 개역 성경의 난하주에서 명시하고 있듯이 막 16:9-20의 [ ]내의 구절에 빠져 있다. 그러므로 이 부분의 영감 여부는 논란거리이다. 그러나 이는 예수님을 "주 예수"라고 부르던 초대 교회의 언어 습관을 잘 예증해 주는 것이다.

12. Donald Guthrie, *New Testament Theology* (Leicester: IVP, 1981), 294.

13. 이에 대한 시사로 Bruce, *Acts*, Greek Commentary, 96을 보라.

14. Wells, 161. 그는 이 점을 강조하는 Matthew Black, "The Maranatha Invocation and Jude 14, 15 (1 Enoch 1:9)," in *Christ and Spirit in the New Testament* (Cambridge: Cambridge University Press, 1974), 188-98도 언급하고 있다.

15. Wells, 164f.

16. Cf. Vos, 『예수의 자기 계시』, 147. 또한 John Nolland, *Luke* 1-9:20, Word Biblical Commentary, 35A (Dallas, Texas: Word Books, 1989), 222: "여기서 '쿠리에'는 아마도 누가 복음에서 일반적으로 나타나는 Sir의 뜻이 아니고, 누가복음 1:43과 2:11의 '지고한 주' - 그리고 누가가 예수님을 '주'로 지시하는 기사적 지칭과 같은 것을 의미하는 것일 것이다." 또한 이사야 6장과 이 장면을 비교하면서 설명하는 Walter L. Liefeld, "Luke," in *The Expositor's Bible Commentary*, vol. 8 (Grand Rapids: Zondervan, 1984), 877도 보라. 또 이와 비슷한 시사를 보이는 Leon Morris, *Luke*, Tyndale New Testament Commentaries, Revised Edition (Leicester: IVP, 1988), 125도 보라. 그러나 일반적인 말보다는 좀더 깊은 의미가 있지만, 여기에 신성과 같은 엄밀한 함의가 아직 있던 것은 아니라고 지나가는 말로 언급하는 I. Howard Marshall, *Commentary on Luke*, NIGTC (Grand Rapids: Eerdmans, 1978), 204와 대조해 보라. 그는 대체로 지고한 의미의 "주"라는 의미는 부활 이후에로 돌리려고 하는 성향을 강하게 나타내 보인다. 마샬의 이런 소극적 태도와 양보는 좀 의아스러운 것이다.

17. Merrill C. Tenney, "Luke," in *The Wycliffe Bible Commentary* (Chicago: Moody Press, 1962), 1037.

18. 이 점에 대한 좋은 논의로 Guthrie, 292f.; Vos, 139를 보라.

19. Liefeld, "Luke," in *Expositor's Bible Commentary*, 8:1018. 이와 같이 예수님의 신성을 이 구절과 시편 110:1로부터 이끌어 내어 강조하는 해석으로 J. Knox Chamblin, "Matthew," in *Evangelical Commentary on the Bible*, ed. Walter A. Elwell (Grand Rapids: Baker, 1989), 750; Thomas R. Schreiner, "Luke," in *Evangelical Commentary on the Bible*, 834; Donald W. Burdick, "Mark," in *The Wycliffe Bible Commentary*, 1015; 또한 시사적인 Morris, *Luke*, Tyndale NTC, 320; R. Alan Cole, *Mark*, Tyndale NTC, Revised Edition (Leicester: IVP, 1989), 269 등을 보라.

20. Vos, 139.

21. 이 점을 유의하면서 제시하는 주해로 Walter W. Wessel, "Mark," in *Expositor's Bible Commentary*, 8: 724; Marshall, "Luke," *NBC*, 917을 보라. 그런데 이상스럽게도 레온 모리스는 아마도 이는 이미 준비된 암호(password)로 작용해서 이런 말을 들으면 예수님께서 원하신다는 뜻으로 이해되도록 되었을 것이라는 좀 합리주의적 해석을 취한다(Morris, *Luke*, Tyndale NTC, 304; Morris, *The Gospel According to Matthew*, 520). 모리스와 비슷한 해석으로 Tenney, "Luke," in *The Wycliffe Bible Commentary*, 1061; Schreiner, "Luke," in *Evangelical Commentary on the Bible*, 832를 보라.

22. 앞서 요점을 지적하면서 이 점까지를 언급하는 논의로 Liefeld, "Luke," in *Expositor's Bible Commentary*, 8:1011을 보라. 마샬은 "진정한 주인"으로서의 예수님을 지칭하는 것이라고 해석한다 그러나 그는 처음에는 이 구절에 얼마나 많은 의미가 존재하고 있었는지가 불분명하다고 말하고 있다(Marshall, *Luke*, NIGTC, 713).

23. 이를 잘 강조하는 논의로 Liefeld, "Luke," in *Expositor's Bible Commentary*, 8:1011. 이런 점에 대한 강조와 더 나아가서 그 나귀의 임자에게 "주님"으로 인식될 수 있다는 것의 함의까지를 논하는 Vos, 138f.을 보라. 비슷하게 나아가는 C. E. Graham Swift, "Mark," in NBC, 875도 보라.

24. 이를 시사하는 해석들로 다음을 보라 D. A. Carson, "Matthew," in The Expositor's Bible Commentary, vol. 8 (Grand Rapids: Zondervan, 1984), 437.

25. 이 말의 진정성에 대한 논의와 변증으로 Carson, 8:192를 보라.
26. Cf. Guthrie, 292; Carson, 8:192. 그 보다 좀더 강하게 보는 입장으로 Vos, 147을 보라.
27. Carson, "Matthew," 192.
28. 이 점에 대한 좋은 강조로 Donald Guthrie, *New Testament Theology*, 292; Vos, 140을 보라.
29. Morris, *Luke*, 94. 일반적으로 예수님의 지상 생애 기간에 대해서는 가장 높은 의미의 "주" 개념을 잘 인정하려고 하지 않는 마샬도 여기서는 이는 "메시아와 주"라고 하는 것을 강조하면서 이 배후에는 "'메시아-여호와'로 여겨지는 구주 개념이 있을 수 있다"고 말하고 있다(Marshall, *Luke*, NIGTC, 110).
30. 그러므로 예수님의 생존 기간이나 예루살렘 모교회는 예수님께 대해 "쿠리오스" 칭호를 사용한 일이 없고 바울 이전의 헬레니즘 교회에서 당대의 밀의 종교들의 영향 가운데서 기독교 밀의 종교의 대상자를 "쿠리오스"로 부르기 시작했다는 부세트[W. Bousset, *Kyrios Christos*, (1913), trans. John Seely (Nashville, 1970)]의 논의는 옳지 않은 것임이 드러난다. 이에 대한 좋은 논의로 역시 Vos, 154-57을 보라.
31. 이 점에 대한 좋은 강조로 Vos, 142를 보라. 보스는 이를 예수님께서 친히 자신을 "집주인"(ὁ κύριος τῆς οἰκίας 또는 ὁ οἰκοδεσπότης)으로 비유하시면서 비유를 베풀고 계신 것과 연관시키고 있다(마 24:45-51, 25:14-30; 막 13:34-37; 눅 12:35-38, 41-46, 13:25-28). 이것은 이런 비유들을 예수님의 주님 되심과 연관시키는 매우 시사적인 해석이 아닐 수 없다.
32. 이 본문의 의미에 대한 논의로 이승구, 『진정한 기독교적 위로』 (서울: 여수룬, 1998), 26-33을 보라.

9장

1. Geerhardus Vos, *Biblical Theology* (Grand Rapids: Eerdmans, 1954), 이승구 역, 『성경신학』, 개정판 (서울: 기독교 문서선교회, 2000), 354.
2. Emil Brunner, *The Mediator* (London: Lutterworth Press, 1934), 325.
3. Emil Brunner, Hans Küng, W. Pannenberg, Edward Schillebeeckx, William Barclay, John Robinson 등을 포함한 현대 신학에서의 동정녀 탄생에 대한 적대감에 대해서는 Donald MacLeod, *The Person of Christ* (Leicester: IVP, 1998), 『그리스도의 위격』, 김재영 역 (서울: IVP, 2001), 28-29; David Wells,

The Person of Christ (Illinois, Westchester: Crossway Books, 1984), 이승구 역, 『기독론: 그리스도는 누구신가?』, 개정판 (서울: 토라, 2008), 90을 보라. 동정녀 탄생 기사에 대한 비판적인 입장은 더 광범위하다. 예를 들어서 폰 캄펜하우젠은 마태의 족보가 그 자신의 동정녀 탄생 제시와 일관성을 지니지 못한다고 본다(H. von Campenhausen, *The Virgin Birth in the Theology of the Ancient Church*, E.T. (1964), 10ff.). 그런가 하면 테일러는 Proto-Luke 가정에 근거해서 누가복음 1, 2장은 본래의 복음서에 속하지 않는 후대의 삽입 부분으로 보는 입장을 취한다[Vincent Taylor, *Behind the Third Gospel* (1926), 164ff.]. 그리고 케어드는 동정녀 탄생 교리는 이 이야기가 희랍 세계에 전달되었을 때 일어난 오해에서 비롯된 것이라고 결론 내린다[G. B. Caird, *Luke* (1968), 31]. 불트만도 동정녀 탄생 이야기는 유대적 맥락에서가 아니라 헬레니즘적 맥락에서 일어난 것이라고 주장했다(R. Bultmann, *The History of the Synoptic Tradition*, 291ff.). 그의 제자인 콘첼만은 이를 다신론에서 기원한 것이라고 하면서 이교에서의 신현과 성육신 이야기들은 언급하고 있다(Conzelmann, *Theology of the New Testament*, 78).

4. 구속자에 대한 계시의 진전과 이런 대망에 대한 좋은 설명으로 Anthoney A. Hoekema, *The Bible and the Future* (Grand Rapids: Eerdmans, 1979), 제1장과 Francis Nigel Lee, *The Origin and Destiny of Man*, 이승구 역, 『성경에서 본 인간』 (서울: 엠마오, 1983; 개정판, 서울: 토라, 2006), 제3장을 보라. 구속자에 대한 계시가 점진적으로 이루어진 것임을 다시 한번 더 강조하는 것이 이 시점에서 필요한 것이라고 여겨진다. 보스의 다음 지적을 유의하라: "구약 계시는 개인적 메시아 개념에로 점진적으로 접근해 가는 것이기 때문이다"(Vos, 『성경신학』, 68).
5. 이 말로서 누가는 예수님께서 그 분의 법적인 아버지가 되는 요셉을 통해서 "다윗의 자손"이라는 것을 보여 주려고 하는 것이다. Cf. I. Howard Marshall, *Commentary on Luke*, NIGTC (Exeter: Paternoster Press; Grand Rapids: Eerdmans, 1978), 64.
6. 대개 당시의 유대의 관습에 의하면 13세 정도의 소녀들이 정혼하여 그 때부터는 법적으로 혼인한 자로 여기고, 대개 1년 후에 신랑의 집으로 취하여 그 때부터 혼인 생활을 시작하게 된다고 한다. 신랑의 집으로 취하여지기 전의 성적인 관계는 혼인 규례를 깨는 것으로 여겼다. 이와 같은 것들은 일반적으로 널리 알려진 것이나 John Nolland는 이에 대한 문헌적 정보를 잘 소개하고 있다. Cf. John

Nolland, *Luke 1- 9:20*, Word Biblical Commentary 35A (Waco, Texas: Word Books, 1989), 49. 또한 Marshall, *Luke*, 64; Joachim Jeremias, *Jerusalem in the Time of Jesus* (London, 1969), 364-67의 정보도 보라. 그러나 Marshall이 잘 말하고 있듯이(64) 이 당시 마리아가 정확히 몇 살이었는지 우리는 모른다고 하는 것이 옳다.

7. 눅 1:27과 마 1:23의 강조를 보라.
8. 이에 대한 가장 높은 이해의 하나로 E. E. Ellis, *Luke*, New Century Bible (1968), 53을 보라: "이 칭호는 동정녀의 아이라는 것 이상으로 여호와 하나님과의 독특하고 신비한 하나됨을 의미하는 것이다."
9. "클레떼세타이"(κληθήσεται)라는 이 수동태는 소위 "신적 수동태"(divine passive)의 한 경우로 볼 수 있을 것이다. Cf. Marshall, 67. 그리고 이는 단순히 수양론적인 표현으로 보기보다는 요한이 "지극히 높으신 자의 선지자"임에 비해서, 나실 바 거룩한 자의 독특하고 지고한 성격을 잘 드러내고자 하는 표현으로 여겨질 수 있다. 이점에 대해서도 Marshall, 67f.을 보라.
10. 이상 몇 문장에 대해서 Marshall, 70f.를 참조하라.
11. Cf. Marshall, 65.
12. 이 점을 지적하는 같은 논의로 Donald Guthrie, *New Testament Theology* (Leicester: IVP, 1981), 366을 보라. 그는 누가가 성령으로 말미암은 수태라는 단순한 진술뿐만이 아니라, 그와 함께 주어진 구체적이고 자세한 내용도 참된 것으로 여겼다고 강조한다(366f.). 동정녀 탄생의 사실성에 대한 강한 주장의 하나로 Marshall, 76f.도 보라. 이전의 J. Orr [*The Virgin Birth of Christ* (London, 1907)]와 J. G. Machen [*The Virgin Birth of Christ* (London, 1930)]의 고전적인 저술도 보라.
13. Guthrie, *New Testament Theology*, 367.
14. Guthrie, *New Testament Theology*, 367.
15. 성령으로 잉태된 사실은 구속사적으로 매우 중요한 일이므로 천사의 고지로 자신이 알게 된 이 사실을 마리아가 요셉에게 말하였으리라는 좋은 논의로 김홍전, 『그리스도께서 오심』 (서울: 성약, 19943), 119, 159f., 187-90 등을 보라.
16. 이 점에 대한 좋은 강조로 Nolland, 49.
17. *Pace* 김홍전. Cf. Marshall, 65, 66: "강조점은 인간의 수용성보다는 하나님의 선택에 있는 것이다."
18. 요셉의 양부 역할에 대해서는 이승구, "예수라고 불리우시는 하나님의 아들",

『현대 종교』 325 (2001년 9월), 43과 그에 인용된 다른 문헌들을 보라. 또한 Guthrie, *New Testament Theology*, 367, n. 473도 보라.

19. Cf. Douglas Moo, *The Epistle to the Romans*, NICNT (Grand Rapids: Eerdmans, 1996), 479.
20. John Murray, *Romans*, NICNT (Grand Rapids: Eerdmans, 1959), 280.
21. Moo, 479f.
22. MacLeod, 50.
23. MacLeod, 50.
24. John Pearson, *Exposition of the Creed* (6th edition, Oxford: 1877), 297, cited in MacLeod, 50.
25. 이 점에 대한 같은 관찰과 지적으로 Guthrie, *New Testament Theology*, 367을 보라.
26. 때로는 인간 요셉과 마리아의 숭고한 덕을 너무 높인다는 면에서 조금 지나치긴 하지만, 주께서 이들을 잘 준비하셨음에 대한 논의로 김홍전, 『그리스도께서 오심』, 106f., 113, 123, 143, 150-53 등을 보라.
27. 이 점에 대한 좋은 목회적 강설로 김홍전, 『그리스도께서 오심』, 제2강, 3강, 8강, 11강, 12강을 보라. 특히 11강이 전체를 잘 요약하고 있다고 할 수 있다.

10장

1. 벌코프는 "He suffered during His entire life"라는 제하에서 이 점을 강조하면서 잘 설명하고 있다[Louis Berkhof, *Systematic Theology* (Grand Rapids: Eerdmans, 1941), 336].
2. Berkhof, *Systematic Theology*, 337.
3. 그러나 그렇다고 해서 예수님이 마구간에서 태어난 것으로[Cf. Norval Geldenhuys, *The Gospel of Luke*, NICNT (Grand Rapids: Eerdmans, 1983), 101] 해석하기보다는 당시 가난한 팔레스타인의 한 지붕 밑에 동물의 거처와 조금 높이 지어진 사람의 거주 공간을 가진 방을 하나만 가진 가난한 집에서 태어난 것으로 보는 것이 자연스러운 해석일 것이다. 이 점에 대해서는 John Nolland, *Luke 1-9:20*, WBC 35A (Waco, TX: Word Books, 1989), 105f.을 보라. 김홍전의 글들도 보라.

   또한 순교자 저스틴이 이 탄생이 "동굴"(cave)에서 일어났다고 말한(*Dialogue with Trypho*, 78:4) 후로 이 동굴에 대한 전승이 있고(*Protev. Jac*. 18f.; Origen,

Contra Celsum, 1:15), 그와 관련된 탄생 예배당이 330년에 콘스탄틴 대제에 의해서 세워지기도 하였다.

동굴과 가난한 이들의 처소를 연관해서 생각할 수 있는 가능성을 가능성으로 제안하는 이들도 있다[I. Howard Marshall, *Commentary on Luke*, NIGTC (Grand Rapids: Eerdmans, 1978), 107, 그리고 그가 인용하고 있는 W. Grundmann].

또 어떤 이들은 밖에서(in the open air) 이 일이 일어났다고 생각하기도 한다(그러나 그럴 것 같지 않다는 논의로 Marshall, 106을 보라). 그러나 정확한 것을 우리가 알 수 있는 듯이 말해서는 안 된다. 확실한 것은 레온 모리스가 말하고 있듯이 모든 것이 "가난과 주목받지 못함, 그리고 거부됨을 지시하고 있다는 것" 뿐이다[Leon Morris, *Luke*, Tyndale NTC (Revised Edition, Leicester: IVP, 1988), 92].

4. 이 점은 많은 이들이 지적하지만, 대표적인 예로 Robert H. Stein, *Jesus the Messiah: A Survey of the Life of Christ* (Downers Grove, Ill.: IVP, 1996), 황영철 역, 『메시아 예수』 (서울: IVP, 2001), 86을 보라.
5. 이런 이해를 잘 표현한 것으로 Berkhof, *Systematic Theology*, 337을 보라.
6. 벌코프는 "He suffered in body and soul"이라는 제 하에서 이 점을 잘 설명하고 있다(Berkhof, *Systematic Theology*, 337).
7. 벌코프는 이 점을 따로 떼어 설명하면서 그 분이 다양한 원인에서 온 고통을 받으신 것, 즉 (1) 우주의 주께서 낮은 위치에 처하심에서 오는 고난, (2) 순결하고 거룩하신 분이 죄 많고 오염된 환경 가운데서 살아야 하심에서 온 고난, (3) 그 분이 그 분의 생애의 초기부터 어떤 죽음으로 죽으실 지를 의식하면서 사시는 데서 오는 고난, 그리고 (4) 마귀의 시험들, 사람들의 미워함과 거부, 그리고 그 분이 받으신 능욕과 핍박 등을 그 분의 고난의 전체성의 또 다른 부분으로 설명하고 있다(Berkhof, *Systematic Theology*, 337). 그러나 여기서는 그 내용이 중첩됨을 생각하면서 이를 위 두 가지에 포함시켜 생각했다.
8. 중보적 죄의식에 대한 언급은 Berkhof, *Systematic Theology*, 337을 보라.
9. 이 점에 대한 좋은 강조로 Donald W. Burdick, "Mark," in *The Wycliffe Bible Commentary*, eds., Charles F. Pfeiffer and Everett F. Harrison (Chicago: Moody Press, 1962), 1024; C. E. Graham Swift, "Mark," in *The New Bible Commentary*, 3rd edition (Leicester: IVP, 1970), 884를 보라. 십자가 처형의 물리적인 상세한 점을 잘 묘사하지 않음과 이것으로 오히려 인상이 깊게 묘사된

다는 지적으로 Floyd V. Filson, *A Commentary on the Gospel to St. Matthew* (Harper & Row, 1960; reprinted, Peabody. Mass.: Hendrickson, 1987), 295를 보라.

10. 이 점에 대한 좋은 강조로 Leon Morris, *The Cross in the New Testament* (Exeter: Paternoster Press, 1976), 이승구 역, 『신약의 십자가』 (서울: CLC, 1987), 50f.을 보라. 이 하나님으로부터 버림받음에 대한 좋은 논의로 44-51을 보라.
11. 그 잔에 대한 크랜필드 교수의 다음 설명에 주목하라: "잔은 죄에 대한 하나님의 진노의 잔이다. 우리는 마가복음 14:36을 십자가에서 (하나님으로부터) 끊어지심에 대해 외치신 말씀과 연관시켜야 한다 … 그리고 우리는 또한 고린도후서 5:21이나 갈라디아서 3:13과도 비교해 보아야 한다"(마가복음 주석).
12. 이 점들에 대해서 Stein, 254를 보라.
13. Morris, 51. 그러나 그 뒤에 그는 William Temple로부터 이 수난이 하나님의 경험이 된다는 말을 인용하고 있는데, 이는 오해를 일으킬 수도 있는 말이므로 매우 주의해야 한다. 이에 대한 다음과 같은 역자 주의 말을 참조하는 것이 좋을 것이다: "그러나 여기서 신성의 수난을 생각한다든지 또는 신의 죽음을 생각한다든지 하는 것은 예수님의 양성을 제대로 이해하지 못하는 것이 될 것이다"(Morris, 51 역자 주).
14. 이에 대해서는 본서 287f.을 보라.
15. M. Goguel, *The Life of Jesus* (London, 1958), 541, cited in Morris, *The Cross in the New Testament*, 『신약의 십자가』, 50.
16. Stein, 253.
17. Philip E. Hughes, *The Second Epistle to the Corinthians*, NICNT (Grand Rapids: Eerdmans, 1962), 299: "From highest heaven He descended to Calvary and the grave. None was richer than He; none became poorer than He."
18. B. F. Westcott, *The Epistle to the Hebrews* (London, 18922), *ad loc.*, cited in F. F. Bruce, *The Epistle to Hebrews*, NICNT (Grand Rapids: Eerdmans, 1964), 86.
19. Donald A. Hagner, *Hebrew*, NIBC 14 (Peabody, Mass.: Hendrickson Pub., 1990), 79.
20. Cf. William L. Lane, *Hebrews* 1-8, WBC 47A (Waco, TX: Word Books,

1991), 114, 108. Lane 은 여기서 히 10:34; 4 Macc 4:25; 13:23; T. Sim. 3:6; T. Benj. 4:4의 용례를 보도록 한다.

11장

1. 마가에 의하면 그 희롱의 한 부분이 가시 면류관을 씌운 것이다(막 15:20). 그것이 나중에 십자가를 지고 갈 때까지 씌워져 있었는지는 단언할 수 없다. 아마도 그 희롱은 십자가를 지고 가기 전에 이 일에 책임을 맡은 백부장에 의해서 중단되었을 것이고, 따라서 소위 "고난의 길"(*via dolorosa*)을 걸어 가시는 주님을 가시 면류관을 쓰고 가시는 것으로 생각하기 어렵다는 프루머(Plummer)의 논의를 따른 것으로 C. E. Graham Swift, "Mark," in *The New Bible Commentary*, 3rd edition (Leicester: IVP, 1970), 884를 보라.
2. 라틴어로 칼바리아(*Calvaria*)로 알려진 "해골"이라는 뜻의 이곳의 아람어 발음이 골고다(Γολγοθᾶ)이나, 이것이 그곳이 지형을 따라 이름 붙여진 것인지[Floyd V. Filson, *A Commentary on the Gospel to St. Matthew* (Harper & Row, 1960; reprinted, Peabody. Mass.: Hendrickson, 1987), 295; Donald W. Burdick, "Mark," in *The Wycliffe Bible Commentary*, eds., Charles F. Pfeiffer and Everett F. Harrison (Chicago: Moody Press, 1962), 1023; Everett F. Harrison, "John," in *The Wycliffe Bible Commentary*, 1117; Swift, "Mark," 884], 아니면 그곳이 사형 집행지였기 때문인지, 아니면 그 둘 다가 적용한 용어인지는 불분명하다고 한다. 처음 두 가지를 다 시사하면서 유대인들의 성격상 후자(즉, 그곳이 사형 집행지였기 때문)일 가능성은 희박하다는 시사로 Merrill C. Tenney, "Luke," in *The Wycliffe Bible Commentary*, 1067을 보라. 그러나 단언하기는 어려울 것이다.
3. 구레네 사람인 유대인들은(the Jews of Cyrene) 예루살렘에 그들의 회당을 가지고 있었다(행 6:9). 구레네 시몬은 이에 속한 한 사람으로 성 밖에서 기숙하고 그 날 경배하기 위해 성전에 가는 것으로 추정하고 있는 해석으로 Merrill C. Tenney, "Luke," in *The Wycliffe Bible Commentary*, eds., Charles F. Pfeiffer and Everett F. Harrison (Chicago: Moody Press, 1962), 1066을 보라. 그는 로마 그리스도인들이 익숙히 아는 알렉산더와 루포의 아버지로 여겨진다(막 15:21; 롬 16:13).

 구레네 시몬이 유대인이었을 것임을 생각하면서도 또한 그가 낯선 이방인(a Gentile stranger)일 수도 있을 것이라는 논의로 Swift, "Mark," 884를 보라.

4. 복음서는 구레네 시몬이 언제부터 예수님의 십자가를 지고 갔는지를 정확히 밝히고 있지는 않다. 이 문제에 전혀 관심을 나타내지 않고 그저 그가 지고 갔다고 하는 마가복음보다는 중간부터 그가 이 일을 감당한 것을 좀더 시사하는 누가복음과 마태복음의 보도를 중심으로 생각하는 것이 유익할 것이다(눅 23:26; 마 27:32). 그것이 자연스러운 일이었을 것이기 때문이다.
5. 아마도 이들은 유대 독립 운동을 하던 무력 저항 운동가들로 여겨진다. 비슷한 해석으로 R. E. Nixon, "Matthew," in *The New Bible Commentary*, 3rd edition (Leicester: IVP, 1970), 849("probably Zealot terrorists"); Leon Morris, *The Gospel According to Matthew* (Grand Rapids: Eerdmans, 1992), 716, n. 67을 보라. 또한 요한복음 18:18에 바라바에게 이 같은 용어인 "강도"(ληστής)가 사용된 것으로부터 Homer A. Kent, Jr.는 예수님께서 바라바의 자리에서 십자가에 못 박히신 것을 시사한다고 말한다["Matthew," in *The Wycliffe Bible Commentary*, eds., Charles F. Pfeiffer and Everett F. Harrison (Chicago: Moody Press, 1962), 983].
6. Cf. Everett F. Harrison, "John," in *The Wycliffe Bible Commentary*, 1117: "예수님은 죽음에서도 중심적 중요성을 지닌 지위를 가지신 것이다." 그러나 이를 너무 지나치게 강조하면 이상한 주해가 될 것이다. 오히려 그런 일이 있었다는 사실성에 대한 언급으로 보는 것이 좋을 것이다.
7. 이는 당시의 일반적 상황과 시편 22:18과의 연관을 생각하는 것이 가장 좋은 해석이라고 여겨진다. 이를 구약 대제사장의 속옷(출 28:4; 39:27)과 연관시키고, 예수님의 제사장되심에 대한 상징이라는 생각은 이를 제안하는 벌지(Burge) 자신이 인정하듯이 "불분명할"뿐 아니라 지나친 것이다. Cf. Gary M. Burge, "John," in *Evangelical Commentary on the Bible*, ed. Walter A. Elwell (Grand Rapids: Baker, 1989), 875.
8. 그러나 이들은 그저 지나가던 이들이기보다는 십자가에 못 박으라고 외치던 이들, 따라서 처음부터 십자가를 따르던 이들이라는 리덜보스의 말이 옳을 듯하다 (*ad loc.*).
9. 누가복음의 묘사와 조화시켜 볼 때, 그 두 강도가 모두 예수님을 저주하다가 그 하나는 회개한 것으로 보는 것이 자연스러울 것이다. 비슷한 견해로 Kent, Jr, "Matthew," 983; I. Howard Marshall, "Luke," in *The New Bible Commentary*, 3rd edition (Leicester: IVP, 1970), 923; Morris, 719; Craig L. Blomberg, *Matthew*, The New American Commentary 22 (Nashville,

Tennessee: Broadman Press, 1992), 418을 보라. R. Alan Cole, *Mark*, Tyndale New Testament Commentaries (Grand Rapids: Eerdmans, 1989), 320에도 그런 시사가 나타나 있다. 또는 한 편 강도가 한 것을 복수로 쓰는 셈어적 방식에 따라서 복수가 나온 것이라는 견해도 있으나[J. H. Moulton, *A Grammar of New Testament Greek*: III: *Syntax*, ed. Nigel Turner (Edinburgh, 1963), 25, 26; 칼빈도 이것을 제유법(synecdoche)로 본다, *A Harmony of the Gospels of Matthew, Mark and Luke*, III (1972), 200], 이런 복수의 사용을 반대하는 입장도 있다[A. T. Robertson, *A Grammar of the Greek New Testament in the Light of Historical Research* (London), 409].

10. 이 세 그룹에 주의를 기울이면서 나누어 설명하는 Filson, 295f.를 보라. 타스커 같은 이는 이들에 대해서 다음과 같이 재미있게 이름 붙이기도 하였다: "상황을 잘 모르는 무지한 죄인들"(ignorant sinners), "종교적 죄인들"(religious sinners), 그리고 "정죄받은 죄인들"(condemned sinners)[R. V. G. Tasker, *The Gospel according to St. Matthew* (London, 1961), 265]. 그러나 이를 절대화하여 생각해서는 안 되는데, 누가는 군병들의 희롱을 또 언급하고 있기 때문이다(눅 23:36-37). 또한 역시 세 그룹으로 나누어 설명하는 Filson은 첫째 그룹에 대해서 "그들은 무지한 외부인이 아니다. 그들은 예수님에 대한 혐의를 알고 반복하여 말하고 있는 것이다(마 26:61)"라고 말하고 있다(Filson, 295).

11. 이 어두움과 하나님의 심판을 연결시키며 가장 강조하는 논의로 William Hendriksen, *Exposition of the Gospel According to Luke* (Grand Rapids: Baker, 1978), 1035를 보라. 별 논의 없이 이 맥락에서 죄에 대한 심판을 언급하는 Filson, 296도 보라. 이를 출애굽 때 애굽 땅에 임했던 흑암과 연관시키면서 예수님께서 마지막 유월절 양이 되신 것과 연관시켜 설명하는 흥미로운 시사로 Royce Gordon Gruenler, "Mark," in *Evangelical Commentary on the Bible*, ed. Walter A. Elwell (Grand Rapids: Baker, 1989), 797을 보라. 이 어두움과 하나님의 심판을 연관지으면 그것을 "죄를 지고 가는 이에 대한 심판"과 "미지막과 연관된 우주적 현상(마 24:29; 행 2:20)"으로 설명하면서도, 또한 "메시아를 거부한 이스라엘에 대한 하나님의 심판을 표하는" 것으로 해석하는 J. Knox Chamblin, "Matthew," in *Evangelical Commentary on the Bible*, ed. Walter A. Elwell (Grand Rapids: Baker, 1989), 758도 보라. 그의 마지막 연관과 비슷하게 슐라이너는 앞으로 예루살렘에 미칠 어두운 미래를 보여 준다고 하는데 [Thomas R. Schreiner, "Luke," in *Evangelical Commentary on the Bible*, ed.

Walter A. Elwell (Grand Rapids: Baker, 1989), 838], 특히 메시아를 거부한 것에 대한 심판과 이 어두움을 연관시키는 것은 **좀 지나친 것**이라고 여겨진다.

12. 이 일이 일식에 의한 것이 아님을 설명하면서 유월절 기간은 보름달이 뜨는 시기라는 것을 오리겐을 따라서 거의 모든 주석가들이 지적한다. 대표적인 예로, Filson, 296; Kent, Jr, "Matthew," 983; Burdick, "Mark," 1023; Tenney, "Luke," 1067; Nixon, "Matthew," 849; Swift, "Mark," 884; Marshall, "Luke," 923; Schreiner, "Luke," 838 등을 보라. 이 일은 본문에서 말한 바와 같이 그저 하나님의 초자연적 행위로 일어난 것으로 보는 것이 가장 좋을 것이다.
13. 이를 "he gave up his spirit"로 해석하면서 챔블린은 "죽음조차도 예수님의 주권적 통제 하에 있는 것이다"라고 말한다(Chamblin, "Matthew," 758). 그러나 이에서 더 나아가서 자연적 원인이 죽음을 가능하게 하기 전에 예수님께서는 아주 독특하게 자원해서 자신의 영을 포기하시기로 선택했다는 점을 강조하는 것은(예를 들어, Swift, "Mark," 884f.) 조금 지나치게 보인다.
14. 요한복음의 이 표현으로부터 "파라디도미"(παραδίδωμι)의 뜻을 살려 예수님께서 자신의 사역을 자신을 따르는 자들에게 넘겨준 것이라고 하는 해석은[Gary M. Burge, "John," in *Evangelical Commentary on the Bible*, ed. Walter A. Elwell (Grand Rapids: Baker, 1989), 876] 지나친 것으로 보인다. 우리 말 성경이 잘 번역하고 있듯이 "영혼이 돌아가시다"로 보는 것이 보다 자연스러운 해석일 것이다.
15. ἐκπνέω에서 온 이 말은 "숨쉬다"(to breathe out or forth)는 뜻과 "마지막 숨을 쉬다"(to breathe one's last, expire) 또는 "바람이 불다"(to blow out)의 뜻을 지닌 말이다. Cf. *A Lexicon Abridged from Liddell and Scott's Greek-English Lexicon* (Oxford: Clarendon Press, 1974), 209.
16. 이 여인들에 대해서 카슨은 이들이 "십자가에 끝까지 있었고, 무덤에는 제일 먼저 왔다"(last at the cross, they were first at the tomb)고 진술하고 있다[D. A. Carson, "Matthew," in *The Expositor's Bible Commentary*, vol. 8 (Grand Rapids: Zondervan, 1984), 583]. 그런가 하면 챔블린은 여인들이 멀리 서 바라본 것은 남성 주도적 사회에서 여인들에게 요구된 진중함을 보여 주는 것이라고 해석한다(Chamblin, "Matthew," 758).
17. 이로부터 웨셀은 요한을 제외한 다른 모든 제자들은 다 도망갔다고 진술한다[Walter W. Wessel, "Mark," in *Expositor's Bible Commentary*, vol. 8 (Grand Rapids: Zondervan, 1984), 785].

18. 이에 대한 좋은 설명으로 Louis Berkhof, *Systematic Theology* (Grand Rapids: Eerdmans, 1941), 385f.; David F. Wells, *The Person of Christ*, 이승구 역, 『기독론: 그리스도는 누구신가?』 (서울: 엠마오, 1994), 241f.를 보라. 안셈의 *Cur Deus Homo*에 대한 라틴어로부터의 번역으로는 이은재 역, 『인간이 되신 하나님』 (서울: 한들출판사, 2001)을 보라.
19. 안셈적 진술의 문제점에 대해서는 Berkhof, 385f.를 보라. 또한 Gustaf Aulén, *Christus Victor*, trans. A. G. Hebert (London: SPCK, 1950)의 지적도 참조하라.
20. Cf. Gustaf Aulén, *Christus Victor: An Historical Study of the Three Main Types of the Idea of the Atonement*, A. G. Herbert, trans. (New York: Macmillan, 1964). 이 작품이 흥미로운 작품이기는 하지만, 여기서 아울렌은 루터를 너무나 고전적 승리 모델의 대변인으로만 제시하고, 루터 사상 속에 있는 우리 죄에 대한 희생제와 대속물로서의 중요성을 잘 드러내지 않은 점은 그가 세 가지 모델을 너무 분명히 하려고 하는 데서 나온 문제점으로 여겨진다. 비슷한 지적으로 Wells, 256을 보라.
21. 이에 대한 가장 간명한 설명으로 Berkhof, 385를 보라. 또한 한철하, 『고대기독교사상사』 (서울: 대한기독교서회, 1965) 해당 부분도 보라.
22. 그러나 이 중 어느 하나만으로 십자가를 다 이해해 보려고 하는 것은 대리 형벌설을 제외하고서는 십자가의 구속적인 면을 무시하게 되므로 문제가 있음을 생각해야 한다. 그러나 대리 형벌설의 기초 위에서 다른 측면을 보충으로 보는 것은 있을 수 있는 논의라고 할 수 있다. 근자에 이런 접근을 잘 시도한 논의로 Leon Morris, *The Cross of Christ* (Grand Rapids: Eerdmans, 1992)을 보라.
23. 사람의 힘으로 찢기 어려운 이 무거운 휘장에 대한 설명으로 Josephus, *Wars of the Jews*, V. v. 4.를 보라.
24. 이는 성전의 성소에 들어갈 수 있는 제사장들만 아는 것일텐데 어떻게 일반적인 전승이 되었는지에 대해서 몇몇 주석가들은 아마도 오순절 이후에 회개한 제사장들에(행 6:7) 의해서 전달되었을 것이라는 흥미로운 추론을 제시하고 있다[Kent, Jr., "Matthew," 983; Swift, "Mark," 885; Walter W. Wessel, "Mark," in *Expositor's Bible Commentary*, vol. 8 (Grand Rapids: Zondervan, 1984), 783; Gruenler, "Mark," 797]. 위로부터 찢어진 것이 이 일의 초자연적 신적 기원을 지시한다는 지적으로 Burdick, "Mark," 1024; Tenney, "Luke," 1067을 보라.

25. 이렇게 성전까지를 연관시켜 설명한 것의 다른 시도들로 Chamblin, "Matthew," 758; Gruenler, "Mark," 797도 보라.

26. Cf. R. Alan Cole, *Galatians*, Tyndale New Testament Commentaries, revised Edition (Leicester: IVP, 1989), 143.

27. 이에 반하여 이전에도 유대인들이 십자가형을 알고 있었다는 논의로는 Martin Hengel, *Crucifixion*, E.T. (Philadelphia: Fortress Press, 1977)을 보라.

28. 1세기에 십자가형이 유대인들 가운데서 저주받은 것으로 해석되었다는 증거로 쿰란 공동체에서 나온 다음 문서를 보라: *11 QTemple* 64:6-13[이는 Richard N. Longenecker, *Galatians*, Word Biblical Commentary 41 (Dallas, Texas: Word Books, 1990), 122와 다른 주석들에 인용되어 있다].

29. Longenecker, 122, 123.

30. 여기 "우리"를 오직 "유대인 그리스도인"으로만 해석하는 이들로 다음을 보라: Theo. Zahn, *Der Brief des Paulus an die Galaten*, 3rd edition (1922), 157[cited in Herman N. Ridderbos, *The Epistle of Paul to the Churches of Galatia*, NICNT (Grand Rapids: Eerdmans, 1953), 126, n. 8]; J. G. Machen, *The Origin of Paul's Religion* (Grand Rapids: Eerdmans, 1925), 179; Hans Dieter Betz, *Galatians*, Hermeneia (Philadelphia: Fortress Press, 1979), 148; T. L. Donaldson, "The 'Curse of the Law' and the Inclusion of the Gentiles: Galatians 3. 13-14," *New Testament Studies* 32 (1986): 94, 100.

그러나 대부분의 해석가들은 이를 비판하면서 본문의 의미를 잘 드러내고 있다. 특히 Ridderbos, *The Epistle of Paul to the Churches of Galatia*, NICNT, 126; F. F. Bruce, *Commentary on Galatians*, NIGTC (Grand Rapids: Eerdmans, 1982), 166f.; Ronald Y. K. Fung, *The Epistle to the Galatians*, NICNT, New Edition (Grand Rapids: 1988), 148f.를 보라.

일차적으로 유대인을 생각할 수는 있지만, 모든 이가 구원을 필요로 하므로 모든 이를 포괄한다는 논의로 Donald Guthrie, *Galatians*, The New Century Bible Commentary (London: Marshall, Morgan and Scott, 1973), 98을 보라.

31. Guthrie, *Galatians*, 99.

32. Ridderbos, *The Epistle of Paul to the Churches of Galatia*, 127.

33. 이와 연관해서 하나님의 공의에 대한 만족을 바라보는 지적으로 Ridderbos, 128을 보라.

34. 이 점에 대한 좋은 논의로 다음을 보라: Cole, *Galatians*, 144: "… to his Jewish

opponents, this very death of Jesus on the cross, under God's curse, was the supreme proof that Jesus therefore could not be God's Messiah. Paul was meeting his enemies head on, as usual."

12장

1. 신비한 연합에 대한 좋은 개혁파적 설명들로 다음을 참조하라: John Calvin, *Institutes of the Christian Religion*, III. i. 1, 2; Louis Berkhof, *Systematic Theology*, 447-53; John Murray, *Redemption - Accomplished and Applied* (Grand Rapids: Eerdmans, 1955), 201-205; Lewis Smedes, *Union with Christ* (Grand Rapids: Eerdmans, 1983); Anthony A. Hoekema, *Saved by Grace* (Grand Rapids: Eerdmans, 1989), Chapter 4.
2. 이 점에 대한 지적으로 T. K. Abbott, *A Critical and Exegetical Commentary on the Epistles to the Ephesians and to the Colossians*, ICC (Edinburgh: T. & T. Clark, 1897), 136; Andrew T. Lincoln, *Ephesians*, Word Biblical Commentary, 42 (Dallas, Texas: Word Books, 1990), 283을 보라. 그런데 링컨은 다음에 제시하는 머레이나 폴크스 등의 견해를 취하지 않고, 이를 21절의 가르침의 내용에 대한 설명으로 보면서도 그 내용이 "옛 사람을 벗고 새 사람을 입어야만 한다는 것이었다"고 부정사를 설명적 보족어(epexegic)로 보면서 해석한다. 그는 명령형의 의미를 어느 정도 생각하는 것이다 [비슷한 해석으로 Francis W. Beare, "Exegesis to the Epistle to the Ephesians," in *The Interpreter's Bible* (Nashville, Abingdon Press, 1953), 698을 보라].

   그러나 결국 그리스도인들은 이전에 그런 가르침을 받은 것이므로 내용상 이미 옛 사람을 벗고 새 사람을 입은 것으로 이해되어야 하지 않을까? 그렇다면 다음에 언급할 결과의 부정사로 보고 머레이 등의 해석에 좀더 접근해 가는 것이 더 옳지 않을까?

   링컨은 아마도 자신이 인용하고 있는 브루스와 의견을 같이하는 듯하나. 브루스는 골로새서 3:9-10은 이 벗음의 "이미"를 말하고, 에베소서 4:21-24은 "아직 아니"를 함의하는 명령이라고 설명한다[F. F. Bruce, *The Epistles to the Colossians, to Philemon, and to the Ephesians*, NICNT (Grand Rapids: Eerdmans, 1984), 357]. 그러나 여기서 "이미"와 "아직 아니"를 찾기보다는 골로새서의 가르침과 일치시킬 수 있는 해석에로 나아가는 것이 좀더 자연스러운 것이 아닐까?

3. 이렇게 22-24절의 말이 다 21절과 연관되게 구성되었다는 것은 20절부터 24절까지가 다 한 문장임을 아는 모든 신약학자들의 공통적인 지적이다. 이 한 문장됨에 대한 지적으로는 C. Leslie Mitton, *Ephesians*, The New Century Bible Commentary (London: Marshall, Morgan & Scott, 1973; reprinted, Grand Rapids: Eerdmans, 1989), 164,그리고 22-24절과 21절의 연관성에 대한 지적으로는 Francis Foulkes, *Ephesians*, Revised edition, Tyndale New Testament Commentaries (Leicester: IVP & Grand Rapids: Eerdmans, 1989), 137을 보라.
4. Foulkes, *Ephesians*, 137.
5. 이와 비슷하게 골로새서 3:9, 10과의 연관 관계에서 에베소서 4:22-24을 명령형으로 보지 말아야 한다는 논의로 John Stott, *The Message of Ephesians: God's New Society*, BST, 전영근 역 (서울: 기독지혜사, 1986), 219f.를 보라.
6. John Murray, *Principles of Conduct* (Grand Rapids: Eerdmans, 1957), 214-19.
7. Anthony Hoekema, *Created in God's Image* (Grand Rapids: Eerdmans, 1986), 26f.
8. Hoekema, *Saved by Grace* (Grand Rapids: Eerdmans, 1989), 209-13.
9. 그런 견해들로는 다음을 보라: Herman Bavinck, *Magnalia Dei* (Kampen: Kok, 1909), 561-62; Calvin, *The Epistle to the Romans and Thessalonians*, trans. Ross Mackenzie (Grand Rapids: Eerdmans, 1979); Charles Hodge, *Commentary on the Epistle to the Ephesians* (Grand Rapids: Eerdmans, 1950); William Hendriksen, *The New Testament Commentary on Ephesians* (Grand Rapids: Baker, 1967), 213-24, n. 124; Gordon Girod, *The Way of Salvation* (Grand Rapids: Baker, 1960), 137-38; Berkhof, *Systematic Theology*, 533.
10. 우리 나라에서는 김광렬 교수가 머레이와 후크마를 따르며 이 점을 강조하고 있고 [김광렬, 『그리스도 안에 있는 구원과 성화』(서울: 총신대학교출판부, 2000), 162], 또한 이승구, "20세기 후반 북미 개혁신학의 동향: 안토니 후크마의 신학의 특성과 그 기여를 중심으로", 『신학지평』 제8집 (1998 여름, 가을호): 191-227, 특히 199-200[=『전환기의 개혁신학』 (서울 : 이레서원, 2008) 제1장)도 보라. 이승구, 『성령의 위로와 교회』 (서울: 이레서원, 2001), 184f.도 보라. 또한 『교회와 문화』에 실린 김광렬 교수의 책에 대한 필자의 서평도 보라.

11. Cf. B. B. Warfield, *Perfectionism* (Philadelphia, 1931-32); Berkhof, *Systematic Theology*, 537-40.
12. Cf. Amos N. Wilder, "Exegesis to the First Epistle of John," in *The Interpreter's Bible*, vol. 12 [Nashville, Abingdon Press, 1957], 258; Kenneth Grayston, *The Johannine Epistles*, The New Century Bible Commentary (London: Marshall, Morgan & Scott & Grand Rapids: Eerdmans, 1984), 105: "the habit of sinning."
13. 사실 NIV의 번역이 그런 해석을 반영한 것이다: "no one who lives in him keeps on sinning." 또한 이런 설명의 하나로 Glenn W. Barker, "I John," in *The Expositor's Bible Commentary*, vol. 12 (Grand Rapids: Zondervan, 1981), 332; John R. W. Stott, *The Letters of John*, Revised Edition, Tyndale New Testament Commentaries (Leicester: IVP, 1998), 127, 130을 보라.
14. Barker, 332.
15. 그런데 하월드 마샬은 이점을 기꺼이 인정하면서도 그 보다는 이런 말씀이 이상적인 그리스도인의 모습을 절대적으로 그리고 있는 것이라는, 그러므로 이는 "용서할 만한 과장"(pardonable exaggeration)이라는 해석을 선호하면서 제시한다[I. Howard Marshall, *The Epistles of John*, NICNT (Grand Rapids: Eerdmans, 1978), 180f., 184]. 이는 전통적인 웨슬리의 해석과 다르니, 마샬은 그 어떤 죄도 짓지 아니하는 것으로 제시하는 것이라고 보기 때문이다. 그러나 결국에는 마샬도 이것이 우리에게 죄와 상관없는 삶의 가능성을 시사한다는 전형적 알미니안 해석을 제시한다(182).
16. 다음에 언급할 베드로전서 2:5과 관련해서 이 점을 특히 강조한 예로 Wayne Grudem, *1 Peter*, Tyndale New Testament Commentaries (Leicester: IVP and Grand Rapids: Eerdmans, 1988), 101을 보라. *Contra* J. H. Eliott, *The Elect and the Holy*, NovTSup 12 (Leiden: Brill, 1966).

13장

1. 이 점에 대한 가장 큰 강조는 역시 칼빈에게서 찾아볼 수 있다. Cf. John Calvin, *A Harmony of the Gospels*, vol. III, Calvin's New Testament Commentaries, III (Edinburgh: Saint Andrew Press, 1972; Reprinted, Grand Rapids: Eerdmans, 1978), 216.
2. 예수님의 장사에 대한 크로산의 부인에 대해서는 그의 *Who Killed Jesus?* (San

Francisco: Harper Collins, 1995), 172f.을 보라. 그는 아리마대 요셉이라는 인물도 마가의 창안물(Markan invention)이지 실존 인물이 아니라고 여긴다. 또한 프란시스 베어도 아리마대 요셉 이야기가 전설적인 것이라고 여기면서 예수님도 다른 두 강도와 같이 구덩이에 던져져서 흙으로 덮여졌을 것이라고 한다[Francis W. Beare, *The Gospel according to Matthew* (Peabody, Mass.: Hendrickson, 1981), 538]. 그러나 크레이그 에반스가 잘 지적하고 있듯이 이런 사람이 실존하지 않았고 그가 예수님의 장사와 상관이 없다고 결론지을 결정적 이유가 없다. Cf. Craig A. Evans, *Mark 8:27-16:20*, Word Biblical Commentary, 34b [Nashville: Thomas Nelson Publishers, 2001), 518.

3. 아리마대 요셉은 산헤드린 공회원이고 예루살렘 근처에 무덤을 준비했었다는 것에서 드러나듯이 당시에 예루살렘에 거주하고 있었을 것이므로 아리마대는 그의 출생지 또는 이전 거주지라고 여겨진다. 이는 예루살렘 북서쪽 20마일 거리에 있는 사무엘의 출생지인 라마(*Ramathaim-Zophim*)가 아닌가 하고 추정되는 일이 많다. Cf. Ezra P. Gould, *St. Mark*, ICC, XXIV (Edinburgh: T. & T. Clark, 1896), 297; Alfred Plummer, *St. Luke*, ICC, XXV, Fifth Edition (Edinburgh: T. & T. Clark, 1901), 541; S. MacLean Gilmour, "Exegesis of Luke," in *The Interpreter's Bible*, vol. 8 (New York and Nashville: Abingdon Press, 1952), 414; David Hill, *The Gospel of Matthew*, The New Century Bible Commentary (London: Marshall, Morgan & Scott, 1972; Grand Rapids: Eerdmans, 1981), 357; William L. Lane, *The Gospel According to Mark*, NICNT (Grand Rapids: Eerdmans, 1974), 578; Hugh Anderson, *The Gospel of Mark: The New Century Bible Commentary* (London: Marshall, Morgan & Scott, 1976; Grand Rapids: Eerdmans, 1981), 350; I. Howard Marshall, *Commentary on Luke*, NIGTC [Grand Rapids: Eerdmans, 1978], 879; Walter W. Wessel, "Mark," in *Expositor's Bible Commentary*, vol. 8 [Grand Rapids: Zondervan, 1984], 784; Craig L. Blomberg, *Matthew*: The New American Commentary 22 (Nashville, Tennessee: Broadman Press, 1992), 423; Evans, *Mark 8:27-16:20*, 518). Plumer는 LXX에서 라마가 "아르마따임"(Αρμαθαίμ)으로 언급된 것을 언급한다(삼상 1:19) (Plummer, 541). 이곳이 현대 지명으로는 렌티스(Rentis)라고 한다[Robert H. Mounce, *Matthew*, A Good News Commentary (San Francisco: Harper & Row, 1985), 270]. 그러나 이와 같이 추정을 하나 확실하지 않다는 언급으로 Norval Geldenhuys, *The Gospel of Luke*,

NICNT (Grand Rapids: Eerdmans, 1983), 620을 보라. 카슨은 거꾸로 확실하지 는 않으나 최선의 추정으로 라마라고 말하고 있다(D. A. Carson, "Matthew," in *The Expositor's Bible Commentary*, vol. 8, 584). 그런가 하면 레온 모리스는 삼상 1:1의 라마와 동일시하나 그 도시의 위치 자체를 찾기는 어렵다고 한다. Cf. Leon Morris, *The Gospel According to Matthew* (Grand Rapids: Eerdmans, 1992), 728. 확실하지 않음을 좀더 분명히 하는 Leon Morris, *Luke*, Tyndale NTC (Revised Edition, Leicester: IVP, 1988), 361; Gary M. Burge, "John," in *Evangelical Commentary on the Bible*, ed. Walter A. Elwell (Grand Rapids: Baker, 1989), 876; John Nolland, *Luke 18:35-24:53*, WBC 35c (Waco, TX: Word Books, 1993), 1164도 보라.

4. 여기서 누가복음 23:50이 시작되는 독특한 표현을 언급하는 것이 좋을 것이다: "보라 … 한 사람이 있으니"(ἰδοὺ ἀνήρ ἀγαθὸς καὶ δίκαιος …). 이것이 상당히 누가적인 스타일이라고 말하는 John Nolland, *Luke 18:35-24:53*, WBC 35c (Waco, TX: Word Books, 1993), 1163도 보라. 전형적인 것임을 지적하는 Plummer, 540와 비교하여 보라.
5. 누가복음이 말하는 "하나님 나라를 기다리던 자"라는 말에 제자라는 의미가 함의되어 있다는 논의로 Marshall, *Luke*, NIGTC 880; Morris, *Luke*, 362도 보라. 이 점을 분명히 하지는 않지만, 다른 복음서를 참조하면서 자연스럽게 요셉을 제자로 언급하고 있는 Geldenhuys, 619; Lane, 579도 보라. 이에 반해서 죤 놀란드는 아리마대 요셉이 제자는 아니고 "하나님 나라에서 멀지 않다"고 언급될 수 있는 자라고 한다(Nolland, 1164, 1166). 굴드는 이 요셉이 예수를 따르는 자는 아니나 하나님 나라를 기다리는 면에서 공통점을 가진 사람이라고 해석한다(Gould, 298). 그러나 마가복음에서나 누가복음에서 아리마대 요셉이 명확히 "제자"라고 하는 것은 분명하지만, 성경 전체의 조화를 고려하면서 주장해야 할 것이다. 굴드나 놀란드처럼 주장하면 마태와 요한은 틀린 것이거나, 적어도 누가와는 대립적인 것으로 여겨지기 때문이다. 그런 식의 해석으로 나아가는 것이 과연 유익할까?
6. 이 점에 대한 강조로 Calvin, *A Harmony of the Gospels*, vol. III, 216f.을 보라.
7. 이런 논의들로 Plummer, 541; Morris, *Luke*, 361; Blomberg, 423 등을 보라.
8. Cf. Lane, 578; Evans, 519. 그들은 다음과 같은 유대적 자료를 소개하면서 증거로 제시하고 있다: *Mishnah Sanhedrin* VI. 6; *The Babylonian Talmud Sanhedrin* 46b, Baraitha. *The Tosephta Sanhedrin* IX. 8f.; *Mishnah*

Sanhedrin VI. 7; Josephus, *War*, III. viii. 5. See also D. Daube, *The New Testament and Rabbinic Judaism* (London, 1956), 310ff.

9. 이 점에 대해서 티베리우스 황제 때의 상황을 타키투스(Tacitus)가 언급하고 있는 것을 인용하면서 당시의 일반적 정황을 잘 설명하고 있는 것으로 Lane, 578을 보라. 일반적으로 로마 사람들은 시체가 썩을 때까지 십자가에 달아 두었으나, 아우구스투스 황제 때부터 가족이나 친구들에게 때때로 내어 주는 일이 있었다고 한다. Cf. Hill, *The Gospel of Matthew*, 357.
10. 이 점에 대한 좋은 지적으로 Lane, 579; R. Alan Cole, *Mark*, Tyndale NTC, Revised Edition (Leicester: IVP, 1989), 327; Wessel, "Mark," in *Expositor's Bible Commentary*, 8: 784f.; 그리고 Evans, 519를 보라. 특히 마지막에 언급한 에반스는 우리가 위에서 언급한 것을 모두, 그것도 좀더 자세하게 언급하고 있다는 점에서 매우 철저하게 생각하여 주석을 썼다고 할 수 있다.
11. 백부장의 이 두 가지 증언을 연관시켜 설명하는 Royce Gordon Gruenler, "Mark," in *Evangelical Commentary on the Bible*, ed. Walter A. Elwell (Grand Rapids: Baker, 1989), 797을 보라.
12. Anderson도 같은 점을 다음과 같이 지적하고 있다: "The harsh reality of the death is underlined also by the use of the Greek word πτῶμα"(351).
13. 이 점에 대한 지적으로 Lane, 580; Wessel, "Mark," in *Expositor's Bible Commentary*, 8: 785를 보라.
14. D. A. Carson, "Matthew," in *The Expositor's Bible Commentary*, vol. 8 (Grand Rapids: Zondervan, 1984), 584; Burge, "John," 876.
15. 이를 공관복음서의 내용과 상치시키면서 공관복음서의 내용이 더 옳다는 지적으로 Gould, 298을 보라. 그러나 그런 대립이 과연 필요하고 유익한 것일까?
16. 성경에는 이 언급이 없지만 당시의 관례를 따라 이 점을 잘 언급하고 있는 Lane, 580; 그리고 Wessel, "Mark," 785를 보라. 시체 씻는 일은 유대인들 사이에 매우 중시되어서 안식일에도 허용되었다고 한다.
17. 이 점에 대한 좋은 강조와 아름다운 표현으로 Geldenhuys, *The Gospel of Luke*, 618을 보라: "… in it we see how the dead body of the Saviour, from the time that it was removed from the rough cross by hands of affection, was cared for by no other hands than those of His faithful followers." 그리고 그는, 이는 이미 그리스도께서 그 영혼이 천상적 낙원에 성부와 함께 있게 되었음을 잘 보여 주는 것 중 하나라고까지 말한다. 네 복음서 모두에서 십자가

에 못박혀 죽은 자에 대한 사랑과 경의가 잘 표현되고 있다는 관찰로 Plummer, 540을 보라.

18. 이 점에 대한 좋은 지적으로 Marshall, 881; Cole, 329; Carson, "Matthew," 584; Blomberg, 423, 그리고 Evans, 521f.의 자세한 언급을 보라. Plummer도 이를 부활에 대한 증거의 하나로 언급한다(543). Lane, 581와 Wessel, "Mark," 785의 스치는 언급도 보라.
19. J. A. Bengel, cited in Anderson, *The Gospel of Mark*, 349.
20. John Calvin, *A Harmony of the Gospels*, vol. III, Calvin's New Testament Commentaries (Edinburgh: Saint Andrew Press, 1972; reprinted, Grand Rapids: Eerdmans, 1978), 216.
21. 이점에 대한 바른 지적으로 Louis Berkhof, *Systematic Theology* (Grand Rapids: Eerdmans, 1941), 670을 보라: "the culmination of the chastisements which God has ordered for the sanctification of His people." 벌코프의 이런 입장에 대해 비판적으로 바라보면서 죽음은 출생, 성장, 고통과 같이 죄악 가운데 있는 현재 인간성의 한 요소(one of the conditions of human existence)일 뿐이라고 보는 Millard J. Erickson, *Christian Theology* (Grand Rapids: Baker, 1985), 1173f.을 보라. 그러나 벌코프같이 보는 것이 오히려 성경에 나타난 구속 개념과 구원 이해에 더 충실한 것으로 판단될 수 있다. 에릭슨 자신도 물리적 죽음이 신자와 불신자에게 다른 의미를 지닌다고 말하고 있지 않은가?(1174). 벌코프는 그런 차이의 근거와 의미를 정확히 기술한 것일 뿐이다.
22. Berkhof, 670.
23. Berkhof, 671: "It completes the sanctification of the souls of believers."
24. Berkhof, 671.
25. 영혼 수면설에 대한 진술과 성경적 비판으로 Berkhof, 688-90를 보라.

14장

1. 이 점에 대한 좋은 지적들로 Louis Berkhof, *Systematic Theology* (Grand Rapids: Eerdmans, 1941), 340; A. C. McGiffert, *The Apostles' Creed: Its Origin, Its Purpose, and Its Historical Interpretation* (New York: Scribner, 1902), 6-7, 그리고 이에 근거한 Millard J. Erickson, *Christian Theology* (Grand Rapids: Baker, 1985), 773을 보라.

2. 전통적으로는 림보(*limbus*)가 둘이 있는 것으로 언급되었다. 그 하나가 "선조 림보"(*Limbus Patrum*)이고, 다른 하나는 영세를 받지 못하고 죽은 모든 영아들, 즉 원죄는 있으나 개인적 죄책은 없는 유아들이 있는 소위 "유아 림보"(*Limbus Infantum*)이다. 천주교회의 이런 "유아 림보"(*limbus infantum or limbus infantium or limbus puerorum*)와 "선조 림보"(*limbus patrum*)에 대해서는 여러 가지를 언급할 수 있지만 특히 Thomas Aquinas, *Summa Theologica*, III, Supplementum lxix. 4-7; *The Oxford Dictionary of the Christian Church*, eds., F. L. Cross and E. A. Livingstone, 2nd edition (Oxford: Oxford University Press, 1974), 823f. s.v. "Limbo" 등을 보라. 또한 이에 대한 좋은 설명과 비판으로 Berkhof, 686f.을 보라. 그러나 2008년에 Benedict XVI세는 "유아 림보"는 천주교회의 공식적 가르침이 아니라고 선언했다. http://www.ccel.us/buis.ch4.html를 보라.
3. 전통적 천주교 견해의 현대적 표현으로 Cf. Joseph Pohle, *Eschatology, or The Catholic Doctrine of the Last Things: A Dogmatic Treatise* (St. Louis: B. Herder, 1917), 27; H. Willmering, in *A Catholic Commentary on Holy Scripture*, ed. B. Oechard (London: Nelson, 1953), 1179. 천주교의 전통적 견해를 열거한 것으로는 Bo Reicke, *The Disobedient Spirits and Christian Baptism* (Copenhagen: Munsgaard, 1946), 42-44; William J. Dalton, *Christ's Proclamation to the Spirits* (Rome: Pontifical Biblical Institute, 1965), 30-31 등을 보라.
4. C. Bigg, *Epistles of St. Peter and St. Jude*, ICC, 2nd edition (Edniburgh: T. & T. Clark, 1910), 162-63; F. W. Beare, *The First Epistle of Peter*, 3rd edition (Oxford: Blackwell, 1970), 170-73; E. Best, *1 Peter*, New Century Bible (London: Oliphants, 1971), 140-47.
5. C. E. B. Cranfield, *1 and 2 Peter and Jude*, Torch Bible Commentaries (London: SCM Press, 1960), 84-86.
6. A. M. Hunter, "1 Peter," in *Interpreter's Bible*, vol. 12 (New York: Abingdon Press, 1957), 132-33.
7. Reike, 90-91, 118, 120-22, 130-31.
8. 제2의 기회설에 대한 강한 비판으로 Berkhof, 692-93을 보라.
9. Cf. R. C. H. Lenski, *The Interpretation of the Epistles of St. Peter, St. John, and St. Jude* (Minneapolis: Augsburg, 1966), 160-69; Friedrich Loofs,

"Descent to Hades (Christ's)," in *Encyclopedia of Religion and Ethics*, ed. James Hastings (New York: Scribner, 1955), vol. 4: 656-57. 이런 견해를 표명하는 17세기 루터파 정통주의자들의 명단과 견해에 대해서는 다음을 참조하라. Reike, 44-45. 이런 해석에 정확히 상응하는 것은 아니지만, "인간적 존재 상태에서 죽으시고 부활 상태로 살아나신 그리스도께서 그 부활 상태에서 타락한 천사들에게 하신 승리의 선언"으로 보는 해석으로 Edwin A. Blum, "1 Peter," in *The Expositor's Bible Commentary*, vol. 12 (Grand Rapids: Zondervan, 1981), 242를 보라.

10. Cf. Anthony A. Hoekema, *The Bible and the Future* (Grand Rapids: Eerdmans, 1979), 한역, 134-38, 141f.; Erickson, 774.
11. 이 점에 대한 좋은 지적으로 Donald Guthrie, *New Testament Theology* (Leicester: IVP, 1981), 841, n. 179를 보라.
12. 그런 주장의 하나로 다음을 보라. Edgar C. S. Gibson, *The Thirty-Nine Articles of the Church of England* (London: Methuen, 1906), 159.
13. 대표적인 진술로 Berkhof, 342를 보라: "According to the usual Reformed position the words refer not only to the sufferings on the cross, but also to the agonies of Gethsemane."
14. Cf. Berkhof, 342: "Scripture certainly does not teach a literal descent of Christ into hell."
15. Berkhof, 342: "Christ suffered the pangs of hell …"
16. John Calvin, *Institutes of the Christian Religion*, I, 516(II. xvi. 10).
17. 이런 해석은 오래 전부터 상당히 많은 이들이 지지하는 해석이다. Cf. Augustine, *Letter* 164, chs. 15-17; R. Leighton (1684), *Commentary on the First Peter* (reprinted, Grand Rapids: Kregel, 1972), 354-66; Theodore Zahn, *An Introduction to the New Testament* (E.T., Edinburgh: T. & T. Clark, 1909), vol. 2, 289; W. Kelly, *Christ Preaching to the Spirits in Prison* (London: Morrish, 1872), 3-89; Guthrie, 842; P. Petterson, *A Pilgrim Priesthood* (Nashville: Nelson, 1982), 134-46, 195-99; Grudem, *1 Peter*, Tyndale NTC (Leicester, IVP and Grand Rapids: Eerdmans,1988), 158, 203-39.
18. Blum, 241.
19. 이 점에 대한 좋은 지적과 논의로 R. T. France, "Exegesis in Practice: Two

Samples," in *New Testament Interpretation*, ed. I. H. Marshall (Grand Rapids: Eerdmans, 1977), 268-69; J. Ramsey Michaels, *1 Pteter*, Word Biblical Commentary, 49 (Waco, Texas: Word Books, 1988), 204.

20. 이 점에 대한 좋은 강조로 Blum, 242를 보라.
21. 이런 해석의 대표적인 예로 Blum, 242; Wayne Grudem, *1 Peter*, Tyndale New Testament Commentaries, 156을 보라.
22. Cf. Erickson, 765, 767. 그루뎀은 그리스도께서 그리한 것으로 말한다(Grudem, 160). Michaels, 205. 또한 Blum, 242도 보라. 그는 πνεύματι를 "영의 영역 안에서"로 해석하면 ἐνᾧ, 즉 "그 안에서"도 "이 영역 안에서", "이 영향 아래서" 또는 "영 안에서 살아난 자로"로 해석해야 한다고 보면서, 따라서 3:19에서 선포하시는 분은 부활하신 주님이시라는 윌리엄 달톤(William J. Dalton)의 견해를 긍정적으로 소개하면서 같은 견해를 말한다. Cf. Dalton, 140
23. 이와는 달리 타락한 천사들이나 그들까지를 포함하려고 하는 이들이 있는데, 문맥상 이것이 과연 좋은 견해인지 의심이 간다. 타락한 천사들이라고 보는 이들은 Dalton, 135-201, 특히 145-50; Kelly, 151-58, 특히 153; Edward G. Selwyn, *The First Epistle of St. Peter*, 2nd edition (London: Macmillan, 1947), 197-203, 314-62, 특히 198-99, 353; A. M. Stibbs and A. F. Walls, *The First Epistle General of Peter*, Tyndale NT Commentary Series (London: Tyndale, 1959), 142-43; J. Fitzmyer, *Jerome Bible Commentary*, ed. Raymond Brown, et al. (London: Chapman, 1968), 2: 366-67; Blum, 242; 타락했으나 회개한 천사들에게 복음이 전해져서 그 존재들에게 제2의 기회가 주어진다는 견해로는 J. H. A. Hart, "The First Epistle General of Peter," in *The Expositor's Great Testament*, vol. 5 (1910; reprinted, Grand Rapids: Eerdmans, 1970), 68-69; 그리고 이와 함께 아주 이상하게도 타락한 천사들의 자녀를 포함한 것으로 보는 견해로는 Reicke, 90-91를 보라.
24. 이런 입장의 대표적인 예로 Blum, 241을 보라. 또한 프랑스는 베드로전서 3:19의 "엔 호"(ἐν ᾧ)를 "부활한 몸 안에서"로 해석해야 한다는 것을 강조하면서 논의한다(France, 268-69).

15장

1. 이 점에 대한 좋은 지적과 논의로 Louis Berkhof, *Systematic Theology* (Grand Rapids: Eerdmans, 1941), 344를 보라.

2. 기독교 신학 전체에서 부활의 중요성에 대한 좋은 논의는 역시 그의 웨스트민스터 신학교 박사 학위 논문인 "Resurrection and Redemption: A Study in Pauline Soteriology"(1969)를 대중들에게 소개한 Richard B. Gaffin, *The Centrality of the Resurrection: A Study in Paul's Soteriology* (Grand Rapids: Baker, 1978)이라고 할 수 있다.
3. Robert H. Mounce, *Matthew*, A Good News Commentary (San Francisco: Harper & Row, 1985), 273. 또한 카슨은 "부활이 기독교 신학의 핵심"이라고 말한다. D. A. Carson, "Matthew," in *The Expositor's Bible Commentary*, vol. 8 (Grand Rapids: Zondervan, 1984), 586.
4. 여러분들이 이를 지적하지만, 대표적인 예로 Walter W. Wessel, "Mark," in *Expositor's Bible Commentary*, vol. 8 (Grand Rapids: Zondervan, 1984), 786을 보라.
5. 이 점에 대해서 이승구, "부활절, 매주일, 매순간" (http://my.netian.com/~wminb/artical/21.htm); 또한 이승구, 『한국교회가 나아갈 길』 (서울: SFC, 2007), 제1장을 보라.
6. 물론 이에 동의하지 않으려는 이들이 많이 있다. 하나의 대표적인 예로 그리스도의 부활과 부활 없이 기독교를 설명해 보려고 하는 영국 덜햄대학교의 신약학 교수 웨더번(A. J. M. Wedderburn)은 『부활을 넘어서』라는 책에서 예수의 부활에 대한 역사적 증거는 거의 없어서 불가지론적인 결론밖에 내릴 수 없다고 주장한다[A. J. M. Wedderburn, *Beyond Resurrection* (London: SCM Press, 1999), 특히 95, 134]. 이런 시도들에 대해서 우리는 부활을 실제적으로 받아들이는 것의 여부가 기독교인 됨의 중용한 시금석들 가운데 하나라고 해야 할 것이다.
7. 그리스도의 부활 때에 사람들은 전혀 부활을 기대하고 있지 않았다는 점에 대한 좋은 강조로 Leon Morris, *The Gospel According to Matthew* (Grand Rapids: Eerdmans, 1992), 733을 보라.
8. 이 점에 대한 좋은 지적으로 Royce Gordon Gruenler, "Mark," in *Evangelical Commentary on the Bible*, ed. Walter A. Elwell (Grand Rapids: Baker, 1989), 798을 보라.
9. Gruenler, "Mark," 798.
10. Cf. Berkhof, 343.
11. Justin Martyr, *Dialogue with Trypho*, 108, cited in Morris, *The Gospel According to Matthew*, 732, 743; Carson, "Matthew," 591.

12. 이는 공적인 산헤드린과 같은 것이 아니고 일단의 유대 종교 지도자들의 무리가 모인 모임이라고 여겨진다. Cf. Morris, *The Gospel According to Matthew*, 741, n. 16. 이 모임에서 그들은 하나의 같은 뜻, 즉 계획(sunbouvlion)을 세운 것이다.
13. 군병들이 일반적인 성전지기들(temple guards or temple police)인지 아니면 전통적으로 이해되어 오던 로마 군병들인지에 대해서는 불명확한 점이 있음은 마태복음 27:65에서 빌라도가 대답한 "에케테 쿠스토디안"(ἔχετε κουστωδίαν)이 "파수꾼을 가지라"는 명령형으로 해석될 수도 있고(NIV, RSV mg., W. C. Allen, in ICC), "너희에게 파수꾼이 있다"(KJV, RSV, 개역)는 서술격으로 해석될 수도 있는 모호한 표현이기 때문이다. 이 군병들을 성전지기로 해석하는 논의로 D. A. Carson, "Matthew," 586, 590; J. Knox Chamblin, "Matthew," in *Evangelical Commentary on the Bible*, ed. Walter A. Elwell (Grand Rapids: Baker, 1989), 759를 보라. R. E. Nixon, "Matthew," in *The New Bible Commentary*, 3rd edition (Leicester: IVP, 1970), 850에서는 두 가지 가능성을 다 제시하면서 만일에 그 말이 명령형이면 로마 군병이고, 서술형이면 성전지기들이라고 말한다. 그러나 대부분의 주석가들은 대개 로마 군병으로 해석한다. 로마 군병으로 보는 강한 논의를 Stein, 301에서 보라.
14. Chamblin, "Matthew," 759.
15. Chamblin, "Matthew," 759.
16. Cf. Berkhof, 343.
17. 이를 "he gave up his spirit"로 해석하면서 챔블린은 "죽음조차도 예수님의 주권적 통제 하에 있는 것이다"라고 말한다(Chamblin, "Matthew," 758).
18. 요한복음의 이 표현으로부터 "파라디도미"(παραδίδωμι)의 뜻을 살려 예수님께서 자신의 사역을 자신을 따르는 자들에게 넘겨준 것이라고 하는 해석은[Gary M. Burge, "John," in *Evangelical Commentary on the Bible*, ed. Walter A. Elwell (Grand Rapids: Baker, 1989), 876] 지나친 것으로 보여진다. 우리 말 성경이 잘 번역하고 있듯이 "영혼이 돌아가시다"고 보는 것이 보다 자연스러운 해석일 것이다.
19. ἐκπνέω에서 온 이 말은 "숨쉬다"(to breathe out or forth)는 뜻과 "마지막 숨을 쉬다"(to breathe one's last, expire) 또는 "바람이 불다"(to blow out)는 뜻을 지닌 말이다. Cf. *A Lexicon Abridged from Liddell and Scott's Greek-English Lexicon* (Oxford: Clarendon Press, 1974), 209.

20. 이것이 의학적으로 어떤 의미를 지니는 것인지에 대한 논의로 F. T. Zugibi, *The Cross and the Shroud* (New York: Paragon House, 1986), 118-31을 보라. 그러나 여기 "물"에서 앞으로 보혜사 사역을 담당하게 될 성령의 사역에 대한 상징을 발견하는 것은(Burge, "John," 876) 너무 지나친 것이라고 보여진다. 그러므로 이 사건과 관련해서 이는 예수님의 죽음의 실제성을 잘 드러내기 위한 것으로 보는 해석이 가장 적절할 것이다. 가현설주의자들의 주장과 대조시키면서 비슷한 점을 강조하는 예로 Donlad Guthrie, "John," in *The New Bible Commentary*, 3rd edition (Leicester: IVP, 1970), 965를 보라.

21. 개역 성경에서는 마가복음 15:43에서도 "시체"라는 말을 사용하고 있으나, 여기서는 τὸ σῶμα τοῦ'Ἰησοῦ이므로 의미는 같으나, 정확히 πτῶμα라는 단어가 사용된 것은 아니다. 만일에 이를 포함하면 마가복음에 2번 사용된 것이다. 마찬가지로 누가복음 23:52-56에서 한 번, 그 바로 뒤의 부활 기사인 누가복음 24:1-11에서 또 한 번, 그리고 요한복음 19:38-40에서는 3번, 마태복음 27:57-65에서는 2번 τὸ σῶμα τοῦ'Ἰησοῦ가 시체라는 뜻으로 사용되고 있고, 개역 성경은 이를 "시체"라고 뜻을 살려 의역하고 있다[눅 23:52; 24:3; 요 19:38(2번), 40; 마 27:58, 59]. 그리고 한 번은 αύτον이 시체라는 뜻으로 사용되고 있고, 개역 성경은 이를 "시체"라고 뜻을 살려 의역하고 있다(마 27:64).

22. 마태복음 27:62-66이 기록하고 있는 사건의 역사성에 대한 좋은 논의로 Carson, "Matthew," 585를 보라. 또한 David Wenham, "Resurrection Narratives in Matthew's Gospel," *Tyndale Bulletin* 24 (1973): 21-54, 특히 47-51을 보라.

23. Berkhof, 348; Albert Schweitzer, *The Quest of the Historical Jesus*를 인용하는 Reymond, 567.

24. 누가복음에서는 천사라는 말을 사용하지 않고 "두 남자들"(ἄνδρες δύο)라는 말을 사용하고 있다(눅 24:4, 5). 누가가 이렇게 표현한 이유는, 슐라이너가 잘 설명하고 있는 바와 같이, 이 남자늘이 천사들임을 누기기 몰라서가 아니라(눅 24:23 참조), 성경에서는 천사들이 항상 남자의 모습으로 나타나기 때문이다(행 10:3, 30 참조)(Schreiner, "Luke," 838).

25. 이 인용구는 K. Stendahl이 *Peake's Commentary on the Bible*, eds., M. Black and H. H. Rowley (London and New York: Nelson, 1962)에서 하고 있는 말이다(769-98), David Hill, *The Gospel of Matthew*, Thc New Century Bible Commentary (London: Marshall, Morgan & Scott, 1972; Grand Rapids:

Eerdmans, 1981), 358에서 재인용. 그러나 스땅달은 빈무덤 경험은 역사적 핵을 가지고 있지만, 마태가 거기에 전설적이고 변증적인 내용을 덧붙였다는 입장을 표현하고 있음에 주의해야 한다. Cf. Stendahl, in *Peake's Commentary on the Bible*, 798.

26. Cf. Hill, 359. 이 소위 "베드로 복음서"에서는 세 사람이 무덤에서 나오는데 그 중 둘은 그 머리가 하늘에 이르렀고, 한 분은 머리가 하늘 위에 있는 모습으로 나오시고, 십자가가 그 뒤를 따라 나오는 것으로 되어 있다. 그리고 하늘에서 들려온 그가 자는 자들에게 선포하였느냐는 질문에 대해 십자가가 긍정적인 대답을 하는 것으로 묘사되어 있다(10:39-42)(Mounce, 274). 정경 복음이 아닌 글들의 기괴성이 여기서도 잘 나타난다.
27. 이 점에 대한 좋은 지적과 강조로 Morris, *The Gospel According to Matthew*, 735f.: Carson, "Matthew," 588; Hill, 359; Chamblin, "Matthew," 759; Nixon, "Matthew," 850; 그리고 Stein, 『메시아 예수』 (서울: IVP, 2001), 308를 보라.
28. Morris, *The Gospel According to Matthew*, 736.
29. Karl Barth, *The Epistle to the Romans*, trans. E. Hoskyns (London: Oxford University Press, 1933), 435: "하나님의 행동은 시간 가운데서 일어나지 않는다. 그것은 … 오직 영원 가운데서 일어난다". 초기 바르트의 이런 이해에 대한 비판으로 Niels Ferre, *Searchlight on Contemporary Theology* (New York: Harper and Brothers, 1966), 98; 이승구, Barth and Kierkegaard (Seoul: Westminster Theological Press, 1996), 38-39. 후기 바르트의 부활 이해의 문제점에 대한 논의는 Fred H. Klooster, "Karl Barth's Doctrine of the Resurrection of Jesus Christ," *Westminster Theological Journal* XXIV (1962), 137-72, 특히 141-55; 이승구, *Barth and Kierkegaard*, 131-35를 보라.
30. 대표적인 예로 R. Bultmann의 여러 글들을 보라. 특히 "New Testament and Mythology," in *Kerygma and Myth*, ed. Hans-Werner Bartsch (London: SPCK, 1972), vol. 1, 42. 또한 바르트는 이렇게 말하기도 한다: "만일 당신이 [부활에 대한] 역사적 증거를 가지고 있다면 그것은 부활이 아닐 것이다. 부활은 그리스도 안에서의 하나님의 행위이다"[*Karl Barth's Table Talk*, recorded and edited by John D. Godsey, SJT Occasional Paper, no, 10 (Edinburgh and London: Oliver and Boyd, 1963), 59f.].
31. Bultmann, 42.
32. Marcus J. Borg and N. T. Wright, *The Meaning of Jesus: Two Visions* (SPCK/

HarperCollins, 1999).

33. 근자에 제시된 예수의 부활의 역사성에 대한 강한 논의로 Robert L. Reymond, *A New Systematic Theology of the Christian Faith* (Nashville: Thomas Nelson Publishers, 1998), 565-75; Robert H. Stein, *Jesus the Messiah: A Survey of the Life of Christ* (Downers Grove, Ill.: IVP, 1996), chapter 19를 보라. 또한 cf. Mounce, 274: "… the bodily resurrection of Jesus was, in fact, a historical occurrence"; 그리고 Wessel, "Mark," 786를 보라.
34. 순서를 달리하여 첫 목격자들로 여인들을 앞세우는 Reymond, 569를 보라. 그는 먼저 여인들, 그리고는 다시 베드로와 요한을 따라 왔던 마리아에게 나타나셨다고 한다. 그러나 그 자신이 인정하듯이 이 순서는 그리 중요한 것이 아니다. 많은 사본에 생략된 긴 종결 부분에 있는 마가복음 16:9에 어느 정도 신빙성을 두느냐에 따라 견해가 갈릴 수 있을 것이다. 마리아에게 나타나신 요한복음 기사의 역사성에 대한 진술로 Gary M. Burge, "John," in *Evangelical Commentary on the Bible*, ed. Walter A. Elwell (Grand Rapids: Baker, 1989), 876을 보라.
35. 이 처음 목격자들에게 천사와 주님께서는 다른 이들에게 그 기쁜 소식을 전하라는 증인의 역할을 담당시키셨음이 의미심장하다. 특히 이들이 1세기 맥락에서 별로 중히 여김을 받지 못하던 여인들이었음이 의미심장하다고 여기는 이들은 많이 있다. Morris, *The Gospel According to Matthew*, 737; Reymond, 570f.
36. 유대 문화 가운데서 여인들의 증언에 대한 태도를 보려면 Mishnah의 한 부분인 *Rosh Ha-Shanah* 1:8을 보라.
37. 이 점에 대한 좋은 지적으로 Royce Gordon Gruenler, "Mark," in *Evangelical Commentary on the Bible*, ed. Walter A. Elwell (Grand Rapids: Baker, 1989), 789를 보라.
38. 엠마오는 일반적으로 예루살렘 북서쪽 7마일 지점에 있는 쿠베이베(Kubeibe)라고 여겨지고 있다. Cf. I. Howard Marshall, "Luke," in *The New Bible Commentary*, 3rd edition (Leicester: IVP, 1970), 925. 이외에 이에 대한 여러 논의로 Walter L. Liefeld, "Luke," in *The Expositor's Bible Commentary*, vol. 8 (Grand Rapids: Zondervan, 1984), 1055, n. 13을 보라.
39. 글로바를 요한복음 19:25의 글로바로, 또 한 제자를 그의 아내로 보는 일반적 해석의 대표적인 예들로 Marshall, "Luke," 925; Thomas R. Schreiner, "Luke," in *Evangelical Commentary on the Bible*, ed. Walter A. Elwell (Grand

Rapids: Baker, 1989), 838를 보라. 그러나 3세기에는 또 한 제자를 글로바의 아들 시므온으로 보는 견해도 유행했다고 한다. 글로바의 아들 시므온은 야고보의 순교 후에 예루살렘의 감독으로 계승하였다는 유세비우스의 기록이 있다 [Eusebius, *Church History*, III. 11. 1, cited in S. MacLean Gilmour, "Exegesis of Luke," in *The Interpreter's Bible*, vol. 8 (New York and Nashville: Abingdon Press, 1952), 422]. 그러나 우리는 성경이 언급하지 않는 것에 대해 어떤 단언을 하려는 일을 피해야 할 것이다.

40. 맨 처음에 그들이 예수님을 알아보지 못한 데에는 초자연적 개입이 있어서 그랬을 것이라는 논의로 Marshall, "Luke," 924; Schreiner, "Luke," 838를 보라. Liefeld, "Luke," 1051에서는 여기 사용된 수동태를 신적인 수동태(divine passive)로 해석하고 있다. 심지어 부활 사실을 믿지 않는 견지에서 주석하는 S. MacLean Gilmour, "Exegesis of Luke," in *The Interpreter's Bible*, vol. 8, 427에서도 "이적적인 보지 못하게 함"을 말하고 있다.

41. Everett F. Harrison, "John," in *The Wycliffe Bible Commentary*, eds., Charles F. Pfeiffer and Everett F. Harrison (Chicago: Moody Press, 1962), 1120.

42. 비슷한 강조로 Guthrie, "John," 966을 보라.

43. 이 때 제자들은 다시 고기 잡는 직업에로 되돌아가려고 한 것일까, 아니면 이 상황 가운데서 한 번 이 일을 한 것일까에 대해서 단언하기는 어렵다. 제자들이 절망하여 이전의 직업에로 되돌아 간 것이라는 논의로 Guthrie, "John," 966을 보라.

 이에 반해 부활하신 주님을 이전에 만나 뵌 것에 비추어 다시 어부의 일로 되돌아 간 것은 아니고 베드로의 말이나 다른 제자들의 이해 모두가 그것을 임시적인 것으로 의도하고 이해한 것이라는 좋은 논의로 Harrison, "John," 1121을 보라. 특히 "the verb I go suggests an expedition rather than a career. Further, the concurrence of the other disciples makes it clear that they understood Peter's purpose to be temporary."

44. 여기서 153마리의 고기를 잡은 것의 의미를 찾아보려고 시도한 이들이 있어 왔다. 제롬(Jerome)은 2세기의 킬리키안(Cilician) 시인인 오피안(Oppian)의 <후대인들이 찾을 수 없다고 하는> 말을 인용하면서 이것이 고대 사회에서 생각하던 모든 물고기 종류의 수라고 했고[Jerome' commentary on Ezek. 47, cited in Wilbert F. Howard, "Exegesis of John," in *The Interpreter's Bible*,

vol. 8 (New York and Nashville: Abingdon Press, 1952), 805; and Burge, "John," 879], 어떤 이는 이로부터 요한은 이제 교회의 선교 사역은 모든 종류의 사람을 다 포함하게 된다는 것의 표로 보려고 했다고 하기도 하고(Howard, "Exegesis of John," 805), 또 어떤 학자는 옛사람들이 온전한 수로 간주하던 10과 7을 더한 17까지를 1부터 차례로 더하면(1+2+3+…+ 17=) 153이 된다고 생각하기도 한다[C. K. Barrett, *The Gospel According to St. John*, 2nd edition (Philadelphia: Westminster Press, 1978), 581-82]. 그런가 하면 이런 것과 연관해서 잡은 고기들과 함께 있으려 한 요한이 하나도 잃지 않으려는 목회적 태도를 나타낸다고 해석하기도 한다(Burge, "John," 879). 또한 많은 고기에도 불구하고 그물이 찢어지지 않은 것은 그리스도의 지시하심에 따라 얻어진 사람들은 하나로 잃어지지 않는다는 상징이 있을 수 있다고도 한다(Harrison, "John," 1121). 그러나 이 153에 어떤 의미를 부여하려는 시도는 일종의 알레고리가 될 것이므로 그것이 아무리 흥미로워도 이 숫자의 의미를 해석해 보려고 시도하지 말아야 할 것이다. 이는 그저 이 사건의 목격자가 전해 주는 **역사성에 대한 지시로** 자연스럽게 받아들여야 한다. 비슷한 논의로 Guthrie, "John," 966을 보라.

45. 부활 전에 주께서 많은 고기를 잡게 해 주신 것(눅 5:1-11)과 연관해서 이는 그 사건을 달리 표현한 것이 아니라, 이전과 비슷한 경험을 하게 함으로 예수님의 정체성을 드러내신 것이라고 보는 해석으로 Burge, "John," 878을 보라: "예수님께서는 과거의 많은 활동들에 대한 기억을 상기시키셔서 자신을 드러내시는 것이다." 그런데 벌지는 때때로 너무 지나치게 생각하기도 하고(예를 들어서, 예수님께서 숯불을 준비하신 것에서 베드로는 요한복음 18:18에 나오는 숯불을 생각했을 수도 있다고 하는 것 등), 이 사건이 다음에 언급할 마태복음 28:17-19의 사건 이후에 일어난 것으로 생각하는 듯하다.

46. 이를 다음의 오백여 형제에게 보이신 것과 동일시하려는 시도가 있으나(대표적인 예로 Kent, Jr., "Matthew," 985; Carson, "Matthew," 589), 그렇지 않다고 보는 것이 더 낫다는 Mounce의 논의를 보라(Mounce, 277).

47. Reymond, 570.

48. 이 점의 기독교적 성격에 대한 바른 강조로 Guthrie, "John," 966을 보라: "기독교 교회를 지금까지 유지시켜 온 것은 이런 종류의 신앙이다. 결국 참된 신앙은 항상 보는 것과 독립해 있는 것이어야 한다."

49. 이렇게 '관련의 여격'을 잘 살려 해석한 대표적인 예로 Edwin A. Blum, "1 Peter," in *The Expositor's Bible Commentary*, vol. 12 (Grand Rapids:

Zondervan, 1981), 242; Wayne Grudem, *1 Peter*, Tyndale New Testament Commentaries (Leicester: IVP and Grand Rapids: Eerdmans, 1988), 156 등을 보라.

50. 마태복음 28:6의 수동태가 사용된 것도(ἠγέρθη) 성부께서 일으키심을 지시한다고 할 수도 있다. Cf. Morris, *The Gospel According to Matthew*, 737.

51. 요엘서의 "그 후에"를 "말일에"로 의도적으로 바꾸어 표현하는 베드로의 의도에 대해서는 이승구, "종말신학의 프롤레고메나", 『개혁신학탐구』 (서울: 하나, 1999), 제1장을 보라.

16장

1. 이 40일이 그저 대충 쓴 숫자(a round number)가 아니라 정확한 기간이라는 논의로 David J. Williams, *Acts*, New International Biblical Commentary (Peabody, Mass.: Hendrickson, 1990), 20을 보라.

2. 이 40일 동안 예수님은 이 세상에 보이시기 전에는 어디에 계셨는가를 묻는 것은 어리석은 질문일 수도 있다. 성경은 그런 문제에 관심을 보이지 않기 때문이다. 브루스는 이 문제에 관심을 보이면서 주님은 하늘에 속해 계시면서 40일 동안 제자들에게 때때로 방문하신 것이라고 논의한다(방문설, visitation theory). Cf. F. F. Bruce, "Acts," in *The New Bible Commentary*, 3rd edition (Leicester: IVP, 1970), 974; F. F. Bruce, *The Book of the Acts*, NICNT (Reprint, Grand Rapids: Eerdmans, 1984), 40. 그는 아마도 제임스 데니와 버나드의 견해를 따르면서 그리하는 것 같다[Cf. James Denny, "Ascension," *Dictionary of the Bible*, ed. J. Hastings, vol. 1 (Edinburgh, 1898): 161f.; J. H. Bernard, "Assumption and Ascension," *Encyclopedia of Religion and Ethics*, ed. J. Hastings, vol. 2 (Edinburgh: 1909): 151ff.]. 그러나 대부분의 학자들은 이에 대해서 무관심하다. 이 문제에 큰 의미를 둘 이유는 없을 것이다. 단지 방문설을 너무 강조하면 승천의 본질적 의미가 상실될 수 있음을 유념해야 하고, 반면 이를 부인할 때는 부활하신 주님의 존재 장소에 대한 지상에 묶인(earth-bound) 표현을 하거나 불가지론을 말해야 하는 어려움이 있음만을 생각하면 좋을 것이다.

3. 이 점에 대한 강한 강조로 John Calvin, *The Acts of the Apostles*, vol. 1, trans. W. J. G. McDonald, Calvin's New Testament Commentaries (Edinburgh: Oliver and Boyd, 1965; Reprinted, Grand Rapids: Eerdmans, 1977), 35를 보라.

4. 누가복음 19:29이 보여 주고 있듯이 베다니가 감람산 자락에 있다는 설명으로

I. Howard Marshall, "Luke," in *The New Bible Commentary*, 3rd edition (Leicester: IVP, 1970), 925; D. G. Stewart, "Ascension of Christ," in *The Zondervan Pictorial Encyclopedia of the Bible*, ed. Merrill C. Tenney, vol. 1 (Grand Rapids: Zondervan, 1975), 346; Leon Morris, *Luke*, Tyndale NTC (Revised Edition, Leicester: IVP, 1988), 379; Thomas R. Schreiner, "Luke," in *Evangelical Commentary on the Bible*, ed. Walter A. Elwell (Grand Rapids: Baker, 1989), 839를 보라. 좀더 자세하게 남동쪽 자락에 있다는 설명으로 John Nolland, *Luke* 18:35-24:53 WBC 35c (Waco, TX: Word Books, 1993), 1227을 보라.

5. 이는 구약 시대 때에 제사장들이 축복하는 자세를 취하신 것이고, 우리의 크신 대제사장이 당연히 본래적으로 자신에게 속하신 권세를 사용하신 것이다. 이 점에 대한 강조로 John Calvin, *A Harmony of the Gospels*, vol. III, Calvin's New Testament Commentaries III (Edinburgh: Saint Andrew Press, 1972; Reprinted, Grand Rapids: Eerdmans, 1978), 256-57을 보라.
   이 때 예수님께서는 아마도 제사장적 축복(민 6:24-26)을 하신 것일까? 이런 주장으로 Schreiner, "Luke," 839를 보라. 이런 것 때문에 누가의 제사장적 기독론(Priestly Christology)을 생각하는 것은 지나치게 자의적인 것이다. 놀란드가 잘 지적하고 있듯이, "누가는 제사장적 기독론에 관심을 가지고 있지 않다"(Nolland, *Luke 18:35-24:53*, 1227). 비슷한 언급으로 I. Howard Marshall, *Commentary on Luke*, NIGTC (Grand Rapids: Eerdmans, 1978), 909를 보라.
6. 이는 9절과 10절에서 4번이나 언급되고 있다. 이 점에 대한 지적으로 Richard N. Longenecker, "Acts," in *The Expositor's Bible Commentary*, vol. 9 (Grand Rapids: Zondervan, 1981), 258을 보라.
7. I. Howard Marshall, *Acts*, Tyndale New Testament Commentaries (Leicester: IVP, 1980), 61. 만일에 그가 문자적 구름의 존재를 부인하지 않는다면 말이다. 명확하지는 않으나 전반적으로 그가 문자적 구름의 존재를 부인하는 것 같지는 않다. 비슷하게 이 구름을 "세키나"(the Shekinah)를 상징하는 것으로 이해하는 George Eldon Ladd, "Acts," in *The Wycliffe Bible Commentary*, eds. Charles F. Pfeiffer and Everett F. Harrison (Chicago: Moody Press, 1962), 1125; Longenecker, "Acts," 258을 보라. 이렇게 구름을 신현적 구름으로 보는 것이 성막 문 앞에 피어오르던 연기와 같이 우리의 주제넘음을 제한하는 수단이 될 수 있다고 하는 칼빈의 이해와 대조될 수 있을 것이다(Calvin, *The Acts of the*

Apostles, vol. 1, 33).

8. 이는 A. M. Ramsey, "What was the Ascension?," *Studiorum Novi Testamenti Societas*, Bulletin 99 (Oxford, 1951), 49에서 한 말을 F. F. Bruce, *The Book of the Acts*, NICNT (Reprint, Grand Rapids: Eerdmans, 1984), 41에서 긍정적으로 인용하고 있는 표현이다: "a theophany: Jesus is enveloped in the cloud of the divine presence." 또한 Bruce, "Acts," 974를 보라.
9. 희랍어 본문 가운데서 καὶ ἰδοῦ라는 말을 써서 강조하고 있는 것을 주목하라. 이는 앞의 사건과 뒤의 사건이 동시적임을 시사할 수 있다는 부루스의 언급도 보라[F. F. Bruce, *The Acts of the Apostles: The Greek Text with Introduction and Commentary* (Grand Rapids: Eerdmans, 1951), 71].
10. 이 점에 대한 좋은 강조로 Calvin, *The Acts of the Apostles*, vol. 1, 33을 보라.
11. Cf. Marshall, *Acts*, 61: "그들의 기능은 지금 일어난 일을 설명해 주는 것이다"(Their function is to give commentary on what has happened).
12. 루터파의 승천 이해를 비판하면서 개혁파 신학이 강조한 승천의 "장소적 이동"(local transition)의 성격에 대한 좋은 강조로 Berkhof, *Systematic Theology*, 350-51을 보라.
13. Calvin, *The Acts of the Apostles*, vol. 1, 34.
14. 그 대표적인 예로 William Neil, *The Acts of the Apostles*, The New Century Bible Commentary (London: Marshall, Morgan and Scott, 1973; reprinted, Grand Rapids: Eerdmans, 1987), 66을 보라. 승천을 예수님의 높아지심이라는 신학적 진리를 표현하기 위한 극적인 표현으로 누가에 의해 창안된 것이라는 논의의 대표적인 예로 하워드 마샬은 G. Lofink, *Die Himmelfahrt Jesu* (München, 1971)을 언급한다(Marshall, Acts, 59). 누가가 다른 사도적 증인들이 있는 상황에서 이 중요한 일을 창안했으리라고 생각하는 것이 비합리적이라는 주장으로 J. S. Wright, "Ascension," in *New Bible Dictionary*, 2nd edition (Leicester: IVP, 1982), 93을 보라. 그는 다음과 같은 구절들에서 승천이 인유되고 있다고 한다: 요 6:62; 행 2:33-34; 엡 4:8-10; 살전 1:10; 히 4:14; 9:24; 벧전 3:22; 계 5:6.
15. Calvin, *The Acts of the Apostles*, vol. 1, 33.
16. Neil, 66.
17. 이 점에 대한 좋은 강조로 Williams, *Acts*, 25를 보라.
18. "올라가심을 본 그대로"를 구름과 연관시키는 해석으로 Bruce, "Acts," 974;

Longenecker, "Acts," 259를 보라. 이를 좀더 설명하면서 "가시적으로 그리고 하나님의 영광을 그러내면서"로 표현한 Ladd, "Acts," 1125: Williams, Acts, 25를 보라. 일반적으로 성경을 믿는 이들은 그리스도의 재림이 "그의 물리적, 인격적, 가시적, 급작스럽고, 영광스러운 승리의 강림"이라고 이해한다. 이 점에 대해서 Berkhof, *Systematic Theology*, 704-706을 보라.

19. 이 점에 대한 좋은 강조로, 특히 "그가 어떤 옷을 입고 오실까?"와 같은 문제에 대해서는 모르는 대로 남겨 두어야 한다는 점에 대한 강조로 Calvin, *The Acts of the Apostles*, vol. 1, 36을 보라.
20. 대표적인 예로 Neil, 67을 보라.
21. Marshall, *Acts*, 61f.
22. Cf. Calvin, *The Acts of the Apostles*, vol. 1, 33: "… the Son of God, though nowhere visible in the world, yet lives in heaven."
23. 이 점에 대한 강조로 Berkhof, 350을 보라.
24. 이는 그리스도의 양성 교리를 깊이 생각하는 신학자들이 오래 전부터 강조해 온 바이다. 주석가들 가운데 이런 교리적 요점을 잘 지적한 이로 Norval Geldenhuys, *The Gospel of Luke*, NICNT (Grand Rapids: Eerdmans, 1983), 646을 보라.
25. Cf. Berkhof, 350: "… it also included a further change in the human nature of Christ. That nature now passed into the fullness of heavenly glory and was perfectly adapted to the life of heaven."
26. Neil, 67에서 Neil은 이렇게 해석한다. 벌코프는 이와 비슷하게 그리스도의 문자적 승천을 거부하는 학자들로 다음과 같은 이들을 언급하고 있다: W. Milligan, *The Ascension and Heavenly Priesthood of our Lord* (1891), 24ff.; H. B. Swete, *The Ascended Christ* (1910), 8f.; C. Gore, *The Reconstruction of Belief*, 272f. (Berkhof, 350, n. 1).
27. Williams, *Acts*, 24. 물론 그는 이런 입장을 말하는 다른 이들과는 달리 비록 그림 언어로 표현되어 있지만 누가는 객관적인 어떤 것이 일어났음을 확신하고 있다고 하면서 "그들의 눈앞에서"("저희 보는 데서")라는 표현에 주목한다(25). 그리고 제자들은 예수님의 삶과 죽음과 부활뿐만이 아니라 승천의 목격자인 증인이 되어야 하기 때문임을 강조한다. 이와 비슷하게 하워드 마샬도 이것이 상징적으로 그림적인 방식으로 묘사되었으므로 어려움이 있지만 그 역사성이 인정되어야 한다는 식으로 논의한다(60). 윌리암스나 마샬 같은 분들이 좀더 강하게

승천을 눈에 보이는 그 하늘로 가면 있는 하늘로 주께서 오르신 것으로 생각하지 않고 바르게 생각할 수 있음을 시사해 주었어야 한다는 아쉬움을 가지게 된다. 그들이 "상징적으로 표현되었다", "그림 문자로 표현되었다", "우리들의 용어로 표현하기 어려운 것이 표현된 것이다"와 같이 말할 때 오히려 그런 말들이 오해를 낳을 수 있는 가능성도 생각했어야 했을 것이다.

28. Calvin, *The Acts of the Apostles*, vol. 1, 35. 또한 Geldenhuys, *The Gospel of Luke*, 646도 보라.
29. Calvin, *The Acts of the Apostles*, vol. 1, 35.

17장

1. Cornelius Van Til, *Introduction to Systematic Theology* (1971), 이승구 역, 『개혁주의 신학 서론』 (서울: 기독교문서선교회, 1995), 387.
2. 하나님의 영성에 대한 바른 설명들로 Van Til, 387ff.; Hermann Bavinck, *The Doctrine of God*, 이승구 역, 『개혁주의 신론』 (서울: 기독교선교회, 1988), 265-67; Louis Berkhof, *Systematic Theology* (Grand Rapids: Eerdmans, 1941), 65f.을 보라.
3. 이 점에 대해서는 이승구, 『기독교 세계관이란 무엇인가?』, 제3장도 참조하여 보라.
4. 이를 명확히 진술한 것으로 Berkhof, 352를 보라.
5. Cf. Herman Bavinck, *Our Reasonable Faith*, trans. Henry Zylstra (Grand Rapids: Eerdamns, 1956; reprinted, Grand Rapids: Baker, 1977), 374.
6. "하나님 나라"의 개념을 위해서는 이승구,『기독교 세계관이란 무엇인가?』, 제3장을 참조하라.
7. Cf. Berkhof, 406.
8. Cf. Berkhof, 410f.
9. 이 점에 대한 지적으로 Bavinck, *Our Reasonable Faith*, 284; Berkhof, 410을 보라.
10. 이 점에 대한 좋은 논의로 Berkhof, 410f.; Bavinck, *Our Reasonable Faith*, 384f.를 보라.

18장

1. 이 점에 대한 좋은 논의로 G. E. Ladd, *The Last Things* (Grand Rapids:

Eerdmans, 1978), 이승구 역, 『개혁주의 종말론 강의』 (서울: 이레서원, 2000), 61-71; A. A. Hoekema, *The Bible and the Future* (Grand Rapids: Eerdmans, 1979), 해당 부분을 보라.

2. 이런 세대주의적 이중 재림관에 대한 좋은 비판으로 Ladd, *The Blessed Hope* (Grand Rapids: Eerdmans, 1956)과 Hoekema, *The Bible and the Future*, 해당 부분을 보라.

19장

1. "나오심"과 "보내심"을 병행법적으로 이해해야 한다는 좋은 논의로 D. A. Carson, *The Gospel According to John* (Leicester: IVP, 1991), 528, 529; F. F. Bruce, *The Gospel of John* (Hants, England: Pickering & Inglis, 1983), 316을 보라.이를 말하는 논의는 두 가지 방향으로 발전될 수 있다.

   (1) 따라서 성령의 나오심은 인류에 대한 사명을 주어 보내심, 즉 경륜적 보내심과 같은 것이므로 이 구절에 근거해서 존재론적 삼위일체에 대한 논의를 해서는 안 된다는 방향이다[많은 현대의 주석가들, 그리고 결론은 전통적으로 내리면서도 이 구절과 관련해서는 이런 해석을 취하여 이 구절에는 형이상학적이고 영원한 관계에 대한 의미가 없다고 하는 Bruce, *The Gospel of John*, 316; George R. Beasley-Murray, *John*, Word Biblical Commentary (Waco, Texa: Word Books, 1987), 276],

   (2) 또 하나는 보내심도 본래적으로 존재론적인 보내심에 근거해서 경륜적 보내심을 이해해야 한다는 것으로 논의하는 것이다. 이는 보내심이라는 말이, 본래적으로 경륜적 관계에 대한 지칭일지라도 결국 그것은 삼위의 본래적 관계를 반영하는 것이므로 존재론적 관계를 지칭하는 데도 사용될 수 있다고 보면서 고대 교부들의 이 용어의 사용과 해석을 상당히 따라가는 해석이다[칼빈은 이 문제를 직접 다루지 않았지만 성령님이 성자로부터 나오심을 부인하는 동방 교회의 생각을 그리스도의 신성에 대한 시사로 효과적으로 반박하고 있으므로 이런 식으로 사고했다고 할 수 있을 것이다. Cf. John Calvin, *The Gospel According to St. John*, Part 2, in John Calvin's New Testament Commentaries 5 (Oliver and Boyd, 1959; reprinted, Grand Rapids: Eerdmans, 1974), 110; Herman Bavinck, *Our Reasonable Faith* (Grand Rapids: Eerdmans, 1956), 154].

   (3) 그런가 하면 또 하나의 **절중적 논의**가 있다고도 할 수 있다. 카슨은 진자의 해석을 따르면서도 이 구절에만 의존하지 않고 요한의 기독론과 그것이 전

제하는 요한의 성령론의 전체 틀과 연관시켜 보면 전통적 결론을 따를 수도 있다는 중도적 논의를 한다(Carson, 529). 이 점에 있어서는 모리스도 마찬가지이다. 그는 이 구절은 삼위간의 영원한 관계를 말하는 구절이 아니라는 것을 공언한 후에[Leon Morris, *The Gospel According to John*, NICNT, 683; Morris, *Expository Reflections on the Gospel of John* (Grand Rapids: Baker, 1988), 534] 그러나 "우리의 마음에 사시는 성령님이 성부와 성자로부터 오신다는 것은 중요하다"고 말한다(Morris, *Expository Reflections on the Gospel of John*, 534). 그런 의미에서 그들의 접근은 절충적이라고 여겨진다.

2. 본문 가운데 시사되어 있듯이 동방 교회와 동방 교회를 중시하는 전통을 가진 이들, 또 그것을 존중하려는 유르겐 몰트만은 "성자에서도 나오시는"(*filioque*)이란 용어와 개념을 거부한다. 그 결과 전통적 동방 신학은 좀더 성부 우선적이고 종속론적인 경향을 나타냈다고 할 수 있다.
3. 이 구절들에 대한 논의로 이승구, "사도행전에 나타난 사도적 교회와 성령 하나님", 『프로 에클레시아』 1 (2002): 31-52, 특히 37-41을 보라 =[『21세기 개혁신학의 방향』 (서울: SFC, 2005)].
4. 이 점에 대한 논의로 "사도행전에 나타난 사도적 교회와 성령 하나님", 38-39; F. F. Bruce, *The Acts of the Apostles, The Greek Text with Introduction and Commentary* (Grand Rapids: Eerdmans, 1951), 132; George Eldon Ladd, "Acts," in *The Wycliffe Bible Commentary* (Chicago: Moody Press, 1962), 1132; I. Howard Marshall, Acts, Tyndale New Testament Commentaries (Leicester: IVP, 1980), 112; F. F. Bruce, *The Book of the Acts*, NICNT (Grand Rapids: Eerdmans, 1984), 113 등을 보라.
5. 이와 비슷한 해석으로 Richard N. Longenecker, "The Acts of the Apostles," in *The Expositor's Bible Commentary*, vol. 9 (Grand Rapids: Zondervan, 1981), 313: "[They] wanted to enjoy the acclaim of the church, as Barnabas did, without making a genuine sacrifice"; Marshall, *Acts*, 110; Bruce, *Acts*, NICNT, 113; David J. Williams, *Acts*, New International Biblical Commentary (Peabody, Mass.: Hendrickson,, 1990), 97; William H. Baker, "Acts," in *Evangelical Commentary on the Bible*, ed. Walter A. Elwell (Grand Rapids: Baker, 1989), 891을 보라. 또한 John Calvin, *The Acts of Apostles*, vol. 1, in John Calvin's New Testament Commentaries (Grand Rapids: Eerdmans, 1977), 133: "… greedy for money though he is, he deprives himself of part

of his property in order to acquire a good name for himself among man"도 보라.

6. 이 점에 대해서는 이승구, 『교회론 강설: 교회란 무엇인가?』 (서울: 여수룬, 1996)과 그 기초가 된 김홍전, 최낙재, 박윤선 목사님들의 저작과 강조점을 참조하라.
7. Bruce, Acts, NICNT, 113, n. 11, 강조점은 필자의 것임. 그리고 희랍 본문 주석에서도 3, 4절의 비교 가운데서 성령님의 하나님이심을 강조하고 있다. Cf. Bruce, *Acts, Greek Text Commentary*, 133. See also Ladd, "Acts," 1132.
8. Carson, *The Gospel According to John*, 568.
9. 하이델베르크 요리 문답 제47문답.
10. 같은 견해로 이는 오는 메시아를 예언하는 것을 시사하는 칭호로 바로 성령님을 지칭하는 것이라고 말하는 Wayne Grudem, *1 Peter*, Tyndale New Testament Commentaries (Leicester: IVP, 1988), 69를 보라.
11. 성령님의 인도하심에 대해서는 김홍전 목사님의 여러 강설집, 특히 『교회에 대해서』 I, II, III, IV (서울: 성약, 1999, 2000, 2001); 『성신의 가르치심과 인도하심』 (서울: 성약, 2000) 등을 보라. 또한 Edwin H. Palmer, *The Holy Spirit* (Philadelphia: Presbyterian and Reformed, n. d.), Chapters 9, 12, 15을 보라. 김홍전 목사님과 팔머 교수의 책이 아마도 성령님의 인도하심에 대해서는 가장 잘된 논의일 것이다. 그리스도인 개인을 중심으로 한 오늘날의 성령님의 인도하심에 대한 논의로 이승구, "성령의 인도하심과 성도의 삶", 『개혁신학탐구』 (서울: 하나, 1999): 82-97; 『성령의 위로와 교회』 (서울: 이레서원, 2001), 23-24, 30, 32-36, 51-54, 56, 73-75를 보라. 다른 성령론에 대한 좋은 비판을 위해서는 J. I. Packer, *Keep in Step with the Holy Spirit* (Old Tappen, New Jersey: Fleming H. Revell Company, 1984)를 보라.
12. Morris, *Expository Reflections on the Gospel of John*, 512.

20장

1. 교회의 하나님 나라의 공동체로서의 특성에 대한 강조를 위해 이승구, 『교회론 강설: 교회란 무엇인가?』 (서울: 여수룬, 1996, 2002)와 Howard Snyder, *Community of the King* (Downers Grove, Ill.: InterVarsity Press, 1977), 『그리스도의 공동체』, 김영국 역 (서울: 생명의 말씀사, 1987)를 보라.
2. Cf. 이승구, 『성령의 위로와 교회』 (서울: 이레서원, 2001), 해당 부분.
3. 그러므로 우리는 우리가 교회를 세운다거나 개척한다거나 운영한다거나 확장시

켜 나간다거나 등등의 생각과 말을 하지 않도록 해야 한다. 한국 교회 내에 이런 용어와 생각이 난무하는 것은 그만큼 교회와 그 통치자이신 그리스도를 무시하는 처사가 아닐 수 없다. 이런 것을 사소한 문제라고 생각하지 말고 말버릇 하나부터 사고 방식 하나부터 바로잡아 나갈 때에 교회의 개혁이 이루어진다.

4. "불가시적 교회"와 "가시적 교회"라는 말은 많은 이들이 사용하면서도 그 개념을 정확하게 사용하지 않는 경향이 있는 용어이므로 사용에 주의를 요한다. 이를 정확히 사용해야 이런 용어를 방기해 버려야 한다는 현대의 요구들이 있을 수 없음을 정확히 지적할 수 있다. 대개 이런 요구들은 이 용어들의 의미를 정확히 생각하지 않는 데서 오는 것이기 때문이다. 본문의 진술과 다음 같은 전형적인 조직신학 교회론의 정의와 용어 사용에 유의하라. Louis Berkhof, *Systematic Theology* (Grand Rapids: Eerdmans, 1941), 565f., 특히 566의 다음 표현을 주목하라: "The invisible Church naturally assumes a visible form… [T]he invisible church … necessarrily assumes a visible form in an external organization through wjich it expresses itself."
5. 쓸데없는 말이지만 사족을 하나 단다면, 이 "유형 교회"(눈에 보이는 교회)라는 말로 교회가 모이는 건물, 교회의 예배당이나 교회당을 지칭하여 언급하는 일은 성경에서나 바른 신학 서적에서 **결코 없었던 일**이라는 것을 말하여야 하겠다. 그러므로 우리들의 생각이나 교회 안에서의 일상 언어에서도 "유형 교회"라는 말로 교회 건물을 생각하고 지칭하는 일이 있어서는 안 된다.
6. 우리나라에서 발행된 교회에 관한 책들 가운데서 이런 측면을 가장 강하게 그리고 깊이 있게 논의한 것은 역시 김홍전, 『교회에 대해서』 (서울: 성약, 2001)이다. 특히 제3권에서 이 점을 잘 논의하고 있다. 이 글에서 제시하는 각각의 요점에 대한 **보다 풍성하고 구체적인 적용을 위해서는** 김홍전 목사님의 위의 책과 다른 강설집들을 찬찬히 읽어 보는 것이 도움이 될 것이다.
7. Fred H. Klooster, *A Mighty Comfort: The Christian Faith According to the Heidelberg Catechism* (Grand Rapids: CRC Publications, 1990), 이승구 역, 『하이델베르크 요리문답에 나타난 기독교 신앙』 (서울: 여수룬, 1993), 104 (개정역, 서울: 토라, 2006).
8. 그 대표적인 예를 우리는 디모데전서 2:8-15에서 찾아볼 수 있다. 오늘날 교회 안에서 많이 논쟁되는 문제들에 대한 이 구절의 함의를 깊이 생각해 보라.
9. 이 점에 대한 강조로 Robert L. Reymond, *A New Systematic Theology of the Christian Faith* (Nashville, Tennessee: Thomas Nelson Publishers, 1998),

837; 이승구, 『교회란 무엇인가?』, 106, 301-14를 보라.

10. 교회의 속성을 말하면서 이 세 가지 속성들 외에도 교회의 사도성을 넣어 생각하는 일이 개혁신학계 내에서도 일반적이다. 예를 들자면, Reymond, 844-46; G. C. Berkouwer, *The Church* (Grand Rapids: Eerdmans, 1976). 그러나 여기서는 사도성을 오해하지 않도록 하려는 의도에서 의도적으로 이를 제외하고 논의하는 Berkhof를 따르면서 세 가지 속성들만을 언급하였다. 개혁파적으로 바르게 이해된 사도성은 결국 사도적 가르침에 충실해야 한다는 것이므로 이는 우리의 논의 속에서는 교회의 통일성과 거룩성, 보편성 등 모든 점에서 사도적 가르침에 충실할 것을 강조한 것에 녹아 있다고 생각하는 것이다.
11. 전투하는 교회와 승리의 교회의 관계에 대한 정확한 설명을 위해서는 Berkhof, 565; 김홍전, 『교회에 대하여』, III, 28을 보라.
12. 이 점에 대한 좋은 강조로 김홍전, 『교회에 대하여』, III, 특히 432-34를 보라.

22장

1. 오직 정통주의적 이해만이 죄를 이렇게 심각하게 이해한다. 이에 대한 바르고 표준적인 인식의 표현들로 다음을 보라. Louis Berkhof, *Systematic Theology* (Grand Rapids: Eerdmans, 1941), 231-33, 특히 232를 보라: "죄는 하나님으로부터 떨어지는 것이요, 하나님과 대립하는 것이고, 하나님을 미워하는 것이며, 그것은 생각과 말과 행동으로 하나님의 법을 지속적으로 범하는 것으로 표현된다." 233: "결론적으로 죄는 행동과 성향, 또는 상태에서 하나님의 도덕법에 따르는 일에서의 결함(lack of conformity)이라고 정의될 수 있을 것이다."
2. 이에 대해서는 다음을 보라: 이승구, 『진정한 기독교적 위로』 (서울:여수룬, 1998), 83; Berkhof, 235-36.
3. 이 죽음의 포괄적 의미에 대한 설명을 위해서는 Berkhof, 259-61; 이승구, 『진정한 기독교적 위로』, 65f., 70-73을 보라.
4. "지다"(αἴρω)는 말의 이런 이중적 의미가 이 요한의 말속에 있다고 보는 해석들로 다음을 보라: Leon Morris, *The Gospel According to John*, NICNT (Grand Rapids: Eerdmans, 1971), 148, esp., n. 61.
5. 이런 의미로 해석한 이들로 다음을 보라. John Murray, *The Epistle to the Romans*, NICNT (Grand Rapids: 1965), 117; Morris, *The Apostolic Preaching of the Cross* (London, 1955), 125-85; Morris, *The Cross in the New Testament*, 이승구역 (서울: CLC, 1987), 247; Morris, *The Epistle to*

the Romans (Grand Rapids: Eerdmans, 1988), 180-82; Heinrich A. W. Meyer (1872, E.T., Edinburgh, 1876), I; J. B. Lightfoot. 특히 Hoekema, *Saved by Grace*, 157f.; Robert L. Reymond, *A New Systematic Theology of the Christian Faith* (Nashville, Tennessee: Thomas Nelson Publishers, 1998), 636-39.

이에 대해 다른 의견을 나타내면서 "힐라스테리온"이 법궤 뚜껑에 해당하는 "시은소"(mercy-seat)를 의미한다는 해석으로는 F. A. Philippi, *Commentary on St. Paul's Epistle to the Romans* (E.T., Edinburgh, 1878), E. H. Gifford, Nygren, T. W. Manson 등을 보라.

혹시 이 둘이 같이 의도될 수 있는 것으로 해석할 수는 없을까? 유대인에게는 "시은소"가 생각나고 이방 저자들에게는 "화목 제물"이 먼저 생각났을 것임을 지적하면서 이 둘이 서로 배타적인 것이 아닐 수 있는 가능성을 지시하는 Matthew Black, *Romans*, NCBC, revised Edition (London: Marshall, Morgan & Scott, 1973; and Grand Rapids: Eerdmans, 1981), 61을 보라. 그런가 하면 F. F. Bruce는 그의 *Romans*, Revised Edition Tyndale NTC (Leicester: IVP; Grand Rapids: Eerdmans, 1985), 99에서 "힐라스테리온"을 "시은소"로 보는 입장을 취하며 특이하게 이를 "사죄"(expiation)와 연관시킨다. 그런데 J. Dunn은 또 다시 "힐라스테리온"은 "시은소"의 의미보다는 다른 것을 뜻한다고 하면서 화목 제물로 보기보다는 Dodd가 말한 "사죄의 수단"(means of expiation)이란 뜻으로 해석한다. Cf. J. Dunn, *Romans 1-8*, WBC 38a (Dallas, Texas: Word Books, 1988), 171f., 180-81. 사죄(expiation) 쪽으로 해석하면서도 다드와 슐라터의 "죄 용서의 수단"(means of forgiveness)으로 해석한 것은 너무 약한 것이라고 비판하는 Ernest Käsemann, *Commentary on Romans* (Grand Rapids: Eerdmans, 1980), 97도 보라. 그는 "피가 언약을 유효하게 하였다"고 하면서, "하나님께서 이 사죄(expiation)를 이루셨고, 그러므로 깨어졌던 교제를 다시 가능하게 하신다"고 하면서 다드 등의 견해를 비판한다.

6. 그리스도께서 자신을 화목 제물로 드렸다고 표현하지 않고 하나님께서 그렇게 삼으셨음(setting him forth)을 "의도하셨음"으로 보고, 이에 대한 강조와 그 의미에 대한 좋은 논의로 Murray, *Romans*, 117f.; Cranfield; Hendriksen, Lagrange을 보라. 그런데 모리스는 이는 구속의 기원보다는 하나님의 목적의 성취를 다루는 맥락이므로 "제시하셨다", "드러내셨다"고 해석하는 것이 문맥에 더 어울린다고 한다. Cf. Morris, *Romans*, 179. 그런가 하면 매튜 블랙은 작정하셨

다는 의미와 함께 하나님께서 드러내셨다(made a public show of, displayed)는 의미도 같이 있는 것으로 생각할 가능성도 시사한다(Black, 60, 61).

7. 구속과 화목의 객관성의 우위성에 대한 강조로 Berkhof, 373; Reymond, 639-43, 644-50을 보라.
8. 이를 전통적으로 "그리스도의 적극적 순종"(active obedience of Christ)이라고 한다. Cf. Berkhof, 380f. 후크마는 이를 "율법을 지키는 순종"(law-keeping obedience)이라고 부르기를 선호한다[*Saved by Grace* (Grand Rapids: Eerdmans, 1989), 181].
9. "신비한 하나됨"에 대한 바른 설명과 좋은 강조로 Berkhof, 447-53을 보라. 또한 김홍전 목사님의 여러 책들을 보라.
10. 오늘날의 논쟁 상황에서 이는 매우 중요한 점이 아닐 수 없다. John Hick et al, 이승구 역, 『다원주의 논쟁』 (서울: CLC, 2002)의 맥락에서 이 점을 깊이 생각해 보라.
11. 신앙이 공로성을 전혀 가질 수 없고 단지 도구로서의 성질을 가질 뿐이라는 인식과 논의로 다음을 보라: *Belgic Confession*, 22; Berkhof, 522f.; Murray, *Redemption, Accomplished and Applied* (Grand Rapids: Eerdmans, 1955), 159.
12. Calvin, *Institutes*, III. xi. 7; *Belgic Confession*, Article 22: "신앙은 그것으로 우리의 의(義)이신 그리스도를 붙잡는 도구일 뿐이다."
13. J. Gresham Machen, *What is Faith?* (Grand Rapids: Eerdmans, 1946), 251.
14. '신비한 하나됨'과 교회의 연관성은 자명한 것이나 이를 특히 잘 강조한 예로 김홍전, 『교회에 대하여』 I, II, III, IV (서울: 성약, 2001); 이승구, 『성령의 위로와 교회』 (서울: 이레서원, 2001), 98-100을 보라.
15. 이 말의 의미와 이를 시행하는 방법에 대한 논의로 이승구, 『성령의 위로와 교회』, 288-98을 보라.
16. 이상에 대해서 Klaas Runia, "The Reformed Liturgy in the Dutch Tradition," in Worship: *Adoration and Action*, ed. D. A. Carson (Carlislie: The Paternoster & Grand Rapids: Baker, 1993), 97-98, 이승구 역, "화란 개혁파 전통의 예배 의식", 『개혁신학』 제10권 (서울: 웨스트민스터 출판부, 1998), 196f. 예배 문제에 대한 논의로는 이승구, "장로교회의 예배 이해와 장로교 예배 모범의 전통", 『교회와 문화』 제9호 (2002) = 『한국교회가 나아갈 길』 (서울: SFC, 2007)을 참조하라.

17. 이런 점에서 "이것이 사람이 다른 이들을 먼저 용서함으로써 하나님의 용서를 공로로 얻거나 사람이 다른 이들을 용서해 주어야 한다는 하나님의 요구가 그저 형식적이고 율법적인 조건이라는 뜻이 아니다"는 점을 잘 지적하는 필슨의 말에 유의할 필요가 있다. Cf. Floyd V. Filson, *A Commentary on the Gospel according to St. Matthew* (1960; reprinted, Peabody, Mass.: Hendrickson, 1987), 96f.

18. Filson, 204.

19. John Calvin, *A Harmony of the Gospels*, Calvin's New Testament Commentaries, trans. A. W. Morrison (Edinburgh: St. Andrew Press, 1972; Reprinted, Grand Rapids: Eerdmans, 1975), 212.

23장

1. 이는 거의 모든 신약학자들의 보편적인 증언이다. 대표적인 예로 Geerhardus Vos, *Biblical Theology*, 『성경신학』 (서울: 기독교문서선교회, 1985), 410을 보라.
2. 이에 대해서는 본서 제15장의 2. 제2의 기회설을 보라.
3. 이 표현은 성도들의 중간 상태에 대한 G. E. Ladd의 가장 선호하는 표현이다. 특히 그의 *The Last Things*, 『개혁주의 종말론 강의』 (서울: 이레서원, 2000), 42, 48을 보라. 본서 제15장도 참조하라.
4. 이 의식 있음에 대한 강조는 Bavinck, Vos, Berkhof, Hoekema 등 거의 모든 개혁주의 신학자들이 강하게 강조하는 점이다. Donald Guthrie는 바울의 중간 상태 이해와 관련해서 이를 강조한다. 그의 *New Testament Theology* (Leicester: IVP, 1981), 836f.를 보라. 심지어 불트만도 빌 1:23에서 이 의식 있음을 강조했음을 인정하면서 이는 부활에 대한 주장과 모순된다고 한다(*New Testament Theolgy*, I, 346) 이 모순됨을 말하는 것은 옳지 않은 주장이지만, 적어도 그가 빌 1:23의 의미를 제대로 읽고 있음을 보여 준다.
5. Herman Bavinck, *The Last Things: Hope for this World and the Next*, trans. John Vriend (Grand Rapids: Baker, 1996), 『개혁주의 종말론』, 김성봉 역 (서울: 나눔과 섬김, 1999), 99.
6. 완전주의에 대한 좋은 비판으로는 다음을 보라: Charles Hodge, *Systematic Theology* (1871; Grand Rapids: Eerdmans, 1940), 3: 20-58; B. B. Warfield, *Perfectionism*, ed. Samuel C. Craig (Philadelphia: Presbyterian and Reformed, 1968); Berkhof, *Systematic Theology*, 534f.; J. I. Packer, *Keep in*

Step with the Spirit (Old Tappan, New Jersey: Fleming H. Revell Co., 1984; Hoekema, *Saved by Grace* (Grand Rapids: Eerdmans, 1989), 214-25. 특히 케직 사경회의 완전주의에 대한 비판으로 워필드와 패커의 글을 보라.

7. 이 구절이 신구약의 모든 성도를 다 포괄하는 것이며 그들이 죽은 후에 온전케 된 것을 지칭하는 것이라는 입장에 대한 논의(Owen, Delitzsch, Alford, Westcott, Teodorico, R. McL. Wilson, Hring, D. Guthrie)와 그런 논의의 요약으로 Phillip E. Hughes, *A Commentary on the Epistle to the Hebrews* (Grand Rapids: Eerdmans, 1977), 550-51을 보라. 이는 이를 구약 성도들을 지칭하는 것으로 보는 견해(Cornelius a Lapide, Moffatt, F. F. Bruce, Friesdich Loofs, Donald A. Hagner)와 신약의 성도들로 보는 견해(Grotius, Bengel, Lnemann)에 반하는 것이다.
8. 계시록 6장의 경우를 순교자들의 경우로 보면서도 이를 계시록 14:13과 연관시키는 논의로 Philip E. Hughes, *The Book of Revelation* (Grand Rapids: Eerdmans, 1990), 89를 보라.
9. Anthony A. Hoekema, *The Bible and The Future* (Grand Rapids: Eerdmans, 1979), 274.
10. 이런 해석과 죽은 후에 부활체를 입는다거나 일종의 몸을 가진다는 생각에 대한 바른 반박 논의로는 다음 글들을 참조하라: Geerhardus Vos, *Pauline Eschatology* (Grand Rapids: Baker Book House, 1979), 『바울의 종말론』 (서울: 엠마오, 1989), 제7장; Herman Ridderbos, *Paul* (Grand Rapids: Eerdmans, 1975), 499-501; Ladd, 『개혁주의 종말론 강의』, 43-46; Philip E. Hughes, *Paul's Second Epistle to the Corinthians* (Grand Rapids: Eerdmans, 1962), 160-73.
11. 재림 때에 있을 피조계의 변화에 대한 좋은 논의로 Bavinck, 『개혁주의 종말론』, 239-47을 보라. 또한 Hoekema, *The Bible and the Future*의 해당 부분도 보라.
12. 특히 창조의 빛에서 인간을 영육 통일체의 전인(全人)으로 보는 것에 대한 좋은 설명으로 Anthony A. Hoekema, *Created in God's Image* (Grand Rapids: Eerdmans, 1986), 203-26을 보라.
13. 이 점에 대한 좋은 설명으로 Vos, 『성경신학』, 44; 그리고 이에 근거한 Louis Berkhof, *Systematic Theology* (Grand Rapids: Eerdmans, 1941), 213-16; O. Palmer Robertson, *The Christ of the Covenants* (Grand Rapids: Baker, 1980), 55-57, 67-87; Hoekema, *Crerated in God's Image* (Grand Rapids:

Baker, 1986), 117-21; 또한 이승구, 『인간 복제, 그 위험한 도전』 (서울: 예영, 2003), 17-18을 보라.

14. 이런 이해에 특히 인용된 것은 Ladd, 『개혁주의 종말론 강의』, 103에서 온 것이다. 다른 해석들, 즉 (1) 천상의 가벼운 실체로 보는 해석(Otto Pfleiderer, Johannes Weiss, Dale Martin)이나 (2) 비물리적인 몸으로 보는 해석을 비판하면서, (3) 이런 의미에 대한 좀더 자세한 설명으로 Anthony C. Thiselton, *The First Epistle to the Corinthians*, NIGTC (Grnad Rapids: Eerdmans, 2000), 1276-81, 특히 1278, 1279를 보라. Cf. Barrett, Bruce, Wolff. Ladd는 부활체가 꼭 Physical Body일 필요는 없다고 하나, Theselton은 Physicality를 강조한다.
15. 이 점에 대한 좋은 지적으로 Ladd, 『개혁주의 종말론 강의』, 103을 보라.
16. Louis Berkhof, *Systematic Theology* (Grand Rapids: Eerdmans, 1941), 737.
17. Vos, 『성경신학』, 439.
18. Berkhof, 737.
19. Vos, 『성경신학』, 433.
20. 이 구절이 천년 왕국 상태에 대한 예언이라고 보는 세대주의의 해석을 잘 비판하면서 이 구절의 영원 상태적 의미를 잘 드러낸 논의로 Hoekema, *The Bible and the Future*, 203을 보라.
21. 영원 상태에서의 진보와 발전에 대한 좋은 논의로 J. A. Schep, *The Nature of the Resurrection Body* (Grand Rapids: Eerdmans, 1964)을 보라.
22. Bavinck, 『개혁주의 종말론』, 263.
23. Hoekema, *The Bible and the Future*, 287.

부록

1. Rufinus, *Commentary on the Apostles' Creed*, §2, edited and translated by J. N. D. Kelly, *Ancient Christian Writers*, vol. 20, cited in G. C. Stead, "The Apostles' Creed," in *Foundation Documents of the Faith*, ed. Cyril S. Rodd (Edinburgh: T. & T. Clark, 1987), 2.
2. 영국 공동 기도서의 작성자들의 사도신경 이해에 대해서는 G. C. Stead, "The Apostles' Creed," 2를 보라.
3. 이와 같은 주장이 전설적인 것임을 잘 드러낸 최초의 인물이 르네상스 시기의 로렌쪼 발라(Lorenzo Valla, 1407-57)라고 한다. Cf. John H. Leith, ed., *Creeds of the Churches*, Third Edition (Louisville: John Knox Press, 1982), 22. 칼빈도

사도신경이 직접적으로 사도들에게서 기원하였다는 견해를 부정한다. *Institutes*, II. xvi. 18.

4. 동방 정교회는 사도신경의 사용에 대해서 처음에는 부정적이었다. 그래서 그들은 프로렌스 공의회(Florence, 1438-45)에서 자신들은 사도신경에 대해서 전혀 알지 못한다고 말했다(M. Eugenicus). 하지만 이제는 동방 정교회에서도 사도신경을 정통 신조로 받아들인다. 그러나 동방 정교회는 사도신경을 공예배에서 사용하지는 않는다.
5. 아마도 좀더 이른 시기의 것으로 여겨지는 아퀼레이아 교회에서 사용하는 신조들에서는 "보이지 아니하시고 수난받지 아니하시는"(*invisibili et impassibili*) 이라는 말이 빠져 있다고 한다. Cf. Philip Schaff, *The Creeds of Christendom*, vol. II: *The Greek and Latin Creeds* (New York: Harper and Row, 1931; reprinted, Grand Rapids: Baker, 1990), 49, n. 1.
6. 초기 두 신조에서는 이 부분도 역시 빠져 있다고 한다. Cf. Schaff, 49, n. 1.
7. 그러나 이것이 "영원히 사는 것"을 믿지 않았기 때문이라고 할 수는 없다. 그것이 이미 함의되어 있다고 판단했기에 그것이 빠져 있었을 것이다.
8. Reinhold Seeberg, *Text-Book of the History of Doctrines*, vol. 1: *History of Doctrines in the Ancient Church*, trans. Charles E. Hay (Philadelphia: Lutheran Publication Society, 1905), 84.
9. Seeberg, 84. 그는 이런 공식적 표현의 예들로 Ign. Magn. 11, Eph. 7, Trall., 9, Smyrn. 1; Justin, Aplo. I, 13, 31, 46; Dial. 85, Aristides. 등을 들고 있다.
10. 가현설(Docetic) 교리에 대한 반발을 드러내고 있는 이 표현이 나타난 서신은 107년경으로 추정된다. 어떤 이들은 117-138의 하드리안 황제 시대로 보려고도 한다.
11. Cf. O. Cullmann, *Die ersten christlichen Glaubekenntnisse* (Zürich, 1943), 9. 이를 인용하며 긍정하는 유해무, 『개혁교의학』 (서울: 크리스챤 다이제스트, 1997), 91을 보라
12. 이에 대해서는 John H. Leith, ed., *Creeds of the Churches*, Third Edition (Louisville: John Knox Press, 1982), 22를 보라. 이를 5세기 말 남부 고울(Gaul)에서 기원한 것으로 설명하는 Seeberg, 84와 비교해 보라. 유해무도 5세기 말엽에 현재 형태의 사도신경이 확정되었다는 견해를 밝힌다(91).

참고 문헌

Abbott, T. K. *A Critical and Exegetical Commentary on the Epistles to the Ephesians and to the Colossians.* ICC. Edinburgh: T. & T. Clark, 1897.

Adamson, James. *The Epistle of James*. NICNT. Grand Rapids: Eerdmans, 1976.

Allen, Willoughby C. *Gospel According to S. Matthew*. ICC. Edinburgh: T. & T. Clark, 1907.

Anderson, Hugh. *The Gospel of Mark*. The New Century Bible Commentary. London: Marshall, Morgan & Scott, 1976; Grand Rapids: Eerdmans, 1981.

Anselm of Cantebury. *Cur Deus Homo*. 이은재 역. 『인간이 되신 하나님』 서울: 한들출판사, 2001.

Arnold, Bill T. *Encountering the Book of Genesis*. Grand Rapids: Baker Books, 1998.

Aulen, Gustav. *Christus Victor: An Historical Study of the Three Main Types of the Idea of the Atonement*. Trans. A. G. Herbert. New York: Macmillan, 1964.

Baker, William H. "Acts." In *Evangelical Commentary on the Bible*. Edited by Walter A. Elwell. Grand Rapids: Baker, 1989: 883-920.

Barker, Glenn W. "I John." In *The Expositor's Bible Commentary*. Vol. 12. Grand Rapids: Zondervan, 1981.

Barnett, Paul. *The Second Epistle to the Corinthians*. NICNT. Grand Rapids: Eerdmans, 1997.

Barrett, C. K. *The Gospel According to St. John*. 2nd Edition. Philadelphia: Westminster Press, 1978.

Barth, Karl. *The Epistle to the Romans*. Trans. E. Hoskyns. London: Oxford University Press, 1933.

Bavinck, Herman. *The Doctrine of God*. Grand Rapids: Eerdmans, 1951.

_____. 이승구 옮김. 『개혁주의 신론』 서울: CLC, 1988.

_____. *Our Reasonable Faith*. Trans. Henry Zylstra. Grand Rapids: Eerdamans,

1956; Reprinted, Grand Rapids: Baker, 1977.
_____. *The Last Things: Hope for this World and the Next.* Trans. John Vriend. Grand Rapids: Baker, 1996. 김성봉 역. 『개혁주의 종말론』 서울: 나눔과 섬김, 1999.

Beare, Francis W. "Exegesis to the Epistle to the Ephesians." In *The Interpreter's Bible*. Vol. 10. Nashville, Abingdon Press, 1953: 597-749.

_____. *The First Epistle of Peter*. 3rd Edition. Oxford: Blackwell, 1970.

_____. *The Gospel according to Matthew.* Peabody, Mass.: Hendrickson, 1981.

Beasley-Murray, George R. *John*. Word Biblical Commentary 36. Waco, Texas: Word Books, 1987.

Berkhof, Louis. *Systematic Theology*. Grand Rapids: Eerdmans, 1941.

Berkouwer, G. C. *The Church*. Grand Rapids: Eerdmans, 1976.

Bernard, J. H. "Assumption and Ascension." In *Encyclopedia of Religion and Ethics*. Edited by J. Hastings. Vol. 2. Edinburgh, 1909.

_____. *Gospel According to St. John*. Vol. II. ICC. Edinburgh: T. & T. Clark, 1928.

Best, E. *1 Peter*. New Century Bible. London: Oliphants, 1971.

_____. *A Commentary on the First and Second Epistles to the Thessalonians.* Black's NTC. London: 1972.

Betz, Hans Dieter. *Galatians*. Hermeneia. Philadelphia: Fortress Press, 1979.

Bigg, C. *Epistles of St. Peter and St. Jude*. ICC. 2nd Edition. Edniburgh: T. & T. Clark, 1910.

Black, Matthew. *Romans*. NCBC. Revised Edition. London: Marshall, Morgan & Scott, 1973; Reprinted, Grand Rapids: Eerdmans, 1981.

Blomberg, Craig L. *Matthew*. The New American Commentary 22. Nashville, Tennessee: Broadman Press, 1992.

Blum, Edwin A. "1 Peter." In *The Expositor's Bible Commentary*. Vol. 12. Grand Rapids: Zondervan, 1981.

Borg, Marcus J. and N. T. Wright. *The Meaning of Jesus: Two Visions*. SPCK/HarperCollins, 1999.

Brown, R. E. *The Birth of the Messiah*. New York: Doubleday, 1979.

Bruce, F. F. *The Acts of the Apostles. The Greek Text*. Grand Rapids: Eerdmans, 1951.

_____. *The Epistle to Hebrews*. NICNT. Grand Rapids: Eerdmans, 1964.
_____. "Acts." In *The New Bible Commentary*. 3rd Edition. Leicester: IVP, 1970: 968-1011.
_____. *I & II Corinthians*. NCBC. London: Marshall, Morgan & Scott, 1971; Reprinted, Grand Rapids: Eerdmans, 1980.
_____. *1 & 2 Thessalonians*. WBC 45. Waco, Texas: Word Books, 1982.
_____. *Commentary on Galatians*. NIGTC. Grand Rapids: Eerdmans, 1982.
_____. *The Gospel of John*. Hants, England: Pickering & Inglis, 1983.
_____. *The Book of the Acts*. NICNT. Grand Rapids: Eerdmans, 1984.
_____. *The Epistles to the Colossians, to Philemon, and to the Ephesians*. NICNT. Grand Rapids: Eerdmans, 1984.
_____. *Romans*. Revised Edition. Tyndale New Testament Commentaries. Leicester: IVP & Grand Rapids: Eerdmans, 1985.
Brueggemann, Walter. *Genesis*. Interpretation. Atlanta: John Knox Press, 1982.
Brunner, Emil. *The Mediator*. London: Lutterworth Press, 1934.
Burdick, Donald W. "Mark." In *The Wycliffe Bible Commentary*. Charles F. Pfeiffer and Everett F. Harrison. (Eds.) Chicago: Moody Press, 1962: 987-1026.
Burge, Gary M. "John." In *Evangelical Commentary on the Bible*. Edited by Walter A. Elwell. Grand Rapids: Baker, 1989: 840-80.
Calvin, John. *Institutes of the Christian Religion*. Trans. Ford Lewis Battles. Philadelphia: The Westminster Press, 1960.
_____. *The Gospel According to St. John*. Part 2. John Calvin's New Testament Commentaries. Oliver and Boyd, 1959; Reprinted, Grand Rapids: Eerdmans, 1974.
_____. *The First Epistle of Paul the Apostle to the Corinthians*. Trans. John W. Fraser. Edinburgh: Oliver and Boyd, 1960; Reprinted, Grand Rapids: Eerdmans, 1976.
_____. *The Acts of the Apostles*. Vol. 1. Trans. W. J. G. McDonald. Calvin's New Testament Commentaries. Edinburgh: Oliver and Boyd, 1965; Reprinted, Grand Rapids: Eerdmans, 1977.
_____. *The Acts of the Apostles*. Vol. II. Trans. John W. Fraser. Calvin's New Testament Commentaries. Edinburgh: Oliver and Boyd, 1966;

Reprinted Grand Rapids: Eerdmans, 1977.

_____. *A Harmony of the Gospels*. Vol. III. Calvin's New Testament Commentaries III. Edinburgh: Saint Andrew Press, 1972; Reprinted, Grand Rap[ids: Eerdmans, 1978.

_____. *The Epistle to the Romans and Thessalonians*. Trans. Ross Mackenzie. Grand Rapids: Eerdmans, 1979.

Carson, D. A. "Matthew." In *The Expositor's Bible Commentary*. Vol. 8. Grand Rapids: Zondervan, 1984: 1-599.

_____. *The Gospel of John*. Leicester: IVP & Grand Rapids: Eerdmans, 1991.

Chamblin, J. Knox. "Matthew." In *Evangelical Commentary on the Bible*. Edited by Walter A. Elwell. Grand Rapids: Baker, 1989: 719-60.

Cole, R. Alan. *Mark*. Tyndale New Testament Commentaries. Revised Edition. Leicester: IVP, 1989.

_____. *Galatians*. Tyndale New Testament Commentaries. Revised Edition Leicester: IVP, 1989.

Cranfield, C. E. B. *1 and 2 Peter and Jude*. Torch Bible Commentaries. London: SCM Press, 1960.

_____. *The Epistle to the Romans*. Vol. 1. Edinburgh: T. & T. Clark, 1975.

Crosan, J. D. *Who Killed Jesus?* San Francisco: Harper Collins, 1995.

Cross, F. L. & E. A. Livingstone. (Eds.) *Oxford Dictionary of the Christian Church*. Oxford: Oxford University Press, 19742.

Dalton, William J. *Christ's Proclamation to the Spirits*. Rome: Pontifical Biblical Institute, 1965.

Denny, James. "Ascension." *Dictionary of the Bible*. Edited by J. Hastings. Vol. 1. Edinburgh, 1898

Dunn, J. *Romans 1-8*. WBC 38a. Dallas, Texas: Word Books, 1988.

Eliott, J. H. *The Elect and the Holy*. NovTSup 12. Leiden: Brill, 1966.

Ellis, E. E. *The Gospel of Luke*. New Century Bible. New York: Nelson, 1966.

Erickson, Millard J. *Christian Theology*. One Volume Edition. Grand Rapids: Baker, 1985.

Evans, Craig A. *Mark 8:27-16:20*. Word Biblical Commentary 34b. Nashville: Thomas Nelson Publishers, 2001.

Ferguson, Sinclair, David F. Wright & J. I. Packer. (Eds.) *New Dictionary of*

Theology. Leicester: IVP, 1988.

Ferre, Niels. *Searchlight on Contemporary Theology*. New York: Harper and Brothers, 1966.

Filson, Floyd V. *A Commentary on the Gospel to St. Matthew*. Harper & Row, 1960; Reprinted, Peabody. Mass.: Hendrickson, 1987.

Foulkes, Francis. "Rabbi, Rabboni." In *New Bible Dictionary*. (Eds.) J. Douglas et al. 2nd Edition. Leicester: IVP, 1982.

_____. *Ephesians*. Revised Edition. Tyndale New Testament Commentaries. Leicester: IVP & Grand Rapids: Eerdmans, 1989.

Frame, James Everett. *Epistles of St. Paul to the Thessalonians*. ICC. Edinburgh: T. & T. Clark, 1912.

France, R. T. "Exegesis in Practice: Two Samples." In *New Testament Interpretation*. Edited by I. H. Marshall. Grand Rapids: Eerdmans, 1977: 268-69.

_____. *Matthew*. Tyndale New Testament Commentaries. Leicester, England: IVP and Grand Rapids: Eerdmans, 1985.

Fung, Ronald Y. K. *The Epistle to the Galatians*. NICNT New Edition. Grand Rapids: 1988.

Gaffin, Richard B. *The Centrality of the Resurrection*: A Study in Paul's Soteriology. Grand Rapids: Baker, 1978.

Geldenhuys, Norval. *The Gospel of Luke*. NICNT. Grand Rapids: Eerdmans, 1983.

Gibson, Edgar C. S. *The Thirty-Nine Articles of the Church of England*. London: Methuen, 1906.

Gilmour, S. MacLean. "Exegesis of Luke." In *The Interpreter's Bible*. Vol. 8. New York and Nashville: Abingdon Press, 1952: 1-434.

Girod, Gordon. *The Way of Salvation*. Grand Rapids: Baker, 1960.

Godsey, John D. (Ed.) *Karl Barth's Table Talk*. SJT Occasional Paper. No. 10. Edinburgh and London: Oliver and Boyd, 1963.

Gould, Ezra P. *St. Mark*. ICC. XXIV. Edinburgh: T. & T. Clark, 1896.

Grayston, Kenneth. *The Johannine Epistles*. The New Century Bible Commentary. London: Marshall, Morgan & Scott & Grand Rapids: Eerdmans, 1984.

Grosheide, F. W. *The First Epistle to the Corinthians*. NICNT. Grand Rapids: Eerdmans, 1953.

Grudem, Wayne. *1 Peter*. Tyndale New Testament Commentaries. Leicester: IVP and Grand Rapids: Eerdmans, 1988.

Gruenler, Royce Gordon. "Mark." In *Evangelical Commentary on the Bible*. Edited by Walter A. Elwell. Grand Rapids: Baker, 1989: 761-98.

Gundry, R. H. *Matthew: A Commentary on His Literary and Theological Art*. Grand Rapids: Eerdmans, 1982.

Guthrie, Donald. "John." In *The New Bible Commentary*. (Eds.) D. Guthrie and J. A. Motyer. Third Edition. Leicester: IVP and Grand Rapids: Eerdmans, 1970: 926-67.

_____. *Galatians*. The New Century Bible Commentary. London: Marshall, Morgan and Scott, 1973.

_____. *New Testament Theology*. Leicester: IVP, 1981.

Hanchen, Ernst. *John 2*, Hermenia. Philadelphia: Fortress Press, 1984.

Hagner, Donald A. *Hebrew*. NIBC 14. Peabody, Mass.: Hendrickson Pub., 1990.

Hamilton, Victor P. *The Book of Genesis. Chapters 18-50*. NICOT Grand Rapids: Eerdmans, 1995.

Harrison, Everett F. "John." In *The Wycliffe Bible Commentary*. Edited by Charles F. Pfeiffer and Everett F. Harrison. Chicago: Moody Press, 1962: 1071-1122.

Hart, J. H. A. "The First Epistle General of Peter." In *The Expositor's Great Testament*. Vol. 5. 1910; Reprinted, Grand Rapids: Eerdmans, 1970.

Hendriksen, William. *The New Testament Commentary on Ephesians*. Grand Rapids: Baker, 1967.

_____. *Exposition of the Gospel According to Luke*. Grand Rapids: Baker, 1978.

Hengel, Martin. *Crucifixion*. E.T. Philadelphia: Fortress Press, 1977.

Hick, John. *God and the Universe of Faith*. London: Collins, 1977.

_____. *God Has Many Names*. London: Macmillan, 1980.

_____. *An Interpretation of Religion*. New Haven: Yale University Press, 1989.

_____. *Dispute Questions in Theology and the Philosophy of Religion*. New Haven: Yale University Press, 1993.

Hick, John. et al. *Four Views on Salvation*. 이승구 역. 『다원주의 논쟁』 서울: 기독교문서선교회, 2002.

Hill, David. *The Gospel of Matthew*. London: Marshall, Morgan & Scott, 1972; Reprinted, Grand Rapids: Eerdmans, 1981.

Hodge, Charles. *Systematic Theology*. 1871; Grand Rapids: Eerdmans, 1940.

_____. *Commentary on the Epistle to the Ephesians*. Grand Rapids: Eerdmans, 1950.

Hoekema, Anthony A. *The Bible and the Future*. Grand Rapids: Eerdmans, 1979.

_____. *Created in God's Image*. Grand Rapids: Eerdmans, 1986.

_____. *Saved by Grace*. Grand Rapids: Eerdmans, 1989.

Howard, Wilbert F. "Exegesis of John." In *The Interpreter's Bible*. Vol. 8. New York and Nashville: Abingdon Press, 1952: 435-811.

Hughes, Philip E. *The Second Epistle to the Corinthians*. NICNT. Grand Rapids: Eerdmans, 1962.

_____. *A Commentary on the Epistle to the Hebrews*. Grand Rapids: Eerdmans, 1977.

_____. *The Book of Revelation*. Grand Rapids: Eerdmans, 1990.

Hunter, A. M. "1 Peter." In *Interpreter's Bible*. Vol. 12. New York: Abingdon Press, 1957.

Jeremias, Joachim. *The Prayers of Jesus*. London, 1958.

_____. *Jerusalem in the Time of Jesus*. London, 1969.

Kelly, W. *Christ Preaching to the Spirits in Prison*. London: Morrish, 1872.

Kasemann, Ernest. *Commentary on Romans*. Grand Rapids: Eerdmans, 1980.

Kent, Jr., Homer A. "Matthew." In *The Wycliffe Bible Commentary*. Chicago: Moody Press, 1962: 921-85.

Kidner, Derek. *Genesis*. Tyndale OTC. Leicester: IVP, 1967.

Klooster, Fred H. "Karl Barth's Doctrine of the Resurrection of Jesus Christ." *Westminster Theological Journal* XXIV (1962): 137-72.

_____. *A Mighty Comfort: The Christian Faith According to the Heidelberg Catechism*. Grand Rapids: CRC Publications, 1990. 이승구 역. 『하이델베르그 요리문답에 나타난 기독교 신앙』 서울: 여수룬, 1993. 개정역. 서울: 토라, 2004.

Kummel, W. G. *Promise and Fulfilment*. 2nd Edition. London, 1961.

Ladd, George Eldon. *The Blessed Hope*. Grand Rapids: Eerdmans, 1956.

_____. "Acts." In *The Wycliffe Bible Commentary*. Edited by Charles F. Pfeiffer and Everett F. Harrison. Chicago: Moody Press, 1962: 1123-1178.

_____. *The Last Things*. Grand Rapids: Eerdmans, 1978. 이승구 역. 『개혁주의 종말론 강의: 마지막에 될 일들』 서울: 이레서원, 2000.

Lane, William L. *The Gospel According to Mark*. NICNT. Grand Rapids: Eerdmans, 1974.

_____. *Hebrews 1-8*. WBC 47A. Waco, TX: Word Books, 1991.

Laws, Sophie. *A Commentary on The Epistle of James*. Harper's NTC. Harper and Row, 1980; Peabody, Mass: Hendrickson, 1987.

Lee, Francis Nigel. *The Origin and Destiny of Man*. 이승구 역. 『성경에서 본 인간』 서울: 엠마오, 1983. 개정역. 서울: 토라, 2005.

Leighton R. *Commentary on the First Peter*. 1684; Reprinted, Grand Rapids: Kregel, 1972.

Lenski, R. C. H. *The Interpretation of the Epistles of St. Peter, St. John, and St. Jude*. Minneapolis: Augsburg, 1966.

Letham, Robert. *The Work of Christ*. Leicester: IVP, 1993.

Liefeld, Walter L. "Luke." In *The Expositor's Bible Commentary*. Vol. 8. Grand Rapids: Zondervan, 1984: 797-1059.

Lightfoot. R. H. St. *John's Gospel, A Commentary*. Oxford: Oxford University Press, 1957.

Lincoln, Andrew T. *Ephesians*. Word Biblical Commentary 42. Dallas, Texas: Word Books, 1990.

Lindars, Barnabas. *The Gospel of John*. The New Century Bible Commentary (1972). Grand Rapids: Eerdmans, 1987.

Longenecker, Richard N. "Acts." In *The Expositor's Bible Commentary*. Vol. 9. Grand Rapids: Zondervan, 1981.

_____. *Galatians*. Word Biblical Commentary 41. Dallas, Texas: Word Books, 1990.

Loofs, Friedrich. "Descent to Hades (Christ's)." In *Encyclopedia of Religion and Ethics*. Vol. 4. (Ed.) James Hastings. New York: Scribner, 1955: 656-57.

Machen, J. Gresham. *The Origin of Paul's Religion*. Grand Rapids: Eerdmans, 1925.

_____. *What is Faith?* Grand Rapids: Eerdmans, 1946.

Macleod, Donald. *The Person of Christ*. Leicester: IVP, 1998. 김재영 옮김. 『그리스도의 위격』 서울: IVP, 2001.

Marshall, I. Howard. "Luke." *The New Bible Commentary*. (Eds.) D. Guthrie and J. A. Motyer. Third Edition. Leicester: IVP and Grand Rapids: Eerdmans, 1970: 887-925.

_____. *Commentary on Luke*. NIGTC. Exeter: Paternoster Press & Grand Rapids: Eerdmans, 1978.

_____. *The Epistles of John*. NICNT. Grand Rapids: Eerdmans, 1978.

_____. *Acts*. Tyndale New Testament Commentaries. Leicester: IVP and Grand Rapids: Eerdmans, 1980.

_____. *1 & 2 Thessalonians*. NCBC. London: Marshall Morgan & Scott, 1983.

Marshall, Paul. "노동, 소명, 그리고 쉼". In Mark Noll and David Wells. (Eds.) 『포스트모던 세계에서의 기독교 신학과 신앙』 서울: 엠마오, 1994: 369-403.

McGiffert, A C. *The Apostles' Creed: Its Origin, Its Purpose, and Its Historical Interpretation*. New York: Scribner, 1902.

McHugh, John. *The Mother of Jesus in the New Testament*. Garden City; Doubleday, 1975.

Michaels, J. Ramsey. *1 Pteter*. Word Biblical Commentary 49. Waco, Texas: Word Books, 1988.

Mitton, C. Leslie. *Ephesians*. The New Century Bible Commentary. London: Marshall, Morgan & Scott, 1973; Reprinted, Grand Rapids: Eerdmans, 1989.

Moo, Douglas J. *James*. Tyndale New Testament Commentaries. Leicester: IVP, 1985.

_____. *The Epistle to the Romans*. NICNT. Grand Rapids: Eerdmans, 1996.

Morris, Leon. *The Epistle of Paul to the Thessalonians*. Tyndale NTC. Leicester: IVP, 1956.

_____. *The First and Second Epistles to the Thessalonians*. NICNT. Grand Rapids: Eerdmans, 1959.

_____. *The Gospel of John*. NICNT. Grand Rapids: Eerdmans, 1971.
_____. *The Cross in the New Testament*. Exeter: Paternoster Press, 1976. 이승구 역. 『신약의 십자가』 서울: CLC, 1987.
_____. "Hebrews."In *The Expositor's Bible Commentary*. Vol. 12. Grand Rapids: Zondervan, 1981.
_____. *1 Corinthians*. Tyndale NTC. Revised Edition. Leicester: IVP, 1985.
_____. *Luke*. Tyndale New Testament Commentaries. Revised Edition. Leicester: IVP, 1988.
_____. *Expository Reflections on the Gospel of John*. Grand Rapids: Baker, 1988.
_____. *The Epistle to the Romans*. Grand Rapids: Eerdmans, 1988.
_____. *The Gospel According to Matthew*. Leicester, England and Grand Rapids: Eerdmans, 1992.
_____. *The Cross of Christ*. Grand Rapids: Eerdmans, 1992.
Moule, C. F. D. *The Origin of Christology*. Cambridge: Cambridge University Press, 1977.
Mounce, Robert C. *Matthew*. A Good News Commentary. New York: Harper & Row, 1985.
Murray, John. *Redemption - Accomplished and Applied*. Grand Rapids: Eerdmans, 1955.
_____. *Principles of Conduct*. Grand Rapids: Eerdmans, 1957.
_____. *Romans*. NICNT. Grand Rapids: Eerdmans, 1959.
Nash, Ronald H. *Is Jesus the Only Savior?* Grand Rapids: Zondervan, 1994.
Neil, Willim. *The Acts of the Apostles*. The New Century Bible Commentary. London: Marshall, Morgan and Scott, 1973; Reprinted, Grand Rapids: Eerdmans, 1987.
Nixon, R. E. "Matthew." In *The New Bible Commentary*. 3rd Edition. Leicester: IVP, 1970: 813-50.
Nolland, John. *Luke 1-9:20*. Word Biblical Commentary 35 A. Dallas, Texas: Word Books, 1989.
Oechard, B. Edited. *A Catholic Commentary on Holy Scripture*. London: Nelson, 1953.
Packer, J. I. *Keep in Step with the Holy Spirit*. Old Tappen, New Jersey:

Fleming H. Revell Company, 1984.
_____. “형상을 만드신 하나님”. Mark Noll and David Wells. (Eds.) 이승구 역. 『포스트모던 세계에서의 기독교 신학과 신앙』 서울: 엠마오, 1994.
Palmer, Edwin H. *The Holy Spirit*. Philadelphia: Presbyterian and Reformed, n. d.
Petterson, *P. A Pilgrim Priesthood*. Nashville: Nelson, 1982.
Pohle, Joseph. *Eschatology, or The Catholic Doctrine of the Last Things: A Dogmatic Treatise*. St. Louis: B. Herder, 1917.
Plummer, Alfred. *St. Luke*. ICC. XXV. Fifth Edition. Edinburgh: T. & T. Clark, 1901.
Reicke, Bo. *The Disobedient Spirits and Christian Baptism*. Copenhagen: Munsgaard, 1946.
Reymond, Robert L. *A New Systematic Theology of the Christian Faith*. Nashville: Thomas Nelson Publishers, 1998.
Ridderbos, Herman N. *The Epistle of Paul to the Churches of Galatia*. NICNT. Grand Rapids: Eerdmans, 1953.
_____. *Paul*. Grand Rapids: Eerdmans, 1975.
Robertson, O. Palmer. *The Christ of the Covenants*. Grand Rapids: Baker, 1980.
Ropes, James Hardy. *The Epistle of St. James*. ICC. Edinburgh: T. & T. Clark, 1916.
Runia, Klaas. “The Reformed Liturgy in the Dutch Tradition.” In *Worship: Adoration and Action*. Edited by D. A. Carson. Carlislie: The Paternoster & Grand Rapids: Baker, 1993: 97-98. 이승구 역. “화란 개혁파 전통의 예배 의식”. 『개혁신학』 제10권. 서울: 웨스트민스터 출판부, 1998.
Sailhamer, John H. “Genesis.” *The Expositor's Bible Commentary*. Vol. 2. Grand Rapids: Zondervan, 1990: 1-284.
Schep, J. A. *The Nature of the Resurrection Body*. Grand Rapids: Eerdmans, 1964.
Schreiner, Thomas R. “Luke.” In *Evangelical Commentary on the Bible*. Ed. Walter A. Elwell. Grand Rapids: Baker, 1989: 799-839.
Selwyn, Edward G. *The First Epistle of St. Peter*. 2nd Edition. London:

Macmillan, 1947.

Smedes, Lewis. *Union with Christ*. Grand Rapids: Eerdmans, 1983.

Snyder, Howard. *Community of the King*. Downers Grove, III.: InterVarsity Press, 1977. 김영국 역. 『그리스도의 공동체』 서울: 생명의 말씀사, 1987.

Stauffer, E. *New Testament Theology*. E.T. London: SCM Press, 1955.

Stein, Robert H. *Jesus the Messiah: A Survey of the Life of Christ*. Downers Grove, Ill.: IVP, 1996. 황영철 옮김. 『메시아 예수』 서울: IVP, 2001.

Stewart, D. G. "Ascension of Christ." In *The Zondervan Pictorial Encyclopedia of the Bible*. Edited by Merrill C. Tenney. Vol. 1. Grand Rapids: Zondervan, 1975.

Stibbs, A. M. and A. F. Walls. *The First Epistle General of Peter*. Tyndale NT Commentary Series. London: Tyndale, 1959.

Stott, John R. W. *The Message of Ephesians: God's New Society*. BST. 전영근 역. 서울: 기독지혜사, 1986.

_____. *The Gospel and the End of Time*. Downers Grove, Ill.: IVP, 1991.

_____. *The Letters of John*. Revised Edition, Tyndale New Testament Commentaries. Leicester: IVP, 1998.

Swift, C. E. Graham. "Mark." In *The New Bible Commentary*. 3rd Edition. Leicester: IVP, 1970: 851-86.

Tasker, R. V. G. *The Gospel according to St. Matthew*. London, IVP, 1961.

Tenney, Mrrill C. "Luke." In *The Wycliffe Bible Commentary*. Chicago: Moody Press, 1962: 1027-1070.

_____. "The Gospel of John." In *The Expositor's Bible Commentary*. Vol. 9. Grand Rapids: Zondervan, 1981.

Thisclton, Anthony C. *The First Epistle to the Corinthians*. NIGTC. Grand Rapids: Eerdmans, 2000.

Turretin, Francis. *Institutes of Elenctic Theology*. trans. George Musgrave Giger. Vol. 1. Phillipsburg, New Jersey: Presbyterian and Reformed Pub., 1992.

Van Til, Corneilus. *The Defense of the Faith*. Philadelphia: Presbyterian and Reformed Pub. Co., 1955.

_____. *Christian-theistic Evidences*. Philadelphia: Presbyterian and Reformed Pub. Co., 1961.

_____. *A Survey of Christian Epistemology*. Phillipsburg: Presbyterian and Reformed Pub. Co., 1970.

_____. *Christian Theistic Ethics*. Phillipsburg: Presbyterian and Reformed Pub. Co., 1971.

_____. *Introduction to Systematic Theology*. Phillipsburg: Presbyterian and Reformed Pub. Co., 1971. 이승구 역. 『개혁주의 신학 서론』 서울: 기독교문서선교회, 1995. 개정역. 서울: 크리스챤, 2009.

Vos, Geerhardus. *Biblical Theology*. Grand Rapids: Eerdmans, 1954. 이승구 역. 『성경 신학』 서울: 기독교 문서선교회, 1985. 개정판. 서울: 기독교문서선교회, 2000.

_____. *The Self-disclosure of Jesus*. 1926; New Jersey: Presbyterian and Reformed Pub. Co., 1978. 이승구 역. 『예수의 자기 계시』 서울: 엠마오, 1986.

_____. *Pauline Eschatology*. Grand Rapids: Baker Book House, 1979. 이승구 역.『바울의 종말론』 서울: 엠마오, 1989.

Wanamaker, Charles A. *The Epistles to the Thessalonians*. NIGTC. Grand Rapids: Eerdmans, 1990.

Warfield, B. B. *Perfectionism*. Edited by Samuel C. Craig. 1931-32. Philadelphia: Presbyterian and Reformed, 1968.

Wedderburn, A. J. M. *Beyond Resurrection*. London: SCM Press, 1999.

Wells, David F. *The Person of Christ*. Illinois, Westchester: Crossway Books, 1984. 이승구 역. 『기독론』 서울: 엠마오, 1994. 개정역. 서울: 토라, 2007.

Wenham, Gordon. *Genesis 16-50*. WBC 2. Dallas, Texas: Word Books, 1994.

Wessel, Walter W. "Mark." In *The Expositor's Bible Commentary*. Vol. 8. Grand Rapids: Zondervan, 1984: 601-793.

Westcott, B. F. *The Gospel According to St. John*. 2 Vols. London: John Murray, 1908.

Wilder, Amos N. "Exegesis to the First Epistle of John." In *The Interpreter's Bible*. Vol. 12. Nashville, Abingdon Press, 1957.

Williams, David J. *Acts*. New International Biblical Commentary. Peabody, Mass.: Hendrickson, 1990.

Wright, J. S. "Ascension." In *New Bible Dictionary*. 2nd Edition. Leicester: IVP, 1982: 93

Zahn, Theodore. *An Introduction to the New Testament*. 2 Vols. E.T. Edinburgh: T. & T. Clark, 1909.
Zugibi, F. T. *The Cross and the Shroud*. New York: Paragon House, 1986.

김광렬. 『그리스도 안에 있는 구원과 성화』 서울: 총신대학교출판부, 2000.
김홍전. 『그리스도께서 오심』 서울: 성약, 1994.
_____. 『교회에 대해서』 I, II, III, IV. 서울: 성약, 1999, 2000, 2001.
_____. 『성신의 가르치심과 인도하심』 서울: 성약, 2000.
이승구. "복음화와 사회 참여". 『개혁신학에 의한 탐구』 서울: 웨스트민스터 출판부, 1995: 83-88.
____. *Barth and Kierkegaard*. Seoul: Westminster Theological Press, 1996.
____. 『교회론 강설: 교회란 무엇인가?』 서울: 여수룬, 1996; 재판, 2003.
____. 『진정한 기독교적 위로』 서울: 여수룬, 1998.
____. "20세기 후반 북미 개혁신학의 동향: 안토니 후크마의 신학의 특성과 그 기여를 중심으로". 『신학지평』 제8집 (1998 여름, 가을호): 191-227.
____. 『개혁신학탐구』 서울: 하나, 1999.
____, "성경신학과 조직신학". 『성경과 교회』 1 (2003): 180-214.
____. 『성령의 위로와 교회』 서울: 이레서원, 2001.
____. "사도행전에 나타난 사도적 교회와 성령 하나님". 『프로에클레시아』 1 (2002): 31-52.
____. 『인간 복제, 그 위험한 도전』 서울: 예영, 2003. 개정판. 2006.
한철하. 『고대기독교사상사』 서울: 대한기독교서회, 1965.

이승구 교수 번역선

Bavinck, Herman. *The Doctrine of God*. 『개혁주의 신론』 서울: 기독교문서선교회, 1988.

Bockmuehl, K. *Evangelical Social Ethics*. 『복음주의 사회 윤리』 서울: 엠마오, 1988.

Bloesch, Donald. *Ground of Certainty*. 『신학 서론』 서울: 엠마오, 1986.

Clark, James Kelly. *Return to Reason*. Grand Rapids: Eerdmans, 1990.『이성에로의 복귀』 서울: 여수룬, 1998.

Harper, Norman E. *Making Disciples*. 『현대 기독교 교육』 서울: 엠마오, 1984. 개정판. 『기독교 교육』 서울: 토라, 2004.

Helm, Paul. *The Providence of God*. 『하나님의 섭리』 서울: IVP, 2004.

Hick, John, Clark Pinnock, Alister E. McGrath et al., 『다원주의 논쟁』 서울: CLC, 2001.

Holmes, Arthur. *The Contours of a World View*. 『기독교 세계관』 서울: 엠마오, 1985.

Klooster, Fred H. A. *Mighty Comfort*. 『하이델베르크 요리 문답에 나타난 기독교 신앙』 서울: 엠마오, 1993. 개정역. 서울: 토라, 2005.

Ladd, G. E. *Last Things*. 『마지막에 될 일들』 서울: 엠마오, 1983. 개정판. 『개혁주의 종말론 강의』 서울: 이레서원, 2000.

Lee, F. Nigel. *The Origin and Destiny of Man*. 『성경에서 본 인간』 서울: 엠마오, 1984. 개정역. 서울: 토라, 2006.

Melanchton, Philip. *Loci Communes*, 1555. 『신학 총론』 서울: 크리스천 다이제스트사, 2000.

Morris, Leon. *Cross in the New Testament*. 『신약의 십자가』 서울: CLC, 1987.

__________. *Cross of the Christ*. 정호영과의 공역. 『그리스도의 십자가』 서울: 바이블리더스, 2007.

Noll, Mark and Wells, David, eds. *Christian Faith and Practice in the Modern World*. 『포스트모던 세계의 기독교 신학과 신앙』 서울: 엠마오, 1994.

Packer, J. I. *Freedom, Authority and Scripture*. 『자유, 성경, 권위』 서울: 엠마오, 1983.

Reymond, Robert L. *The Justification of Knowledge*. 『개혁주의 변증학』 서울: CLC, 1989.

Stibbs, A. M. and Packer, J. I. *The Spirit Within You*. 『그리스도인 안에 계신 성령』 서울: 웨스트민스터 출판부, 1996.

Van Til, Cornelius. *The Reformed Pastor and Modern Thought*. 『현대사상과 개혁신앙』 서울: 엠마오, 1984. 개정역. 서울: SFC, 2009.

__________. *An Introduction of Systematic Theology*. 『개혁주의 신학 서론』 서울: CLC, 1995. 강웅산과의 개정역. 서울: 크리스챤, 2009.

Vos, Geerhardus. *Biblical Theology*. 『성경신학』 서울: CLC, 1985; 개정역. 2000.

__________. *Self-Disclosure of Jesus*. 『예수의 자기 계시』 서울: 엠마오, 1987.

__________. *Pauline Eschatology*. 오광만 교수와 공역. 『바울의 종말론』 서울: 엠마오, 1989.

Weber, Robert. *Secular Saint*. 『기독교 문화관』 서울: 엠마오, 1985. 개정역. 서울: 토라, 2008.

Wells, David. *The Person of Christ*. 『기독론: 그리스도는 누구신가?』 서울: 엠마오, 1994. 개정역. 서울: 토라, 2007.